***ACCESO GRATIS** a la Lectura en la Nube*

Para visualizar el libro electrónico en la nube de lectura envíe junto a su nombre y apellidos una fotografía del código de barras situado en la contraportada del libro y otra del ticket de compra a la dirección:

ebooktirant@tirant.com

En un máximo de 72 horas laborables le enviaremos el código de acceso con sus instrucciones.

La visualización del libro en **NUBE DE LECTURA** excluye los usos bibliotecarios y públicos que puedan poner el archivo electrónico a disposición de una comunidad de lectores. Se permite tan solo un uso individual y privado.

LOS RECURSOS GENÉTICOS MARINOS DE LAS ZONAS FUERA DE LA JURISDICCIÓN NACIONAL

Un antes y un después en su régimen jurídico a la luz del Acuerdo BBNJ

LOS RECURSOS GENÉTICOS MARINOS DE LAS ZONAS FUERA DE LA JURISDICCIÓN NACIONAL

Un antes y un después en su régimen jurídico a la luz del Acuerdo BBNJ

María Carro Pitarch

tirant lo blanch
Valencia, 2025

En caso de erratas y actualizaciones, la Editorial Tirant lo Blanch publicará la pertinente corrección en la página web www.tirant.com.

© TIRANT LO BLANCH
EDITA: TIRANT LO BLANCH
C/ Artes Gráficas, 14 - 46010 - Valencia
TELFS.: 96/361 00 48 - 50
FAX: 96/369 41 51
Email: tlb@tirant.com
www.tirant.com
Librería virtual: www.tirant.es
DEPÓSITO LEGAL: V-470-2025
ISBN: 978-84-1095-448-9

Si tiene alguna queja o sugerencia, envíenos un mail a: *atencioncliente@tirant.com*. En caso de no ser atendida su sugerencia, por favor, lea en *www.tirant.net/index.php/empresa/politicas-de-empresa* nuestro procedimiento de quejas.

Responsabilidad Social Corporativa: *http://www.tirant.net/Docs/RSCTirant.pdf*

La presente investigación ha sido realizada en el marco del programa de subvenciones para la contratación del personal investigador predoctoral (ACIF/2021/086) de la Generalitat Valenciana, así como del Módulo Jean Monnet del que soy investigadora principal bajo el título "Global environmental challenges for the European Union" (Nº 101085459), y fruto del intercambio de ideas con expertos en la materia de la London School of Economics (Reino Unido), el Centro de Investigação Jurídica de la Universidade do Porto (Portugal), el Center for International Law and Governance de la University of Copenhagen (Dinamarca), y el European University Institute (Italia), donde tuve la oportunidad de realizar estancias de investigación gracias al Premio de la Fundación Cañada Blanch – Universidad de Valencia 2021, las Subvenciones para estancias de contratados predoctorales en centros de investigación fuera de la Comunitat Valenciana CIBEFP/2022/86 y CIBEFP/2023/163 y las Ayudas a la investigación de la Fundación Banco Sabadell 2023.

La publicación ha sido financiada gracias a las Ayudas para el cofinanciamiento de la investigación de la Facultad de Derecho 2024 de la Universidad de Valencia y de la Comisión Europea mediante el Módulo Jean Monnet Nº 101085459.

Cofinanciado por la Unión Europea. Las opiniones y puntos de vista expresados solo comprometen a su(s) autor(es) y no reflejan necesariamente los de la Unión Europea o los de la Agencia Ejecutiva Europea de Educación y Cultura (EACEA). Ni la Unión Europea ni la EACEA pueden ser considerados responsables de ellos.

Índice

Índice de figuras y tablas

Figuras

Tablas

Glosario de abreviaturas

AGNU	Asamblea General de las Naciones Unidas
AIFMO	Autoridad Internacional de los Fondos Marinos y Oceánicos
BBNJ	*Biodiversity Beyond National Jurisdiction*
CARICOM	Comunidad del Caribe
CBD	*Convention on Biological Diversity*
CDB	Convenio sobre la Diversidad Biológica
CIG	Conferencia Intergubernamental
CIJ	Corte Internacional de Justicia
CLAM	*Core Latin American Group*
CNUDM	Convención de las Naciones Unidas sobre el Derecho del Mar
COP	Conferencia de las Partes
CVDT	Convención de Viena sobre el Derecho de los Tratados
FAO	Organización de las Naciones Unidas para la Alimentación y la Agricultura (*Food and Agriculture Organization*)}
IDS	Información digital sobre secuencias de recursos genéticos
IPBES	*Intergovernmental Science-Policy Platform on Biodiversity and Ecosystem Services*

IPCC	*Intergovernmental Panel on Climate Change*
IUCN	*International Union for the Conservation of Nature*
LLDCs	Grupo de Estados en Desarrollo sin Litoral (*Landlocked Developing Countires*)
m. m.	Millas marinas
NPTA2022	Nuevo proyecto de texto actualizado de 12 de diciembre de 2022
NPTR2022	Nuevo proyecto de texto revisado de 1 de junio de 2022
ODS	Objetivos de Desarrollo Sostenible
OMC	Organización Mundial del Comercio
OMPI	Organización Mundial de la Propiedad Intelectual
OMS	Organización Mundial de la Salud
ONU	Organización de las Naciones Unidas
OROP	Organizaciones Regionales de Ordenación Pesquera
OSACTT	Órgano Subsidiario de Asesoramiento Científico, Técnico y Tecnológico
PCH	Patrimonio Común de la Humanidad
PIC	*Prior informed consent*
PT2019	Proyecto de texto de 17 de mayo de 2019
PTR2019	Proyecto de texto revisado de 18 de noviembre de 2019

RGM	Recursos genéticos marinos
TIDM	Tribunal Internacional del Derecho del Mar
TIRFAA	Tratado Internacional sobre los Recursos Fitogenéticos para la Alimentación y la Agricultura
UE	Unión Europea
UNCLOS	*United Nations Convention on the Law of the Sea*
UNICPOLOS	*United Nations Open-ended Informal Consultative Process on Oceans and the Law of the Sea*
ZEE	Zona Económica Exclusiva
ZFJN	Zonas fuera de la jurisdicción nacional

Introducción

La fascinación por los océanos ha acompañado el desarrollo de la humanidad desde los albores de la historia. Se dice que la palabra *océano*, del griego, *Ὠκεανός Ōkeanós*, tiene su origen en un personaje conocido como *Oceanus*, uno de los Titanes, personado en la Tierra a través de un enorme río que rodeaba el mundo. De la misma forma, los océanos envuelven la vida que nos rodea, cautivando la atención de la humanidad por los misterios que esconden.

Uno de los enigmas que ha conmovido a distintas generaciones es la respuesta a la pregunta ¿qué se encuentra en los océanos? ¿Qué seres habitan la mayor parte del planeta? La mitología griega nos conduce a imaginarnos al temido *Cetus*, al que Perseo se enfrentó para salvar a la bella Andrómeda; a *Scylla*, el monstruo de seis cabezas por el que vieron el fin de sus días numerosos marineros; o a las temidas sirenas, tan cautivadoras como peligrosas, de las que Ulises escapó atándose al mástil de su barco. La mitología escandinava advierte, por su parte, sobre el *Kraken*, ese gran pulpo de cuyos tentáculos no había escapatoria y por el que flotas enteras yacen en el fondo del océano.

En la literatura se ha observado la asociación que frecuentemente se hace de los océanos con el abismo. Así, la propia etimología de la palabra evoca "un lugar maligno y premonitorio": *a*, "sin", y *byssos*, "fondo". En este "sinónimo de infinitos oscuros y caos primitivo"[1] es donde la mayor parte de la vida se desarrolla.

---

1 Leary, D. (2006). *International Law and the Genetic Resources of the Deep Sea.* Leiden: Martinus Nijhoff, 7; Broad, W. J. (1997). *The*

Tal vez de forma menos poética, pero no menos relevante, la pasión por saber más acerca de lo que habita en esos lares continúa en la actualidad. La biodiversidad[2] que se encuentra en los océanos es, aún hoy, un completo misterio para la humanidad. Leary señala que en los océanos "[n]o hay monstruos marinos, sino una asombrosa diversidad de vida ingeniosa y adaptable. En términos de biodiversidad es quizás el hábitat más rico en especies del planeta"[3].

Los océanos cubren tres cuartas partes de la superficie terrestre y representan más del 95% del espacio habitable de la Tierra. En ellos, la alta mar comprende el 60% de la superficie del planeta[4]. Esta gran parte del mundo y su biodiversidad suscitan un gran interés medioambiental, pues, entre otros motivos, se estima que de estas áreas provienen más de las tres

---

Universe Below: Discovering the Secrets of the Deep Sea. Nueva York: Simon & Schuster, 21. Todas las traducciones de textos en idiomas extranjeros son propias.

2 A lo largo del trabajo se hará referencia a las nociones de "biodiversidad" y "diversidad biológica" indistintamente, como se explica en el Capítulo I. Se asume como definición la elaborada por el artículo 2 del Convenio sobre la Diversidad Biológica (CDB) de 1992, por la que se considera "la variabilidad de organismos vivos de cualquier fuente, incluidos, entre otras cosas, los ecosistemas terrestres y marinos y otros ecosistemas acuáticos y los complejos ecológicos de los que forman parte; comprende la diversidad dentro de cada especie, entre las especies y de los ecosistemas". Convenio sobre la Diversidad Biológica, Río de Janeiro, de 5 de junio de 1992, UNTS 1760 (p. 79).
Todos los enlaces a Internet citados en esta monografía han sido revisados a fecha de 22 de octubre de 2024.

3 Leary, D. (2006), *op. cit.*, 8.

4 UN. (2017). The conservation and sustainable use of marine biological diversity of areas beyond national jurisdiction. A technical abstract of the first global integrated marine assessment, 1.

cuartas partes de la producción de oxígeno del planeta[5]; así como uno económico, dado que los organismos que habitan en estas zonas lo hacen en unas circunstancias muy singulares que les confieren unas características únicas, las cuáles son de gran valor para determinadas industrias como la farmacéutica o la biotecnológica. Por todo ello, existe un interés marcado de los Estados por los mismos y su regulación o falta de ella.

Actualmente, a nivel internacional, no existe una regulación exhaustiva e integral de la diversidad biológica marina de las zonas fuera de la jurisdicción nacional (ZFJN), es decir, de la mayor parte de los océanos que nos rodean. En el seno de la Organización de las Naciones Unidas (ONU), en las últimas décadas, se ha tratado de cubrir esta laguna jurídica mediante la adopción de un instrumento internacional jurídicamente vinculante, conocido popularmente por sus siglas en inglés como el Acuerdo BBNJ: *Biodiversity Beyond National Jurisdiction.*

Con el espíritu y la pasión que ha conmovido a la humanidad durante milenios por los océanos, y en una carrera contrarreloj contra los efectos del cambio climático que los acucian, delegaciones de casi todos los Estados del planeta, así como numerosos representantes de la sociedad civil, se embarcaron en la compleja travesía que es negociar un tratado internacional. El Acuerdo fue finalmente adoptado el 19 de junio de 2023 y se abrió para su firma y ratificación el 20 de septiembre del mismo año, pero aún no ha entrado en vigor.

La presente monografía tiene como objetivo principal dilucidar si el Acuerdo BBNJ logra abordar y, en su caso, resolver las lagunas jurídicas que actualmente existen en la regulación de la conservación y el uso sostenible de una parte esencial

---

5 Hammond, A. & Jones, P. J. S. (2021). Protecting the 'blue heart of the planet': Strengthening the governance framework for marine protected areas beyond national jurisdiction. *Marine Policy, 127*, 1.

de esta biodiversidad marina, los recursos genéticos marinos (RGM), así como señalar los principales problemas que pueden surgir en su implementación.

El análisis parte de la hipótesis de que el régimen normativo vigente presenta lagunas normativas importantes que el Acuerdo BBNJ pretende cubrir, si bien con algunas deficiencias consustanciales al proceso de adopción de los tratados internacionales.

Para verificar esta hipótesis, la investigación se estructura mediante un enfoque escalonado en cinco grandes capítulos. Tras una breve introducción a la problemática que fundamenta el interés de esta investigación, el Capítulo I estudia el concepto y la naturaleza de los RGM, nociones necesarias para poder entender su régimen normativo internacional. Este capítulo parte de una base científica, señalando los principales beneficios que se derivan de estos recursos, así como las amenazas a las que se ven sometidos.

El Capítulo II realiza un análisis del régimen normativo internacional convencional en vigor que incide o puede incidir en dichos recursos, si éste existe; y, en su caso, cuáles son sus principales lagunas jurídicas. Para ello, analizamos con profundidad el régimen estrictamente convencional, en defecto de un estudio más amplio de los principios, la costumbre o el *soft law* internacionales, para facilitar una ulterior comparación con el Acuerdo BBNJ.

El Capítulo III presenta el Acuerdo BBNJ como la respuesta propuesta por la comunidad internacional ante un contexto normativo fragmentado, contextualizando el instrumento en su proceso de adopción, al mismo tiempo que señalamos las principales aristas que surgieron durante su negociación.

Los Capítulos IV y V estudian en profundidad el régimen propuesto por el Acuerdo BBNJ para los recursos genéticos marinos, realizando un análisis tanto literal como teleológico e histórico del Acuerdo, teniendo en cuenta su propósito y, en especial, el contexto en el que fue adoptado[6].

En el Capítulo IV analizamos las disposiciones generales del Acuerdo, atendiendo, entre otros, a su preámbulo, objetivo general y principios rectores, que informarán cualquier interpretación del régimen expuesto en el Capítulo siguiente. Esta parte busca ser un estudio en profundidad del novedoso régimen enmarcado en un contexto que permita, posterior y potencialmente, hacer una interpretación conforme con los objetivos y el espíritu del Acuerdo; es decir, contextualiza el Acuerdo a la luz de sus objetivos para poder contrastarlo con las lagunas jurídicas encontradas en el régimen actual.

En el Capítulo V estudiamos el régimen de uso sostenible de los RGM previsto en el Acuerdo BBNJ. En él examinamos el nuevo régimen a la luz de las lagunas jurídicas encontradas en el Capítulo II, atendiendo no sólo a lo dispuesto en el instrumento jurídico, sino también a lo eliminado en el contexto de las negociaciones que lo gestaron.

La presunción de la que parte el estudio de esta última cuestión es que los intereses divergentes manifestados en las

---

6 Como consecuencia de tratar de contextualizar el Derecho para aportar un análisis interpretativo más completo, se hace especial uso de las relaciones internacionales como complemento del estudio de las negociaciones, en tanto consideramos que es necesario atender a las alianzas entre Estados y la miríada de intereses no siempre convergentes que ha repercutido en el texto finalmente adoptado. En consecuencia, recurrimos en algunas ocasiones a estas disciplinas, en tanto útiles y enriquecedoras para la investigación con el fin de apoyar a la lente jurídica, que es la que informa a la investigación. Así pues, no separamos el derecho de su entorno histórico, político y económico, sino que tratamos de comprenderlo y analizarlo de manera crítica, estudiando el derecho en su contexto. El Derecho va de la mano del entorno que regula, y esta investigación, en consonancia, no puede estudiar el primero obviando el segundo.

negociaciones (principalmente entre dos grandes bloques de Estados conocidos popularmente como el Norte Global y el Sur Global[7]) han sido trasladados al texto del Acuerdo BBNJ y, por lo tanto, cualquier análisis jurídico que se realice del mismo necesita navegar en la ambigüedad constructiva del texto adoptado.

Finalmente, la investigación concluye con una serie de conclusiones críticas acerca del estado del régimen actual y potencial de los recursos genéticos marinos de las ZFJN.

---

7 En esta investigación se utiliza en diversos puntos la terminología de Estados del Norte y Sur Global para facilitar el entendimiento de las alianzas políticas que han resultado en la adopción de los diferentes instrumentos jurídicos. La referencia a los Estados del Norte y Sur Global se entiende, respectivamente, a los países industrializados ricos (entre otros, Australia, Canadá, EE.UU., Nueva Zelanda, Suiza, Singapur, y los Estados miembros de la Unión Europea) de aquellos menos prósperos de África, América Latina y Asia. A pesar de su heterogeneidad, el llamado Sur Global comparte una historia de dominación económica y política por parte del Norte, y han sido firmes aliados (en particular el Grupo de los 77 junto a China) en las negociaciones internacionales medioambientales y, en particular, en las del Acuerdo BBNJ. La distinción carece de sentido desde un punto de vista geográfico, ya que se trata de una designación más bien simbólica que algunos autores consideran "captura el espíritu del Tercer Mundo", mientras que invita a reexaminar los fundamentos intelectuales, políticos y morales del sistema internacional. Sobre la división entre los Estados del Norte y Sur Global, véanse: Atapattu, S. & González, C. G. (2015). The North–South Divide in International Environmental Law: Framing the Issues. En: S. Alam *et al.* (Eds.). *International Environmental Law and the Global South* (pp. 1-20). Cambridge: Cambridge University Press; Freeman, D. (2017). The Global South at the UN: Using International Politics to Re-Vision the Global. *The Global South, 11 (2),* 71-91; Grovogu, S. (2011). A Revolution Nonetheless: The Global South in International Relations. *The Global South, 5 (1),* 175-190.

Esta monografía trata de contribuir a un mejor entendimiento de un régimen normativo complejo y cambiante, haciendo hincapié en el nuevo Acuerdo BBNJ que, debido a su reciente adopción, no ha sido estudiado todavía de forma extensa ni holística, sino que la doctrina que ha centrado sus esfuerzos a su estudio se ha focalizado en aspectos concretos del mismo y, sobre todo, en el transcurso de sus negociaciones. Esta obra persigue enmarcar el Acuerdo en un contexto normativo más amplio y destacar las principales aristas que se pueden desprender de su texto de cara a su entrada en vigor y posterior implementación. No obstante, es imperativo no perder de vista que el objeto de estudio es una realidad en continuo movimiento. En el momento de inicio de la investigación la adopción del Acuerdo BBNJ no se preveía siquiera como una realidad cercana, y si bien en el momento de su conclusión el instrumento ha sido adoptado, aún no ha entrado en vigor. Por ello, esta monografía se plantea como un estudio base sobre el que se deberá seguir profundizando a medida que el Acuerdo entre en vigor y sea implementado.

Capítulo I

Los recursos genéticos marinos de las zonas fuera de la jurisdicción nacional

A. LOS RECURSOS GENÉTICOS MARINOS: EL TESORO DE LA BIODIVERSIDAD MARINA

1. ¿Diversidad biológica marina o biodiversidad?

Los océanos cubren tres cuartas partes de la superficie terrestre, y representan más del 90% del espacio habitable de la Tierra, tal y como se ha avanzado[8]. Son fundamentales para la vida en el planeta: se estima que de ellos proviene entre el 50% y el 80% de la producción de oxígeno, en su mayoría, del plancton oceánico[9].

El interés por los fondos marinos ha sido una constante en la humanidad en los últimos 2.000 años. Se presume que el origen de la vida en los océanos se produjo hace más de 3.700

---

[8] Hammond, A. & Jones, P. J. S. (2020), *op. cit.*, 1.

[9] Está compuesto por plantas a la deriva, algas y algunas bacterias que pueden hacer la fotosíntesis. El Prochlorococcus, el organismo fotosintético más pequeño de la Tierra, produce hasta el 20% del oxígeno de toda la biosfera; un porcentaje mayor que el de todas las selvas tropicales terrestres juntas. NOAA (s.f.). How much oxygen comes from the ocean? *National Ocean Service. https://oceanservice.noaa.gov/facts/ocean-oxygen.html*

millones de años[10]. En el Siglo XIX, surgió un debate científico con respecto a la existencia de vida en profundidades mayores de 600 metros (la "zona azoica"). Por un lado, según la teoría científica de Edward Forbes, "la hipótesis azoica" (también conocida como la "teoría del abismo"), no existía vida por debajo de ese nivel. Por otro, el biólogo y profesor noruego Michael Sars sostenía que la profundidad de los océanos era hogar de seres más allá de los monstruos mitológicos marinos. A partir de 1860 este profesor identificó casi cien especies de invertebrados cuyo hábitat se encontraba a más de 600 metros de profundidad[11], desacreditando así la hipótesis de Forbes.

Entre 1872 y 1876 la Expedición *Challenger* realizó la primera gran campaña oceanográfica mundial, y estableció que los fondos marinos no eran una zona sin vida[12], sino que contenían un número limitado de especies. Esta aseveración fue más tarde refutada por Howard Sanders y Robert Hessler, los cuales estimaban que existían más de 10 millones de especies[13]. Dicha cuantía ha sido rebatida en sendos sentidos, algunos argumentando que, como máximo, existían menos de

10 En un estudio reciente, Nick Lane (University College of London) plantea que los primeros organismos unicelulares podrían haberse desarrollado hace 3.700 millones de años en respiraderos ricos en álcalis del fondo marino (fuentes hidrotermales –*hydrothermal vents*–). Sojo, V. *et al.* (2016). The Origin of Life in Alkaline Hydrothermal Vents. *Astrobiology, 16 (2),* 181-197.
Este descubrimiento desafía la teoría de Darwin que considera que el origen de la vida está "en un pequeño estanque cálido" (*some warm little pond*). Darwin Correspondence Project. (1871). Letter no. 7471. Carta a J. D. Hooker (01.02.1871).

11 Gage, J. D. & Tyler, P. A. (1991). *Deep-Sea Biology: A natural history of organisms at the deep-sea floor.* Cambridge: Cambridge University Press, 3.

12 *Ibidem,* 4.

13 Leary, D. (2006), *op. cit.*, 14.

medio millón[14]; mientras que otros consideraban que la estimación debía de ser notablemente superior[15]. Estas especies (grupos de organismos estrechamente emparentados que pueden entrecruzarse) que viven juntos en un lugar determinado, se denominan población[16].

Aún en la actualidad, la cantidad exacta de especies que habitan las profundidades oceánicas sigue siendo incierta, especialmente por las limitaciones físicas del entorno, así como por los elevados costes asociados con la realización de investigaciones científicas marinas[17]. Se estima que se han identificado aproximadamente 250.000 especies[18], pero el número de especies que aún permanecen sin descubrir ha sido tema de prolongado debate académico. Algunas estimaciones sugieren que podrían representar más de dos tercios de éstas, mientras que otras elevan esta cifra hasta los 2.2 millones, señalando que los océanos albergan más de un billón de microorganismos diferentes[19]. Así pues, y aun cuando se siga debatiendo el número exacto de especies marinas por descubrir, de lo que no cabe duda es de la gran riqueza biológica que guardan estas áreas del planeta.

---

14 Poore, G. C. & Wilson, G. D. (1993). Marine species richness. *Nature, 361*, 597.

15 Grassle, J. F. & Maciolek, N. J. (1992). Deep-sea species richness: regional and local diversity estimates from the quantitative bottom samples. *American Naturalist, 139*, 313.

16 Biology Online (s.f.). Population. *https://www.biologyonline.com/dictionary/Population*; Biology Online (s.f.). Species. *https://www.biologyonline.com/dictionary/Species*

17 Glowka, L. (1996). The Deepest of Ironies: Genetic Resources, Marine Scientific Research, and the Area. *Ocean Yearbook Online, 12 (1)*, 156.

18 Según el último censo del Registro Mundial de Especies Marinas, en 2022, habían 241.140 especies marinas aceptadas. Disponible en: *https://www.marinespecies.org/*

19 Marlow, J. *et al.* (2019). The Full Value of Marine Genetic Resources (MGR). *Deep Ocean Stewardship Initiative Policy Brief.*

Dicha riqueza biológica es conocida popularmente como la biodiversidad marina de nuestro planeta. Un análisis etimológico de la palabra está fuera del alcance de este trabajo[20], sin embargo, es menester hacer una breve referencia a la misma y al concepto de "diversidad biológica".

El origen del término "biodiversidad" se suele atribuir a Edward O. Wilson, quien lo popularizó en su libro *Biodiversity*. Sin embargo, fue Walter G. Rosen quien acuñó inicialmente la palabra en una conferencia celebrada en Washington D.C. en 1986 (*The National Forum on BioDiversity*), la memoria de cuyo evento fue editada por Wilson y se plasmó en la obra mencionada, *Biodiversity*[21].

La definición y delimitación de las nociones "diversidad biológica" o "biodiversidad" ha ocupado a la doctrina y a la comunidad científica durante décadas. Numerosos autores han dedicado tiempo, esfuerzo y tinta a tratar de delimitar ambos conceptos con relativo éxito[22]. Maclaurin y Sterelny han abordado esta cuestión de manera concluyente, argumentando que el término "'biodiversidad' es, por supuesto, una mezcla de la expresión 'diversidad biológica'" (en inglés, *biological*

---

20 Al respecto, véase: De Long, C. (1996). Defining Biodiversity. *Wildlife Society Bulletin (1973-2006), 24 (4)*, 738-749.

21 National Academy of Sciences (1988). *Biodiversity*. Washington: The National Academies Press; Núñez, I.; González-Gaudiano, E. & Barahona, A. (2003). La biodiversidad: historia y contexto de un concepto. *Interciencia, 28 (7)*, 389.

22 Entre otros, De Long recoge en 1996 más de 85 definiciones en su trabajo "Defining biodiversity". Por su parte, Irama Núñez, Édgar González-Gaudiano y Ana Barahona, tratan de recopilar las definiciones más utilizadas y las sintetizan en 13, divididas en tres ámbitos de estudio (el de la política ambiental, el científico y el público). De Long, C. (1996), *op. cit.*, 738-749; Núñez, I.; González-Gaudiano, E. & Barahona, A. (2003), *op. cit.*, 387-392.

diversity)[23]. De manera similar, Pullin ha indicado que ésta funciona simplemente como una abreviatura[24].

No obstante, para algunos autores ambas nociones se diferencian en el enfoque de su estudio: por un lado, la diversidad biológica "analiza matemáticamente el reparto de abundancia de los organismos que pueblan un lugar agrupado por las especies biológicas a las que pertenecen" y, por otro lado, la biodiversidad estudia la vida "con una base esencialmente taxonómica y parte el inventario y catalogación de la riqueza biológica a distintas escalas espaciales, tanto biogeográficas como locales"[25].

En cualquier caso, la mayoría de la doctrina, en línea con los postulados de Maclaurin y Sterelny, los entiende como intercambiables y su uso suele ser indistinto. El término "biodiversidad" ha sido calificado por Flitner como una *catch-all phrase*[26] cuyo uso se ha extendido a abarcar múltiples ideas[27]. En este sentido, Takacs remarca la popularización del uso del vocablo destacando, de forma ilustrativa, que la palabra "biodiversidad" no aparecía ninguna vez como palabra clave en los resúmenes (*abstracts*) publicados en trabajos científicos, en

---

23 Maclaurin, J. & Sterelny, K. (2008). *What is Biodiversity?* Chicago: The University Chicago Press, 2.

24 Pullin, A. S. (2002). *Conservation biology*. Cambridge: Cambridge University Press, 6.

25 García Novo, F.; Díaz Pineda, F. & Gómez Sal, A. (Coord.) (2006). *Diversidad biológica y biodiversidad.* Madrid: Fundación Ramón Areces, 14.

26 Flitner, M. (1999). Biodiversität. Oder das Öl, das Meer and die "Tragödie der Gemeingüter". En: C. Görg, C. Hertler, E. Schramm & M. Weingarten (eds.). *Zugänge zur Biodiversität* (pp. 53-70). Marburg: Metropolis.

27 En algunos casos haciendo referencia a conceptos como la "conservación" o "naturaleza" (*nature, wilderness*). Para un estudio completo del alcance de la noción de biodiversidad, véase: Vadrot, A. B. M. (2014). *The Politics of Knowledge and Global Biodiversity.* Nueva York: Routledge, 23.

contraposición a la única vez que aparecía "diversidad biológica" en 1988; mientras que, cinco años más tarde, la tendencia se invertía, con setenta y dos menciones del primero frente a las diecinueve del segundo[28].

En el momento de finalización de esta investigación se puede confirmar la tendencia de un mayor uso del término "biodiversidad". En las Figuras 1 y 2 se puede observar el incremento en el uso del término "biodiversidad" frente a "diversidad biológica" en la literatura, tanto en inglés como en español.

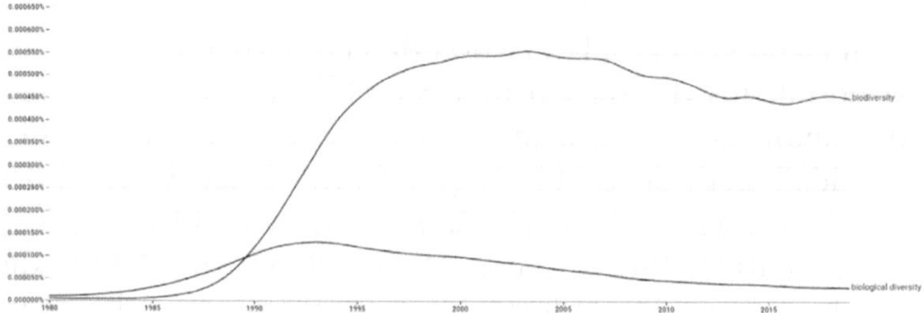

Figura 1. Porcentaje de libros publicados que incluyen los términos *"biodiversity"* y *"biological diversity"* entre los años 1980 y 2019[29].

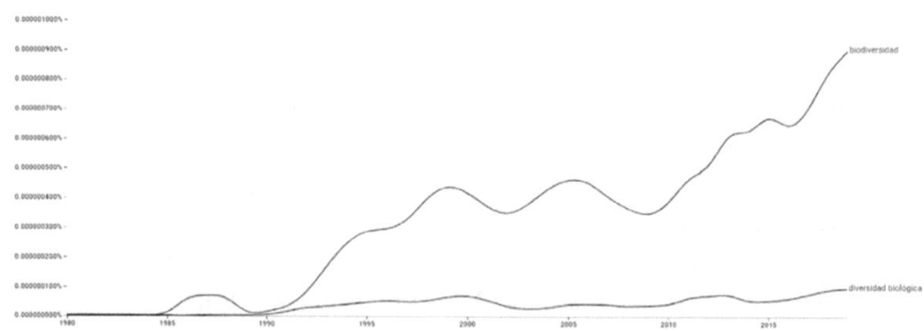

Figura 2. Porcentaje de libros publicados que incluyan los términos "biodiversidad" y "diversidad biológica" entre los años 1980 y 2019[30].

---

28 *Ibidem.*

29 Los datos y gráficos han sido obtenidos de Google Ngram Viewer. Disponible en: *https://books.google.com/ngrams/*

30 *Ibidem.*

Para el propósito de esta investigación y conforme a la doctrina mayoritaria, no hacemos distinción entre ambos términos, y asumimos la definición de "diversidad biológica" consagrada en el artículo segundo del CDB:

> "la variabilidad de organismos vivos de cualquier fuente, incluidos, entre otras cosas, los ecosistemas terrestres y marinos y otros ecosistemas acuáticos y los complejos ecológicos de los que forman parte; comprende la diversidad dentro de cada especie, entre las especies y de los ecosistemas".

Esta definición considera los tres niveles o categorías jerarquizadas en las que se viene subdividiendo este concepto[31]: (a) la diversidad genética (la variabilidad o diversidad de los genes dentro de una misma especie)[32]; (b) la diversidad entre las especies (la variedad de especies existentes en una región)[33]; y (c) la diversidad de los ecosistemas[34].

2. *Conceptualización de los recursos genéticos, los derivados y la información digital sobre secuencias de recursos genéticos*

Dentro de la biodiversidad definida en el apartado anterior se encuentran una serie de realidades que consideramos que es necesario definir para comprender el resto del estudio. Estas abarcan, principalmente, a los recursos genéticos, objeto central de este trabajo, así como los derivados y la información

---

31 Pullin, A. S. (2002), *op. cit.*

32 Bou Franch, V. (1998). La diversidad biológica en el Derecho Internacional. En: V. Bou Franch, V. & J. Juste Ruiz (Dirs.). *El medio ambiente como objeto de tutela del Derecho Internacional* (pp. 361-426). Madrid: Mc Graw Hill, 412.

33 *Ibidem*, 413.

34 Por ecosistema "se entiende un complejo dinámico de comunidades vegetales, animales y de microorganismos y su medio no viviente que interactúan como una unidad funcional" (artículo 2 del CDB).

digital sobre secuencias de recursos genéticos, habituales en el estudio de las ciencias naturales pero cuya inclusión en los textos jurídicos está siendo compleja, tal y como se verá en los siguientes capítulos.

a. Los recursos genéticos

Dentro de la biodiversidad definida en el apartado anterior se encuentran los recursos genéticos, objeto de este trabajo. El CDB define en su artículo segundo los recursos genéticos como el "material genético de valor real o potencial", entendiendo por material genético "todo material de origen vegetal, animal, microbiano o de otro tipo que contenga unidades funcionales de la herencia".

El material genético es un material celular que desempeña un papel fundamental en la determinación de la estructura y la naturaleza de las sustancias celulares, y es capaz de autopropagarse y variar. Almacena toda la información sobre el organismo, y varía de un organismo a otro. Éste controla diferentes funciones en la célula, como son su replicación y la formación de otras células nuevas[35].

El material genético de una célula puede ser un gen[36], una parte de un gen, un grupo de genes, una molécula de ADN[37]

---

35 Biology Online (s.f.). Genetic material. *https://www.biologyonline.com/dictionary/genetic-material#References*

36 Un gen es la unidad fundamental, física y funcional de la herencia. Los genes constituyen las secuencias de ADN (genotipos). Los genotipos, junto con los demás factores (por ejemplo, los ambientales), determinan el rasgo fenotípico de un organismo. Estos cambios en los genes impulsan la evolución y la selección natural. Biology Online (s.f.). Gene. *https://www.biologyonline.com/dictionary/gene*

37 El ácido desoxirribonucleico (ADN) es "la molécula que transporta información genética para el desarrollo y el funcionamiento

(o ARN[38]), un fragmento de ADN (o un fragmento de ARN), un grupo de moléculas de ADN (o un grupo de moléculas de ARN) o el genoma completo de un organismo. Este material tiene su origen en una amplia gama de materiales biológicos a través de un continuo de escalas espaciales[39].

A lo largo del proceso de negociación del Acuerdo BBNJ, primer instrumento internacional jurídicamente vinculante que regula los RGM de ZFJN, y sobre el que se entra en detalle en los Capítulos III a V, la definición de los términos empleados ha ido variando en los cuatro proyectos de texto publicados[40] y

---

de un organismo". National Human Genome Research Institute (s.f.). Ácido desoxirribonucleico. *https://www.genome.gov/es/genetics-glossary/%C3%81cido-desoxirribonucleico*

38 El ácido ribonucleico (ARN) es "un ácido presente en todas las células vivas que tiene similitudes estructurales con el ADN. Sin embargo, a diferencia del ADN, es más frecuente que el ARN esté formado por una única cadena". National Human Genome Research Institute (s.f.). Ácido ribonucleico. *https://www.genome.gov/es/genetics-glossary/ARN*

39 Es decir, el origen de los recursos genéticos puede hallarse en: (a) ecosistemas, incluidos los "animales, microrganismos (bacteria, *archae* y virus), y su entorno físico y químico"; (b) componentes del hábitat, como por ejemplo "las rocas, los sedimentos, las partículas que se hunden y el propio agua contienen abundantes comunidades de microbios"; (c) las comunidades de microbios, dado que "los microbios unicelulares se conectan con organismos mayores a través de redes alimentarias, hasta llegar a la megafauna, como peces y ballenas"; y (d) células individuales ya que "todas las células, tanto las de los microbios como las de los animales, poseen biomoléculas que pueden provocar transformaciones moleculares". Rabone, M. *et al.* (2019). Access to Marine Genetic Resources (MGR): Raising Awareness of Best-Practice Through a New Agreement for Biodiversity Beyond National Jurisdiction (BBNJ). *Frontiers in Marine Science, 6 (520)*, 4.

40 A saber, el proyecto de texto de 17 de mayo de 2019 (PT2019), el proyecto de texto revisado de 18 de noviembre de 2019 (PTR2019), el

el Acuerdo definitivo[41]. Finalmente, se optó por una definición idéntica a la consagrada en el CDB. En el Acuerdo se establece una única definición para "recursos genéticos marinos", por los que se entiende "cualquier material de origen marino vegetal, animal, microbiano o de otro tipo que contenga unidades funcionales de la herencia con valor real o potencial"[42].

No obstante, la definición consagrada en el CDB –y en el Acuerdo BBNJ– no logra delimitar de forma precisa el alcance de la noción de RGM. Existen dos realidades cuya integración en la definición de los RGM todavía plantea debates a nivel internacional: los derivados y la información digital

---

nuevo proyecto de texto revisado de 1 de junio de 2022 (NPTR2022) y el nuevo proyecto de texto actualizado de 12 de diciembre de 2022 (NPTA2022).

41 Acuerdo en el marco de la Convención de las Naciones Unidas sobre el Derecho del Mar relativo a la conservación y el uso sostenible de la diversidad biológica marina de las zonas situadas fuera de la jurisdicción nacional. A/CONF.232/2023/4 (19.06.2023) (en adelante, el Acuerdo BBNJ o el Acuerdo).

42 Artículo 1.8 del Acuerdo.
El camino hasta adoptar esta misma definición no ha sido sencillo, ya que se propusieron múltiples alternativas a lo largo de las negociaciones. En los dos primeros proyectos del texto que se publicaron se plantearon dos definiciones posibles para los RGM que se remitían al concepto de "material genético marino". En el primer proyecto de texto se propusieron dos alternativas, una de las cuales (Alt. 2) simplemente se remitía a este material que posea "valor real o potencial", y la otra (Alt. 1) hacía una fusión entre las nociones de RGM y "material genético marino" (artículo 1.9 del PT2019). Tanto en el PT2019 como en el PTR2019 la primera alternativa incluía, por un lado, que este material fuera "encontrado en" o que "se origine" en las ZFJN y que el valor se derive de propiedades genéticas y bioquímicas de las unidades funcionales de la herencia. En los dos últimos proyectos, en cambio, la noción de "material genético" fue absorbida directamente al definir RGM, no habiendo sufrido variaciones desde el NPTA2022 hasta el texto definitivo antes señalado.

sobre secuencias de recursos genéticos (IDS), más conocida por sus siglas en inglés (*digital sequence information,* DSI).

b. Los derivados

Los avances tecnológicos permiten cada vez en mayor medida extraer, procesar e intercambiar información y conocimientos del material genético separados del intercambio físico del material. Es por ello por lo que una reivindicación constante en las negociaciones de los diversos textos jurídicos internacionales, en particular por parte de los Estados en desarrollo[43], ha sido la necesidad de incluir la noción de derivados a los sistemas de acceso y distribución de los beneficios.

El Protocolo de Nagoya, que tiene como objetivo regular los beneficios que se derivan de la utilización de los recursos

---

43 En este sentido, véase: Morgera, E.; Tsioumani, E. & Buck, M. (2014). *Unraveling the Nagoya Protocol.* Leiden: Brill Nijhoff, 66 sobre el Protocolo de Nagoya y los Capítulo IV y V sobre las reivindicaciones de estos Estados en el Acuerdo BBNJ.
En esta investigación se utiliza, además de la señalada clasificación entre Estados del Norte y Sur Global, la división clásica entre Estados desarrollados y en vías de desarrollo o en desarrollo utilizada por las ONU durante la última mitad de siglo. Esta clasificación se adoptó por conveniencia estadística y no con el fin de expresar juicio alguno sobre el estadio de desarrollo alcanzado por cada país. En los últimos años, el Banco Mundial y la División Estadística de la ONU propusieron abandonar esta clasificación como criterio de agrupamiento de los Estados para los objetivos de su Agenda de Desarrollo Sostenible. A pesar de ello, la utilización de esta clasificación está ampliamente extendida (por ejemplo, treinta y ocho de los doscientos treinta y dos objetivos de la Agenda 2030 se definen en relación con los Estados en desarrollo). United Nations Conference on Trade and Development. (2020). UNCTAD/SER. RP/2020/5. Development Status as a Measure of Development. Research Paper N. ° 46, 1-49.

genéticos[44], define a los derivados como "un compuesto bioquímico que existe naturalmente producido por la expresión genética o el metabolismo de los recursos biológicos o genéticos, incluso aunque no contenga unidades funcionales de la herencia"[45]. El Protocolo incluye este término en las actividades que suponen una "utilización de recursos genéticos".

Por su parte, el Acuerdo BBNJ recogió la clásica discusión sobre su incorporación, y si bien en los proyectos de texto del Acuerdo BBNJ también se define como "un compuesto bioquímico de origen natural resultante de la expresión genética o del metabolismo de recursos biológicos o genéticos, aunque no contenga unidades funcionales de la herencia"[46], en el paso del NPTA2022 al texto finalmente adoptado se eliminó esta definición del apartado de términos, si bien se continúa haciendo referencia a esta noción en la definición de la "biotecnología"[47]. La no incorporación de este término deja, en principio, a estos compuestos que no contienen unidades funcionales de la herencia fuera del ámbito de aplicación del Acuerdo y, en consecuencia, del régimen de participación en beneficios por él establecido.

---

44 Se realiza un estudio en profundidad sobre su régimen en apartado B.2 del Capítulo II.

45 Artículo 2 (a) del Protocolo de Nagoya sobre acceso a los recursos genéticos y participación justa y equitativa en los beneficios que se deriven de su utilización al Convenio sobre la Diversidad Biológica, Nagoya, de 29 de octubre de 2010, UNTS 3008 (p. 3).

46 Previsto en el artículo primero del NPTR2022 y del NPTA2022.

47 Esta se define como "toda aplicación tecnológica que utilice sistemas biológicos y organismos vivos o *sus derivados* para la creación o modificación de productos o procesos para usos específicos". Artículo 1.3 del Acuerdo BBNJ (énfasis añadido).

c. La información digital sobre secuencias de recursos genéticos

La habilidad de decodificar y archivar digitalmente el ADN revolucionó el campo de ciencias de la vida y los relacionados[48], y los datos de secuencias son utilizados con asiduidad tanto por la comunidad científica como por la industria[49]. Como consecuencia del avance tecnológico se ha planteado la cuestión de cómo tratar la información sobre la composición molecular de los recursos genéticos, principalmente en el contexto normativo internacional.

Uno de los principales problemas al establecer mecanismos de acceso y participación en los beneficios sobre recursos genéticos es el tratamiento indiferenciado de materiales físicos (por ejemplo, las muestras de RGM) y de la información. Mientras que los primeros son finitos, la segunda es infinita o no excluyente, en el sentido de que no impide a otros utilizarla de nuevo o ser accedida por varios al mismo tiempo. El uso de los materiales físicos plantea además otros problemas como los costes asociados a su acceso y replicación o la exclusión de otros interesados en su uso.

---

48 De forma ejemplificativa, el acceso libre y gratuito a las secuencias virales del SARS-CoV-2 durante la pandemia de la COVID-19 permitió el desarrollo rápido de equipos de diagnóstico y vacunas. Hartman Scholz, A. *et al.* (2022). Multilateral benefit-sharing from digital sequence information will support both science and biodiversity conservation. *Nature Communications, 13*, 2.

49 Hartman Scholz *et al.* destacan que el conjunto de datos que se puede encontrar en la infraestructura central de almacenamiento de datos de secuencias (la *International Nucleotide Sequence Database Collaboration*), la cual contiene más de 2.289 millones de secuencias anotadas, se descarga parcial o totalmente 34 millones de veces al año, utilizándolo entre 10 y 15 millones de usuarios únicos. *Ibidem*, 2.

La IDS ha recibido numerosos nombres en el contexto tanto del CDB como del Acuerdo BBNJ[50]. No obstante, su definición dista de ser pacífica, y es un trabajo que se está desarrollando aún en el seno del CDB y que también surgió en las negociaciones del Acuerdo BBNJ. En este sentido, la Decisión 14/20 solicitó una recomendación sobre cómo tratarlo en el contexto del marco mundial para la biodiversidad después de 2020[51]. En marzo de 2022, el Grupo de Trabajo emitió una recomendación en la que proponía una definición repleta de corchetes que denotan la falta de consenso sobre su exacto significado. Considera que la IDS [en RGM]:

> "está constituida por [información sobre][secuencias y estructuras químicas de][secuencias anotadas de][ADN, ARN, proteínas, modificaciones epigenéticas,12 metabolitos, [y otras macromoléculas, [derivados]] y reconoce la relevancia de la información asociada [en particular los conocimientos tradicionales]];]"[52].

50 Entre otros, destacan: datos de secuencias digitales, datos e información de secuencias digitales, datos de secuencias genéticas, datos e información de secuencias genéticas digitales, información y datos de secuencias genéticas digitales, información de secuencias digitales de recursos genéticos, información, datos e información de secuencias genéticas digitales, información de secuencias digitales de recursos genéticos, recursos genéticos marinos *in silico* y [una combinación de las anteriores]. Deep-Ocean Stewardship Initiative (2020). Digital Sequence Information – Clarifying Concepts. *Policy Brief*, 1.

51 CDB. CBD/COP/DEC/14/20 (30.11.2018). Decision adopted by the Conference of the Parties to the Convention on Biological Diversity 14/20. Digital sequence information on genetic resources, apartado 12. A fecha de finalización de esta monografía, aún no se ha llegado a un consenso sobre la misma.

52 CDB. CBD/WG2020/REC/3/2 (29.03.2022). Recommendation adopted by the Working Group on the post-2020 global Biodiversity Framework.

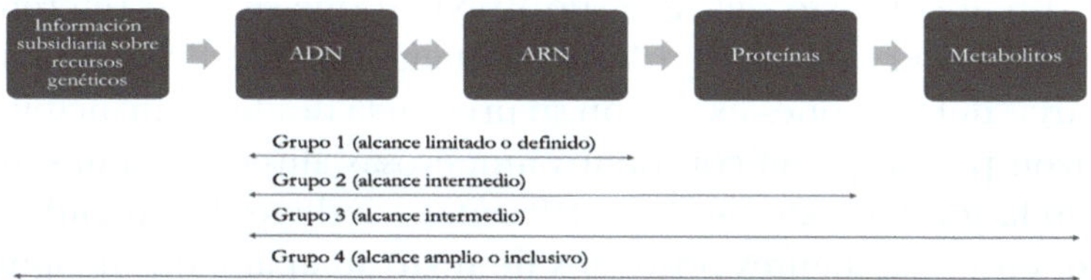

Figura 3. Agrupaciones temáticas propuestas para los datos/información potencialmente constitutivos de la noción de información digital sobre secuencias de recursos genéticos[53].

El Grupo Técnico de Expertos *Ad Hoc* sobre IDS en RGM estudia cuatro grupos alternativos propuestos para definir el ámbito de la IDS[54] (Figura 3): (a) Grupo 1 (alcance limitado o definido –*narrow*–): relativo al ADN y ARN; (b) Grupo 2 (alcance intermedio –*intermediate*–): relativo al (ADN y ARN) y proteínas; (c) Grupo 3 (alcance intermedio –*intermediate*–): relativo al (ADN, ARN y proteínas) y metabolitos; y (d) Grupo 4 (alcance amplio o inclusivo –*broad*–): (ADN, ARN, proteínas, metabolitos) y conocimientos tradicionales, interacciones ecológicas, etc.

Los tres primeros grupos están basados en la estructura molecular de las macromoléculas y pequeñas moléculas, la información que transportan y la información asociada a su adquisición, mientras que el cuarto grupo añade también información con menor proximidad al recurso genético subyacente, que se extiende a datos de comportamiento, información sobre relaciones ecológicas o conocimientos tradicionales[55]. Estos grupos difieren en el alcance del procesamiento biológico necesario para convertir los datos en información.

---

53 Traducción propia de la figura realizada por: *Ibidem*, 34.

54 CDB. CBD/DSI/AHTEG/2020/1/3 (29.01.2020). Digital sequence information on genetic resources: concept, scope and current use, apartado 11.

55 Deep-Ocean Stewardship Initiative (2020). Digital Sequence Information (...), *op. cit.*, 3.

En el contexto del Acuerdo BBNJ, al que se hace referencia en los Capítulos III a V, la IDS tampoco ha sido definida. Varias delegaciones exigieron su presencia desde un principio, razón por la que encontramos numerosas alusiones al mismo a lo largo del texto de PTR2019 entre corchetes[56]. Sin embargo, en los siguientes proyectos de texto su aparición mengua considerablemente hasta el texto definitivo, en el que vuelve a aparecer a lo largo de todo el texto, pero no se define. Ésta fue una decisión consciente en aras a mantener la coherencia con el CDB, en cuyo marco se está trabajando en definirla actualmente. Por lo tanto, se espera que, una vez adoptada para el CDB, la noción escogida se haga extensiva al Acuerdo BBNJ.

A pesar de las ventajas innegables de una definición compartida, se puede generar la situación, nada improbable, de que exista un intervalo temporal entre la entrada en vigor de este Acuerdo y la consecución de una definición en el seno de la CDB. En ese caso, el Acuerdo se aplicaría a las actividades relacionadas con los RGM y el IDS, generando una inseguridad jurídica considerable, ya que este último concepto no estaría definido.

3. El acceso a los recursos genéticos marinos

Por la especial importancia que tienen dentro de la biodiversidad marina y, sobre todo, por la complejidad jurídica que lo rodea, es menester detenerse brevemente en qué es considerado *acceso* a los RGM[57]. Los recursos genéticos pueden ser

---

56 El uso de corchetes en los proyectos de texto del Acuerdo indica: "(a) cuando hay diferencias de redacción que no reflejan enfoques conceptuales diferentes; y (b) cuando se ha expresado un cierto nivel de apoyo a una opción de 'no texto', ya sea dentro de una disposición o con respecto a una disposición en su conjunto". PT2019, *op. cit.*, párr. 7.

57 El *acceso* a los recursos no es sinónimo de la *recolección* o *utilización* de los mismos. Para un análisis en profundidad sobre las diferencias

utilizados, entre otros usos, para desarrollar productos bioquímicos idóneos para la producción de fármacos, cosméticos, suplementos nutricionales o procesos industriales[58], tal y como se verá en el apartado siguiente. El desarrollo de estos recursos, de forma esquemática, comienza con el denominado proceso de muestreo. Para ello, se ha de acceder al campo o a las colecciones de tejidos, ADN, cultivos (*in vitro*) o secuencias (*in silico*)[59]. A continuación, se han de cribar los compuestos secundarios y/o los genes que sintetizan las moléculas de interés, aislar en el laboratorio y someter a una serie de pruebas. Estos procesos suelen durar años y son altamente selectos[60].

---

entre estos tres términos, véase el apartado C del Capítulo V.

58 Rogers A. D. *et al.* (2021). Marine Genetic Resources in Areas Beyond National Jurisdiction: Promoting Marine Scientific Research and Enabling Equitable Benefit Sharing. *Frontiers in Marine Science, 8*, 2.

59 Es importante precisar que las muestras recogidas pueden contener recursos genéticos aun si no se han recogido *a priori* con el fin de realizar trabajos moleculares. Rabone *et al.* destacan que puedan encontrarse, por ejemplo, en muestras de agua, hielo marino o sedimentos en las ZFJN. Asimismo, inciden en la importancia de los avances tecnológicos en materia de secuenciación, por lo que mientras que la mayor parte de la utilización de recursos genéticos (incluidos los marinos) procederá de materiales vivos cultivados, congelados o conservados en etanol, el avance de estas tecnologías ya permite la extracción de ADN de materiales antiguos y fijados en formol; es decir, se pueden obtener recursos genéticos de muestras no recogidas originalmente ni preservadas para realizar trabajos moleculares. Rabone, M. *et al.* (2019), *op. cit.*, 3.

60 Arnaud-Haond ejemplifica la dilación habitual en estos procesos con el caso de los medicamentos. Señala que, de acuerdo con la Federación Europea de Industrias y Asociaciones Farmacéuticas, "una molécula supera con éxito un ensayo clínico para llegar al mercado por cada 5.000 a 10.000 moléculas probadas inicialmente". Arnaud-Haond, S. (2020). Mind the Gap between Biological Samples and MGR in ABNJ: Lessons from Land. En: T. Heidar (Ed.). *New Knowledge and Changing Circumstances in the Law of the Sea* (pp. 29-39). Leiden: Brill Nijhoff, 36.

En términos generales, podemos hablar de tres tipos de acceso: *in situ, ex situ* o *in silico*. El acceso *in situ* consiste en recoger muestras de organismos marinos, que contengan material genético, en su entorno natural (es decir, para el objeto este trabajo, en las ZFJN de los océanos). El acceso *ex situ* se produce cuando se accede a estos recursos fuera de dicho entorno, por ejemplo, en colecciones de cultivos, museos o instituciones de investigación. El acceso *in silico* se refiere al acceso a datos genéticos, como genomas completos o secuencias de genes aisladas, con o sin anotaciones funcionales, o datos bioquímicos sobre productos genéticos (como las proteínas, péptidos y metabolitos)[61].

El acceso a estos recursos, especialmente en las ZFJN, presenta retos significativos ya que requiere de recursos tecnológicos, humanos y financieros disponibles sólo en un número reducido de Estados[62]. Se necesitan buques de investigación científica de última generación equipados con herramientas para realizar muestreos –especialmente para la investigación en aguas profundas– y personal capacitado en todas las disciplinas de las ciencias marinas y las tecnologías asociadas[63]. La labor que realizan los buques de recogida de muestras requiere a su vez de sofisticadas instalaciones de laboratorio en tierra para poder desarrollar la investigación científica adecuada. La financiación de estas expediciones suele proceder de fondos

---

61 Broggiato, A. *et al.* (2018). *Mare Geneticum*: Balancing Governance of Marine Genetic Resources in International Waters. *The International Journal of Marine and Coastal Law, 33*, 14.

62 Rogers A. D. *et al.* (2021), *op. cit.*, 3.

63 Estos buques tienen un coste de entre 25.000 y 87.500 dólares estadounidenses al día, sin contar los costes de los combustibles. Junto con los grandes buques de investigación, se utilizan también vehículos teledirigidos (conocidos como los ROVs, *Remotely-Operated Vehicles*, y los AUVs, *Autonomous Underwater Vehicles*). *Ibidem*, 8.

públicos de los Estados desarrollados, de industrias de alta mar u organizaciones filántropas[64].

La distribución desigual de las capacidades científicas y tecnológicas necesarias[65] supone que pocos Estados cuenten con lo requerido para llevar a cabo dichas labores de investigación o, incluso, para acceder a colecciones donde se encuentran las muestras y datos obtenidos por otras expediciones si no poseen los recursos necesarios para crear y mantener instituciones educativas y de investigación, infraestructuras o ciberinfraestructuras necesarias, así como la capacidad humana para evaluar y analizar dichos recursos[66].

A diferencia de la pesca, cuyo objetivo último es el consumo, en la mayoría de los casos los RGM no tienen una utilización única, sino que pueden ser aprovechados para múltiples investigaciones o aplicaciones. En consecuencia, uno de los aspectos claves de la investigación sobre recursos genéticos es que las muestras se puedan rastrear para trabajos posteriores[67]. Para ello, tres son los considerados momentos claves para asegurar el control: la notificación de los cruceros, el depósito en colecciones y la asignación de identificadores a las muestras. En la práctica, la notificación previa de los cruceros varía considerablemente entre Estados o, incluso, entre organizaciones dentro de un mismo Estado. A menudo el grado de cumplimiento

---

64 Rogers A. D. *et al.* (2021), *op. cit.*, 4.

65 Broggiato, A. *et al.* (2014). Fair and equitable sharing of benefits from the utilization of marine genetic resources in areas beyond national jurisdiction: Bridging the gaps between science and policy. *Marine Policy, 49,* 178.

66 Harden-Davies, H *et al.* (2020). Science in Small Island Developing States: Capacity Challenges and Options relating to Marine Genetic Resources of Areas Beyond National Jurisdiction. *Report for the Alliance of Small Island States.* Wollongong: University of Wollongong, 3.

67 Rabone, M. *et al.* (2019), *op. cit.*, 11.

con las notificaciones es inconsistente y las páginas web donde se publican dichas notificaciones no siempre están completas o actualizadas[68]. En principio, una vez recolectadas las muestras, los investigadores deberían depositar los especímenes en colecciones de museo u otras instituciones con las infraestructuras adecuadas. Si bien ésta es la práctica más extendida, en algunos tipos de investigación no se requiere que se guarden las muestras, por lo que pueden ser destruidas, con el ulterior coste que tiene volver a acceder a las mismas (notablemente si se encuentran en los fondos marinos)[69]. Finalmente, y para garantizar el control posterior de la vida del recurso, lo ideal es asignar un identificar único global a la muestra o espécimen y a la información asociada al mismo sobre su origen y procesamiento. En los últimos años, y fomentado por la digitalización, se ha intentado crear un enfoque estandarizado para facilitar la interoperabilidad, que avanza lentamente[70].

B. LAS ZONAS FUERA DE LA JURISDICCIÓN NACIONAL

El objeto de esta investigación son los recursos genéticos situados o hallados en las zonas fuera de la jurisdicción nacional. Las ZFJN representan el 70% del espacio habitable de la Tierra y contiene más del 90% de la biomasa viviente[71]. Estas áreas marítimas son la suma de la alta mar y la Zona, conforme a la

---

68 Para ver un análisis completo por Estados, véase: Rogers A. D. *et al.* (2021), *op. cit.*, 8-10.

69 *Ibidem*, 12.

70 En este sentido, véase la labor de la *Genomics Stanards Consortium* con el *Global Genome Biodiversity Network* y la *Ocean Biodiversity Information System*. *Ibidem*, 13.

71 Hammond, A. & Jones, P. J. S. (2020), *op. cit.*, 1.

Convención de las Naciones Unidas sobre el Derecho del Mar (en adelante, CNUDM o la Convención)[72].

La alta mar se define de forma negativa por el artículo 86 de la CNUDM como aquellas partes del mar "no incluidas en la zona económica exclusiva, en el mar territorial o en las aguas interiores de un Estado, ni en las aguas archipelágicas de un Estado archipelágico". El límite hacia tierra de la alta mar es, por tanto, el límite de la zona económica exclusiva (ZEE) si el Estado ribereño la ha reivindicado, o el límite del mar territorial en caso contrario. La Zona hace referencia, en cambio, a "los fondos marinos y oceánicos y su subsuelo fuera de los límites de la jurisdicción nacional"[73].

Estas dos zonas marítimas, además de ser distintas geográficamente, gozan de dos regímenes jurídicos muy diferentes. Por un lado, en la alta mar rige el principio de libertad, lo que no implica que sea una "zona sin ley", sino que el orden se asegura mediante la jurisdicción exclusiva del Estado de pabellón[74]. La alta mar, pues, no puede ser sometida a la soberanía

---

72 Este apartado no pretende realizar un estudio en profundidad sobre la definición de las ZFJN conforme a la CNUDM, sino únicamente acotar geográficamente el objeto de estudio de esta investigación. Para un análisis más exhaustivo sobre la materia, véanse, entre otros: Scovazzi, T. (1995). *Elementos de Derecho Internacional del Mar*. Madrid: Tecnos (Edición española a cargo de Valentín Bou Franch), 93-102 y 114; Tanaka, Y. (2019). *The International Law of the Sea* (3rd Ed.). Cambridge: Cambridge University Press, 186-235; Convención de las Naciones Unidas sobre el Derecho del Mar, Montego Bay, de 10 de diciembre de 1982, UNTS 1833 (p. 3), 1834 (p. 3), 1835 (p. 3).

73 Artículo 1 de la CNUDM.

74 Tanaka, Y. (2019), *op. cit.*, 168. Para más información sobre la jurisdicción exclusiva de los Estados de pabellón, véase: Honniball, A. N. (2016). The Exclusive Jurisdiction of Flag States: A limitation on Pro-active Port States? *Marine and Coastal Law, 31*, 459-530.

de ningún Estado[75] y ha de ser utilizada exclusivamente con fines pacíficos[76]. Su régimen está inspirado en la idea de la libertad de los Estados de desarrollar sus actividades, sean éstas de navegación, sobrevuelo, tendido de cables y tuberías submarinos, construcción de islas artificiales, pesca, o investigación científica, entre otras[77]. Esta libertad puede ejercerse bajo las condiciones establecidas por la Convención y otras normas de Derecho Internacional[78].

Por el otro, la Zona, que se rige por las disposiciones de la Parte XI de la CNUDM y el Acuerdo relativo a la aplicación de la Parte XI de la CNUDM de 1994, así como sus recursos, "son patrimonio común de la humanidad" (PCH)[79]. Por "recursos" se entienden "todos los recursos minerales sólidos, líquidos o gaseosos *in situ* en la Zona, situados en los fondos marinos o en su subsuelo, incluidos los nódulos polimetálicos"[80]. Esto incluye, según la literalidad del texto, solamente a los recursos no vivos; y, por tanto, no abarca a los recursos que son objeto de este trabajo. Los derechos sobre estos recursos son gestionados por la Autoridad Internacional de los Fondos Marinos y Oceánicos (AIFMO, conocida en inglés como la *International Seabed Authority*)[81], la cual organiza, realiza y controla las actividades de exploración y explotación de estos[82].

---

75 Artículo 89 de la CNUDM.

76 Artículo 87 de la CNUDM.

77 Artículo 87 de la CNUDM.

78 Shaw, M. N. (2008). *International Law* (6th Ed.). Cambridge: Cambridge University Press, 609.

79 Artículo 136 de la CNUDM.

80 Artículo 133 (a) de la CNUDM.

81 Artículo 137.2 de la CNUDM.

82 Artículo 153.1 de la CNUDM.

C. BENEFICIOS DERIVADOS DE LOS RECURSOS GENÉTICOS MARINOS

La biodiversidad en las ZFJN es fuente de numerosos beneficios. La ONU los ha sistematizado en cuatro grandes bloques[83]: (a) los alimentos provenientes de los océanos, en tanto los productos del mar, incluidos los peces de aleta, los invertebrados y las algas, son un componente primordial de la seguridad alimentaria del mundo y proporcionan el 17% de las proteínas animales a la población mundial; (b) los RGM, por sus aplicaciones a la industria farmacéutica, a la cosmética, a la acuacultura y a la biomedicina; (c) los aspectos culturales del océano, desde la herencia cultural de los polinesios y los melanesios en la navegación de larga distancia a través del océano, pasando por el papel de las ballenas y otros mamíferos como parte de las culturas de muchos pueblos como los inuit, hasta los yacimientos históricos y arqueológicos subacuáticos situados en estas zonas; y (d) el conocimiento derivado de la investigación científica marina, por ejemplo, para predecir efectos del cambio climático.

De forma más específica, y centrando el estudio en los recursos genéticos, Lawson y Adhikari representan los beneficios que se derivan de los mismos y del potencial modelo de acceso y participación en beneficios[84] en dos grandes grupos: públicos y privados (Figura 4). Por su importancia, destacaremos uno de los grandes beneficios de cada sector: los servicios de los ecosistemas y los usos biotecnológicos de los RGM.

---

83 UN. (2017), *op. cit.*, 17-18.

84 Los modelos creados por el Protocolo del Nagoya y por el Acuerdo BBNJ serán estudiados, respectivamente, en los Capítulos II y V.

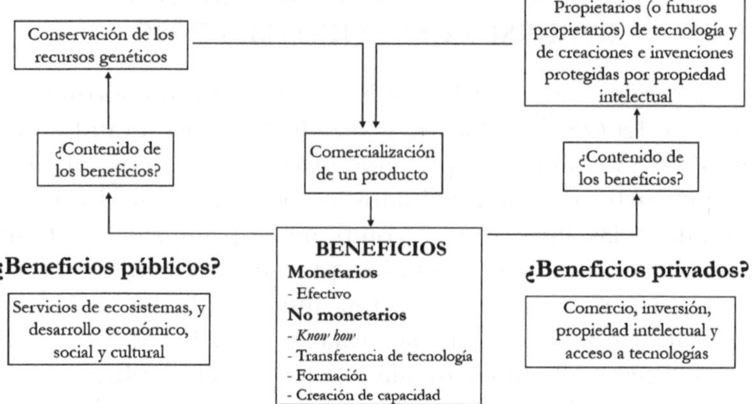

Figura 4. Modelo básico de acceso y participación en beneficios[85].

1. Los servicios de los ecosistemas

En 2005, se publicó el *Millenium Ecosystem Assessment*, que definía los "servicios de los ecosistemas" como los beneficios que las personas obtienen de éstos. Esta noción incluía, entre otros, los servicios de aprovisionamiento, regulación y culturales que afectan directamente a las personas y los servicios de apoyo necesarios para mantener otros servicios. Armstrong *et al.*, más tarde, sistematizaron estos servicios derivados de los ecosistemas del fondo marino[86].

Los servicios de apoyo (*supporting services*) son los necesarios para la producción de los demás servicios. Estos engloban: (1) los hábitats, dado que los fondos marinos hospedan algunos de

---

85 Traducción de elaboración propia de la figura de Lawson y Adhikari. Lawson, C. & Adhikari, K. (2018). *Biodiversity, Genetic Resources and Intellectual Property*. Nueva York: Routledge, 3.

86 Armstrong, C. W. *et al.* (2012). Services from the deep: Steps towards valuation of deep sea goods and services. *Ecosystem Services, 2,* 1-12.

los ecosistemas más variados del planeta[87] y se cree que contienen más especies que cualquier otro entorno marino[88]; (2) el "reciclaje de nutrientes" (*nutrient cycling*), entendido como su almacenamiento y reaprovechamiento por parte de los organismos vivos de los ecosistemas[89]; (3) la producción primaria quimiosintética, por la que las bacterias quimiosintéticas y *archae* pueden utilizar la energía química del hidrógeno, metano, sulfuro de hidrógeno, amonio o hierro para producir biomasa, así como consumir sustancias tóxicas o relevantes para el clima (como el sulfuro o el metano)[90]; y (4) la resiliencia de sus especies y ecosistemas, que tiene un impacto directo en la capacidad de adaptación del sistema global[91].

---

87 Koslow, T. (2007). *The Silent Deep: The Discovery, Ecology, and Conservation of the Deep Sea.* Sidney: UNSW Press.

88 UNEP (2006). Ecosystems and biodiversity in deep waters and high seas. UNEP Regional Seas Reports and Studies, 178.

89 Costanza, R. *et al.* (1997). The value of the world's ecosystem services and natural capital. *Nature, 387 (6630),* 253-260.
Estos ciclos desempeñan un importante rol en los ciclos biogeoquímicos globales, dado que actúan, por un lado, como servicio de apoyo, alimentando recursos que proporcionan servicios de aprovisionamiento, por ejemplo, recursos pesqueros comerciales, y, por otro lado, como servicio de regulación al absorber carbono (y, en consecuencia, reducir el dióxido de carbono de la atmósfera, disminuyendo el cambio climático antropogénico). Asimismo, estos ciclos son esenciales para la producción primaria en la zona fótica de los océanos, donde reside la mayor parte de la vida del planeta. Armstrong, C. W. *et al.* (2012), *op. cit.*, 5.

90 Jørgensen, B. B. & Boetius, A. (2007). Feast and famine-microbial life in the deep-sea bed. *Nature Reviews Microbology, 5 (10),* 770–781.

91 En el marco de desconocimiento que envuelve los fondos oceánicos y sus habitantes se ha considerado que éstos puedan ser menos resilientes que sus contrapartes terrestres, pero es indudable su contribución directa a la resiliencia terrestre y marina por sus funciones, entre otras, mediante su cometido como sumideros de carbono y reguladores de la temperatura. Armstrong, C. W. *et al.* (2012), *op. cit.*, 6.

De los ecosistemas se pueden obtener asimismo una serie de productos (*provisioning services*), entre los que se encuentran: (a) la alimentación, incluyendo productos derivados de plantas, animales y microbios; (b) los minerales, petróleo y gas; y (c) los compuestos químicos para uso industrial y farmacéutico.

De la regulación de los ecosistemas también se pueden obtener una serie de beneficios (*regulating services*). Por ejemplo, la regulación climática y del gas afecta el mantenimiento de la composición química de la atmósfera y los océanos[92]. Asimismo, los océanos son importantes absorbentes de deshechos y detoxificadores, ya que los almacenan, entierran y transforman. De la misma forma, la regulación biológica puede conllevar beneficios globales; por ejemplo, hay ciertos organismos que contribuyen a controlar potenciales plagas, bien eliminándolas a través de su ingesta, bien imposibilitando o reduciendo su aparición al competir por los mismos recursos[93].

Por último, se hace referencia también a los beneficios inmateriales derivados de los ecosistemas y sus recursos. Éstos pueden ser tan variados como el conocimiento científico que se extrae de los mismos, sus valores espirituales o religiosos[94],

---

92 Asimismo, y como ha sido señalado antes, el secuestro de carbono provee de un servicio de regulación climática, y los microbios *methanotrophics* en el fondo del mar y las aguas consumen casi todo el metano que entra en los océanos. *Ibidem.*

93 *Ibidem*, 7.

94 Algunos grupos indígenas practican tradiciones en las que los mamíferos marinos están involucrados de un modo u otro. *Ibidem*, 8.

sus valores patrimoniales o culturales[95], o incluso sus usos puramente recreativos y turísticos[96].

2. Los usos biotecnológicos de los recursos genéticos marinos

La aplicación comercial de los RGM ha sido el factor que ha propulsado el interés por la regulación de su acceso y utilización[97]. De forma metódica, el Órgano Subsidiario de Asesoramiento Científico, Técnico y Tecnológico (OSACTT) del CDB agrupó cuatro de los grandes usos que se han dado a estos recursos desde la industria biotecnológica[98].

En primer lugar, se encuentran las enzimas industriales, utilizadas por múltiples industrias como sustitutos rentables y ecológicos al procesado químico. Se utilizan, por ejemplo, en formulaciones de detergentes, en el procesado de alimentos, para la producción de fármacos o en el procesado de textiles, entre otros. Estas enzimas deben ser estables a temperaturas

---

95 La voluntad para pagar a organizaciones no gubernamentales medioambientales centradas en la protección de animales marinos ha sido utilizada como medida de referencia para demostrar el impacto o el valor que la sociedad da a la protección de la biodiversidad marina. *Ibidem*, 8.

96 La fascinación por los seres marinos se ha llevado a la ficción mediante novelas como las de Julio Verne, pero también en documentales como el de David Attenboroughts (*Blue Planet – Into the Deep*) basados en el acceso a los océanos.

97 Se espera que el uso de estos recursos aporte grandes beneficios para estas industrias. El mercado de biotecnología marina en 2022 alcanzó los 5.9 billones de dólares estadounidenses, y se estima que alcance los 11.7 billones de dólares estadounidenses en 2032, Precedence Researcher (s.f.). *Marine Biotechnology Market, https://www.precedenceresearch.com/marine-biotechnology-market*

98 OSACTT. UNEP/CBD/SBSTTA/2/15 (24.07.1996). Bioprospecting of Genetic Resources of the Deep Sea-Bed.

extremas, motivo por el que las que se encuentran en los fondos oceánicos pueden ser interesantes para este sector[99].

En segundo lugar, destacan las enzimas biotecnológicas[100], en tanto el objetivo de la investigación con este tipo de enzimas es identificar las que son capaces de llevar a cabo tareas moleculares específicas (por ejemplo, alterar ADN o ARN para la creación de moléculas genéticamente modificadas)[101]. También hay un interés por las enzimas extremadamente sensibles al calor, ya que la ejecución de reacciones biotecnológicas con éstas permite un mejor control del proceso de reacción[102].

En tercer lugar, es menester mencionar los microbios industriales. Los microbios extremófilos son útiles ya que se han encontrado algunos que viven en fuentes inusuales de carbono y energía, incluido el petróleo. Los usos industriales de dichos microbios incluyen el tratamiento de aguas residuales municipales, biorremediación de suelos contaminados, biolixiviación de minerales, procesamiento de alimentos y servicios institucionales como la limpieza[103].

---

99 *Ibidem*, párrs. 50-52.

100 *Ibidem*, párrs. 53 y 57.

101 Un ejemplo paradigmático de estas es la Taq DNA, una enzima inusualmente termoestable de la que depende un proceso biotecnológico conocido como “reacción en cadena de polimerasa” (*polymerasa chain reaction, PCR*). La polimerasa Taq ADN se deriva de una bacteria acuática (*thermus aquaticus*) encontrada en una fuente termal del oeste de EE.UU. En 1991, Hoffman-Laroche, empresa farmacéutica suiza, pagó más de 300 millones de dólares estadounidenses a Cetus Corporation, que inventó la PCR, por los derechos mundiales exclusivos. *Ibidem*, párrs. 54-55.

102 Al menos un producto termosensible, la fosfatasa alcalina de gamba (*Shrim Alkaline Phosphatase*), se deriva de una especie de gamba de la Antártida. *Ibidem*, párr. 57.

103 *Ibidem*, párr. 60.

En cuarto lugar, cabe destacar los fármacos, ya que el mercado farmacéutico es el mayor mercado de productos derivados de los recursos genéticos[104], y al que se hace referencia de forma más extensa en el apartado H del Capítulo V, relativo a los derechos de propiedad intelectual.

Los recursos genéticos son accesibles por un grupo reducido de Estados cuyo sector público y/o privado cuenta con las capacidades necesarias para recolectarlos y procesarlos. Una forma ilustrativa de observar cuáles son los Estados que acceden a estos recursos y los vuelven de su propiedad es a través de los derechos de propiedad intelectual. Manteniendo en consideración que el número de patentes no se traduce necesariamente en una explotación efectiva, sí ofrece una clasificación razonable de los Estados que tienen un mayor acceso a los recursos marinos. Diez Estados, en 2018, concentraban más del 90% de patentes depositadas con genes marinos, de las cuales el 70% correspondía a tres Estados (EE.UU., Alemania y Japón)[105].

---

104 *Ibidem*, párr. 62.
Algunos de los primeros estudios del Instituto Nacional de Cáncer de los Estados Unidos de América (EE.UU.) estiman que el 1% de las muestras de animales marinos analizados en laboratorio revelan un potencial antitumoral (frente al 0.01% de las muestras de origen terrestre). De la Calle, F. (2009). Marine Genetic Resources. A Source of New Drugs. The Experience of the Biotechnology Sector. *The International Journal of Marine and Coastal Law, 24,* 210.

105 El estudio realizado por Blasiak *et al.* ratifica los resultados de uno similar efectuado en 2011 por Arnaud-Haond, Arrieta y Duarte que señalaban que 10 Estados poseían el 90% de las solicitudes de patentes, 3 de los cuales poseía más del 70%, dando lugar a una distribución de la riqueza en la que muy pocos jugadores dominaban el mercado. Blasiak, R. *et al.* (2018). Corporate control and global governance of marine genetic resources. *Science Advances, 4,* 2; Arnaud-Haond, S.; Arrieta, J. M. & Duarte, C. M. (2011). Marine Biodiversity and Gene Patents. *Science, 331,* 1521.

D. AMENAZAS A LOS RECURSOS GENÉTICOS MARINOS

Unido al interés generalizado de la comunidad internacional y del sector industrial en el uso (sostenible) de los recursos genéticos, los intentos de regular el acceso a estos recursos encontrados tanto dentro como fuera de la jurisdicción nacional, a los que se hace referencia en los Capítulos siguientes, se vieron impulsados por las amenazas que acucian los océanos fuera de la jurisdicción nacional, ya sean naturales o antropogénicas[106].

1. Amenazas consecuencia del cambio climático

El cambio climático y sus amenazantes consecuencias para la vida en el planeta no son novedad alguna para la comunidad científica ni la población general[107]. Son muchas las adversidades

---

106 El listado de presiones o amenazas aquí estudiado no es exhaustivo, sino que es una selección de aquellas actividades o elementos que afectan de manera más sustancial y negativa a la conservación de los océanos y su biodiversidad. Para un análisis sobre las amenazas que afectan a las ZFJN de los océanos, véase: UN. (2017). The conservation and sustainable use (…), *op. cit.*, 21-29.

107 Como señala Giles Carnero, "la actuación para la mitigación y la adaptación al cambio climático supone uno de los mayores desafíos a los que la Humanidad tiene que enfrentarse". En el empeño de enfrentar dicho reto, la comunidad internacional ha buscado durante mucho tiempo soluciones en el régimen internacional en materia de cambio climático, si bien con el tiempo se ha reconocido la necesidad de adoptar un tratamiento transversal. Giles Carnero, R. (2018). Introducción. En: R. Giles Carnero. *Desafíos de la Acción Jurídica Internacional y Europea frente al Cambio Climático* (pp. 17-25). Barcelona: Atelier, 17-18.
Sobre el régimen internacional del cambio climático, véase: Bodansky, D.; Brunnée, J. & Rajamani, L. (2017). *International Climate*

a las que se enfrenta la biodiversidad de la Tierra y, en especial, la de los océanos. Entre éstas, sin embargo, cabe destacar cuatro grandes amenazas debido a los riesgos que entrañan para los recursos vivos marinos: el incremento de la temperatura de los océanos y del nivel del mar, la acidificación de los océanos, las variaciones en la salinidad y la estratificación y los cambios en la productividad primaria de los océanos.

El Sexto Informe del Grupo Intergubernamental de Expertos sobre el Cambio Climático (más conocido por sus siglas en inglés, *Intergovernmental Panel on Climate Change*, IPCC) reafirmó que las temperaturas globales de la superficie han aumentado desde finales del siglo XIX[108]. El calentamiento provoca adversidades relevantes en tanto conlleva la expansión térmica de los océanos y el deshielo de los glaciares y de las capas de hielo de los continentes polares[109], lo que resulta

---

Change Law. Oxford: Oxford Public International Law; Giles Carnero, R. (2003). *La amenaza contra la capa de Ozono y el Cambio Climático: Respuesta Jurídico-Internacional.* Huelva: Servicio de Publicaciones Universidad de Huelva.

108 IPCC. (2023). Climate Change 2023. Synthesis Report, párr. A.2.1 and B.1.3.
La Tierra está absorbiendo más calor del que emite al espacio; y, en su mayoría, está almacenado en los océanos. Concretamente, el océano ha absorbido entre 1971 y 2010 cerca del 93% del calor extra combinado del aire caliente, el mar, la tierra y el hielo derretido. UN. (2017). The conservation and sustainable use (...), *op. cit.*, párr. 59.

109 Es particularmente alarmante el deshielo del permafrost del Ártico, dado que libera dióxido de carbono y metano e incrementa el nivel medio del mar. Sobre los efectos del cambio climático en el Ártico, véase: Bodansky, D. & Pomerance, R. (2021). Sustaining the Arctic in Order to Sustain the Global Climate System. *Sustainability, 13 (19).*

en un incremento del nivel medio del mar[110]. Como consecuencia inevitable del aumento de este nivel, el riesgo para los ecosistemas, las personas y las infraestructuras se continuará acrecentando[111].

Otro de los desafíos más acuciantes es el incremento de las concentraciones de dióxido de carbono en la atmósfera que está resultando en una mayor absorción por parte del océano, donde al reaccionar con el agua forma el ácido carbónico[112]. La acidificación resultante disminuye los niveles de carbonato cálcico disuelto en el mar, lo que reduce los iones de carbonato disponibles, necesarios para la formación de conchas y esqueletos por parte de las especies marinas[113].

Asimismo, son relevantes las variaciones en la salinidad del océano, las cuales se deben a diferencias entre las entradas de agua dulce, las precipitaciones y la evaporación; todas afectadas

---

110 En promedio, el nivel del mar ha subido 3.2 milímetros al año en las dos últimas décadas, de los cuales un tercio se debe a la expansión térmica, sumado a los flujos de agua dulce de los continentes a consecuencia del deshielo de los glaciares y las capas de hielo continentales. UN. (2017). The conservation and sustainable use (…), *op. cit.*, párr. 60.

111 IPCC. (2023), *op. cit.*, párr. B.2.2.

112 Cuando el dióxido de carbono es absorbido por el agua del mar, se producen una serie de reacciones químicas que reducen el pH del mar, la concentración de iones carbonato y los estados de saturación de los minerales de carbonato importantes. UN. (2017). The conservation and sustainable use (…), *op. cit.*, párr. 62.

113 *Ibidem.*

A pesar de ser un problema de naturaleza global, la acidificación de los océanos no ha sido el centro de interés del panorama internacional, existiendo una flagrante laguna en su regulación en el Derecho Internacional del Medioambiente. Galdies, C.; Tiller, R. & Martínez Romera, B. (2022). Global Ocean Governance and Ocean Acidification. En: W. Leal Filho *et al. Life Below Water. Encyclopedia of the UN Sustainable Development Goals* (pp. 421-433). Cham: Springer.

por el cambio climático. La salinidad cambiante supone un peligro para la biodiversidad dado que se trata de un factor determinante en la distribución de las especies marinas y estuarinas y es limitante para los organismos de agua dulce; es decir, es fundamental para modificar la estructura y el funcionamiento de los ecosistemas acuáticos[114].

Por último, las diferencias de salinidad y temperatura entre las distintas masas de agua pueden dar lugar a la estratificación, en la que el agua del mar forma capas, con limitados intercambios entre ellas (lo que implica que es menos probable que la capa superficial caliente se mezcle con la más fría y densa que se encuentra debajo). El calentamiento aumenta la estratificación, lo que disminuye la transferencia de oxígeno a las aguas más profundas, provocando así la denominada "desoxigenación oceánica", la cual reduce los hábitats disponibles afectando a la biodiversidad y a la distribución de las especies al reducir el aporte de nutrientes a la zona fótica[115].

La estratificación puede provocar una reducción de la producción primaria u ocasionar un cambio en la productividad hacia especies más pequeñas de fitoplancton o ambos efectos. Esto supone un cambio en la eficiencia de la transferencia de energía a otras partes de la red trófica, generando variaciones importantes en la biología de regiones del océano abierto[116].

---

114 Smyth, K. & Elliot, M. (2016). Effects of changing salinity on the ecology of the marine environment, en: M. Solan & N. Whiteley (eds.). *Stressors in the Marine Environment: Physhiological and ecological responses; societal implications* (pp. 161-175). Oxford: Oxford University Press.

115 Venegas, R. M., Acevedo, J. & Treml, E. A. (2023). Three decades of ocean warming impacts on marine ecosystems: A review and perspective. *Deep-Sea Research Part II, 212,* 1-19.

116 UN. (2017). The conservation and sustainable use (...), *op. cit.,* párr. 67.

4. Amenazas antropogénicas a los océanos

Los peligros a los que se enfrentan los océanos y su biodiversidad tienen también su origen en la actividad de los seres humanos. Las actividades que éstos realizan tienen consecuencias, en algunos casos, catastróficas para los seres vivos que les rodean. Entre las múltiples amenazas antropogénicas existentes se destacan cinco: la sobreexplotación pesquera, la contaminación, la explotación de minerales, el secuestro por geoingeniería de dióxido de carbono y los impactos de los cables y tuberías submarinas[117].

La pesca y, en concreto, la sobreexplotación pesquera es tal vez la presión más importante sobre la biodiversidad pelágica en las ZFJN. Afecta a los ecosistemas marinos de diferentes formas: (a) la pesca intensiva puede reducir el tamaño de las poblaciones objetivo a niveles insostenibles y puede extirpar poblaciones locales[118]; (b) la pesca puede seleccionar artificialmente diferentes rasgos corporales y reproductivos, dando lugar a poblaciones y especies compuestas por individuos más pequeños y de maduración más temprana; (c) asimismo, la pesca puede afectar a poblaciones de especies no objetivo como resultado de las capturas accesorias o la pesca fantasma (el enredo de animales en redes de pesca desechadas)[119]; (d) además, la pesca puede afectar a las relaciones depredador-presa, lo que puede dar lugar a cambios en la estructura de la comunidad que no vuelve a su estado original al cesar la presión pesquera (lo que se conoce como estados estables

---

117 Se destacan estas cinco amenazas atendiendo a los resultados de la investigación de la ONU acerca de la situación de la biodiversidad marina en las ZFJN. *Ibidem*, 25-31.

118 Lascelles, B. *et al.* (2014). Migratory marine species: their status, threats and conservation management needs. *Aquatic Conservation: Marine and Freshwater Ecosystems, 24*, 111-127.

119 *Ibidem*, 115.

alternativos)[120]; (e) finalmente, la pesca puede reducir la complejidad del hábitat y la pesca de arrastre puede perturbar las comunidades del fondo marino (bentos)[121].

La contaminación oceánica puede adoptar varias formas y es una de las amenazas principales a los ecosistemas marinos[122]. Los vertidos de petróleo pueden tener un gran impacto a nivel poblacional en las especies marinas migratorias cuando tienen lugar en zonas sensibles. Los contaminantes orgánicos deterioran los sistemas inmunitario y reproductor de especies marinas como los corales, las orcas y las focas; así como la contaminación lumínica y acústica pueden provocar cambios en los comportamientos de algunas especies, por ejemplo, debido al impacto del transporte en el medio marino[123].

De forma notable, la contaminación por plásticos se ha vuelto omnipresente en los sistemas marinos y es uno de los factores de estrés más importantes para muchas especies y hábitats[124]; así como el vertido de residuos sólidos en los océanos[125].

---

120 Neeman, N.; Servis, J. A. & Naro-Maciel, E. (2018). Conservation Issues: Oceanic Ecosystems. *Encyclopedia of the Anthropocene, 3,* 196.

121 UN. (2017). The conservation and sustainable use (...), *op. cit.*, párr. 71.

122 Neeman, N.; Servis, J. A. & Naro-Maciel, E. (2018), *op. cit.*, 194.

123 *Ibidem.*

124 Mendenhall, E. (2023). Making the most of what we already have: Activating UNCLOS to combat marine plastic pollution. *Marine Policy, 155,* 1-6.
En el momento de redacción de esta monografía se está negociando en el seno de la ONU un tratado mundial contra la contaminación por plásticos. Sobre el proceso de negociación de este tratado, véase: Tessnow-von Wysocky, I. & Le Billon, P. (2019). Plastics at sea: Treaty design for a global solution to marine plastic pollution. *Environmental Science and Policy, 100,* 94-104.

125 Con el objetivo de prevenir este tipo de contaminación se adoptó la Convención de Londres o Convención sobre la Prevención de la Contaminación del Mar por Vertimiento de Desechos y otras materias de 1972.

Por el momento, la explotación de los recursos minerales se realiza íntegramente en zonas bajo la jurisdicción nacional. Sin embargo, hay un gran interés por iniciar la explotación de los fondos marinos por sus tres tipos de yacimientos minerales: yacimientos de sulfuros masivos de los fondos marinos, nódulos polimetálicos y costras ricas en cobalto[126].

La AIFMO, que regula la explotación de los minerales de la Zona, ha pasado recientemente de realizar funciones reguladoras que permitan la realización de actividades de exploración de estos recursos a la regulación de la explotación de minerales en transición hacia energías limpias[127].

Es relevante señalar también que la captura y el almacenamiento (o secuestro) de dióxido de carbono se ha planteado recientemente como una técnica de mitigación contra el cambio climático, la cual consiste en la captura en la fuente para después inyectarlo en formaciones rocosas del fondo marino[128]. Por sí mismo, el secuestro es una actividad inocua (no

---

126 El interés económico de los yacimientos de sulfuros masivos del fondo marino radica en sus elevadas concentraciones de cobre, zinc, oro y plata; el de los nódulos polimetálicos, en el manganeso, el níquel, el cobre, el molibdeno y los elementos de tierras raras; y el de las costras de ferromanganeso, en el manganeso, el cobalto, el níquel, los elementos de tierras raras, el itrio, el molibdeno, el telurio, el niobio, el circonio y el platino. UN. (2017). The conservation and sustainable use (...), *op. cit.*, párr. 81.

127 Para un estudio en profundidad sobre los avances en el régimen de la minería de los fondos marinos, véase: Salamanca Aguado, M. E. (2022). The Development of the Deep Seabed Mining Regime by the International Seabed Authority: From Exploration to Exploitation. *European Society of International Law Paper Series (Working Paper)*, 1-21.

128 OMI. El secuestro transfronterizo de carbono se permitirá en ciertas circunstancias (14.10.2019). *https://www.imo.org/es/MediaCentre/PressBriefings/pages/22-CCS-LP-resolution-.aspx*

contaminante), salvo si se produjera una fuga importante, en cuyo caso la contingencia equivaldría a una contaminación marina en sentido jurídico[129].

Por último, en las últimas décadas, los cables submarinos se han convertido en un elemento dominante de la economía mundial: transportan el 95% del tráfico intercontinental y una gran proporción del resto del tráfico internacional de Internet[130]. Se estima que existen cerca de 1,3 millones de kilómetros de ruta de cables submarinos, gran parte de ellos en ZFJN. Sin embargo, los impactos que pueden generar se consideran muy limitados debido al pequeño diámetro de los cables y a que, en aguas de más de 1.500 metros de profundidad, el cable normalmente se tiende simplemente sobre el lecho marino[131]. En este sentido, y hasta la fecha, no se ha observado ninguna perturbación significativa del medio marino[132]. Por otro lado, y si bien en la actualidad no hay tuberías en estas zonas, parece seguro que serán necesarias cuando se inicie la explotación minera de los fondos marinos[133]. Las fugas de esos oleoductos, debidas a roturas o catástrofes naturales, se advierte que sí podrían causar daños importantes al medio marino.

---

129 Para un análisis en profundidad sobre el secuestro de dióxido de carbono, véase: Weber, V. (2015). *Environmental Liability from Offshore Carbon Dioxide Sequestration in the European Union.* University of Southampton (Tesis Doctoral).

130 UN. (2017). The conservation and sustainable use (...), *op. cit.*, párr. 90.

131 *Ibidem.*

132 Burnett, D. R. & Carter, L. (2017). *International Submarine Cables and Biodiversity of Areas Beyond National Jurisdiction: The cloud beneath the sea.* Leiden: Brill, 63.

133 UN. (2017). The conservation and sustainable use (...), *op. cit.*, párr. 90.

Capítulo II

El régimen jurídico internacional convencional de los recursos genéticos marinos de las zonas fuera de la jurisdicción nacional

La tarea de analizar, o siquiera describir, los instrumentos jurídicos y las organizaciones que tienen un impacto directo o tangencial en la gobernanza de la biodiversidad de los océanos es un cometido titánico, que excede por su naturaleza del objeto de esta investigación.

Desde la Conferencia de las Naciones Unidas sobre el Medio Humano[134], la comunidad internacional inició un largo camino hacia la creación de un marco de gobernanza de los océanos, estableciendo una plétora de organizaciones, convenciones, tratados y directrices para regular distintas actividades realizadas en los océanos o sus regiones o en relación con las especies que en ellos habitan.

A nivel institucional, podemos encontrar organizaciones internacionales con un ámbito de actuación global o mundial,

---

134 La primera conferencia de las Naciones Unidas sobre el Medio Humano se celebró entre el 5 y el 16 de junio de 1972 en Estocolmo (Suecia) y en ella se adoptó la Declaración de la Conferencia de las Naciones Unidas y el Plan de Acción sobre el Medio Humano. Declaración de la Conferencia de las Naciones Unidas sobre el Medio Humano, Estocolmo, 5 a 16 de junio de 1972. A/CONF.48/14/Rev.1.

como, por ejemplo, la ONU, la Organización de la ONU para la Alimentación y la Agricultura (más conocida como FAO por sus siglas en inglés[135]) o la Organización Internacional Marítima; o regional, donde, entre otras, destacan las Organizaciones Regionales de Ordenación Pesquera (OROP) que pueden gestionar la pesca en zonas restringidas temporal y/o espacialmente.

Asimismo, la gobernanza de los océanos tiene un marcado carácter sectorial, construida a partir de un gran número de instrumentos alrededor de ciertos ámbitos, los cuales proporcionan la competencia para adoptar medidas y mecanismos en el marco de sus mandatos. Algunos de los sectores sobre los que más instrumentos se han adoptado son la pesca[136], la biodiversidad[137], el medio marino[138], el transporte

---

135 *Food and Agriculture Organization.*

136 Entre otros, podemos destacar el Acuerdo sobre Poblaciones de Peces Transzonales, el Código de Conducta de la FAO para la Pesca Responsable, el Acuerdo de la FAO sobre medidas del Estado rector del puerto o las Directrices Internacionales de la FAO para la Ordenación de las Pesquerías de Aguas Profundas en Alta Mar.

137 Son reseñables, entre otros, la Convención sobre la Conservación de los Recursos Vivos Marinos Antárticos (Convención CAMLR), la Convención Internacional para la Reglamentación de la Caza de la Ballena o la Convención sobre el Comercio Internacional de Especies Amenazadas de Fauna y Flora Silvestres.

138 Por ejemplo, la Convención para la Protección del Medio Ambiente Marino del Atlántico del Nordeste (también conocida como la Convención OSPAR), la Convención para la Protección de los Recursos Naturales y el Medio Ambiente de la Región del Pacífico (Convención de Noumea), o el Programa de Mares Regionales del Programa de las Naciones Unidas para el Medio Ambiente.

marítimo[139] o la minería de los fondos marinos[140].

En este contexto, en el que se estima que existen más de 190 acuerdos multilaterales y bilaterales que afectan a los océanos, sin incluir otras formas de gobernanza mundial (Derecho Internacional consuetudinario, prácticas de trabajo o normas informales)[141], la protección de biodiversidad se ha "colado por las rendijas" (*slipped through the cracks*) de la gobernanza de los océanos, sobre todo en lo relativo a las ZFJN[142].

En relación con el objeto de estudio de esta monografía, los RGM, el régimen internacional desde la primera mitad del siglo XX se ha caracterizado por ser notablemente impreciso. Al igual que con el resto de la diversidad biológica, las tensiones que subyacen a la normativización de este fenómeno son expresiones de la "vieja ecuación" que enfrenta el uso rentable o beneficioso de un recurso con la protección del medioambiente[143]. La ausencia de un régimen aplicable ha supuesto, en gran medida, que el principio de libre acceso

---

139 Véase el Convenio del Fondo internacional de indemnización de daños debidos a contaminación por hidrocarburos, el Convenio sobre la Prevención de la Contaminación del Mar por Vertimiento de Desechos y otras materias (o Convenio de Londres) o el Convenio internacional para prevenir la contaminación por los buques (MARPOL).

140 Acuerdo relativo a la aplicación de la Parte XI de la CNUDM, el Reglamento sobre prospección y exploración de nódulos polimetálicos en la Zona y asuntos conexos o el Código de Minería que se esperaba que la AIFMO adoptase en 2024, pero aún no ha visto la luz.

141 Bigagli, E. (2016). The international legal framework for the management of the global oceans social-ecological system. *Marine Policy, 68*, 156-157.

142 Crespo, G. O. *et al.* (2019). High-seas fish biodiversity is slipping through the governance net. *Nature Ecology and Evolution, 3*, 1273.

143 Dupuy, P. M. & Viñuales, J. E. (2018). *International Environmental Law.* Cambridge: Cambridge University Press, 204.

imperase en las relaciones entre los proveedores de los recursos genéticos y los usuarios o recolectores[144].

En la actualidad, el acceso y uso de los recursos genéticos marinos de las ZFJN no está regulado de forma exhaustiva por el marco jurídico internacional vigente, dado que los instrumentos jurídicamente vinculantes más importantes no abordan de forma integral esta realidad, tal y como se desprende de la lectura de la CNUDM, el CDB o el Protocolo de Nagoya, tratados marco de referencia para el Derecho del Mar y del Derecho Internacional del Medioambiente. No obstante, de la suma de estos regímenes en vigor se pueden extraer lecciones para cubrir las lagunas existentes mediante la creación de un nuevo instrumento jurídico, analizado en los capítulos siguientes. Estos tres instrumentos son estudiados a continuación principalmente por dos motivos: por un lado, porque conforman el marco base sobre el que se ha asentado el proceso de negociación y adopción del Acuerdo BBNJ; y, por otro lado, en tanto son instrumentos jurídicamente vinculantes que pueden ser utilizados para evaluar el nuevo régimen del Acuerdo BBNJ.

A. LA CONVENCIÓN DE LAS NACIONES UNIDAS SOBRE EL DERECHO DEL MAR

1. Apuntes generales sobre la Convención

Es conveniente comenzar cualquier estudio jurídico a nivel internacional relacionado con los océanos haciendo referencia a

---

[144] Pérez Salom, J. R. (1997). El Derecho Internacional y el estatuto de los recursos genéticos. *Anuario de Derecho Internacional, 13*, 374.

la Convención de las Naciones Unidas sobre el Derecho del Mar, también conocida como la "Constitución de los océanos"[145].

La CNUDM fue adoptada el 30 de abril de 1982, abierta a su firma el 10 de diciembre de 1982 y entró en vigor el 16 de noviembre de 1994. Esta Convención tiene un alcance cuasi universal, pues ha sido ratificada por 168 Estados[146], así como por la Unión Europea (UE)[147] (Figura 5). Se dice de ella, más de cuatro décadas después de su adopción, que constituye el marco jurídico de la conservación y el uso sostenible de los océanos y mares y sus recursos para un desarrollo sostenible[148]. Muchos de sus preceptos recogen normas consuetudinarias internacionales y otros han supuesto su cristalización[149]. Sin

---

145 Observaciones de T. T. B. Koh, Presidente de la Tercera Conferencia de Derecho del Mar de las Naciones Unidas. Texto adoptado por las declaraciones realizadas el 6 y 11 de diciembre de 1982 en la sesión final de la Conferencia en Montego Bay (Jamaica).

146 A fecha de 22 de octubre de 2024, la CNUDM tiene 157 partes signatarias y 170 partes. Véase el listado completo en: *https://treaties.un.org/pages/ViewDetailsIII.aspx?src=TREATY&mtdsg_no=XXI-6&chapter=21&Temp=mtdsg3&clang=_en*

147 Decisión 98/392/CE del Consejo, de 23 de marzo de 1998, relativa a la celebración por la Comunidad Europea de la Convención de las Naciones Unidas sobre el Derecho del Mar de 10 de diciembre de 1982 y del Acuerdo de 28 de julio de 1994 relativo a la aplicación de la parte XI de dicha Convención, DO L 179 (23.6.1998).

148 AGNU. A/CONF.216/L.1 (20-22.06.2012). El documento final de la Conferencia de las Naciones Unidas sobre el Desarrollo Sostenible. Río + 20. El futuro que queremos. Río de Janeiro, Brasil, párr. 158. La Asamblea General de las Naciones Unidas (AGNU) hizo suyo este informe en su Resolución 66/288 de 27 de julio de 2012. Citado en: Vázquez Gómez, E. M. (2019). La protección de la diversidad biológica marina más allá de la jurisdicción nacional. Hacia un nuevo acuerdo de aplicación de la Convención de Naciones Unidas sobre el Derecho del Mar. *Revista Electrónica de Estudios Internacionales, 37*, 4.

149 Glowka, L. (1996), *op. cit.*, 166.

embargo, como consecuencia inevitable del paso del tiempo y la aparición de nuevas realidades y tecnologías, algunos autores han comenzado a señalar que su aptitud para lidiar con cuestiones emergentes es menor de lo deseado[150] y que carece de los medios de implementación necesarios para las obligaciones que impone a sus Partes[151].

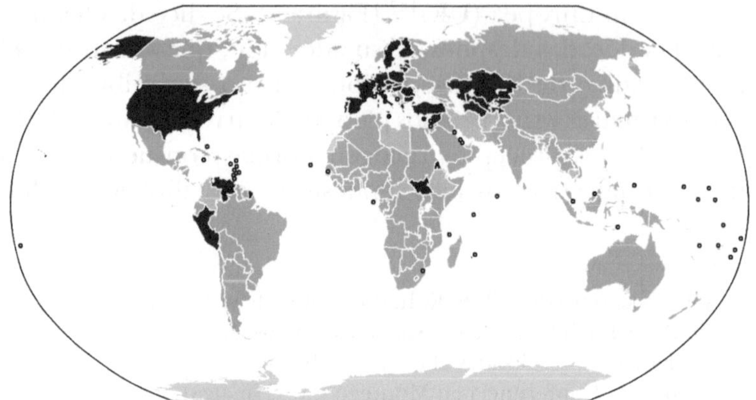

Figura 5. Partes de la Convención de las Naciones Unidas sobre el Derecho del Mar[152].

Su limitada idoneidad para lidiar con problemas emergentes fue prevista en el momento de su redacción y entrada en vigor, motivo por el que poco después se adoptaron dos acuerdos de aplicación de la CNUDM: (i) el Acuerdo relativo a la

---

150 Leary, D. (2006), *op. cit.*, 34.

151 En este sentido, Hammond y Jones destacan que, si bien los Estados Parte están obligados a proteger el medio marino y su biodiversidad, la cuestión es la "ausencia de mecanismos mundialmente reconocidos para hacer operativos estos compromisos". Hammond, A. & Jones, P. J. S. (2020), *op. cit.*, 5.

152 Wright, G. *et al.* (2019). High Hopes for the High Seas: beyond the package deal towards an ambitious treaty. *IDDRI, 9*, 2.

aplicación de su Parte XI de 1994[153]; y (ii) el Acuerdo sobre la aplicación de las disposiciones de la Convención relativas a la conservación y ordenación de las poblaciones de peces transzonales y las poblaciones de peces altamente migratorios de 1995[154]; y junto con ello, se estableció el proceso abierto de consultas oficiosas de las Naciones Unidas sobre los océanos y el Derecho del Mar (en adelante, UNICPOLOS)[155].

A pesar de tal limitada capacidad, no es menos cierto que contiene múltiples preceptos sobre la protección del medio marino y sus recursos vivos que deben subrayarse, de entre los que destacan una serie de deberes medioambientales que ya muestran su compromiso con la "[p]rotección y preservación del medio marino" –como se recoge en la Parte XII–, tales como la imposición a los Estados de la obligación a conservar el medio marino[156], a proteger y preservar los ecosistemas

---

153 Acuerdo relativo a la aplicación de la Parte XI de la Convención de las Naciones Unidas sobre el Derecho del Mar de 10 de diciembre de 1982, Nueva York, de 28 de julio de 1994, UNTS 1836 (p. 3).

154 Acuerdo sobre la aplicación de las disposiciones de la Convención de las Naciones Unidas sobre el Derecho del Mar de 10 de diciembre de 1982 relativas a la conservación y ordenación de las poblaciones de peces transzonales y las poblaciones de peces altamente migratorios, Nueva York, de 4 de agosto de 1995, UNTS 2167 (p. 3).

155 Se conoce este proceso como UNICPOLOS por sus siglas en inglés (*United Nations Open-ended Informal Consultative Process on Oceans and the Law of the Sea*). La creación de éste fue alabada como un "gran avance en el proceso de construcción de un sistema mundial de gobernanza de los océanos". Borgese, E. M. (2002). UNICPOLOS: The First Session. *Ocean Yearbook Online, 16 (1),* 1.

156 Artículo 192 de la CNUDM. La obligación del artículo 192 ha sido interpretada como una doble obligación: positiva, en tanto se han de tomar medidas que protejan y preserven el medio marino, y negativa, en tanto se debe evitar degradar el medio marino. S *South China Sea Arbitration (Philippines v. China),* Award, Case No 2013-19, Permanent Court of Arbitration 2016, párr. 941; Mossop, J. (2017).

raros o vulnerables[157], a adoptar medidas para reducir y controlar la contaminación del medio marino[158] y a cooperar entre Estados para adoptar normativa que lo proteja[159].

2. El régimen zonal de los recursos marinos conforme a la Convención y sus implicaciones en el régimen de los recursos genéticos marinos

a. El régimen zonal en los recursos marinos

La CNUDM no contiene una mención expresa a los recursos genéticos marinos, lo cual es lógico "como hija de su tiempo que es"[160], si bien se ven indirectamente protegidos, entre otros, por los preceptos que regulan la sobreexplotación de los recursos vivos[161].

The relationship between the continental shelf regime and a new international instrument for protecting marine biodiversity in areas beyond national jurisdiction. *ICES Journal of Marine Science,* 3.

157 Artículo 194 de la CNUDM. Por su parte, la obligación del artículo 194.2 establece la responsabilidad de los Estados ribereños de asegurarse de que las actividades realizadas bajo su jurisdicción o control no causan daño a otros Estados ni a áreas más allá de su soberanía. La obligación de no causar daño transfronterizo suele referirse a la obligación de no causar daño significativo y es de aplicación también en las ZFJN. *Pulp Mills on the River Uruguay (Argentina v. Uruguay),* Judgment, I. C. J. Reports 2010, p. 14, párr. 101; Mossop, J. (2017), *op. cit.*

158 Artículo 196 de la CNUDM.

159 Artículo 197 de la CNUDM.

160 Casado Raigón, R. (2016). La investigación científica en los espacios marinos reconocidos por el derecho internacional. *Revista Española de Derecho Internacional, 68 (2),* 194.

161 Tal y como señalan Wolfrum y Matz, si bien la protección de los recursos genéticos con el fin de mantener la diversidad genética por motivos científicos no se prevé en la CNUDM, se puede considerar

La CNUDM tiene un enfoque zonal que entraña implicaciones directas en el régimen de sus recursos vivos y no vivos, al que se ha hecho una sucinta referencia en el Capítulo I al definir las ZFJN. La Convención establece los derechos y obligaciones de sus Estados Parte sobre la base de zonas marítimas, delimitadas en función de la distancia a la costa a partir de las líneas de base establecidas[162] y basándose en las cuales se crea un régimen diferenciado para los recursos vivos de los océanos. Las zonas marítimas que distingue la Convención comprenden las aguas interiores, las aguas archipelágicas, el mar territorial, la zona contigua, la ZEE, la plataforma continental, la alta mar, y la Zona. Así pues, el régimen de los recursos genéticos depende, en gran medida, de su localización en los océanos.

El mar territorial comprende la franja de mar adyacente establecida por un Estado desde la línea de base hasta un límite que no exceda las 12 millas marinas (m. m.)[163]. El Estado ribereño goza de soberanía en esta área, así como en su territorio[164]. Por lo tanto, en el mar territorial y las aguas archipelágicas, los Estados ribereños ejercen la soberanía exclusiva sobre la gestión de sus respectivos recursos marinos vivos, por lo que

---

que queda protegida indirectamente al proteger los recursos vivos de ser sobreexplotados tratando de restringir la pesca insostenible. Así pues, estos autores consideran que, en tanto que la Convención se refiere a los recursos marinos con el significado implícito de la pesca o desde la perspectiva de la conservación; la diversidad genética microbiana de los fondos marinos, así como los organismos que se encuentran en las fuentes hidrotermales pueden hallarse fuera del ámbito de la CNUDM. Wolfrum, R. & Matz, N. (2000). The Interplay of the United Nations Convention on the Law of the Sea and the Convention on Biological Diversity. *Max Planck Yearbook of United Nations Law, 4*, 446.

162 Lehmann, F. (2007). The Legal Status of Genetic Resources of the Deep Seabed. *New Zealand Journal of Environmental Law, 11*, 37.

163 Artículo 3 de la CNUDM.

164 Artículo 2.1 de la CNUDM.

a ellos les corresponde la elección de la manera más óptima de realizarlo[165], aunque siempre en el marco de la Parte XII de la CNUDM, que establece las normas básicas sobre protección y preservación del medio marino.

La ZEE es un área situada más allá del mar territorial y adyacente a éste[166]. En la ZEE el Estado ribereño tiene derechos de soberanía para los fines de exploración y explotación, conservación y administración de los recursos naturales, tanto vivos como no vivos, de las aguas suprayacentes al lecho y del lecho y el subsuelo del mar, y con respecto a otras actividades con miras a la exploración y explotación económicas de esta zona[167], siempre teniendo en cuenta los derechos y deberes de terceros Estados[168]. Estos derechos tienen dos limitaciones: por un lado, la referida a las poblaciones transzonales y las especies altamente migratorias[169]; y, por otro lado, la obligación de conservación existente a cargo de los Estados ribereños[170]. La obligación de conservación consagrada por la Convención se sustenta en dos principios: la protección de los recursos marinos vivos contra la sobreexplotación[171] y el trabajo para el mantenimiento y restauración de las poblaciones. En esta zona, el Estado ribereño tiene además la obligación de promover la utilización óptima de los recursos[172], estableciendo su capacidad de captura y dando acceso a otros Estados sobre el excedente[173].

---

165 Wolfrum, R & Matz, N. (2000), *op. cit.*, 448.

166 Artículo 55 de la CNUDM.

167 Artículo 56.1.a de la CNUDM (énfasis añadido).

168 Artículo 56.2 de la CNUDM.

169 Artículos 63 y 64 de la CNUDM.

170 Artículo 61 de la CNUDM.

171 *Ibidem*, apartado 2.

172 Artículo 62.1 de la CNUDM.

173 Artículo 62.2 de la CNUDM.

La plataforma continental es definida por la CNUDM como "el lecho y el subsuelo de las áreas submarinas que se extienden más allá de su mar territorial y a todo lo largo de la prolongación natural de su territorio hasta el borde exterior del margen continental, o bien hasta una distancia de 200 m. m. contadas desde las líneas de base a partir de las cuales se mide la anchura del mar territorial"[174].

En ella, es el Estado ribereño el que ejerce su soberanía para la exploración y explotación de los recursos naturales, gozando de derechos exclusivos sobre ellos[175]; es decir, si no explora o explota estos recursos "nadie podrá emprender estas actividades sin el expreso consentimiento de dicho Estado"[176]. Los recursos a los que se hace referencia son los minerales y "los organismos vivos pertenecientes a especies sedentarias"[177]. Estos derechos no afectan a la condición jurídica de las aguas o el espacio aéreo suprayacentes[178]. Este régimen, por lo tanto, se aplica a los recursos genéticos –como recursos vivos que son– sólo cuando se encuentren dentro de la definición de especies sedentarias del artículo 77.4 de la CNUDM y siempre que no se encuentren en los fondos oceánicos profundos con sus crestas oceánicas ni en su subsuelo[179].

---

174 Artículo 76.1 de la CNUDM.

175 Artículo 77.1 de la CNUDM.

176 Artículo 77.2 de la CNUDM.

177 La CNUDM considera especies sedentarias aquellas que "en el período de explotación están inmóviles en el lecho del mar o en su subsuelo o sólo pueden moverse en constante contacto físico con el lecho o el subsuelo" (artículo 77.4 *in fine*). Esta definición ha sido criticada "por guardar poca, por no decir ninguna, relación con la taxonomía biológica", así como por no tomar en consideración la relación entre un organismo y su ecosistema. En este sentido, véase: Lehmann, F. (2007), *op. cit.*, 39.

178 Artículo 78 de la CNUDM.

179 Artículo 76.3 de la CNUDM.

Las zonas fuera de la jurisdicción nacional han sido definidas en el Capítulo I de forma más breve, y engloban la alta mar y la Zona. En la alta mar rige el principio de libertad de los mares[180]. Esta libertad supone que la alta mar está abierta para todos los Estados, sean ribereños o sin litoral. No obstante, esta libertad no es absoluta[181], sino que está condicionada a las normas establecidas por la propia Convención y a otras normas del Derecho Internacional, así como a los intereses de otros Estados en el ejercicio de sus libertades[182]. La CNUDM prevé una serie de manifestaciones de esta libertad, entre las que cabe destacar, por su potencial incidencia en el objeto de este trabajo, tanto la libertad de pesca, como la de investigación científica[183], si bien podrían caber otras actividades, no previstas expresamente, como la recolección y el muestreo de recursos genéticos y organismos[184]. Esta zona será exclusivamente utilizada con fines pacíficos[185] y ningún Estado puede someter parte alguna a su soberanía[186]. En consecuencia, bajo el régimen de la alta mar de la CNUDM, los RGM están disponibles para su acceso y muestreo, siempre y cuando se cumpla con las medidas de conservación y administración de los recursos

---

180 Artículo 87 de la CNUDM.

181 Tanaka, Y. (2008). Reflections on the Conservation and Sustainable Use of Genetic Resources in the Deep Seabed Beyond the Limits of National Jurisdiction. *Ocean Development and International Law, 39*, 133.

182 En este sentido, Freestone lo denomina "libertad condicionada" (*conditional freedoms*). Freestone, D. (2012). International Governance, Responsibility and Management of Areas Beyond National Jurisdiction. *International Journal of Marine and Coastal Law, 27*, 200-201.

183 Artículo 87.1 (e) y (f) de la CNUDM.

184 Lehmann, F. (2007), *op. cit.*, 42.

185 Artículo 88 de la CNUDM.

186 Artículo 89 de la CNUDM.

vivos establecidos en los artículos 116 a 119[187], así como con lo establecido para la protección del medio marino en la Parte XII de la Convención.

La Zona, que se rige por la Parte XI y el Acuerdo de aplicación de 1994, abarca "los fondos marinos y oceánicos y su subsuelo fuera de los límites de la jurisdicción nacional"[188]. Ésta y sus recursos, a diferencia de la alta mar, son patrimonio común de la humanidad[189]; si bien únicamente comprende los recursos denominados "minerales", que engloban "los minerales sólidos, líquidos o gaseosos *in situ* en la Zona, situados en los fondos marinos o en su subsuelo, incluidos los nódulos polimetálicos"[190]. La condición de PCH supone que ningún Estado puede reivindicar o ejercer su soberanía sobre ellos, ni apropiarse de los mismos.

Las actividades realizables en la Zona abarcan todas las actividades de "exploración y explotación de los recursos de la

---

187 En la Sección 2ª de la Parte VII (alta mar), los artículos 116 a 119 establezcan obligaciones generales para "la conservación de los recursos vivos de la alta mar", si bien es cierto que estas medidas van más encaminadas a la conservación de la industria pesquera, es decir, a su sostenibilidad en el tiempo, que a la protección de los recursos marinos vivos de la alta mar.
El Tribunal Internacional de Derecho del Mar (TIDM) ha confirmado que "la conservación de los recursos vivos del mar es un elemento de la protección y conservación del entorno marino". *Southern Bluefin Tuna Cases (New Zealand v. Japan; Australia v. Japan),* Provisional Measures, Order of 27 August 1999, ITLOS Reports 1999, p. 280, párr. 70.

188 Artículo 1.1 de la CNUDM.

189 Artículo 136 de la CNUDM. Un estudio en más profundidad sobre el PCH se realiza en el apartado F del Capítulo IV.

190 Artículo 133 de la CNUDM.

Zona"[191], las cuales deben ser gestionadas a través de la AIFMO[192] y han de realizarse en beneficio de la humanidad y con fines exclusivamente pacíficos[193]. A pesar de que el mandato de la AIFMO no se extiende a actividades asociadas con la investigación científica marina ni a la bioprospección de recursos genéticos[194] es importante considerar su responsabilidad de prevenir los potenciales impactos adversos de las actividades en los fondos marinos sobre el medioambiente de la Zona[195].

En consecuencia, los recursos vivos de la Zona –incluidos los RGM– no parecen regirse, conforme a la CNUDM, por el PCH. Partiendo de la base del momento en que la Convención fue redactada, la ausencia de una regulación expresa de los recursos vivos de la Zona es entendible, dado que la preocupación imperante de ese momento de la comunidad internacional era el potencial económico que podía suponer la explotación de los nódulos polimetálicos y no de los recursos biológicos marinos de los fondos marinos, sobre los que no había un gran conocimiento[196]. A pesar de ello, la diferenciación de trato entre los recursos vivos y no vivos ha suscitado críticas por parte de la doctrina[197].

---

191 Artículo 1.3 de la CNUDM.

192 Artículo 137 de la CNUDM.

193 Artículos 140 y 141 de la CNUDM.

194 Lehmann, F. (2007), *op. cit.*, 43; Glowka, L. (1996), *op. cit.*, 154.

195 Tanaka, Y. (2008), *op. cit.*, 141.

196 Wolfrum, R & Matz, N. (2000), *op. cit.*, 455.

197 Entre otras críticas, se ha planteado la difícil reconciliación entre el régimen de exploración de recursos minerales de la Zona, gestionado por la AIFMO, con un régimen o mecanismo protector de los recursos vivos marinos, que se verán necesariamente afectados por cualquier tipo de actividad de exploración y/o explotación en su entorno. *Ibidem*, 468.

b. Las tres reivindicaciones tradicionales asociadas al régimen de acceso a los recursos genéticos marinos de zonas fuera de la jurisdicción nacional

Por lo tanto, los RGM –en tanto recursos vivos marinos que son– de las ZFJN no están sujetos a un régimen claro conforme a la CNUDM. Tres alternativas o reivindicaciones han existido tradicionalmente con respecto al régimen de acceso a los RGM de estas zonas[198]. La primera reivindicación, fundamentalmente apoyada por los llamados Estados desarrollados, así como por las entidades privadas con intereses biotecnológicos, considera que estos recursos se encuentran bajo el régimen de las libertades de la alta mar establecido por la CNUDM. En este sentido, sus defensores consideran que cualquier entidad privada o pública debe poder acceder y recolectar estos recursos sin más limitaciones que la debida consideración de los intereses de Estados terceros y la observancia y el cumplimiento de las disposiciones de conservación y medioambientales de las Partes VII y XII ya señaladas.

La segunda alternativa, que ha contado con un gran apoyo de los Estados en desarrollo propone que los RGM de las ZFJN sean considerados como patrimonio común de la humanidad y, por ende, todos los beneficios derivados de su uso deban ser compartidos entre la comunidad internacional.

La última alternativa, apoyada por parte de la doctrina[199], considera que el régimen de acceso, uso y conservación de estos recursos no es subsumible en ninguno de los tipos ya existentes y, por tanto, es necesario el desarrollo de un marco jurídico nuevo, bien por vía consuetudinaria, bien por vía convencional.

---

198 Lehmann, F. (2007), *op. cit.*, 43-44.

199 Korn, H.; Friedrich, S. & Feit, U. (2003). *Deep Sea Genetic Resources in the Context of the Convention on Biological Diversity and the United Nations Convention on the Law of the Sea.* Bonn: BfN-Skripten, 40.

La admisión de cualquiera de las tres alternativas tiene una serie de consecuencias inmediatas sobre estos recursos. La aceptación de la aplicación del régimen de libertad a los RGM de las ZFJN, que es el que ha estado imperando, conlleva cuatro consecuencias lógicas, tal y como enumera Marciniak: (a) cada Estado o sus nacionales pueden buscar RGM y recolectar muestras de éstos; (b) dicho acceso se debe hacer sin perjudicar los intereses de otros Estados; (c) se debe actuar de conformidad con los preceptos de la CNUDM sobre la investigación científica marina y la protección del medio ambiente; y (d) no hay obligaciones o restricciones del uso posterior de los RGM, incluido un posible mecanismo de reparto de beneficios[200]. Es decir, se plantea un régimen de libre acceso y uso de los RGM con limitaciones únicamente negativas, en tanto se debe actuar sin perjudicar o socavar lo dispuesto en los tratados y otros instrumentos internacionales, pero sin obligaciones positivas para quien acceda y disfrute de los beneficios derivados de los RGM.

Ante estas alternativas, es imprescindible traer a colación el análisis que realizó de las mismas Lehmann, que resume de forma brillante la problemática del régimen de los RGM de las ZFJN. El autor utiliza como piedra angular de su razonamiento el artículo 31 de la Convención de Viena sobre el Derecho de los Tratados (CVDT)[201], por el que el texto debe ser interpretado "de buena fe conforme al sentido corriente que haya de atribuirse a los términos del tratado en el contexto de estos y teniendo en cuenta su objeto y fin". A favor del régimen de libertad se ha argüido que el texto del artículo 87 de la CNUDM

---

200 Marciniak, K. J. (2017). Diversity within unity? Marine genetic resources in areas beyond national jurisdiction. En: A. De Paiva Toledo & V. J. M. Tassin. *Guide to the Navigation of Marine Biodiversity Beyond National Jurisdiction* (pp. 489-542). Savassi: Editora D'Plácido, 523.

201 Convención de Viena sobre el Derecho de los Tratados, Viena, de 23 de mayo de 1969, UNTS 1155 (p. 311).

es lo suficientemente amplio para contener esta libertad, ya que prevé, por un lado, que la alta mar esté abierta a todos los Estados, estableciendo un "principio de uso universal"[202], y, por otro lado, prevé un *numerus apertus* de libertades que se comprenden en este régimen al utilizar la expresión "entre otras". En consecuencia, puede argumentarse que esta libertad cabría, bien bajo una interpretación amplia de la libertad de pesca[203] o la investigación científica marina, bien como una libertad no prevista expresamente pero que es subsumible en dicho precepto. En cambio, una interpretación literal de lo dispuesto en la CNUDM sobre el régimen de la Zona, que se refiere expresamente a los "recursos minerales", no parece dar cabida a la inclusión de recursos vivos marinos dentro de la noción de recursos y, consecuentemente, no estaría el acceso a los RGM en esta área bajo el PCH[204].

Empero, dado que una interpretación literal no resuelve la cuestión de forma clara, y examinando a continuación el contexto, objetivo y fin de la CNUDM, se pueden encontrar

---

202 Para un análisis en profundidad de los argumentos a favor y en contra, véase: Lehmann, F. (2007), *op. cit.*, 44-47.

203 La asimilación al régimen de la pesca ha sido criticada por algunos autores como Glowka, que consideran que un tratamiento análogo es insatisfactorio, principalmente por tres motivos. En primer lugar, tanto la adquisición y el uso subsiguiente de estos recursos no es equiparable a la pesca ni en la técnica ni en el equipo ni en su naturaleza. En segundo lugar, añade que el valor económico de los RGM no puede realizarse hasta haber realizado una inversión financiera adicional e investigación, de modo que el producto final sea comercializable. Por último, destaca que estos recursos no son finitos del mismo modo que los peces son, sino que pueden ser utilizados perpetuamente en varias aplicaciones comerciales y no comerciales una vez han sido extraídos de origen *in situ* (aún si se puede limitar temporalmente su acceso mediante derechos de propiedad intelectual). Glowka, L. (1996), *op. cit.*, 169.

204 Lehmann, F. (2007), *op. cit.*, 44.

argumentos para favorecer una aplicación extensiva del PCH. Así, el propio preámbulo de la Convención reconoce el deseo de contribuir a la realización de un orden económico internacional justo y equitativo y desarrollar los principios de la Resolución 2749 (XXV) de la AGNU[205], entre los que destaca, en lo que corresponde a la Zona y sus recursos, que son PCH. Algunos autores han alegado en defensa de este principio que se trata de una norma imperativa de Derecho Internacional[206] y, por ende, no derogable por un tratado[207], basándose en parte en el texto del artículo 311.6 de la CNUDM, por el que las Partes acuerdan no hacer enmiendas al principio del PCH ni ser parte en ningún acuerdo contrario al mismo. Sin embargo, Lehmann señala con acierto que esta afirmación es debatible ya que únicamente se adoptó la versión actual de ese precepto cuando se derogó la propuesta de Chile de reconocer el PCH como una norma imperativa; y, además, es por todos conocido que el apoyo masivo y la ratificación de la Parte XI sólo se realizó cuando se redujo o limitó el régimen original previsto para la Zona en la Convención[208].

Por último, Lehmann trae a colación argumentos de carácter estructural, por los que considera que es más adecuado el régimen de libertad de la alta mar. En esta línea, señala que la Parte VII –relativa a la alta mar– prevé, a diferencia de para la Zona, y si bien de manera inadecuada, un régimen para el

---

205 AGNU. A/RES/2749(XXV) (17.12.1970). Declaración de principios que regulan los fondos marinos y oceánicos y su subsuelo fuera de los límites de la jurisdicción nacional.

206 Borgese, E. M. (1998). *The oceanic circle: Governing the seas as a global resource.* Nueva York: United Nations University Press.

207 Artículo 53 de la CVDT; Borgese, E. M. (1998), *op. cit.*

208 Forcada Barona, I. (1998). La evolución de los principios jurídicos que rigen la explotación de los recursos económicos de los fondos marinos y del alta mar: retorno a la soberanía. *Anuario de Derecho Internacional, 14,* 53-112; Lehmann, F. (2007), *op. cit.*, 45.

acceso, conservación y gestión de los recursos vivos marinos en las ZFJN en sus artículos 116 a 119, mencionados anteriormente; y reitera que cualquier actividad en esta área debe admitirse como una libertad, a menos que interfiera injustificadamente con los derechos de otros en la alta mar o que esté expresamente excluida por otra norma[209].

La disputa sobre el régimen aplicable a los RGM en ZFJN ha sido vivida y relatada en múltiples ocasiones y foros por voces muy distintas. La realidad es que, a pesar de las alternativas propuestas, en el texto de la CNUDM hay una laguna real sobre su régimen aplicable. Ante tal ausencia, el acceso y uso de estos recursos en la práctica se asemeja al imperio del principio de libertad; en tanto aquellos que lo deseen y tengan la capacidad para ello pueden acceder –y han accedido– libremente, sin más obligaciones que las ligadas a la protección del medio marino.

3. El régimen de la investigación científica marina en la Convención

La investigación científica marina es una noción que abarca las distintas actividades que amplían el conocimiento científico del medio marino y sus procesos; e incluye, entre otras, la oceanografía, la biología marina, la química marina, la perforación y el sondeo oceánico científico, y el estudio geológico y geográfico[210]. Se caracteriza por la recogida de datos o muestras y la publicación y difusión de estos resultados[211]. Constituye una de las libertades de la alta mar a las que se ha hecho referencia previamente[212].

---

209 *Ibidem*, 46.

210 Wolfrum, R & Matz, N. (2000), *op. cit.*, 456.

211 Lehmann, F. (2007), *op. cit.*, 49.

212 Artículo 87.1 (f) de la CNUDM.

La importancia que la investigación científica marina tiene en las actividades relacionadas con los RGM debe ser tomada en consideración. Ante la ausencia de una regulación clara de estos recursos en la CNUDM, algunos autores como Nishimura han virado su atención a su Parte XIII, donde se regula dicha investigación, por su posible impacto en el régimen de acceso y reparto de los beneficios derivados de la utilización de los RGM[213]. Sin embargo, la ausencia de una definición de la investigación científica marina hace complejo determinar si ciertas actividades deberían calificarse como tal o como bioprospección[214].

---

213 En la misma línea Wolfrum y Natz consideran que los preceptos sobre la investigación científica marina pueden enriquecer o contribuir al sistema de gestión de los recursos genéticos. Wolfrum, R & Matz, N. (2000), *op. cit.*, 446; Nishimura, T. (2018). The Legal Framework for Marine Genetic Resources: The Relationship between the UNCLOS and the Convention on Biological Diversity Regime. *Asian Business Lawyer, 21*, 66.

214 La bioprospección ha sido definida, entre otras, como "la exploración de biodiversidad en busca de recursos genéticos marinos y bioquímicos con valor comercial". CDB. UNEP/CBD/COP/5/INF/7 (08.12.1999). Fifth Conference of the Parties of the Convention on Biological Diversity. Progress Report on the Implementation of the Programmes of Work on Biological Diversity of Inland Water Ecosystems, Marine and Coastal Biological Diversity and Forest Biological Diversity, 2, párr. 6.

No es tarea sencilla diferenciar la investigación científica marina y la bioprospección en la práctica, particularmente porque la mayor parte de la investigación que se realiza en los fondos marinos se hace en proyectos de investigación colaborativos y cualquier actividad realizada en la Zona puede interferir con recursos que se encuentran bajo la jurisdicción de la AIFMO en tanto coexisten en un mismo lugar. Por lo tanto, una división entre ambas que lleve a considerar que la bioprospección no está sujeta a régimen alguno dificultaría la capacidad de actuación de la AIFMO para proteger a la Zona y sus recursos. Sobre la complejidad de la determinación y las consecuencias jurídicas que conlleva, véase: Korn, H.; Friedrich, S. & Feit, U. (2003), *op. cit.*, 52; Tanaka, Y. (2008), *op. cit.*, 132-133.

En la sección primera de la Parte XIII de la CNUDM se señala que todos los Estados gozan del derecho a realizar investigaciones científicas marinas conforme a lo establecido en la Convención[215]. Esta investigación debe estar regida por una serie de principios: (a) debe hacerse con fines pacíficos; (b) con métodos y medios científicos adecuados; (c) sin interferir "injustificadamente [con] otros usos legítimos del mar"; y (d) respetando todos los reglamentos dictados basándose en la Convención, incluidos aquéllos "destinados a la protección y preservación del medio marino"[216].

En cualquier caso, ninguna de las actividades de investigación llevadas a cabo conforme a esta Parte XIII "constituirán fundamento jurídico para ninguna reivindicación sobre parte alguna del medio marino o sus recursos"[217]. Los Estados que lleven a cabo este tipo de actividades tendrán un deber de cooperación internacional[218], de creación de condiciones favorables para llevarla a cabo[219], así como de facilitación de la información y los conocimientos obtenidos mediante la publicación y difusión[220].

De igual manera que ocurre con la distribución de soberanía en los océanos, la regulación de la investigación científica marina depende del espacio marino en que ésta se desarrolle.

En el mar territorial, los Estados ribereños ostentan "soberanía, tienen el derecho exclusivo de regular, autorizar y realizar" estas actividades. Así pues, únicamente se podrá investigar con el consentimiento expreso del mismo y conforme

---

215 Artículo 238 de la CNUDM.

216 Artículo 240 de la CNUDM.

217 Artículo 241 de la CNUDM.

218 Artículo 242 de la CNUDM.

219 Artículo 243 de la CNUDM.

220 Artículo 244 de la CNUDM.

a las condiciones que éste establezca[221], sin estar los Estados ribereños obligados a proveer el acceso ni a facilitarlo[222].

Lo mismo ocurre en la ZEE y su plataforma continental, donde los Estados ribereños también gozan de este derecho de regulación, autorización y realización de actividades de investigación científica marina en estas zonas, y la que se realice requiere del consentimiento previo del Estado ribereño[223]. La Convención prevé que "en circunstancias normales" el Estado ribereño otorgue su consentimiento para que otros Estados u organizaciones internacionales competentes realicen estas actividades, siempre y cuando sean "con fines pacíficos y con objeto de aumentar el conocimiento científico marino en beneficio de toda la humanidad"[224]. No obstante, el Estado podrá rehusar dar su consentimiento a la realización de una actividad de otro Estado u organización internacional si el proyecto propuesto cumple alguna de las condiciones previstas por la CNUDM[225]; entre ellas, cabe destacar que la actividad tenga

---

221 Artículo 245 de la CNUDM.

222 Wolfrum, R & Matz, N. (2000), *op. cit.*, 457.

223 Artículo 246.1 y 2 de la CNUDM.

224 Artículo 246.3 de la CNUDM.

225 A saber: "(a) Tenga importancia directa para la exploración y explotación de los recursos naturales vivos o no vivos; (b) Entrañe perforaciones en la plataforma continental, la utilización de explosivos o la introducción de sustancias perjudiciales en el medio marino; (c) Entrañe la construcción, el funcionamiento o la utilización de las islas artificiales, instalaciones y estructuras mencionadas en los artículos 60 y 80; y (d) Contenga información proporcionada en cumplimiento del artículo 248 sobre la índole y objetivos del proyecto que sea inexacta, o cuando el Estado o la organización internacional competente que haya de realizar la investigación tenga obligaciones pendientes con el Estado ribereño resultantes de un proyecto de investigación anterior". Artículo 246.5 de la CNUDM.

"importancia directa para la exploración y explotación de los recursos naturales vivos o no vivos"[226].

Tradicionalmente se ha tratado de distinguir dos tipos de investigación científica marina: una pura (cuyo único fin es aumentar el conocimiento, sin fines de lucro) y otra aplicada o industrial, que tiene una relevancia directa para la exploración y explotación de los recursos naturales (con un carácter potencialmente comercial). La Parte XIII de la CNUDM, "aunque no distinga *eo nomine* entre fundamental y aplicada", regula de forma diferenciada el consentimiento necesario del Estado ribereño según la finalidad de la investigación que se propone[227], de forma que en el segundo tipo de investigación el Estado ribereño puede rehusar su consentimiento[228]. No obstante, esta distinción es compleja de realizar en la práctica, puesto que como consecuencia de una investigación científica se pueden descubrir propiedades o usos que tengan una utilidad para la industria. Por ello, Glowka señala que es necesario atender a la naturaleza e intención de cada actividad, y subraya que ni la prospección ni la explotación deben ser consideradas o constituir investigación científica marina bajo la CNUDM[229]. Sin embargo, Lehmann destaca que es muy difícil trazar una línea clara entre ambos tipos de aplicación, especialmente debido al tiempo que transcurre entre la recolección de los recursos y la comercialización de los productos derivados de ellos[230].

---

226 *Ibidem.*

227 Casado Raigón, R. (2016), *op. cit.*, 193.

228 Wolfrum, R & Matz, N. (2000), *op. cit.*, 458.

229 Glowka, L. (1996), *op. cit.*, 173.

230 Lehmann advierte que el proceso de bioprospección engloba múltiples fases que abarcan la recogida de muestras, el aislamiento, la caracterización y cultivo de éstas, su evaluación para actividad farmacéutica y el desarrollo de productos, patentes y comercialización; y que entre la primera y última de estas fases el número de años que suele transcurrir es elevado. Lehmann, F. (2007), *op. cit.*, 51.

En la alta mar rige el principio de libertad, el cual abarca la libertad de investigación científica marina conforme a lo establecido en las Partes VI y XIII de la CNUDM[231]. Asimismo, se prevé el derecho de cualquier Estado y/u organización internacional de realizar este tipo de actividades "en la columna de agua más allá de los límites de la zona económica exclusiva"[232].

En la Zona, "[t]odos los Estados, cualquiera que sea su situación geográfica, así como las organizaciones internacionales competentes, tienen derecho (…) a realizar actividades de investigación científica marina"[233]. Éstas se podrán efectuar únicamente si se realizan con fines pacíficos y en beneficio de toda la humanidad[234]. Las Partes tienen, a su vez, la obligación de promover la cooperación internacional en dichas investigaciones, participando en distintos programas internacionales y divulgando y compartiendo los resultados obtenidos de forma efectiva[235].

B. EL CONVENIO SOBRE LA DIVERSIDAD BIOLÓGICA Y EL PROTOCOLO DE NAGOYA

1. El Convenio sobre la Diversidad Biológica: entre la conservación y el uso sostenible

En línea con el creciente interés por la conservación y el uso sostenible de la diversidad biológica se adoptó el Convenio

---

231 Artículos 238 y 87.1 (f) de la CNUDM.

232 Artículo 257 de la CNUDM.

233 Artículo 256 de la CNUDM.

234 Artículo 143 de la CNUDM.
En relación con el término "humanidad", Tanaka señala que debe entenderse como uno *transtemporal* (en tanto incluye la generación presente y futura) y *transespacial* (dado que incluye a todo el mundo). Tanaka, Y. (2008), *op. cit.*, 131.

235 Artículo 143.3 de la CNUDM.

sobre la Diversidad Biológica en 1992, que entró en vigor el 29 de diciembre de 1993. Son parte del CDB la práctica totalidad de los Estados del mundo, con 196 Estados parte, y con el deseo de fortalecer y complementar los arreglos internacionales ya existentes[236], como la CNUDM. Se trata de un tratado marco que establece los objetivos y obligaciones generales en relación con la conservación de la biodiversidad y su uso sostenible, pero que deja la responsabilidad de cumplirlos en manos de los Estados[237]. Más allá de sus pretensiones conservacionistas, sus disposiciones tratan también de asegurar "el desarrollo económico de los Estados"[238].

Hasta los años ochenta, éstos eran considerados "recursos comunes" (*common pool resources*) de libre acceso[239], pero el CDB, en cambio, es el primer instrumento en reconocer que los Estados ostentan derechos soberanos sobre sus recursos genéticos y,

---

236 Preámbulo del CDB, párr. 22.

237 Leary, D. (2004). Bioprospecting and the Genetic Resources of Hydrothermal Vents on the High Seas: What is the Existing Legal Position, where are we heading and what are our options? *Macquarie Journal of International and Comparative Environmental Law, 1*, 153.

238 En este sentido, Bou Franch destaca que el "planteamiento más economicista" se denota en los párrafos 19 y 20 del Preámbulo en los que se reconoce que "el desarrollo económico y social y la erradicación de la pobreza son prioridades básicas y fundamentales" y recalca la "importancia crítica" que tienen la conservación y la utilización sostenible de la diversidad biológica "para satisfacer las necesidades alimentarias, de salud y de otra naturaleza". Bou Franch, V. (1998). La conservación de la diversidad biológica. En: J. Juste Ruiz (Dir.). *Derecho Internacional del Medio Ambiente* (pp. 361-426). Madrid: Mc Graw Hill, 411.

239 Sánchez Ramos, B. (2021). El Protocolo de Nagoya sobre acceso a los recursos genéticos y la participación justa y equitativa en los beneficios que se deriven de su utilización: especial referencia a su implementación en España. *Revista Electrónica de Estudios Internacionales, 42*, 2.

en consecuencia, tienen la facultad para regular su acceso[240]. Por lo tanto, la adopción del Convenio supuso un cambio en el *statu quo* con respecto a la actitud de los Estados sobre sus recursos, y ha sido considerado por la doctrina como "el primer (y único) instrumento internacional que lidia con la biodiversidad en una manera completa"[241].

A diferencia de la CNUDM, el CDB se centra en exclusiva en la diversidad biológica y sí hace referencia expresa a los recursos genéticos. No obstante, y de manera similar a la Convención, este instrumento no crea un régimen global y claro para los RGM encontrados en las ZFJN. Sin perjuicio de ello, es imprescindible advertir, por el objeto de este trabajo, que tanto el CDB como el Protocolo de Nagoya tienen como ámbito geográfico las zonas bajo jurisdicción nacional, dejando sin regulación expresa la alta mar y la Zona. Ello no obsta para extraer lecciones valiosas de su texto y puesta en práctica. Para ello, es fundamental atender a algunos elementos generales del Convenio, como son sus objetivos y ámbito de aplicación, así como al marco general que establece para su consecución.

El CDB tiene tres objetivos fundamentales: "la conservación de la biodiversidad situada bajo la jurisdicción nacional", "el uso sostenible de sus componentes" y "la participación justa y equitativa en los beneficios resultantes de la utilización de los recursos genéticos"[242]. Este último objetivo, complementado

240 Artículo 15.1 del CDB; *Ibidem*, 3.

241 Vanheusden, B. & Van Den Berghe, G. (2017). The implementation of "Access and benefit-sharing" in five EU member states: the achievements and deficiencies of the Nagoya Protocol and the EU Regulation 511/2014. *Journal for European Environmental and Planning Law, 14 (1)*, 8.

242 Artículo 1 del CDB.

por el Protocolo de Nagoya[243], ha sido considerado como el "más controvertido y progresivo"[244], lo que explica su complicada consecución.

El ámbito de aplicación del Convenio abarca tanto la diversidad biológica terrestre como la marina, aun cuando fue primordialmente negociado enfatizando la regulación de la diver-

---

243 La UE es Parte de ambos instrumentos desde el 21 de marzo de 1994 para el CDB y desde el 12 de octubre de 2014 del Protocolo de Nagoya. Para un listado completo de las Partes de ambos instrumentos, véase: CDB, *https://www.cbd.int/information/parties.shtml*; Protocolo de Nagoya, *https://www.cbd.int/abs/nagoya-protocol/signatories/*

244 Vanheusden, B. & Van Den Berghe, G. (2017), *op. cit.*, 9.
El cambio de paradigma reflejó la tensión existente entre usuarios y proveedores. Sánchez Ramos destaca que los principales proveedores son el Grupo de Países Megadiversos (conocidos por sus siglas en inglés, *Like-Minded Megadiverse Countries*, LLMC) que acumulan entre el 60 y 70 por ciento de la biodiversidad del planeta; mientras que los Estados desarrollados son los principales usuarios de los recursos dado que disponen de las capacidades tecnológicas necesarias. Sánchez Ramos, B. (2021), *op. cit.*, 5.
Los Estados proveedores, en este sentido, son aquellos en los que viven estos recursos y, en consecuencia, pueden suministrar a terceros Estados; mientras que podemos definir a los usuarios, tomando la definición escogida por la UE, como aquellas "persona[s] física[s] o jurídica[s] que utilice[n] recursos genéticos o conocimientos tradicionales asociados a recursos genéticos". Artículo 3.4 del Reglamento (UE) N.º 511/2014 del Parlamento Europeo y del Consejo de 16 de abril de 2014 relativo a las medidas de cumplimiento de los usuarios del Protocolo de Nagoya sobre al acceso a los recursos genéticos y participación justa y equitativa en los beneficios que se deriven de su utilización en la Unión.
El LLMC está compuesto por Brasil, China, Colombia, Costa Rica, Ecuador, Etiopía, Filipinas, Guatemala, India, Indonesia, Irán, Kenia, Madagascar, Malasia, México, Perú, República Democrática del Congo, Sudáfrica y Venezuela.

sidad biológica terrestre, apareciendo la marina únicamente una vez las negociaciones estaban ya bien avanzadas[245].

Por su parte, el CDB distingue dos ámbitos de aplicación, señalando que las disposiciones del Convenio se aplicarán en relación con cada Parte contratante en el caso de "los componentes de la diversidad biológica marina, en las zonas situadas dentro de los límites de su jurisdicción nacional" y, en el caso de "procesos y actividades realizados bajo su jurisdicción o control, y con independencia de dónde se manifiesten sus efectos, dentro o fuera de las zonas sujetas a jurisdicción nacional"[246]. En cualquier caso, también se establece en el CDB la obligación general de los Estados Parte de cooperar en lo que respecta a las zonas no sujetas a jurisdicción nacional[247].

Los Estados tienen el derecho soberano de explotar sus recursos conforme a sus objetivos de política medioambiental, así como la responsabilidad de asegurar que las actividades realizadas bajo su jurisdicción o control no causan daños al medio de otros Estados o a las ZFJN[248].

El CDB se puede analizar de múltiples formas, entre otras, sistemáticamente a modo de comentario, basándose en los enfoques en que se sustenta[249], o partiendo de sus dos grandes objetivos, que se corresponden con lo que son los

---

245 Wolfrum, R. & Matz, N. (2000), *op. cit.*, 459.

246 Artículo 4 del CDB.

247 Artículo 5 del CDB.

248 Artículo 3 del CDB, también recogido en el principio 21 de la Declaración de Estocolmo sobre el Medio Ambiente Humano de 1972 y el principio 2 de la Declaración de las Naciones Unidas sobre el Medio Ambiente y el Desarrollo, Río de Janeiro, de 13 de junio de 1992. A/CONF.151/5/Rev.1 (en adelante, Declaración de Río).

249 Lehmann lo analiza basándose en su enfoque ecosistémico y zonal. Lehmann, F. (2007), *op. cit.*

cimientos del Acuerdo BBNJ: la conservación y el uso sostenible de la diversidad biológica.

Dada la inexistencia de un inventario total de las especies, es necesario un enfoque conservador y precavido para la diversidad biológica[250], uno de los objetivos del Acuerdo para cuya consecución se prevé que las Partes Contratantes adopten medidas positivas y negativas para garantizar la conservación *in situ* y *ex situ*[251].

Sin embargo, el CDB dista de prever un régimen exclusivamente conservacionista, sino que dispone, de conformidad con el segundo de sus objetivos, la promoción del uso sostenible de la biodiversidad. En su preámbulo, el Convenio destaca la necesidad de acceder a los recursos genéticos y a las tecnologías, de modo que se puedan satisfacer las innegables necesidades alimentarias y de salud que acucian a la población mundial, así como el valor científico, económico, educativo y cultural, entre otros, que tiene la biodiversidad[252].

El régimen que establece el CDB para el acceso y uso de los RGM, fundamentado en la soberanía de los Estados sobre sus recursos, distingue según estos recursos se encuentren dentro o fuera de la jurisdicción nacional. Así, en las zonas marinas bajo soberanía o jurisdicción nacional los usuarios potenciales de los RG deben obtener el consentimiento previo informado

---

250 *Ibidem*, 54.

251 Artículos 8 y 9 del CDB. Se entiende, en el CDB, por conservación *in situ* "la conservación de los ecosistemas y los hábitats naturales y el mantenimiento y recuperación de poblaciones viables de especies en sus entornos naturales y, en el caso de las especies domesticadas y cultivadas, en los entornos en que hayan desarrollado sus propiedades específicas"; y por *ex situ* "la conservación de componentes de la diversidad biológica fuera de sus hábitats naturales" (artículo 2, párrs. 5 y 4, respectivamente).

252 Preámbulo del CDB, párr. 20 y 1.

(*prior informed consent,* PIC) de la Parte proveedora, y negociar y acordar los términos y condiciones de acceso y uso de los recursos a través de condiciones mutuamente acordadas (*mutually agreed terms*)[253]; mientras que en las ZFJN el estatus de estos recursos es "*non liquet*", en palabras de Nishimura[254].

En el CBD, por tanto, se establece un *quid pro quo* entre el acceso a los RG y la participación en los beneficios resultantes de su uso[255]. Estos beneficios pueden ser monetarios y no monetarios[256].

---

253 Artículo 15.4 y 5 del CDB.
Este régimen excede del régimen de consentimiento previsto por la CNUDM para la investigación científica marina en los artículos 245, 246 y 252. Lehman, F. (2007), *op. cit.*, 55.

254 El autor considera que, dado que no existe normativa aplicable, el estatus de este régimen no está claro; y plantea como posibles alternativas para los recursos genéticos el libre acceso a dichos recursos, el PCH o un enfoque totalmente nuevo. Nishimura, T. (2018), *op. cit.*, 69.

255 Glowka, L. (1996), *op. cit.*, 164.

256 Artículo 5 del Protocolo de Nagoya.
El Protocolo de Nagoya ejemplifica los conceptos que pueden encontrarse en ambas categorías. En los beneficios monetarios se incluyen, sin limitaciones: "(a) Tasas de acceso o tasa por muestra recolectada o adquirida de otro modo; (b) Pagos por adelantado; (c) Pagos hito; (d) Pago de regalías; (e) Tasas de licencia en caso de comercialización; (f) Tasas especiales por pagar a fondos fiduciarios que apoyen la conservación y utilización sostenible de la diversidad biológica; (g) Salarios y condiciones preferenciales si fueron mutuamente convenidos; (h) Financiación de la investigación; (i) Empresas conjuntas; y (j) Propiedad conjunta de los derechos de propiedad intelectual pertinentes".
En los beneficios no monetarios se incluyen, sin limitaciones: "(a) Intercambio de resultados de investigación y desarrollo; (b) Colaboración, cooperación y contribución en programas de investigación y desarrollo científicos, particularmente actividades de investigación biotecnológica, de ser posible en la Parte que aporta los recursos

Glowka señala que los recursos genéticos, conforme al CDB, son componentes de la diversidad biológica y, en consecuencia, un Estado Parte del Convenio no está obligado a implementar los preceptos aplicables a los componentes de la diversidad biológica en ZFJN (incluidos los relativos al reparto o la distribución de beneficios)[257]. En palabras de Lehmann y Leary, conforme a lo dispuesto por el CDB, el acceso

genéticos; (c) Participación en desarrollo de productos; (d) Colaboración, cooperación y contribución a la formación y capacitación; (e) Admisión a las instalaciones *ex situ* de recursos genéticos y a bases de datos; (f) Transferencia, al proveedor de los recursos genéticos de conocimientos y de tecnología en términos justos y más favorables, incluidos los términos sobre condiciones favorables y preferenciales, de ser convenidos, en particular, conocimientos y tecnología en los que se haga uso de los recursos genéticos, incluida la biotecnología, o que son pertinentes a la conservación y utilización sostenible de la diversidad biológica; (g) Fortalecimiento de las capacidades para transferencia de tecnología; (h) Creación de capacidad institucional; (i) Recursos humanos y materiales para fortalecer las capacidades para la administración y aplicación de la reglamentación en materia de acceso; (j) Capacitación relacionada con los recursos genéticos con la plena intervención de los países que aportan recursos genéticos y, de ser posible, en tales países; (k) Acceso a la información científica pertinente a la conservación y utilización sostenible de la diversidad biológica, incluidos inventarios biológicos y estudios taxonómicos; (l) Aportes a la economía local; (m) Investigación dirigida a necesidades prioritarias tales como la seguridad de la salud humana y de los alimentos, teniendo en cuenta los usos nacionales de los recursos genéticos en la Parte que aporta los recursos genéticos; (n) Relación institucional y profesional que puede dimanar de un acuerdo de acceso y participación en los beneficios y de las actividades subsiguientes de colaboración; (o) Beneficios de seguridad alimentaria y de los medios de vida; (p) Reconocimiento social; y (q) Propiedad conjunta de los derechos de propiedad intelectual pertinentes".

257 Glowka, L. (1996), *op. cit.*, 168.

y uso de los recursos genéticos de los océanos y los fondos marinos en ZFJN está totalmente sin regular[258].

2. El Protocolo de Nagoya y el sistema de acceso y participación en los beneficios

a. Las Directrices de Bonn: el germen del Protocolo de Nagoya

El reconocimiento de los derechos soberanos de los Estados sobre sus recursos, consagrado en el artículo 15 del CDB, expuesto en el apartado B.1 de este Capítulo, no supuso el desarrollo de un régimen concreto aplicable a su acceso y utilización, motivo por el cual se adoptaron en 2002 las Directrices de Bonn sobre acceso a los recursos genéticos y participación justa y equitativa en los beneficios derivados de su utilización[259]. De forma posterior, estas Directrices se plasmaron en un protocolo del CDB conocido como el Protocolo de Nagoya sobre acceso a los recursos genéticos y participación justa y equitativa en los beneficios que se deriven de su utilización.

Las Directrices de Bonn tenían como objetivo último "ayudar a las Partes en la elaboración de una estrategia general de acceso y distribución de beneficios"[260], funcionando como una orientación general para preparar "las medidas legislativas, administrativas o de política" sobre acceso y participación en beneficios[261].

---

258 Lehmann, F. (2007), *op. cit.*, 56; Leary, D. (2004), *op. cit.*, 154.

259 Fueron adoptadas en la Sexta reunión de la COP del CDB, celebrada en la Haya del 7 al 19 abril de 2002. CDB. UNEP/CBD/COP/6/20 (23.09.2002). Informe de la Sexta Reunión de la Conferencia de las Partes en el Convenio sobre la Diversidad Biológica.

260 *Ibidem*, VI/24. A., párr. 12.

261 Directrices de Bonn, I. A.1.

Estas Directrices se sostenían sobre ocho pilares: (a) su carácter voluntario (funcionaban a modo de orientación tanto para usuarios como para proveedores); (b) su facilidad de uso (se establecían directrices sencillas para garantizar su utilidad); (c) su aplicabilidad práctica (estaban llamadas a ser prácticas y reducir los costes de las transacciones); (d) su aceptabilidad (buscaban aunar el mayor apoyo posible de los interesados); (e) su complementariedad con otros instrumentos internacionales; (f) su enfoque evolutivo (en tanto se concibieron para ser evaluadas y revisadas conforme a las necesidades de la práctica); (g) su flexibilidad (para garantizar que fuesen útiles al mayor número de interesados posibles –distintos sectores, usuarios y jurisdicciones nacionales–); y (h) su transparencia en la negociación y aplicación del acceso y participación en beneficios [262].

Las Directrices recogían recomendaciones sobre las funciones y responsabilidades de las autoridades nacionales competentes. En particular, cabe destacar su propuesta de creación de un centro nacional de coordinación para el acceso y la participación en los beneficios por cada Parte, donde la información disponible se transmita por un Mecanismo de Facilitación. Asimismo, las Directrices reclamaban la necesaria participación de los interesados al determinar el acceso y negociar e implementar las condiciones mutuamente convenidas, así como el reparto de los beneficios; y también la creación de las estrategias o planes de implementación del sistema de acceso y participación en los beneficios. Las Directrices enunciaban las etapas en las que debe realizarse dicho acceso y participación, e incluían los principios básicos y elementos fundamentales del sistema de consentimiento fundamentado previo (requisito previsto en el artículo 15 del CDB); así como una lista indicativa de la información necesaria para elaborar las condiciones

---

262 *Ibidem*, I. A. 7.

mutuamente acordadas y los elementos que deberían tener los acuerdos e indicaciones sobre los beneficios que deberían repartirse, además de en qué plazo[263].

Las Directrices fueron el "único instrumento para implementar las provisiones de acceso y participación en beneficios del CDB" hasta la entrada en vigor del Protocolo de Nagoya[264]; un intento de "dulcificar" el complejo desarrollo del sistema de acceso y participación en beneficios a nivel nacional[265], cuyo éxito fue limitado principalmente debido a su carácter no vinculante.

b. El Protocolo de Nagoya

El Protocolo de Nagoya fue adoptado el 29 de octubre de 2010 y entró en vigor el 12 de octubre de 2014. En 2024, cuenta con 141 Partes, incluida la UE[266]. Este Protocolo nació de la necesidad de implantar, dada la falta de éxito de las Directrices de Bonn, el régimen creado por el CDB; y aun cuando "recoge en gran medida" lo dispuesto por las Directrices[267], se contrapone a ellas en que establece por primera vez normas jurídicamente vinculantes sobre el cumplimiento de las obligaciones derivadas del régimen de acceso y participación en beneficios[268].

---

263 Al final de las Directrices, el Apéndice II señala posibles beneficios monetarios y no monetarios. Directrices de Bonn, IV.

264 Vanheusden, B & Van Den Berghe, G. (2017), *op. cit.*, 9.

265 Sánchez Ramos, B. (2021), *op. cit.*, 10.

266 El listado completo actualizado de las Partes del Protocolo de Nagoya puede consultarse en: *https://www.cbd.int/abs/nagoya-protocol/signatories*

267 Sánchez Ramos, B. (2021), *op. cit.*, 10.

268 Morgera, E.; Buck, M. & Tsioumani, E. (2014). *The 2010 Nagoya Protocol on Access and benefit-sharing in perspective: implications*

Su objetivo principal es:

> "la participación justa y equitativa en los beneficios que se deriven de la utilización de los recursos genéticos incluso por medio del acceso apropiado a los recursos genéticos y por medio de la transferencia apropiada de tecnologías pertinentes, teniendo en cuenta todos los derechos sobre dichos recursos y tecnologías y por medio de la financiación apropiada, contribuyendo por ende a la conservación de la diversidad biológica y la utilización sostenible de sus componentes"[269].

Para lograrlo, el Protocolo de Nagoya se articula en tres pilares, conocidos como el "ABC del acceso a los recursos genéticos y la participación en los beneficios que se deriven de su utilización"[270]: el acceso, la participación en beneficios y el cumplimiento.

b.1. El acceso a los recursos genéticos

Las Partes gozan, de acuerdo con el Protocolo, de la facultad de establecer o no un sistema de acceso a sus recursos genéticos. En caso de estipularlo, el acceso a éstos estará sujeto al consentimiento fundamentado previo de la Parte que aporta los recursos (proveedora), así como al consentimiento fundamentado previo o la aprobación y participación de las comunidades indígenas y locales cuando tengan el derecho a otorgar dicho acceso conforme a las medidas que las Partes deben establecer[271].

---

for international law and implementation challenges. Leiden-Boston: Martinus Nijhoff, 24.

269 Artículo 1 del Protocolo de Nagoya.

270 Morgera, E.; Buck, M. & Tsioumani, E. (2014), *op. cit.*, 52.

271 Artículo 6 del Protocolo de Nagoya.
Campins destaca que el Protocolo de Nagoya es el primer texto legalmente vinculante donde se aborda la conexión entre la participación

Las Partes que opten por requerir este consentimiento deberán adoptar las medidas legislativas, administrativas o de políticas necesarias para proporcionar seguridad jurídica, claridad y transparencia, normas y procedimientos justos e información sobre cómo solicitar el consentimiento[272]. La autoridad nacional competente debe conceder una decisión por escrito, emitiendo en el momento de acceso un permiso o equivalente como prueba de la decisión de otorgar el consentimiento previo informado y de que se ha establecido las condiciones mutuamente acordadas[273].

Este régimen de acceso se ve afectado por tres "condiciones especiales" que las Partes deben observar: cada Parte tiene que crear las condiciones que promuevan la investigación, incluyendo medidas simplificadas de acceso para fines no comerciales; prestar la debida atención a casos de emergencias presentes o inminentes, tomando en consideración la necesidad del acceso expeditivo a los recursos genéticos; y tener en consideración la importancia que tienen para la alimentación y la agricultura, así como el especial papel que ostentan para la seguridad alimentaria[274].

---

en los beneficios para los pueblos indígenas y las comunidades locales con el consentimiento previo informado. Campins Eritja, M. (2017). Bio-prospecting in the Arctic: An overview of the interaction between the rights of indigenous peoples and access and benefit-sharing. *Boston College Environmental Affairs Law Review, 44 (2),* 247-248, citado en: Sánchez Ramos, B. (2021), *op. cit.*, 20.

272 Artículo 6.3 (a)-(c) del Protocolo de Nagoya.

273 Artículo 6.3 (d)-(e) del Protocolo de Nagoya.
Los criterios para obtener el consentimiento previo informado, así como las condiciones que deben establecerse en las condiciones mutuamente acordadas, serán determinados por las distintas legislaciones nacionales. Artículo 6.3 (f)-(g) del Protocolo de Nagoya.

274 Artículo 8 del Protocolo de Nagoya.

b.2. La participación justa y equitativa en los beneficios derivados de la utilización de los recursos genéticos

El Protocolo dispone, de conformidad con el artículo 15 del CDB, que los beneficios derivados de la utilización de los recursos genéticos, así como sus posteriores aplicaciones comerciales, "se compartirán de manera justa y equitativa con la Parte que aporta dichos recursos" en condiciones mutuamente acordadas[275]. La parte proveedora puede serlo por ser el país de origen de los recursos genéticos o por haberlos adquirido de conformidad con el CDB.

Se prevé, asimismo, que la participación en los beneficios sea también de la utilización de aquellos recursos genéticos que "están en posesión de comunidades indígenas y locales" de forma que se compartan con estas comunidades; del mismo modo que las Partes deben asegurar, a través de las medidas que consideren oportunas, que los beneficios derivados de la utilización de los conocimientos tradicionales asociados a estos recursos se compartan justa y equitativamente con dichas comunidades[276].

Tanto el CDB como el Protocolo de Nagoya señalan que dicha participación debe hacerse en condiciones mutuamente acordadas. Éste es un contrato privado entre las partes (proveedora y usuaria) cuya función es esclarecer los derechos y obligaciones de las partes, las potenciales restricciones de uso del material específico o del conocimiento tradicional asociado; así como las obligaciones de información y control[277]. El Protocolo no establece criterios sustanciales o procedimentales,

---

[275] Artículo 5.1 del Protocolo de Nagoya.

[276] Artículo 5.2 y 5 del Protocolo de Nagoya.

[277] Morgera, E.; Buck, M. & Tsioumani, E. (2014), *op. cit.*, 131.

sino que lo encomienda a las negociaciones contractuales[278]. Este contrato establece las condiciones, tipos, plazos y procedimientos concretos para la participación en los beneficios[279], así como disposiciones sobre la resolución de controversias[280].

Una vez se establezcan las condiciones mutuamente acordadas y el usuario en cuestión acceda a los recursos, las Partes deben emitir un certificado de cumplimiento reconocido internacionalmente[281], que servirá como prueba del acceso.

El Protocolo de Nagoya establece un sistema de participación en beneficios bilateral, a negociar entre proveedor y usuario; pero también deja abierta la posibilidad a las Partes de que consideren la necesidad de crear un mecanismo mundial multilateral de participación en los beneficios[282] cuyos beneficios se destinen a apoyar los objetivos principales del CDB a nivel mundial.

---

278 *Ibidem*, 132.
No obstante, las Partes deben alentar a utilizar cláusulas contractuales modelo y códigos de conducta voluntarios, directrices y prácticas óptimas y/ o estándares (artículos 19 y 20 del Protocolo de Nagoya).

279 Greiber, T. *et al.* (2012). *An Explanatory Guide to the Nagoya Protocol on Access and Benefit-Sharing*. Gland: IUCN.

280 Artículo 18.1 del Protocolo de Nagoya.

281 Artículos 6.3 (e) y 17 del Protocolo de Nagoya. El certificado deberá incluir, como mínimo, quién es la autoridad emisora, la fecha de emisión, el proveedor, el identificador exclusivo del certificado, la persona o entidad a la que se otorgó el consentimiento fundamentado previo, el asunto o recursos genéticos cubiertos por el certificado, la confirmación de que se han establecido las condiciones mutuamente acordadas y de que se obtuvo el consentimiento previo informado, así como la utilización comercial o no comercial (artículo 17.4 del Protocolo de Nagoya).

282 Artículo 10 del Protocolo de Nagoya.

Los beneficios a los que se hace referencia pueden ser monetarios y no monetarios[283], de los que el propio Protocolo contiene un Anexo con un listado no exhaustivo. Los no monetarios pueden ser identificables de forma más inmediata y estar disponibles antes que los monetarios debido a los largos períodos de investigación que suelen darse para llegar a la comercialización de productos derivados de estos recursos[284]. Estos beneficios –los no monetarios– han sido considerados por algunos autores, como Geoff Burton, como portadores de un "alto valor para el proveedor y un coste marginal bajo para el usuario"[285], y pueden contribuir al mantenimiento de relaciones de cooperación duraderas entre las partes, a esfuerzos de conservación, o al desarrollo sostenible a nivel nacional y local.

Los beneficios monetarios también pueden ayudar a generar colaboraciones a largo plazo, por ejemplo, a través de *joint ventures* y propiedades conjuntas de los derechos de propiedad intelectual pertinentes[286]; a mejorar la conservación mediante tasas pagadas a fondos fiduciarios que apoyen la conservación y utilización sostenible de la diversidad biológica[287]; o simplemente pueden suponer beneficios financieros para la Parte

---

283 Artículo 5.4 del Protocolo de Nagoya.

284 Morgera, E.; Buck, M. & Tsioumani, E. (2014), *op. cit.*, 133.

285 *Ibidem.*

286 Es destacable que el Anexo incluye expresamente entre los posibles beneficios monetarios y los no monetarios dos de las tres referencias a los derechos de propiedad intelectual existentes en todo el Protocolo, a pesar de ser una causa de preocupación constante durante la negociación del instrumento. En este sentido, en el Anexo se contempla como posibles beneficios monetarios y no monetarios la "propiedad conjunta de los derechos de propiedad intelectual pertinentes". *Ibidem,* 134; artículos 1 (j) y 2 (q) del Anexo del Protocolo de Nagoya, respectivamente.

287 Anexo del Protocolo de Nagoya, 1 (f).

proveedora y las comunidades relevantes, por medio de tasas de acceso, pagos por adelantado, pagos hito, etc.[288].

b.3. El cumplimiento y la vigilancia: el pilar del control

El cumplimiento de la legislación nacional o los requisitos de acceso y participación en los beneficios son el tercer y último pilar del Protocolo. Este pilar ha sido considerado por Glowka y Normand como la "innovación de mayor alcance" del Protocolo de Nagoya en tanto que el CDB no contenía ninguna disposición al respecto[289].

El Protocolo establece que las Partes deben adoptar medidas legislativas, administrativas o de política apropiadas, eficaces y proporcionales para los recursos genéticos y para los conocimientos tradicionales asociados a éstos con un triple propósito: (a) asegurar que el acceso se haya producido de conformidad con el consentimiento previo informado y las condiciones mutuamente acordadas; (b) abordar situaciones de incumplimiento de las medidas establecidas; y (c) cooperar en casos de presuntas infracciones, tanto de la legislación, como de los requisitos reglamentarios nacionales[290].

Las Partes tienen que designar un punto focal nacional para dar a conocer la información sobre el acceso a recursos genéticos, a los conocimientos tradicionales asociados a los mismos y

---

288 Anexo del Protocolo de Nagoya, 1 (a)-(c).

289 Glowka, L. & Normand, V. (2013). The Nagoya Protocol on Access and benefit-sharing: innovations in International Environmental Law. En: E. Morgera, M. Buck & E. Tsioumani. *The 2010 Nagoya Protocol on Access and benefit-sharing in perspective: implications for international law and implementation challenges* (pp. 21-52). Leiden-Boston: Martinus Nijhoff, 34.

290 Artículos 15 y 16 del Protocolo de Nagoya.

sobre las autoridades nacionales competentes, de modo que los usuarios puedan cumplir con las medidas nacionales en vigor[291].

Con el objetivo de apoyar el cumplimiento, las Partes deben adoptar medidas para vigilar y aumentar la transparencia acerca de la utilización de sus recursos genéticos. Para ello, tienen que nombrar un punto de verificación designado para recolectar o recibir información relativa al consentimiento fundamentado previo, la fuente del recurso genético, las condiciones mutuamente acordadas y la utilización de dichos recursos[292]. Estos puntos, a su vez, tienen la obligación de remitir el correspondiente "comunicado de punto de comunicación"[293] (*checkpoint communiqué*) al centro de intercambio de información[294], el

291 Artículo 13.1 del Protocolo de Nagoya.

292 Artículo 17.1 (a) (i) del Protocolo de Nagoya.

293 A fecha de 17 de mayo de 2024 se han emitido 197 comunicados procedentes de los puntos de verificación de 11 países: Alemania, Francia, Reino Unido, Japón, Austria, Dinamarca, Países Bajos, Suecia, Perú, Catar y República Dominicana (enumeradas de mayor a menor número de comunicados emitidos). Los comunicados completos son accesibles en: *https://absch.cbd.int/en/countries/status/party*

294 Establecido por el artículo 14 del Protocolo de Nagoya, es parte del mecanismo de facilitación al que se refiere el artículo 18.3 del CDB con el fin de compartir y facilitar el acceso a la información pertinente relacionada con el acceso y la participación en los beneficios. Este centro toma la forma de la página web del Centro de Intercambio de Información sobre Acceso y Participación en los Beneficios o *Access and Benefit-Sharing Clearing-House* (ABSCH). En esta plataforma se puede acceder a toda la información relevante sobre los puntos focales, autoridades nacionales de acceso, medidas nacionales adoptadas sobre el acceso y la participación en beneficios; y está abierta a todo tipo de usuarios (Partes y No Partes del Protocolo, comunidades indígenas y locales, sector privado, instituciones de investigación, organizaciones y organizaciones no gubernamentales). Esta plataforma puede consultarse en: *https://absch.cbd.int/es/*

cual dependerá notablemente del compromiso y cumplimiento de las Partes que deben remitirle la información[295].

Estas disposiciones tienen como objetivo luchar contra la biopiratería y garantizar una mayor trazabilidad de los recursos genéticos exportados por el usuario, reclamo reiterado por los Estados en desarrollo[296].

c. La puesta en práctica del Protocolo de Nagoya: principales retos en su implementación

El Protocolo de Nagoya, si bien como ya se ha señalado resulta innovador, no se ha implementado, por el momento, de manera efectiva en todos los sistemas nacionales de sus Partes.

Ya en el momento de su adopción, la complejidad de desarrollar múltiples procedimientos nacionales de acceso y participación en beneficios supuso que, en el primer encuentro de la Conferencia de las Partes (COP) del CDB que actuaba como reunión de las Partes del Protocolo, se adoptase el Marco estratégico para la creación y el desarrollo de capacidad para apoyar la efectiva implementación del Protocolo de Nagoya sobre acceso y participación en beneficios[297]. Este Marco se centraba en la creación y desarrollo de capacidades e identificaba las principales fuentes de financiación para ello[298].

---

295 Sánchez Ramos, B. (2021), *op. cit.*, 26.

296 *Ibidem*, 25-26.

297 CDB. UNEP/CBD/NP/COP-MOP/DEC/1/8 (20.10.2014). Measures to assist in capacity-building and capacity development.

298 Entre estas se encuentra el Fondo para el Medio Ambiente Mundial, el cual ha financiado más del 60% de los 99 proyectos que se habían desarrollado en 2021. Sánchez Ramos, B. (2021), *op. cit.*, 27.

Asimismo, y aunque se trataba de un Protocolo indudablemente ambicioso, varios autores criticaron desde un inicio que éste adolecía de varias deficiencias, como son el uso excesivo de calificativos ("según proceda", "cuando proceda", "en la medida de lo posible", "si está disponible"...) y un lenguaje débil ("alentar", "fomentar", "considerar" y "promover") en disposiciones centrales[299]; así como se señaló la falta de ratificación por parte de Estados claves, como son Canadá o EE.UU.[300].

Para controlar la efectividad de la aplicación del Protocolo, las Partes deben monitorear la implementación de sus obligaciones e informar a la COP[301]. En esta línea, en el primer encuentro de la COP se solicitó a las Partes que presentaran un informe nacional sobre la aplicación del Protocolo de Nagoya doce meses antes de la tercera reunión de la COP (con fecha límite el 1 de noviembre de 2017), concretamente sobre las medidas adoptadas para cumplir con las obligaciones y compartir las dificultades que hubiesen podido encontrar. Como resultado de la suma de los informes nacionales presentados, se elaboró un informe de análisis de los datos proporcionados[302] del

---

299 Fedder, B. (2013). *Marine genetic resources, access and benefit sharing. Legal and biological perspectives.* Londres: Routledge.

300 Kariyawasam, K. & Tsai, M. (2018). Access to genetic resources and benefit sharing: implications of Nagoya Protocol on providers and users. *Journal of World Intellectual Property, 21 (5-6)*, 300.
En esta línea, Fajado del Castillo destaca que la ausencia de EE.UU. tanto del CDB como de sus protocolos "ilustra como la eficacia de una convención depende de que participen en ella los Estados responsables de los problemas que se intentan resolver". Fajardo del Castillo, T. (2022). Biodiversidad y civilización ecológica en el aniversario de la Declaración de Estocolmo sobre el Medio Humano. *Revista Catalana de Dret Ambiental, XIII (2)*, 17.

301 Artículo 29 del Protocolo de Nagoya.

302 CDB. CBD/SBI/2/INF/3 (15.05.2018). Analysis of information contained in the Interim National Reports and information published in the Access and Benefit-Sharing Clearing House.

que, aun debiendo ser tenidos en consideración de manera contextualizada, en tanto el número de Partes y No Partes que los emitieron no se corresponde con la totalidad del Protocolo de Nagoya[303], se pueden extraer algunas conclusiones interesantes sobre su implementación expuestas a continuación.

Sin entrar en un análisis detallado de la eficacia en la implementación del Protocolo, tarea que excede del objeto de este trabajo, destacamos que no todas las Partes han actuado con la diligencia esperada aportando o facilitando información al Centro de Intercambio de Información[304]; de igual forma, el grado de adopción de medidas sobre el acceso y participación en los beneficios varía notablemente entre las

---

Para una visión completa de las estadísticas resultado de los informes, véase: CDB. CBD/SBI/2/INF/4 (15.05.2018). Statistical overview of the answers provided in the Interim National Report for the Nagoya Protocol.

303 Se presentaron informes de 69 Partes y 6 No Partes, que corresponden al 65.5% y 6.5% del número de Partes y No Partes que tenía el Protocolo de Nagoya en febrero de 2018. De las 69 Partes que contribuyeron, y distribuidos conforme los grupos regionales de la ONU fueron: 27 de África (el 69% de las 47 Partes de la región); 13 de Asia y el Pacífico (el 50% de las 26 Partes de la región); 8 de Latinoamérica y el Caribe (el 67% de las Partes de la región); 7 de Europa Centra y Este (el 88% de las 8 Partes de la región) y 14 de Europa Occidental y Otros (el 93% de las 15 Partes de la Región). A estos se deben sumar los informes de Nigeria y Filipinas, que no los completaron conforme a los parámetros solicitados. *Ibidem*, 3 y 4. El informe, no obstante, ha tomado en consideración además de los informes nacionales otra información dada a través de las estrategias y planes de acción nacionales en materia de biodiversidad. *Ibidem*, 5.

304 Europa del Este y Central lo hizo en el 100% de los casos, Europa Occidental y Otros en el 80% y Latinoamérica y el Caribe en un 62%, en contraste con el 48% que envió información de África, y el 22% de Asia y el Pacífico. *Ibidem*, 7, gráfico 1.

Partes[305]; y el número de Estados que han condicionado el acceso al consentimiento previo informado cambia bastante según grupos regionales[306].

La puesta en funcionamiento del Protocolo de Nagoya ha llevado a que las voces más críticas señalen que éste se centra en la gestión del cumplimiento en detrimento de establecer medidas disuasorias efectivas contra el incumplimiento a través de controles y sanciones eficaces[307]. Esto ha generado un incentivo para que los Estados usuarios evadan las regulaciones establecidas[308].

Asimismo, Thambisetty señala los problemas estructurales en la implementación derivados de que el acceso no esté definido ni en el Protocolo de Nagoya ni en el CDB, por lo que se puede dar un trato diferente al acceso y a la utilización de

---

305 El 21.3% de Partes (del momento) habían adoptado una o más medidas de acceso y participación en los beneficios, un 56% había adoptado algunas y estaba en proceso de revisar o desarrollar nuevas, con un menor grado de concreción el 7.5% había desarrollado algunas y estaba planeando adicionales, el 2.6% tiene algunas medidas relacionadas, pero sin indicación de estar pensando en adoptar más y el 6.6% informó haber adoptado algunas, pero sin proveer más información o entregar el informe nacional.
Los porcentajes se han calculado basándose en los datos extraídos del análisis de los informes nacionales. CBD/SBI/2/INF/3, *op. cit.*, párr. 31.

306 De forma interesante, podemos destacar que el 78% de los Estados de Europa Central y del Este y el 73% de Europa Occidental y Otros señalaron que no habían incluido consentimiento previo informado; mientras que el 68% de los Estados encuestados del Grupo regional africano y el 70% de Latinoamérica y el Caribe señalaron haber adoptado medidas de acceso y participación en los beneficios que incluyen requisitos como el consentimiento previo informado o algún tipo de permiso. *Ibidem*, párr. 86-91.

307 Rabitz, F. (2015), *op. cit.*, 30.

308 Kariyawasam, K. & Tsai, M. (2018), *op. cit.*, 302.

estos recursos[309], dando lugar a una laguna temporal (*temporal loophole*) en la implementación del Protocolo. La ambigüedad es patente al tratar de establecer el régimen de participación en los beneficios cuando se utilice un recurso genético o conocimiento tradicional que fue accedido previamente a la entrada en vigor del Protocolo de Nagoya. En tanto el artículo 5.1 del Protocolo de Nagoya establece que "los beneficios que *se deriven de la utilización* de los recursos genéticos (...) se compartirán de manera justa y equitativa (...)"[310], se puede interpretar que lo que activa el sistema de reparto de beneficios es la utilización y no el acceso[311].

---

309 Thambisetty, S. (2018). Marine Genetic Resources Beyond National Jurisdictions: Components of a Fair, Informed and Progressive Internationally Binding Legal Instrument (*Working Paper*), 1-14.

310 Énfasis añadido.

311 Nature Justice & Public Eye. (2016). The two worlds of Nagoya: ABS legislation in the EU and provider countries: discrepancies and how to deal with them (Report), 7.
El caso paradigmático es el de la UE, cuya regulación establece que únicamente se aplicará a recursos genéticos y conocimientos tradicionales accedidos tras la entrada en vigor del Protocolo de Nagoya y sólo sobre aquellos recursos y conocimientos de Estados que hayan ratificado el Protocolo de Nagoya y establecido medidas sobre el acceso a los mismos. Artículo 2 del Reglamento (UE) N.º 511/2014. Esta normativa ha sido criticada por parte de los Estados proveedores, que consideran que, aunque el acceso físico haya sido previo a la aplicación del Protocolo de Nagoya, lo decisivo es la utilización de éstos para no crear una laguna jurídica, ya que de otra forma los recursos genéticos adquiridos antes de la entrada en vigor y almacenados en colecciones *ex situ* en sus Estados Miembros no están sujetos a los requerimientos de consentimiento previo informado. Nature Justice & Public Eye. (2016), *op. cit.*, 10-11; Rabitz, F. (2015). Biopiracy after the Nagoya Protocol: Problem Structure, Regime Design and Implementation Challenges. *Brazilian Political Science Review, 9 (2)*, 46.

Uno de los problemas que ha preocupado a parte de la comunidad científica es las implicaciones del Protocolo de Nagoya en la salud pública. Como hemos señalado múltiples veces, los recursos genéticos se refieren a todo lo que contiene material genético, con la excepción del genoma humano[312]. La definición utilizada en el Protocolo ha sido construida para incluir microbios (bacterias, parásitos, virus y hongos) que puedan infectar humanos, animales o plantas[313]. En consecuencia, la utilización de patógenos con fines de salud pública está sujeto a los requisitos y procedimientos de acceso y participación en beneficios nacionales; lo que implica que el Estado de origen de la muestra del virus tiene la soberanía sobre quién y cómo podrá utilizarlo[314]. En 2016, la Organización Mundial de la Salud (OMS) señaló que el Protocolo de Nagoya podría ser beneficioso en tanto fomenta la cooperación y, bajo su marco, los Estados Parte pueden crear expectativas de reparto de beneficios

---

312 En la Decisión II/11, la COP del CDB "reafirma que los recursos genéticos humanos no están comprendidos en el ámbito de aplicación del Convenio", como lo hacen a su vez las Directrices de Bonn (apartado C relativo al "alcance"). CDB. (2005). Decisión II/11. Acceso a los Recursos Genéticos.

313 Mueni Katee, S. & Keambou Tiambo, C. (2021). Discussing the Drawbacks of the Implementation of Access and Benefit Sharing of the Nagoya Protocol Following the COVID-19 Pandemic. *Frontiers in Public Health, 9*, 1-9.

314 *Ibidem*, 2. La soberanía vírica (*virical sovereignty*) continúa siendo un problema que provoca efectos inadvertidos en la salud pública. A título ejemplificativo, Indonesia se negó en 2007 a dar muestras a la OMS de una cepa de gripe H5N1 hasta que se le garantizó un acceso justo a cualquier vacuna creada a partir de ese material; o cuando en 2018 China retuvo muestras de la cepa H7N9 de la gripe aviar a pesar de las reiteradas peticiones de compartir el material de EE.UU. y Reino Unido. *Ibidem*, 3; Carter, J. (2010). Who's virus is it anyway? How the World Health Organization can protect against claims of 'viral sovereignty'. *Georgia Journal of International and Comparative Law, 38*, 717-740.

predefinidas y claras para el acceso a patógenos que contribuyan a dar respuesta a brotes infecciosos[315]; pero también señaló que el alcance incierto de la implementación del Protocolo, junto con los altos costes transaccionales de implementar un sistema bilateral de acceso y participación en beneficios y la complejidad derivada de la existencia de múltiples sistemas legales nacionales distintos pueden llevar a limitar o ralentizar el acceso a patógenos claves[316]. Para paliar estos posibles problemas, algunos autores han incidido en la necesidad de reconocer una rápida aplicación de un instrumento internacional especializado para patógenos en el marco del Protocolo de Nagoya[317].

C. EL LIMBO JURÍDICO INTERNACIONAL DE LOS RECURSOS GENÉTICOS MARINOS DE LAS ZONAS FUERA DE LA JURISDICCIÓN NACIONAL

Como se ha visto a lo largo de este Capítulo, el régimen jurídico internacional de los recursos genéticos marinos de las ZFJN dista de ser integral y claro. En palabras de Long, el marco regulador de la diversidad biológica marina en estas zonas es más bien "dispar y en muchos aspectos inadecuado para su propósito"[318].

---

315 OMS. (2016). Implementation of the Nagoya Protocol and pathogen sharing: public health implications. Study by the Secretariat, párr. 18.

316 *Ibidem*, párr. 19.

317 Mueni Katee, S. & Keambou Tiambo, C. (2021), *op. cit.*, 8.

318 Long, R. (2015). Anatomy of a new international instrument for marine biodiversity beyond national jurisdiction: First impressions of the preparatory process. *Environmental Liability*, *6*, 217.

Aun así, del estudio de los principales tratados y convenios en materia de Derecho del Mar y Derecho Internacional del Medioambiente con un impacto, como mínimo tangencial o indirecto en los RGM, se pueden extraer algunas consideraciones.

La propia existencia de la CNUDM y el CDB y, en particular, su aplicación, abre la puerta a una potencial disputa sobre cuál debe ser aplicado en caso de conflicto[319]. Los conflictos pueden surgir por varios motivos, como son los distintos enfoques que tiene respecto de la conservación y gestión (por ejemplo, el CDB aboga por un enfoque marcadamente ecosistémico, del que la CNUDM carece)[320]; el objetivo principal de conservación que tienen (la CNUDM se centra a nivel de especies o poblaciones concretas, mientras el CDB busca también la conservación de la diversidad de los recursos genéticos) o los requisitos de consentimiento previo que el CDB exige y complican el régimen más sencillo previsto por la CNUDM ante la recolección de muestras en las aguas bajo la jurisdicción del Estado ribereño[321].

Ante un potencial conflicto entre estas normas se hace necesario acudir a la interpretación de buena fe de los términos de los tratados[322]. El CDB prevé que sus disposiciones no afectarán los derechos y obligaciones de las Partes Contratantes derivados de otros acuerdos internacionales existentes, salvo cuando éstos puedan "causar graves daños a la diversidad biológica o ponerla en peligro", así como la obligación de las Partes de aplicar el CDB "con respecto al medio marino, de conformidad con los derechos y obligaciones de los Estados con

319 Lehmann, F. (2007), *op. cit.*, 56.

320 *Ibidem*, 56-57.

321 *Ibidem*, 56-57.

322 Artículo 31.1 de la CVDT.

arreglo al derecho del mar"[323]. La lectura combinada de estos dos preceptos ha llevado a afirmar que, en caso de conflicto sobre los recursos vivos de las ZFJN, la CNUDM tendría prioridad sobre el CDB[324].

Más allá de la eventual colisión que podría darse entre ambos instrumentos jurídicos, una realidad que ambos comparten es la ya mencionada laguna jurídica existente respecto al régimen de acceso y uso de los RGM en las ZFJN.

En este sentido, no existe una regulación expresa de los RGM en la CNUDM[325]. El enfoque zonal de la CNUDM supone que existan distintas reglas para los recursos, vivos y no vivos, según dónde se encuentran en los océanos[326]. Pero, en las ZFJN no está claro cuál es el régimen que se les aplica[327]. Si bien la respuesta sencilla, basada estrictamente en la literalidad de la Convención, sería considerar que es el régimen de libertad[328] –que gobierna la alta mar–, y no el propio de la Zona[329] –donde impera el patrimonio común de la humanidad–, también ha sido señalado que pretender separar, natural y legalmente, los recursos vivos de los no vivos en esta área parece algo ingenuo[330].

Es menester destacar que, en cualquier caso, y a pesar de no estar expresamente previstas en la Convención, las disposiciones sobre protección medioambiental e investigación

---

323 Artículo 22 del CDB.

324 Lehmann, F. (2007), *op. cit.*, 57; OSACTT. UNEP/CBD/SBSTTA/2/15, *op. cit.*, párr. 12.

325 Nishimura, T. (2018), *op. cit.*, 64.

326 Marciniak, K. J. (2017), *op. cit.*, 489.

327 Glowka, L. (1996), *op. cit.*, 168; Wolfrum, R. & Matz, N. (2000), *op. cit.*, 446; Marciniak, K. J. (2017), *op. cit.*, 489.

328 Marciniak, K. J. (2017), *op. cit.*, 489; Glowka, L. (1996), *op. cit.*, 168.

329 Marciniak, K. J. (2017), *op. cit.*, 489.

330 Tanaka, Y. (2008). Reflections (...)., *op. cit.*, 141.

científica marina son de aplicación[331] y configuran el marco base del régimen de su conservación.

De manera similar, el CDB no ofrece tampoco una respuesta a la cuestión del estatus legal de los RGM ni de su régimen, pero sí los prevé expresamente y establece la obligación de cooperación entre sus Partes en las ZFJN[332]. Además, establece, por primera vez, un *quid pro quo* entre el acceso a los recursos y la participación en los beneficios derivados de éstos[333]. El CDB, de aplicación mayoritariamente en las zonas bajo la jurisdicción nacional, se fundamenta en la soberanía de los Estados sobre sus recursos, por lo que el acceso y distribución de los beneficios depende del consentimiento de la Parte proveedora.

De forma complementaria al CDB, la adopción del Protocolo de Nagoya consagró el establecimiento de un sistema de acceso y participación en los beneficios derivados de los recursos genéticos, si bien no extensible a los hallados en las ZFJN. Es relevante destacar que en este Protocolo se vinculan dichos beneficios al apoyo a la conservación y al uso sostenible de los componentes[334].

A pesar de la complejidad de esta amalgama normativo en relación con los RGM, la práctica ha demostrado que el acceso a dichos recursos está limitado (y se prevé que continuará estándolo) a un número reducido de Estados que tienen la capacidad para acceder a ellos[335]. Jaspars y Brown señalan al respecto que "la industria ya se ha encontrado antes con la

---

331 Wolfrum, R. & Matz, N. (2000), *op. cit.*, 446.

332 Glowka, L. (1996), *op. cit.*, 164; Artículo 5 del CDB.

333 Glowka, L. (1996), *op. cit.*, 164.

334 Nishimura, T. (2018), *op. cit.*, 69.

335 Como se ha señalado anteriormente, una forma ilustrativa de observar el número de Estados que gozan de las capacidades para acceder a los recursos *in situ* es el número de patentes sobre estos recursos que los Estados tienen. En la última década, el 70% de las patentes relacionadas

naturaleza, tanto en la tierra como en los océanos bajo jurisdicción nacional"[336] en la forma del CDB y el Protocolo de Nagoya; ahora, añadimos es necesario que ocurra en las zonas de los océanos fuera de la jurisdicción nacional.

En este marco, tanto la comunidad internacional, como se analiza en el Capítulo III, así como varios autores han advertido durante décadas sobre la necesidad de crear un nuevo régimen claro e integral para los RGM de las ZFJN[337].

---

con los RGM se origina en Alemania, Japón y EEUU. UN. (2017). The conservation and sustainable use (...), *op. cit.*, párr. 53.

336 Jaspars, M. & Brown, A. E. L. (2021). Benefit Sharing: Combining Intellectual Property, Trade Secrets, Science and an Ecosystem-Focused Approach. En: M. H. Nordquist & R. Long. *Marine Biodiversity of Areas beyond National Jurisdiction* (pp. 97-130). Leiden: Brill, 101.

337 De forma más específica, ya en 1996, Glowka advirtió que el régimen en cuestión debería asegurar el estatus jurídico de los RGM, asentar la base para su uso justo y equitativo, así como para su conservación y uso sostenible; lo que requeriría de una infraestructura institucional que contase con un mecanismo de intercambio de la información. Dicho régimen no debería, en ningún caso, obstaculizar la investigación científica marina para que la "humanidad pueda beneficiarse de los descubrimientos realizados en los océanos, cuya gran mayoría están aún por realizar". Glowka, L. (1996), *op. cit.*, 177.

Capítulo III

Un largo camino hasta la adopción del Acuerdo BBNJ

A. LOS ORÍGENES DEL ACUERDO BBNJ: LAS PROPUESTAS DE LA COMUNIDAD INTERNACIONAL HASTA EL GRUPO DE TRABAJO ESPECIAL *AD HOC* OFICIOSO

En un contexto normativo fragmentado y con lagunas jurídicas patentes como es el de los océanos, la comunidad internacional lleva tiempo haciéndose eco de la necesidad de una gobernanza internacional que asegure una buena gestión de éstos y sus recursos para el disfrute de la actual generación, pero también de las futuras.

Los dos instrumentos jurídicos analizados con detenimiento en el Capítulo anterior, la CNUDM y el CDB, conforman un marco base sobre el que poder desarrollar el régimen de los RGM en ZFJN. No obstante, fruto de la información disponible y de los intereses imperantes en el momento en que fueron adoptados, no prevén el acceso a los RGM en la alta mar o la Zona. Su ausencia propulsó el proceso para adoptar una regulación a nivel internacional sobre la biodiversidad marina para las ZFJN que lleva décadas en gestación.

En la COP del CDB celebrada en Yakarta se adoptó la Decisión II/10 por la que se solicitaba la elaboración de un estudio sobre la relación entre el CNUDM y el CDB "con respeto a la conservación y utilización sostenible de los recursos genéticos en los fondos marinos profundos"[338], con vistas a que el OSACTT pudiera ocuparse de las vicisitudes relacionadas con la prospección biológica de los mismos.

La Secretaría del CDB publicó una nota al respecto, a modo de paso previo al estudio solicitado por la COP –el cual tardó ocho años en prepararse–, en la que se determinaba que los "recursos genéticos de la columna de agua están esencialmente sin regular"[339] y, mientras que no estaba claro cómo se aplicaba la CNUDM a los RGM de la Zona, "la interpretación más plausible es que (...) sean accesibles libremente, recursos de acceso abierto"[340]. Ante el estado de la cuestión, la Secretaría preveía cuatro escenarios de actuación posibles: (a) dejar estos recursos sin regular y libremente accesibles para todos; (b) aplicar el régimen de la Zona bajo el control de la AIFMO; (c) aplicar el régimen del CDB; o (d) establecer un nuevo régimen[341]. En múltiples aspectos, esta evaluación preliminar supuso un avance de lo que serían las conclusiones finales y las recomendaciones del estudio que fue publicado en febrero de 2003[342], que presentaba tres de estos cuatro escenarios (eliminando la alternativa de un nuevo régimen)[343]

---

338 CDB. UNEP/CBD/COP/2/19 (6-17.11.1995). Decisión II/10, párr. 12.

339 OSACTT. UNEP/CBD/SBSTTA/2/15 (24.07.1996), *op. cit.*, párr. 8.

340 *Ibidem*, párr. 11.

341 Para un análisis más detallado sobre las ventajas e inconvenientes de las cuatro alternativas, véase: OSACTT. UNEP/CBD/SBSTTA/2/15, *op. cit.*, párrs. 14-19.

342 Leary, D. (2006), *op. cit.*, 53.

343 En el estudio publicado no se motivó la elección de eliminar la opción de crear un nuevo régimen. No obstante, se puede inferir que las desventajas que se le atribuían ya en el estudio de 1996 llevaron a esta elección, entre las que se encontraban la dificultad de establecer una nueva autoridad internacional y las "inaceptables consecuencias de dejar los recursos en un estado de acceso

y consideraba que la aplicación del régimen de la Zona y del CDB no eran necesariamente incompatibles[344].

Cuando el estudio se presentó en la octava reunión del OSACTT en Montreal, del 10 al 14 de marzo de 2003, varios Estados objetaron la competencia de este órgano y del CDB para tratar el régimen de la biodiversidad de los fondos marinos[345]. Ante esta situación, se solicitó que se continuara el estudio del problema[346]. La COP, en su séptimo encuentro, celebrado en Kuala Lumpur (Malasia) en marzo de 2004, urgió, en relación con la protección de las ZFJN, a la Secretaría Ejecutiva a colaborar con la Secretaría General de la ONU y otros órganos u organizaciones internacionales, para identificar mecanismos para el futuro establecimiento de áreas marinas protegidas en

---

abierto", así como la sensatez de aprovechar en la medida de lo posible las estructuras y los regímenes existentes. En este sentido, se apoyó encontrar un enfoque que se desarrollase orgánicamente desde el CDB o la CNUDM; aspiración que finalmente se ha cumplido en tanto el Acuerdo BBNJ se adoptó en el marco de la CNUDM. UNEP/CBD/SBSTTA/2/15, *op. cit.*, párrs. 16-17.
Para un desarrollo más extenso de las alternativas propuestas para cubrir las lagunas existentes en materia de RGM entre el CDB y la CNUDM, véase la tabla 1 de este Capítulo.

344 OSACTT. UNEP/CBD/SBSTTA/8/INF/3/Rev.1 (22.02.2003). Study of the relationship between the Convention on Biological Diversity and the United Nations Convention on the Law of the Sea with regard to the conservation and sustainable use of genetic resources on the deep seabed (decision II/10 of the Conference of the Parties to the Convention on Biological Diversity), párr. 128.

345 En contra de su competencia se posicionaron Argentina, Brasil, Colombia y Perú; mientras que a favor se mostraron, entre otros, la UE y las Seychelles. Leary, D. (2006), *op. cit.*, 56.

346 *Ibidem.*

estas zonas[347], con la dificultad añadida de que no existen mecanismos para su creación en la alta mar[348].

Asimismo, la COP requirió que se compilase información sobre los métodos de identificación, evaluación y control de los recursos genéticos en los fondos marinos en las ZFJN, así como las tendencias y amenazas a las que se enfrentan[349]; invitó a la AGNU y las Partes Contratantes a destacar o plantear los problemas de conservación y uso sostenible que considerasen; y les invitó a identificar las actividades y procesos que pudiesen tener un impacto adverso en los ecosistemas y especies de estas zonas[350].

Paralelamente a lo anterior, en 2003, se publicó el Informe emitido en la cuarta sesión del UNICPOLOS[351]. En él, varias delegaciones destacaron la especial importancia y necesidad de "proteger los ecosistemas vulnerables y la biodiversidad fuera de la jurisdicción nacional"[352]. Sobre la base de dicho Informe, la AGNU invitó:

> "*[A] los organismos mundiales y regionales competentes a,* de conformidad con sus mandatos, *investigar urgentemente los medios de hacer frente mejor,* sobre una base científica –lo que incluye el ejercicio de precaución– *a las amenazas y los riesgos que se ciernen sobre los ecosistemas y la biodiversidad marinos amenazados y vulnerables que existen en zonas situadas*

347 CDB. UNEP/CBD/COP/DEC/VII/5 (13.04.2004). Decision VII/5. Marine and coastal biological diversity, párr. 31.

348 Leary, D. (2006), *op. cit.*, 57.

349 CDB. UNEP/CBD/COP/DEC/VII/5, *op. cit.*, párr. 54.

350 *Ibidem*, párrs. 55 y 56.

351 A diferencia de las Convenciones previamente referidas (CNUDM y CDB), los Informes de las Naciones Unidas no son legalmente vinculantes, sino que son instrumentos de *soft law*.

352 UNICPOLOS. A/58/95 (26.06.2003). Informe sobre el proceso abierto de consultas oficiosas de las Naciones Unidas sobre los océanos y el derecho del mar, párr. 98.

> *fuera de los límites de la jurisdicción nacional*; estudiar la forma en que podrían utilizarse durante este proceso los tratados existentes y otros instrumentos pertinentes, de conformidad con el derecho internacional, en particular la Convención, y con los principios de un enfoque de la ordenación integrado y basado en los ecosistemas, incluso determinando los tipos de ecosistemas marinos que merecen atención prioritaria; y estudiar una serie de posibles medios e instrumentos para su protección y ordenación"[353].

Tras ello, en un ulterior informe del UNICPOLOS se recomendó la organización de un debate en torno a los "nuevos usos sostenibles de los océanos, incluida la conservación y ordenación de la biodiversidad del fondo marino de zonas situadas fuera de los límites de la jurisdicción nacional"[354].

En el marco de estas deliberaciones fue patente la divergencia de opiniones en relación con el "estatuto y ordenamiento jurídico de las investigaciones científicas marinas relativas a los recursos genéticos de los fondos marinos profundos en zonas situadas fuera de los límites de la jurisdicción nacional"[355]. Así, las posturas iban desde los que exigían que dichos recursos fuesen considerados como patrimonio común de la humanidad, mientras que otras abogaban por el principio de libertad de los mares, debate que se prolongó varias décadas y al que se hace referencia en el apartado F del Capítulo IV.

En 2004, la Asamblea General adoptó la Resolución 59/274 con el fin de crear un Grupo de Trabajo especial *ad hoc* oficioso

---

353 AGNU. A/RES/58/240 (23.12.2003). Resolución 58/240 sobre los océanos y el derecho del mar, párr. 52 (énfasis añadido).

354 *Ibidem*, párr. 68.

355 UNICPOLOS. A/59/122 (29.06.2004). Informe sobre la quinta reunión del proceso abierto de consultas oficiosas de las Naciones Unidas sobre los océanos y el derecho del mar, párr. 90.

de composición abierta encargado de estudiar las cuestiones de la conservación y el uso sostenible de la diversidad biológica marina fuera de las zonas de jurisdicción nacional[356] (en adelante, el Grupo de Trabajo).

El Grupo de Trabajo se reunió nueve veces en once años además de en dos *Intersessional Workshops*[357]. Los avances que alcanzó fueron limitados[358], pero es innegable que sus esfuerzos sentaron las bases de una negociación internacional que se prolongó casi veinte años. Las reuniones y sus avances se

---

356 AGNU. A/RES/59/24 (17.11.2004). Resolución 59/274 sobre los océanos y el derecho del mar, párr. 73. Concretamente, el Grupo de Trabajo BBNJ tenía como finalidad: "a) Pasar revista a las actividades anteriores y presentes de las Naciones Unidas y de otras organizaciones internacionales competentes en lo relativo a la conservación y el uso sostenible de la diversidad biológica marina fuera de las zonas de jurisdicción nacional; b) Examinar los aspectos científicos, técnicos, económicos, jurídicos, ambientales, socioeconómicos y de otro tipo de estas cuestiones; c) Determinar las cuestiones y los elementos principales respecto de los cuales convendría hacer estudios de base más detallados para facilitar su examen por los Estados; d) Indicar, cuando proceda, opciones y enfoques posibles para promover la cooperación y la coordinación internacionales con miras a la conservación y el uso sostenible de la diversidad biológica fuera de las zonas de jurisdicción nacional".

357 Las reuniones tuvieron lugar en 2006, 2008, 2010, 2011, 2012, 2013, 2014 (dos veces) y en 2015. Los informes de estas reuniones están disponibles en: *www.un.org/Depts/los/biodiversityworkinggroup/biodiversityworkinggroup.htm*

358 Juste Ruiz, J. (2021). Gaps in International Biodiversity Law and Possible Ways Forward. En M. Campins Eritja & T. Fajardo del Castillo (Eds.). *Biological Diversity and International Law* (pp. 35-56). Cham: Springer, 48.
Eva Vázquez señala que los avances fueron especialmente limitados por la "división ideológica existente en torno al estatus jurídico de los RGM situados en la Zona", cuestión a la que se hace referencia en el Capítulo IV. Vázquez Gómez, E. (2019), *op. cit.*, 16.

pueden dividir en dos etapas o fases[359]: una primera, de 2004 a 2011; y, una segunda, de 2012 a 2015.

A lo largo de las reuniones celebradas durante la primera fase se plantearon varias alternativas, recogidas en la Tabla 1, con vistas a dar solución a las lagunas jurídicas que se venían señalando, aunque no todas se vieron reflejadas en las propuestas del Grupo de Trabajo debido a la falta de consenso entre todos los Estados[360].

Entre las opciones posibles se recogía la modificación del ámbito de aplicación del CDB, de modo que la diversidad biológica de las ZFJN y de aquella dentro de la jurisdicción nacional estuviese regida por un mismo instrumento; o la opción de adoptar un protocolo en el marco de este Convenio. No obstante, ambas opciones se encontraron con la oposición vehemente de algunos sectores, como el pesquero, y un apoyo relativamente escaso a nivel internacional[361].

Por otro lado, se planteó la opción de adoptar un nuevo acuerdo sobre esta materia que tuviese su propio órgano de implementación. Mientras que esta idea parecía permitir la creación de una regulación más exhaustiva, suponía unos elevados costes que no se estaban dispuestos a aceptar.

Entre otras alternativas que tampoco prosperaron se encuentra la posible enmienda de la CNUDM. Como ha quedado reflejado en numerosas ocasiones a lo largo del trabajo,

---

[359] Marciniak, K. J. (2020). The Legal Status of Marine Genetic Resources in the Context of BBNJ Negotiations: Diverse Legal Regimes and Related Problems. En: T. Haider (Ed.). *New Knowledge and Changing Circumstances in the Law of the Sea* (pp. 40-65). Leiden: Brill Nijhoff, 42.

[360] Wright, G. *et al.* (2016). The long and winding road continues: Towards a new agreement on high seas governance, *IDDRI, 1/16*, 28.

[361] Vázquez Gómez, E. (2019), *op. cit.*, 15.

ésta es el marco base sobre la que se sustenta cualquier regulación en materia de Derecho del Mar, y su actualización sería interesante en tanto se han producido numerosos avances tecnológicos y medioambientales desde que se adoptó en 1982. Sin embargo, una modificación de la llamada Constitución de los Océanos requiere de un procedimiento complejo, y potencialmente llevaría a la revisión o modificación de otras cuestiones.

Asimismo, se planteó adoptar una resolución en el marco de la AGNU, que, aunque se presentó como la alternativa más fácil o menos costosa, adolecía de su falta de vinculatoriedad, la cual se consideraba necesaria si se toma en consideración que la diversidad biológica de dos tercios del planeta no se encuentra regulada y protegida.

Alternativa	**Ventajas**	**Desventajas**
(1) Modificar el ámbito de aplicación del CDB para que incluya las ZFJN y las enmiendas consiguientes.	Coherencia: creación de un régimen único para el uso sostenible y la conservación de la biodiversidad.	Bajo interés en modificar el CDB. Oposición de otros sectores marinos (por ejemplo, la pesca). Escaso apoyo de la comunidad internacional.
(2) Adoptar un protocolo en el marco del CDB.	Varios protocolos ya han sido adoptados.	También requeriría una enmienda al CDB (véase *supra*).
(3) Adoptar un nuevo acuerdo sobre la biodiversidad marina en las ZFJN con su propio órgano de implementación.	Potencialmente presentaría un enfoque más integral.	Poco apoyo a nivel internacional, especialmente en lo que respecta a la creación de una nueva organización internacional.

(4) Enmendar la CNUDM.	Actualizaría la CNUDM a la luz de los nuevos conocimientos manteniendo su carácter constitucional.	Poco interés en enmendar la CNUDM, ya que podría abrir la puerta a otras modificaciones. El procedimiento de modificación es complejo y problemático.
(5) *Adoptar un acuerdo de aplicación en el marco de la CNUDM*	Podría centrarse en las principales lagunas jurídicas. Existen precedentes establecidos por el Acuerdo relativos a la aplicación de la Parte XI y el Acuerdo sobre las poblaciones de peces transzonales y los altamente migratorios.	Sin desventajas sustanciales. Apoyo incompleto a nivel internacional.
(6) Adoptar una Resolución de la AGNU para establecer principios básicos.	Podría ser relativamente fácil y rápida de adoptar.	No sería jurídicamente vinculante directamente (aunque con el tiempo podría contribuir a la formación del Derecho consuetudinario internacional).
(7) Fortalecer los acuerdos marítimos regionales.	Podría tener más en cuenta las características regionales.	No resolvería los problemas de coordinación mundial/ regional Podría dar lugar a resultados muy divergentes.

Tabla 1. Alternativas propuestas para cubrir las lagunas jurídicas en materia de diversidad biológica marina, con sus ventajas y desventajas[362].

---

362 Versión traducida y adaptada de la realizada por Hodgson, Serdy, Payne y Gille. Hodgson, S. *et al.* (2014). Towards a possible International Agreement on Marine Biodiversity in Areas Beyond National Jurisdiction. *Study for the ENV Committee, European Parliament,* 50 y 51. La alternativa quinta, resaltada en cursiva, es la que finalmente se escogió como la opción más idónea, y la que resulta en el Acuerdo BBNJ.

Finalmente, la opción que aunó un mayor apoyo y que finalmente fue la escogida fue la elaboración de un nuevo acuerdo de aplicación en el marco de la CNUDM, en tanto se consideró que "podría ofrecer el marco jurídico necesario para fortalecer la cooperación en la esfera de la conservación y ordenación integradas de la diversidad biológica marina fuera de las zonas de jurisdicción nacional"[363]. Este acuerdo se añadiría a sus semejantes ya adoptados, es decir, al Acuerdo relativo a la aplicación de la Parte XI y al Acuerdo sobre las poblaciones de peces transzonales y los peces altamente migratorios. Este nuevo acuerdo sobre la diversidad biológica marina de las ZFJN sería, pues, el tercer acuerdo de aplicación de la CNUDM.

La UE fue la propulsora de la adopción de un acuerdo de aplicación, en un principio centrado en el establecimiento de áreas marinas protegidas en las ZFJN, pero que a partir del 2011 pasó a incluir también los RGM y las cuestiones de creación de capacidad, con el fin de atraer el apoyo del G-77

---

363 Esta consideración fue emitida en un informe del Grupo de Trabajo a la AGNU, tras la reunión celebrada del 13 al 17 de febrero de 2006, que reunía las deliberaciones de los temas tratados en la misma. Grupo de Trabajo. A/61/65 (20.03.2006). Informe del Grupo de Trabajo especial oficioso de composición abierta encargado de estudiar las cuestiones relativas a la conservación y el uso sostenible de la diversidad biológica marina fuera de las zonas de jurisdicción nacional. Carta de envío de fecha 9 de marzo de 2006 dirigida al Presidente de la Asamblea General por los Copresidentes del Grupo de Trabajo, párr. 55; Grupo de Trabajo. A/63/79 (16.05.2008). Carta de fecha 15 de mayo de 2008 dirigida al Presidente de la Asamblea General por los Copresidentes del Grupo de Trabajo especial oficioso de composición abierta encargado de estudiar las cuestiones relativas a la conservación y el uso sostenible de la diversidad biológica marina fuera de las zonas de jurisdicción nacional, párr. 47.

y China[364]. En contra de esta alternativa se presentaron desde un primer momento en el Grupo de Trabajo los EE.UU.[365] y Canadá, que consideraban que el valor añadido de este instrumento no había quedado demostrado[366]; y Rusia, que se oponía a la creación de cualquier instrumento jurídicamente vinculante nuevo[367].

Esta primera fase (2004-2011) culminó con la presentación de una Carta dirigida al Presidente[368] de la AGNU con una serie de recomendaciones. La UE y el G-77 y China se aliaron para conseguir dos objetivos. Por un lado, trataron de convocar un proceso de negociación intergubernamental, si bien las reticencias de otros Estados, como Canadá, EE.UU., Islandia, Japón y Rusia[369], supusieron que únicamente se recogiese la recomendación genérica de que se iniciase un proceso para "asegurar el marco jurídico para la conservación y el uso sostenible de la diversidad biológica marina fuera de

364 Wright, G. *et al.* (2016), *op. cit.*, 32.
A lo largo del texto se utilizan los nombres comunes de los Estados para facilitar la lectura (es decir, utilizamos, entre otros, China en vez de la República Popular China; Corea del Sur en vez de la República de Corea; o, Rusia en vez de la Federación de Rusia).

365 IISD. (2011). Summary of the Fourth Meeting of the Working Group on Marine Biodiversity Beyond Areas of National Jurisdiction: 31 May-3 June 2011 (6 June 2011). *Earth Negotiation Bulletin, 25 (70).*

366 IISD. (2015). Summary of the Ninth Meeting of the Working Group on Marine Biodiversity Beyond Areas of National Jurisdiction: 20-23 January 2015 (26 January 2015). *Earth Negotiation Bulletin, 25 (94)*.

367 IISD. (2012). Summary of the Fifth Meeting of the Working Group on Marine Biodiversity Beyond Areas of National Jurisdiction: 7-11 May 2012 (14 May 2012). *Earth Negotiation Bulletin, 25 (83).*

368 AGNU. A/66/119 (30.06.2011). Carta dirigida al Presidente de la Asamblea General por los Copresidentes del Grupo de Trabajo especial oficioso de composición abierta.

369 Vázquez Gómez, E. (2019), *op. cit.*, 17.

las zonas de jurisdicción nacional"[370]. Por otro lado, la alianza promovió que en ese proceso se abordaran "en particular, conjuntamente y como un todo", cuatro cuestiones que conforman el conocido *2011 Package* o *Package Deal*:

> "(a) los recursos genéticos marinos, incluidas cuestiones relativas a la distribución de los beneficios; (b) medidas tales como los mecanismos de gestión basados en zonas geográficas, incluidas las áreas marinas protegidas; (c) las evaluaciones del impacto ambiental; y (d) la creación de capacidad y la transferencia de tecnología marina"[371].

Este Paquete implicaba que "la aceptación por un Estado de una disposición concreta está condicionada a los resultados de la negociación en otros ámbitos que satisfagan sus exigencias"[372]. Este planteamiento ha sido resumido como que "nada está acordado hasta que todo esté acordado"[373].

La unión de los elementos suponía que, si no se llegaba a alcanzar el consenso en uno de ellos, el instrumento jurídico no vería la luz y, por tanto, todos estos elementos continuarían sin regulación o con una cuanto menos escasa. Esta técnica de negociación, aunque arriesgada por el desafío que expedía a la comunidad internacional, también parecía ser la única forma de asegurar un absoluto compromiso por parte de los Estados que negociarían el instrumento en los futuros debates, en tanto todos tenían intereses manifiestos en la regulación de algunos (cuando no de todos) de los elementos del *Package Deal*.

---

370 AGNU. A/66/119, *op. cit.*, apartado I, subapartado (a).

371 *Ibidem*, apartado I, subapartado (b).

372 Esta técnica o estructuración de la negociación es heredera de las negociaciones de la CNUDM, donde ya se siguió este modelo. Wright, G. *et al.* (2016), *op. cit.*, 28.

373 Danilenko, G. M. (1993). *Law-making in the international community*. Dordrecht: Martinus Nijhoff.

En la segunda fase (2012-2015) los debates se orientaron en torno a estos cuatro elementos. En 2012, en la Conferencia de la ONU sobre el Desarrollo Sostenible, o Río+20, se reiteró la gran importancia de la "conservación y el uso sostenible de la diversidad biológica marina fuera de las zonas de jurisdicción nacional", y se comprometieron a abordar esta materia de manera urgente "antes de que finali[zas]e el sexagésimo noveno período de sesiones de la Asamblea General"[374] (es decir, en 2014) y, en especial, a "adoptar una decisión sobre la elaboración de un instrumento internacional en el marco de la [CNUDM]"[375]. Originalmente, se preveía en el borrador de dicha Resolución que expresamente se reconociese el "acuerdo para iniciar, lo antes posible, la negociación del acuerdo de aplicación (...)"[376]. Sin embargo, las discrepancias entre algunos Estados llevaron a la adopción de una fórmula más suavizada como fue el compromiso de adoptar una decisión.

Para este fin se celebró un segundo encuentro del Grupo de Trabajo en Nueva York del 19 al 23 de agosto de 2013[377] y, seguidamente, tres encuentros más con el objetivo de recoger las posiciones de los Estados para poder circularlas en un documento informal que fomentase el inicio del debate[378]. Participaron representantes de 104 Estados miembros, 2 Estados

---

374 AGNU. A/CONF.216/L.1, *op. cit.*, párr. 162.

375 *Ibidem.*

376 Wright, G. *et al.* (2016), *op. cit.*, 29.

377 AGNU. A/RES/67/78 (18.04.2013). Resolución 67/78 sobre los océanos y el derecho del mar, párrs. 183-184.

378 Las reuniones se produjeron del 1 al 4 de abril de 2014, del 16 al 19 de junio de 2014, y del 20 al 23 de enero de 2015. AGNU. A/RES/68/70 (27.02.2014). Resolución 68/70 sobre los océanos y el derecho del mar, párr. 199-201.

no miembros, 17 organizaciones intergubernamentales y otros órganos, y 11 organizaciones no gubernamentales[379].

En su Resolución anual sobre "[l]os Océanos y el Derecho del Mar", la AGNU solicitó al Grupo de Trabajo que formulase recomendaciones sobre "el alcance, los parámetros y la viabilidad" del futuro acuerdo de aplicación de la CNUDM, con cuyo fin se convocaron tres reuniones del Grupo de Trabajo[380]. En la última reunión, celebrada en enero de 2015, se adoptaron por consenso las recomendaciones que fueron aprobadas formalmente mediante la Resolución 69/292 de la AGNU[381].

El Grupo de Trabajo finalizó su labor con una Carta al Presidente de fecha 13 de febrero de 2015 recomendando la elaboración de un "instrumento internacional jurídicamente vinculante en el marco de la Convención sobre la conservación y el uso sostenible de la diversidad biológica marina fuera de las zonas de jurisdicción nacional"[382] para lo que propuso la creación de un Comité Preparatorio[383]. A este Comité fue encomendada la labor de crear un informe sobre los elementos del *Package Deal*, así como la adopción de una decisión sobre la convocatoria y fecha de la conferencia intergubernamental en la que se adoptase dicho instrumento[384].

---

379 AGNU. A/69/780 (13.02.2015). Carta dirigida al Presidente de la Asamblea General por los Copresidentes del Grupo de Trabajo Especial Oficioso de Composición Abierta, apartado II, subapartado 6.

380 Vázquez Gómez, E. (2019), *op. cit.*, 18.

381 AGNU. A/RES/69/292 (19.06.2015). Resolución 69/292 sobre la elaboración de un instrumento internacional jurídicamente vinculante en el marco de la Convención de las Naciones Unidas sobre el Derecho del Mar relativo a la conservación y el uso sostenible de la diversidad biológica marina de las zonas situadas fuera de la jurisdicción nacional.

382 AGNU. A/69/780, *op. cit.*, apartado I, subapartado 1(e).

383 *Ibidem*, apartado I, subapartado 1(e)(i).

384 *Ibidem*, apartado I, subapartados 1 (e)(ii) y (f).

En esta Carta, además, el Grupo de Trabajo resumió las ideas claves extraídas de las reuniones organizadas por parte de las delegaciones participantes. En especial, recalcaron la importancia y la urgencia de abordar las cuestiones de conservación y uso sostenible de la biodiversidad marina en las ZFJN, así como las interconexiones necesarias con los asuntos relativos al desarrollo sostenible (en especial, la seguridad alimentaria y la mitigación de la pobreza)[385]. Del mismo modo, un elevado número de delegaciones subrayaron que "el *statu quo* era inaceptable"[386] y animaron a alcanzar un consenso que propiciara un cambio sustancial.

Entre otras cuestiones relevantes, destacaron la laguna jurídica existente en lo relativo al acceso a los RGM en las ZFJN y que, a juicio de un número importante de delegaciones, dichos recursos son patrimonio común de la humanidad[387]. Se planteó también la inclusión o no de la pesca en el nuevo instrumento. En esta línea, mientras que algunas delegaciones lo apoyaban, otras consideraban que la pesca en la alta mar ya estaba regulada y, en consecuencia, no tenía cabida en este nuevo instrumento[388].

Se recogió también la pertinencia de incorporar principios aceptados de la gobernanza de los océanos (en especial, el de precaución, la ordenación integrada de los océanos y el enfoque ecosistémico)[389], así como la necesidad de establecer

---

385 *Ibidem*, apartado II, subapartado 10.

386 *Ibidem*, apartado II, subapartado 12.

387 *Ibidem*, apartado II, subapartado 18.

388 *Ibidem*, apartado II, subapartado 19. Entre otras, se pueden destacar las declaraciones de la delegación de Islandia, a las que se hace referencia con más profundidad en el apartado A.3 (c) del Capítulo V.

389 *Ibidem*, apartado II, subapartado 22.

mecanismos institucionales (bien ampliando el mandato de la AIFMO, bien creando una nueva institución)[390].

La AGNU, tras los trabajos realizados por el Grupo de Trabajo, decidió, en la Resolución 69/292, "elaborar un instrumento internacional jurídicamente vinculante en el marco de la Convención de las Naciones Unidas sobre el Derecho del Mar relativo a la conservación y el uso sostenible de la diversidad biológica marina de las zonas situadas fuera de la jurisdicción nacional". En esta Resolución se recoge expresamente que el instrumento internacional será "jurídicamente vinculante", a diferencia de la fórmula más vaga utilizada en Río +20, que hacía referencia únicamente a "un instrumento internacional"[391].

B. EL COMITÉ PREPARATORIO

La Asamblea General, conforme a las recomendaciones establecidas por el Grupo de Trabajo, decidió establecer un Comité Preparatorio en virtud de la Resolución 69/292. Este Comité debía estar "abierto a todos los Estados Miembros de las Naciones Unidas, los miembros de los organismos especializados y las partes en la Convención, además de los invitados en calidad de observadores de conformidad con la práctica anterior de las Naciones Unidas"[392] con el objetivo de formular recomendaciones para adoptar el instrumento internacional jurídicamente vinculante, que más tarde se convertiría en el Acuerdo BBNJ.

---

390 *Ibidem*, apartado II, subapartado 23.

391 Vázquez Gómez, E. (2019), *op. cit.*, 19.
La formulación adoptada en Río+20 estaba promovida, principalmente, por EE.UU., Rusia y Japón, mientras que la UE, el G66 + China y otros Estados propugnaban la referencia a la vinculatoriedad jurídica del futuro instrumento. Wright, G. *et al.* (2016), *op. cit.*, 30.

392 AGNU. A/RES/69/292, *op. cit.*, apartado 1, subapartado (a).

La Resolución de la AGNU señalaba que "el proceso que se indica (...) no deb[ía] ir en detrimento de los instrumentos y marcos jurídicos existentes ni de los órganos globales, regionales y sectoriales competente"[393] ni debía afectar a la situación jurídica de quienes no eran parte de la CNUDM u otros acuerdos conexos[394].

Con carácter previo a la celebración de las sesiones del Comité Preparatorio, Scovazzi, entre otros autores, y basándose en el alcance y objetivos previstos para el futuro instrumento, destacó que éste "podría convertirse en un punto de inflexión en el proceso de desarrollo del Derecho Internacional del Mar"[395]. El instrumento se percibía como el modo de cubrir las lagunas jurídicas existentes fruto de la CNUDM y otros instrumentos sectoriales; y, en especial, para establecer un régimen integral para los RGM de las ZFJN. No obstante, y a pesar del interés generalizado por parte de un número considerable de Estados en adoptar dicho instrumento, una minoría manifestó su escepticismo ante la necesidad de tal Acuerdo[396].

El Comité Preparatorio mantuvo cuatro reuniones entre los años 2016 y 2017[397]. Durante las dos primeras sesiones, el Comité fue dirigido por el presidente elegido por la AGNU, el Sr. Eden Charles (Representante Permanente Adjunto de Trinidad y Tobago ante las Naciones Unidas); y, en las dos últimas,

---

393 *Ibidem.*, apartado 3.

394 *Ibidem*, apartado 4.

395 Scovazzi, T. (2016). The negotiations for a binding instrument on the conservation and sustainable use of marine biological diversity beyond national jurisdiction. *Marine Policy, 70,* 188.

396 En esta línea se pronunciaron Canadá, EE.UU. y Rusia. *Ibidem.*

397 Estas reuniones fueron mantenidas del 28 de marzo al 8 de abril de 2016; del 26 de agosto al 9 de septiembre de 2016; del 27 de marzo al 7 de abril de 2017; y del 10 al 21 de julio de 2017.

por el Sr. Carlos Sergio Sobral Duarte (Representante Permanente Adjunto de Brasil ante las Naciones Unidas)[398].

Estas reuniones contaron con la participación de Estados miembros de la ONU, de Estados no miembros, así como de numerosos representantes de la sociedad civil (Tabla 2). Las sesiones fueron organizadas mediante una Mesa compuesta por dos miembros de cada grupo regional[399].

	Primer Período	**Segundo Período**	**Tercer Período**	**Cuarto Período**
Estados Miembros de la ONU	99	116	147	131
Estados no miembros de la ONU	2	3	3	2
Programas, fondos y oficinas de la ONU	5	6	5	2
Organismos especializados y organizaciones conexas	4	5	4	9
Organizaciones intergubernamentales	8	9	14	10
Organizaciones no gubernamentales	17	22	19	23

Tabla 2. Representantes en los períodos de sesiones del Comité Preparatorio (elaboración propia).

398 Comité Preparatorio. A/AC.287/2017/PC.4/2 (31.07.2017). Informe del Comité Preparatorio establecido en virtud de la resolución 69/292 de la Asamblea General: elaboración de un instrumento internacional jurídicamente vinculante en el marco de la Convención de las Naciones Unidas sobre el Derecho del Mar relativo a la conservación y el uso sostenible de la diversidad biológica marina de las zonas situadas fuera de la jurisdicción nacional, apartado II, B, subapartados 8 y 9.

399 *Ibidem*, subapartado 9.

La labor encomendada al Comité Preparatorio era la formulación de una serie de recomendaciones sustantivas a la AGNU sobre "los elementos de un proyecto de texto de un instrumento internacional jurídicamente vinculante en el marco de la Convención"[400]. Para ello, el Comité debía considerar la labor realizada por el Grupo de Trabajo encargado de "estudiar las cuestiones relativas a la conservación y el uso sostenible de la diversidad biológica marina fuera de las zonas de jurisdicción nacional"[401]. Estas recomendaciones debían ser adoptadas, en la medida de lo posible, por consenso[402]. Sin embargo, contemplaba también que se incluyesen aquellas recomendaciones sobre las que no se ha alcanzado el consenso, tras todos los esfuerzos posibles[403].

El trabajo realizado por el mismo se sintetizó en un informe final para la AGNU con recomendaciones sustantivas, adoptadas por consenso[404], del que cabe destacar dos elementos. En primer lugar, el Comité Preparatorio añadió un elemento más a los comprendidos en el *Package Deal*: las cuestiones intersectoriales (*cross-cutting issues*)[405]. En segundo lugar, enumeró una serie de elementos a examinar con más profundidad a lo largo de las futuras negociaciones, divididos en dos secciones (A y B): la A, con los elementos donde se había llegado a cierta convergencia entre las delegaciones y, la B, con aquéllos sobre los que se mantenían discrepancias importantes[406].

---

400 AGNU. A/RES/69/292, *op. cit.*, apartado 1 (a).

401 *Ibidem.*

402 *Ibidem,* apartado 1 (h).

403 *Ibidem,* apartado 1 (i).

404 Comité Preparatorio. A/AC.287/2017/PC.4/2 (31.07.2017). Informe (...), *op. cit.*, apartado III, subapartado 38.

405 *Ibidem,* apartado 24.

406 *Ibidem,* apartado 38, subapartado (a). Es preciso destacar al respecto que la traducción oficial de las recomendaciones al español es errónea, pues se refiere a la sección A como aquella que incluye

En la Sección A se propusieron una serie de elementos a incluir en el preámbulo (I), como son las consideraciones que condujeron a la elaboración del instrumento, el papel de la CNUDM y otros marcos existentes, la necesidad de fomentar mayor cooperación, así como la necesidad de asistir a los países en desarrollo a participar de manera efectiva en el Acuerdo. En el apartado de las recomendaciones sobre los elementos generales (II) se propuso un precepto en el que incluir los "términos empleados" (sin sugerir ninguno en concreto), el "ámbito de aplicación" geográfico y material (cercado, respectivamente, a las ZFJN, con respeto a los derechos de los Estados ribereños y a los elementos del *Package Deal*)[407]. Como objetivo del texto se señaló, principalmente, "garantizar la conservación y el

---

"elementos no exclusivos que generaron diferencia de opiniones entre la mayoría de las delegaciones", mientras que en la inglesa hace referencia a "*non-exclusive elements that generated convergence among most delegations*". Para ver el texto completo de ambas versiones, véase: *https://undocs.org/Home/Mobile?FinalSymbol=A%2FAC.287%2F2017%2FPC.4%2F2&Language=E&DeviceType=Desktop&LangRequested=False*

407 Comité Preparatorio. A/AC.287/2017/PC.4/2 (31.07.2017). Informe (...), *op. cit.*, apartado III, Sección A, subapartado II (2). Asimismo, en ese momento temporal temprano se previó ya la posibilidad de incluir excepciones al ámbito de aplicación del instrumento, si bien la elección de éstas aún no estaba clara. Al respecto, Leary señala que algunas posibles excepciones son las previstas por el artículo 95 de la CNUDM (inmunidad completa a los buques de guerra) y, de forma quizá más controvertida, la del artículo 236 de la CNUDM sobre la inmunidad soberana respecto a las disposiciones relativas a la protección y preservación del medio marino para los "buques de guerra, naves auxiliares, otros buques o aeronaves pertenecientes o utilizados por un Estado y utilizados a la sazón únicamente para un servicio público no comercial". Leary, D. (2019). Agreeing to disagree on what we have or have not agreed on: The current state of play of the BBNJ negotiations on the status of marine genetic resources in areas beyond national jurisdiction. *Marine Policy*, *99*, 23.

uso sostenible de la diversidad biológica marina en las [ZFJN]" y, potencialmente, otros objetivos adicionales[408]. Finaliza este apartado destacando que se debería señalar en el texto del instrumento que nada de lo dispuesto en el mismo socavaría lo establecido por la CNUDM y otros instrumentos y marcos jurídicos existentes, así como la no afectación de la condición jurídica de las no partes de la Convención[409]. La intención de no afectar derechos o deberes establecidos conforme a la CNUDM fue manifiesta desde un principio, pero este compromiso planteó rápidamente la duda sobre cómo el instrumento jurídico interactuaría con la miríada de convenios y tratados existentes, así como con órganos y organismos[410].

En un segundo apartado sobre la conservación y el uso sostenible de la biodiversidad se sugirieron un listado de principios y enfoques generales, para incluir bien en el preámbulo, bien en un precepto aparte[411], así como una obligación general de cooperación[412]. En relación con los RGM, se sugirió que el texto delimitase el acceso a los mismos, así como la posible distribución de los beneficios derivados de su uso, determinando los objetivos de este reparto, los principios que deberían regirlo, los tipos de beneficios y las modalidades de distribución,

408 Comité Preparatorio. A/AC.287/2017/PC.4/2 (31.07.2017). Informe (...), *op. cit.*, apartado III, Sección A, subapartado II (3).

409 *Ibidem*, apartado III, Sección A, subapartado II (4).

410 Entre otros, Leary planteó la potencial relación del futuro instrumento con la AIFMO. Leary, D. (2019), *op. cit.*, 23.

411 Se pueden destacar algunos que han sido finalmente incluidos como el enfoque ecosistémico, el enfoque precautorio, el enfoque integrado, el fomento de la resiliencia a los efectos del cambio climático o el principio de que quien contamina paga. Comité Preparatorio. A/AC.287/2017/PC.4/2 (31.07.2017). Informe (...), *op. cit.*, apartado III, Sección A, subapartado II (1).

412 *Ibidem*, apartado III, Sección A, subapartado II (2).

así como la vigilancia de la utilización de los RGM[413], retomando las carencias ya señaladas por Glowka en 1996[414]. Además, proponía, si se consideraba necesario, insertar en el texto una referencia a la relación de este instrumento con los derechos de propiedad intelectual[415].

En la Sección B, donde se recogen los elementos que más discrepancias habían generado entre los representantes reunidos en el Comité Preparatorio, se subrayan principalmente seis cuestiones en relación con el régimen de los RGM[416]: (1) el debate en torno al PCH y la libertad de la alta mar (explicada en el apartado F del Capítulo IV con más detalle); (2) la regulación del acceso a los RGM; (3) la definición de la naturaleza de los RGM, así como de los peces (y la pesca) o los derivados; (4) la distribución de los beneficios y, en particular, qué beneficios deberían ser distribuidos (los monetarios, los no monetarios, ambos o ninguno); (5) los derechos de propiedad intelectual; y (6) la vigilancia o control de la utilización de los RGM en las ZFJN.

Tras el Informe del Comité Preparatorio quedó patente que el régimen de los RGM era uno de los puntos, si no el punto, más controvertidos del futuro instrumento. En las intervenciones de los representantes de los Estados se hicieron múltiples alusiones a la necesidad de crear una normativa para su acceso y para distribuir los beneficios derivados de su utilización. Algunos autores, como Leary, consideraron, sin embargo, que los datos utilizados para justificar la imperiosidad de su regulación no fueron del todo completos, y que no

---

413 *Ibidem,* apartado III, Sección A, subapartado II (3).

414 En este sentido, véase el final del Capítulo II.

415 *Ibidem,* apartado III, Sección A, subapartado II (3.2.3).

416 La sistematización de las cuestiones viene apuntada por el Informe del Comité Preparatorio y recogida y ampliada por David Leary. *Ibidem,* apartado III, Sección B; Leary, D. (2019), *op. cit.,* 23-28.

quedó suficientemente demostrado el interés de la industria por su comercialización[417].

En cualquier caso, los RGM forman parte del *Package Deal* y son una parte fundamental del instrumento jurídico, sin la cual no se concebía que viera la luz. Además, merece ser destacado que la sistematización que realizó el Comité en su informe sobre las divergencias fue un reflejo fiel de las posiciones contrapuestas que se mantuvieron a lo largo de todas las negociaciones, como se expone en los siguientes apartados.

El Comité Preparatorio, a la luz de los debates y en su informe, invitó a la AGNU a convenir la celebración de una Conferencia Intergubernamental (CIG) con el objetivo de adoptar el instrumento jurídico vinculante objeto de estudio de los Capítulos IV y V[418].

C. LA RESOLUCIÓN 72/249 Y LAS CONFERENCIAS INTERGUBERNAMENTALES

El 24 de diciembre de 2017 la AGNU adoptó la Resolución 72/249[419], convocando una CIG para negociar un instrumento

---

417 Leary llega a comparar las aseveraciones realizadas en el foro de la ONU al respecto con las noticias falsas (*fake news*) de la era de Trump en EE.UU., considerando el nivel y alcance del interés comercial en los RGM señalado por varias voces en el seno de los debates como "hechos alternativos" (*alternate facts*). Leary, D. (2019), *op. cit.*, 22.

418 Comité Preparatorio. A/AC.287/2017/PC.4/2 (31.07.2017). Informe (...), *op. cit.*, apartado 38 (b).

419 AGNU. A/RES/72/249 (24.12.2017). Resolución 72/249 sobre la elaboración de un Instrumento internacional jurídicamente vinculante en el marco de la Convención de las Naciones Unidas sobre el Derecho del Mar relativo a la conservación y el uso sostenible de la diversidad biológica marina de las zonas situadas fuera de la jurisdicción nacional.

internacional vinculante bajo los auspicios de la CNUDM sobre la conservación y uso sostenible de la diversidad biológica marina en las ZFJN, cuyas negociaciones se dispondrían alrededor de los cuatro grandes elementos del conocido *Package Deal*.

En la Resolución se preveía, *a priori*, la celebración de cuatro períodos de sesiones para negociar y adoptar el instrumento[420]. No obstante, y debido a una serie de circunstancias, entre las que se encuentran las discrepancias entre las posiciones de las delegaciones en algunas materias y las dilaciones temporales a consecuencia de los efectos de la pandemia COVID-19, se acabaron celebrando cinco períodos de sesiones[421], la última

---

420 El mandato original de la Resolución 72/249 de la AGNU era para cuatro períodos de sesiones, que debían celebrarse el primero en el segundo semestre de 2018, el segundo y tercero a lo largo de 2019, y el cuarto período en el primer semestre de 2020. *Ibidem*, apartado 3.

421 Un estudio pormenorizado de los avances de cada período de sesiones de la CIG en todos los elementos del *Package Deal* está más allá del objetivo de esta investigación, centrada exclusivamente en los RGM. Para una visión panorámica, véanse: CIG-1: Tiller, R. *et al.* (2019). The once and future treaty: towards a new regime for biodiversity in areas beyond national jurisdiction. *Marine Policy, 99*, 239-242; CIG-2: Mendenhall, E. *et al.* (2019). A soft treaty, hard to reach: The second inter-governmental conference for biodiversity beyond national jurisdiction. *Marine Policy, 108*, 1-8; CIG-3: De Santo, E. M. *et al.* (2020). Stuck in the middle with you (and not much time left): The third intergovernmental conference on biodiversity beyond national jurisdiction. *Marine Policy, 117*, 1-9; CIG-4: Mendenhall, E. *et al.* (2022). Direction, not detail: Progress towards consensus at the fourth intergovernmental conference on biodiversity beyond national jurisdiction. *Marine Policy, 146*, 1-10; CIG-5: Tiller, R. *et al.* (2023). Shake it Off: Negotiations suspended, but hope simmering, after a lack of consensus at the fifth intergovernmental conference on biodiversity beyond national jurisdiction. *Marine Policy, 148*, 1-9; Mendenhall, E.; Tiller, R. & Nyman, E. (2023). The ship has reached the shore: The final session of the 'Biodiversity Beyond National Jurisdiction' negotiations. *Marine Policy, 155*, 1-10.

dividida a su vez en tres, y un período virtual entre sesiones debido a la pandemia[422] (Tabla 3). Con anterioridad a la celebración de la CIG-1 se realizó una conferencia de tres días (del 16 al 18 de agosto de 2018) para discutir temas organizativos, incluido el proceso de preparación del primer proyecto de texto[423].

Conferencia Intergubernamental	Fecha celebración
Primera (CIG-1)	04/09/2018 – 17/09/2018
Segunda (CIG-2)	25/03/2019 – 05/04/2019
Tercera (CIG-3)	19/08/2019 – 30/08/2019
Cuarta (CIG-4)	07/03/2022 – 18/03/2022
Quinta (CIG-5)	15/08/2022 – 26/08/2022
Quinta *bis* (CIG-5 *bis* o CIG-5.2)	20/02/2023 – 04/03/2023
Quinta *ter* (CIG-5 *ter* o CIG-5.3)	19/06/2023 – 20/06/2023

Tabla 3. Línea temporal de las Conferencias Intergubernamentales del Acuerdo BBNJ (elaboración propia).

La AGNU decidió también que "la conferencia har[ía] de buena fe todos los esfuerzos posibles para acordar por consenso[424] las

422 El período virtual entre sesiones tuvo lugar entre septiembre de 2020 y febrero de 2022.

423 Leary, D. (2019), *op. cit.*, 22.

424 La adopción de decisiones por consenso se popularizó en la década de 1970 y ha tenido un especial papel en la adopción del Derecho del Mar. Geoff Berridge la define como "un intento de lograr un

cuestiones sustantivas"[425], y en su defecto, por mayoría de dos tercios de los representantes presentes y votantes[426].

A lo largo de estas negociaciones se han publicado varios borradores del texto del Acuerdo: el proyecto de texto de 17 de mayo de 2019 (PT2019)[427]; el proyecto de texto revisado de 18 de noviembre de 2019 (PTR2019)[428]; el nuevo proyecto revisado de 1 de junio de 2022 (NPTR2022)[429]; el nuevo proyecto de

---

acuerdo de todos los participantes en una conferencia multilateral sin necesidad de recurrir a la votación y su inevitable división". Para un estudio en profundidad sobre la utilización del consenso como forma de negociación, véase: Buzan, B. (1981). Negotiating by Consensus: Developments in Technique at the United Nations Conference on the Law of the Sea. *The American Journal of International Law, 75 (2)*, 324-248; Movsisyan, S. (2008). Decision making by consensus in international organizations as a form of negotiation. *21st Century, 1 (3)*, 77-86; Center for International Environmental Law. (1999). Effective Decision-Making: A review of options for making decisions to conserve and manage pacific fish stocks, 1-22.

425 AGNU. A/RES/72/249, *op. cit.*, párr. 17.

426 *Ibidem*, párr. 19.

427 Proyecto de texto de un acuerdo en el marco de la Convención de las Naciones Unidas sobre el Derecho del Mar relativo a la conservación y el uso sostenible de la diversidad biológica marina de las zonas situadas fuera de la jurisdicción nacional. A/CONF.232/2019/6 (17.05.2019).

428 Proyecto de texto revisado de un acuerdo en el marco de la Convención de las Naciones Unidas sobre el Derecho del Mar relativo a la conservación y el uso sostenible de la diversidad biológica marina de las zonas situadas fuera de la jurisdicción nacional. A/CONF.232/2020/3 (18.11.2019).

429 Nuevo proyecto de texto revisado de un acuerdo en el marco de la Convención de las Naciones Unidas sobre el Derecho del Mar relativo a la conservación y el uso sostenible de la diversidad biológica marina de las zonas situadas fuera de la jurisdicción nacional. A/CONF.232/2022/5 (01.06.2022).

texto actualizado de 12 de diciembre de 2022 (NPTA2022)[430]; y el borrador del Acuerdo final, publicado el 6 marzo de 2023, con fecha del día anterior[431]. Su análisis comparado permite observar, entre otras cosas, los avances conseguidos, las reformulaciones y las concesiones efectuadas por las distintas delegaciones en aras a alcanzar el consenso.

Las negociaciones finalizaron, tras una sesión maratoniana[432], el 4 de marzo de 2023, cuando la presidenta de la CIG, la Dra. Rena Lee, comunicó a los delegados presentes y al mundo que el Acuerdo había llegado al consenso ("*the ship has reached the shore*"). Tras casi veinte años de trabajo y negociaciones, se anunció la adopción del primer texto internacional vinculante sobre la diversidad biológica marina de las ZFJN.

El 29 de marzo de 2023, se solicitó al Secretario General que organizase una nueva continuación del quinto período de sesiones (la CIG-5.3 o CIG-5 *ter*) durante los días 19 y 20 de junio

---

430 Nuevo proyecto de texto actualizado de un acuerdo en el marco de la Convención de las Naciones Unidas sobre el Derecho del Mar relativo a la conservación y el uso sostenible de la diversidad biológica marina de las zonas situadas fuera de la jurisdicción nacional. A/CONF.232/2023/2 (12.12.2022).

431 Draft agreement under the United Nations Convention on the Law of the Sea on the conservation and sustainable use of marine biological diversity of areas beyond national jurisdiction. (04.03.2023).

432 A pesar de estar previsto que la CIG-5 *bis* terminase el 3 de marzo de 2023, se continuó negociando a puerta cerrada durante más de treinta y seis horas para alcanzar el consenso que había eludido al proceso de negociaciones desde un inicio. IISD. (2023). Summary of the Resumed Fifth Session of the Intergovernmental Conference on an International Legally Binding Instrument under the UN Convention on the Law of the Sea on the Conservation and Sustainable Use of Marine Biodiversity of Areas Beyond National Jurisdiction: 20 February-4 March 2023". *Earth Negotiations Bulletin, 25 (250),* 1-20.

de 2023 para adoptar el Acuerdo[433]. El 19 de junio de 2023, por consenso, se adoptó el Acuerdo en el marco de la CNUDM relativo a la conservación y el uso sostenible de la diversidad biológica marina de las zonas situadas fuera de la jurisdicción nacional, quedando pendiente su firma y ratificación por aquellos Estados u organizaciones regionales de integración económica que lo deseasen a partir del 20 de septiembre de 2023.

En los subapartados siguientes hacemos referencia de manera sucinta a la celebración de cada uno de estos períodos de sesiones, así como a los avances más importantes o causas de estancamiento, si bien atendiendo principalmente a lo relativo a los RGM, objeto de estudio de este trabajo. Posteriormente realizaremos un estudio con más profundidad del texto del Acuerdo y del proceso de negociaciones que se ha llevado a cabo para alcanzar el mismo.

1. Primera Conferencia Intergubernamental

La CIG-1 se celebró entre el 4 y el 17 de septiembre de 2018 en la sede de las Naciones Unidas en Nueva York. La presidenta de la CIG, la Dra. Rena Lee, abrió los debates recordando que, a pesar de "la magnitud de las tareas, la complejidad de los problemas y la variedad de opiniones mantenidas", la CIG representa una oportunidad para "marcar la diferencia sobre cómo gestionamos los océanos mientras podamos"[434].

---

433 Singapur. A/77/L.62 (29.03.2023). Proyecto de decisión. Conferencia intergubernamental sobre un instrumento internacional jurídicamente vinculante en el marco de la Convención de las Naciones Unidas sobre el Derecho del Mar relativo a la conservación y el uso sostenible de la diversidad biológica marina de las zonas situadas fuera de la jurisdicción nacional.

434 IISD. (2018). Summary of the First Session of the Intergovernmental Conference on an International Legally Binding Instrument

Los delegados reunidos en Nueva York aprobaron la agenda[435] sin cambios y el programa de trabajo[436]. Las discusiones se basaron en el documento de "Ayuda de la presidencia para los debates" que la presidenta, la Dra. Rena Lee, proporcionó[437] y se organizaron mediante la creación de grupos de trabajo informales sobre los elementos principales del *Package Deal*[438]. Durante la CIG-1, el Grupo de Trabajo Informal sobre RGM, facilitado por Janine Coye-Felson se reunió entre los días 11 y 13 de septiembre.

En este documento se planteaban una lista no exhaustiva de cuestiones que habían generado multiplicidad de posiciones en los trabajos previos del Grupo de Trabajo y el Comité Preparatorio. En lo referente a los RGM los interrogantes se agrupaban alrededor de cuatro grandes cuestiones: (a) el ámbito de aplicación del Acuerdo; (b) el acceso a los recursos biológicos y la distribución de los beneficios; (c) la vigilancia de la utilización de los RGM de las ZFJN; y (d) algunas cuestiones relacionadas con los elementos intersectoriales.

---

under the UN Convention on the Law of the Sea on the Conservation and Sustainable Use of Marine Biodiversity of Areas Beyond National Jurisdiction: 4-17 September 2018. *Earth Negotiations Bulletin, 25 (179)*, 2.

435 AGNU. A/CONF.232/2018/4 (04.09.2018). Agenda.

436 AGNU. A/CONF.232/2018/5 (04.09.2018). Programa de trabajo.

437 AGNU. A/CONF.232/2018/3 (25.06.2018). Ayuda de la presidencia para los debates.

438 En concreto, se propusieron cuatro grupos informales sobre: RGM, moderado por Janine Coye-Felson (Belice); mecanismos de gestión basados en zonas, moderado por Alice Revell (Nueva Zelanda); evaluaciones de impacto ambiental, moderado por René Lefebre (Países Bajos); y creación de capacidad y transferencia de tencología, moderado por Olai Uludong (Palaos). IISD. Summary of the First Session (...), *op. cit.*, 2.

En relación con el acceso y la distribución de beneficios se contemplaba la posibilidad de regular o no el acceso a los mismos, y si se optaba por la segunda opción, se cuestionaba la pertinencia de abordar sus consecuencias en el instrumento. Sobre los beneficios, se remarcaba la necesidad de continuar las negociaciones sobre el PCH y la libertad de la alta mar, así como la definición de los beneficios a distribuir, y la pertinencia o no de incluir los derechos de propiedad intelectual en el Acuerdo.

Las cuestiones intersectoriales agrupadas por la Presidenta reunían algunos de los elementos sobre los que se mantuvieron muchas de las discusiones más vehementes y extensas a lo largo de las CIG, como son los términos clave relacionados con los RGM, la relación con la CNUDM y otros instrumentos, la determinación de los principios y enfoques generales que deberían incluirse en el instrumento, los arreglos institucionales más adecuados –los ya existentes u otros *ex novo*– y la configuración del Mecanismo de Intercambio de Información[439].

Cabe destacar también la cuestión traída a colación por Papúa Nueva Guinea que planteó cómo se aplicaría el futuro instrumento a los actores no estatales, en tanto el 84% de las patentes de RGM están registradas por empresas y el 12% por universidades[440], elemento que finalmente no se cubre en el texto definitivo del Acuerdo.

La CIG-1 fue el inicio de un nuevo intento de consumar un régimen de gobernanza de los océanos completo y satisfactorio. El objetivo de la CIG-1 y en general del Acuerdo BBNJ, era colmar las lagunas que existen, bien porque los preceptos de los instrumentos y marcos regulatorios en vigor no son lo suficientemente específicos para los Estados (como ocurre con la

---

439 *Ibidem*, apartado III, subapartado 3.4.

440 IISD. (2018). Summary of the First Session (…), *op. cit.*, 5.

CNUDM), bien dado que éstos no abordan los problemas que han surgido desde su ratificación (como puede ser la explotación de los RGM), o bien porque dichos problemas han empeorado desde la finalización de la Convención (como ocurre con la contaminación marina)[441].

Esta Conferencia fue una primera toma de contacto de la comunidad internacional en la que, por un lado, se reafirmó la voluntad de cubrir las lagunas señaladas; y, por otro lado, se ratificó la existencia de dos grandes bloques de Estados con intereses bastante alejados en materia del régimen más idóneo para los RGM, que ya se venía apuntando en los trabajos del Grupo de Trabajo y del Comité Preparatorio. El cisma ideológico y el posicionamiento antagónico en los aspectos más fundamentales entre el Norte Global y el Sur Global en la CIG-1 marcaron la tendencia de las CIG siguientes.

2. Segunda Conferencia Intergubernamental

La CIG-2 se celebró entre el 25 de marzo y el 5 de abril de 2019. Las delegaciones, tras aprobar la agenda provisional[442] y el programa de trabajo[443], retomaron el trabajo mediante los grupos de trabajos informales ya establecidos en la CIG-1. Las negociaciones partieron de lo recogido por la presidenta a lo largo de la sesión anterior, según lo recogido en el documento de ayuda[444]. El Grupo de Trabajo Informal sobre los RGM se reunió en los primeros tres días de este período[445].

---

441 Tiller, R. *et al.* (2019), *op. cit.*, 239.

442 AGNU. A/CONF.232/2019/L.1 (04.01.2019). Agenda.

443 AGNU. A/CONF.232/2019/3 (25.03.2019). Programa de trabajo.

444 AGNU. A/CONF.232/2019/1 (03.12.2018). Documento de ayuda a la presidencia para las negociaciones.

445 IISD. (2019). Summary of the Second Session of the Intergovernmental Conference on an International Legally Binding Instrument

Los avances producidos en la CIG-2 fueron facilitados principalmente debido a la labor de la presidenta Rena Lee, que planteó un largo documento de ayuda a la presidencia con múltiples alternativas para cada precepto discutido. No obstante, los avances reales no fueron tan grandes como se esperaba y el progreso hasta el consenso fue "limitado y desigual", en especial sobre la Parte de los RGM[446].

Las delegaciones se centraron en los cuatro grandes temas mencionados en la CIG-1 junto a los derechos de propiedad intelectual. Sobre el ámbito de aplicación del Acuerdo, se debatió sobre su alcance geográfico, donde algunos Estados sugirieron realizar consultas con los Estados ribereños y la necesidad de proteger los derechos de éstos, mientras que otros Estados, como EE.UU., consideraban que estas referencias serían problemáticas y que un sistema de consentimiento previo no sería aceptable[447]. El ámbito material del Acuerdo continuó generando discrepancias, en tanto un grupo considerable de Estados reclamaba que el instrumento se aplicase a los RGM recolectados *in situ,* accedidos *ex situ* e *in silico,* incluidos los derivados; mientras que otro grupo prefería reducir este listado. La inclusión o no de la pesca fue también fuente de discusiones durante esta CIG.

En relación con el acceso, algunos Estados manifestaron su preferencia por no incluir ninguna referencia al mismo, mientras que otros solicitaban clarificaciones sobre algunos términos y requisitos. En este punto de los debates se planteó

---

under the UN Convention on the Law of the Sea on the Conservation and Sustainable Use of Marine Biodiversity of Areas Beyond National Jurisdiction: 25 March–5 April 2019. *Earth Negotiations Bulletin, 25 (195),* 1-19.

446 Mendenhall, E. *et al.* (2019), *op. cit.*, 1 y 3.

447 IISD. (2019). Summary of the Second Session (…), *op. cit.*, 3.

también la posibilidad de requerir un permiso, implantar un sistema de notificaciones o permitir el acceso libre[448].

El reparto de beneficios o el nuevo mecanismo de distribución de éstos fue también parte de las negociaciones, en las que se consideraron los objetivos que debían perseguir, los beneficios y modalidades, así como los arreglos institucionales. Las posiciones de los Estados fueron similares a la anterior CIG: algunos Estados preferían una opción con beneficios monetarios y no monetarios mediante un sistema de reparto obligatorio, mientras que otros abogaban por sólo beneficios no monetarios y mediante uno voluntario[449].

La inclusión de derechos de propiedad intelectual en esta Parte del Acuerdo fue también objeto de discrepancias. Algunos Estados, entre los que se encontraban el G-77 y China, el Grupo Africano, Turquía y Cuba, apoyaban su inclusión; mientras que Australia, Canadá, Corea del Sur, EE.UU., la UE, la Santa Sede, Noruega, Suiza, y Rusia se oponían[450].

Los trabajos finalizaron con el moderador Coye-Felson informando de cierta convergencia en los objetivos de los beneficios y en la necesidad de una disposición sobre cooperación, pero también evidenciando la necesidad de continuar las negociaciones en relación con el ámbito de acceso material, las modalidades de beneficios, los derechos de propiedad intelectual, y la vigilancia de la utilización de los RGM, entre otros[451].

En líneas generales, las delegaciones se mostraron a favor de la utilización del documento de ayuda a la presidencia. De forma similar a la anterior CIG, la sección relativa a los RGM atrajo bastante interés, pero se mantuvieron los desacuerdos

448 *Ibidem*, 4.

449 *Ibidem*.

450 *Ibidem*.

451 *Ibidem*, 4-5.

de negociaciones anteriores, en especial, en lo relativo a los principios generales. Tras la CIG-2, la mayoría de los participantes estaban de acuerdo en que "la orilla no esta[ba] a la vista" (*the shore is not in sight*)[452].

3. Tercera Conferencia Intergubernamental

La CIG-3 se celebró entre el 19 y el 30 de agosto de 2019 con más de 400 participantes, entre gobiernos, organizaciones internacionales, sociedad civil y profesionales del mundo académico[453]. A pesar de ello, ha sido criticada la reducida presencia en ella de la comunidad científica de investigación y los representantes del sector de la industria[454].

La CIG-3 presentó dos grandes diferencias respecto a las CIG previamente celebradas. Por un lado, las delegaciones fundamentaron y estructuraron sus intervenciones sobre la base del proyecto de texto o "borrador cero" del futuro Acuerdo publicado el 17 de mayo de 2019, circulando propuestas sobre el mismo. Por otro lado, se cambió el formato de negociación para incluir los llamados *informal informals*, sesiones más pequeñas a puerta cerrada con un número más reducido de personas[455], con el objetivo de intercalarlos con los típicos

---

452 *Ibidem*, 18.

453 IISD. (2019). Summary of the Third Session of the Intergovernmental Conference (IGC) on the Conservation and Sustainable Use of Marine Biodiversity of Areas Beyond National Jurisdiction: 19-30 August 2019. *Earth Negotiations Bulletin, 25 (218)*, 1-24.

454 De Santo, E. M. *et al.* (2020), *op. cit.*, 4.

455 La realización de estas reuniones tenía un claro beneficio: fomentar el compromiso y el diálogo en un contexto menos formal. Sin embargo, también supuso dos grandes desventajas: por un lado, el acceso a estas reuniones estaba altamente limitado para los miembros de organizaciones no gubernamentales o intergubernamentales; y, por otro lado, impedía la asistencia de las delegaciones

grupos de trabajo establecidos desde la CIG-1. Estas sesiones fueron, en general, bien recibidas, pues se consideraba que permitirían un trabajo más concreto y minucioso basado en propuestas textuales y posibles formulaciones alternativas[456].

Las disposiciones generales fueron debatidas durante el primer día y el 28 y 29 de agosto en el Grupo de Trabajo de las cuestiones intersectoriales, y las disposiciones de la Parte sobre los RGM fueron debatidas los días 23 y 28 de agosto, así como en cinco *informal informals* durante la CIG-3[457], centrándose en los temas más polarizadores de las CIG anteriores (acceso, distribución o participación en beneficios, control, propiedad intelectual, etc.)[458].

Argelia, en nombre del Grupo Africano, e ilustrando un sentimiento compartido por varias delegaciones, señaló al principio de la CIG su descontento con el proyecto de texto sobre el que se iban a basar las negociaciones, sosteniendo su voluntad de mejorarlo para que todo el mundo, "como se dice en las Naciones Unidas, [sea] 'infeliz por igual'"[459]. De forma general, se hizo bastante hincapié durante esta conferencia en la necesidad de alcanzar un Acuerdo "efectivo, practicable y

---

más pequeñas a todas las reuniones, dado que muchas eran simultáneas, lo que reducía su voz a la hora de la toma de decisiones. De Santo, E. M. *et al.* (2020), *op. cit.*, 1-9.

456 En este sentido, se expresaron la UE y sus Estados Miembros, así como otras delegaciones. Por todas, véase: Declaración CIG-3. UE (19.08.2019). *https://www.un.org/bbnj/sites/www.un.org.bbnj/files/european-union3.pdf;* Declaración CIG-3. UE (30.08.2019). *https://www.un.org/bbnj/sites/www.un.org.bbnj/files/european-union3_1.pdf*

457 De Santo, E. M. *et al.* (2020), *op. cit.*, 6.

458 *Ibidem*, 4.

459 Declaración CIG-3. Argelia (19.08.2019). *https://www.un.org/bbnj/sites/www.un.org.bbnj/files/algeria3-obo-african-group.pdf*

a prueba de futuro"[460]. En palabras de Corea del Sur, a pesar de los esfuerzos continuos de los Estados participantes y otras partes interesadas en las CIG anteriores, "las lagunas s[eguían] siendo notables" ("*gaps remain wide*")[461].

La presión por alcanzar un consenso que parecía cada vez más lejano se mantuvo elevada. Singapur destacó, al inicio de esta sesión, la imperiosidad de contar con una participación cuasi universal o universal, en tanto el "valor de los RGM yace más allá de su recolección" y únicamente puede ser "efectivamente obtenido a través de la investigación científica marina", la cual puede ser fácilmente trasladada de una a otra jurisdicción[462].

En general, las sensaciones extraídas por aquellos participantes y observadores de la CIG-3 se pueden resumir en una vuelta a las dicotomías clásicas desde la primera CIG, pese a los intentos de superarlas, habiéndose quedado "a medio camino"[463] y con poco tiempo para concluir el Acuerdo. A pesar del llamado "espíritu constructivo" que se observó durante la CIG, muchos retos y vulnerabilidades estaban aún por solucionar. El Grupo de Estados en Desarrollo sin Litoral[464] reiteró que además de los elementos claves del *Package Deal* que aún

---

460 Declaración de apertura de la UE, 8/19, en: De Santo, E. M. *et al.* (2020), *op. cit.*, 3.

461 Declaración CIG-3. Corea del Sur (19.08.2019). *https://www.un.org/bbnj/sites/www.un.org.bbnj/files/rep-of-korea3.pdf*

462 Declaración CIG-3. Singapur (19.08.2019). *https://www.un.org/bbnj/sites/www.un.org.bbnj/files/singapore3.pdf*

463 De Santo, E. M. *et al.* (2020), *op. cit.*, 2.

464 Conocido por sus siglas en inglés, *Landlocked Developing Countries,* LLDCs. Este grupo está conformado, para el caso específico de las negociaciones del Acuerdo BBNJ, por Armenia, Bután, Bolivia, Botsuana, Burkina Faso, Etiopía, Kazajistán, Malawi, Nepal, Paraguay, República Democrática de Laos, Turkmenistán, Uganda y Zimbabue. Declaración CIG-3. Paraguay (LLDcs). (30.08.2019). *https://www.un.org/bbnj/sites/www.un.org.bbnj/files/paraguay3-eng-.pdf*

quedaban por negociarse, era necesario seguir centrando el debate en los principios de libertad de la alta mar y PCH, así como en el acceso justo y el reparto equitativo de beneficios derivados de los RGM[465].

Las declaraciones publicadas por las delegaciones de los Estados y otros participantes tras esta CIG aportaban poco en cuanto a lo sustantivo del Acuerdo y se limitaban a reiterar el agradecimiento por los avances realizados y el compromiso con las negociaciones futuras.

4. Cuarta Conferencia Intergubernamental

Tras un largo hiato debido a la pandemia de la COVID-19, se retomaron las negociaciones en la CIG-4, celebrada entre el 7 y el 18 de marzo de 2022. En un principio, y conforme a la Resolución de la AGNU 72/249, se esperaba que la cuarta conferencia fuese la última para adoptar el Acuerdo. No obstante, las discrepancias entre las delegaciones eran tales que fue imposible alcanzar el consenso.

Los participantes en esta conferencia señalaron a su fin que había sido la más productiva de todo el proceso y que se habían realizado "avances sin precedentes"[466]. La participación se hizo mediante *informal informals,* con restricciones por COVID-19, de modo que sólo dos representantes de cada delegación podían estar en la sala a la vez. Los observadores tuvieron prohibida su participación durante la primera semana, mientras

---

465 *Ibidem.*

466 IISD. (2022). Summary of the Fourth Session of the Intergovernmental Conference on an International Legally Binding Instrument under the UN Convention on the Law of the Sea on the Conservation and Sustainable Use of Marine Biodiversity of Areas Beyond National Jurisdiction: 7-18 March 2022. *Earth Negotiations Bulletin, 25 (25),* 1-22.

que en la segunda permitieron el acceso a tres observadores silenciosos en la sala de conferencias[467].

Las negociaciones se basaron, sobre todo, en propuestas de texto que iban circulando por las reuniones[468], a partir del PTR2019 y de los trabajos realizados en remoto desde septiembre de 2020 hasta febrero de 2022 mediante una plataforma en línea[469]. Al principio del período de sesiones se adoptó la agenda[470] y el programa de trabajo revisado[471].

Las cuestiones relativas a los RGM fueron debatidas los días 8, 9 y 14 de marzo, moderadas por la presidenta Lee[472]. En la recapitulación de las discusiones sobre este elemento, la presidenta destacó el perpetuo disentimiento en los elementos más esenciales[473].

La presidenta abrió la sesión con una llamada a un "salto hacia el medio" (*giant leap to the middle*), que se tradujo en más de cuatrocientas páginas de propuestas textuales[474], pero que no supusieron el desenlace definitivo de este proceso

467 *Ibidem*, 2.

468 A/CONF.232/2020/3 (15.04.2020). Textual proposals submitted by delegations by 20 February 2020, for consideration at the fourth session of the Intergovernmental conference on an international legally binding instrument under the United Nations Convention on the Law of the Sea on the conservation and sustainable use of marine biological diversity of areas beyond national jurisdiction (the Conference), in response to the invitation by the President of the Conference in her Note of 18 November 2019.

469 IISD. (2022). Summary of the Fourth Session (...), *op. cit.*, 3.

470 AGNU. A/CONF.232/2022/1 (07.03.2022). Agenda.

471 AGNU. A/CONF.232/2022/L.2/Rev.1 (24.02.2022). Programa provisional de trabajo.

472 IISD. (2022). Summary of the Fourth Session (...), *op. cit.*, 3.

473 *Ibidem*, 5.

474 *Ibidem*, 20.

de negociaciones. Las sensaciones positivas expresadas por algunas delegaciones sobre los avances de la CIG-4 no fueron compartidas íntegramente por todos. China y el G-77 expresaron en su declaración final:

> "Pero... Y hay un pero. Desconfianza y titubeos –unos titubeos que a veces puede llevar a la repetición de puntos anquilosados y a la aparente rigidez de los elementos centrales– la desconfianza tiene su origen en la historia, y en la realidad. Los compromisos y las promesas han proliferado en diversos instrumentos y acuerdos que se solapan con las áreas en las que hemos trabajado juntos estas últimas semanas, meses y años. Éstas no han ido acompañadas de un verdadero compromiso con la equidad y la igualdad. Si promesas voluntarias de buena voluntad y buena fe fuesen suficientes –no tendríamos que estar aquí–. De hecho, no necesitaríamos el derecho internacional para nada. El Derecho no es suficiente. No es suficiente, por supuesto. Pero es necesario"[475].

En lo relativo a los elementos sustantivos, el debate sobre los principios rectores continuó estando presente si bien de forma algo más indirecta, en tanto no se aludía expresamente, pero subyacía a los argumentos presentados en varias intervenciones[476]. No obstante, y en líneas generales, las delegaciones se mostraron dispuestas a escuchar alternativas. En este sentido, la Comunidad del Caribe (CARICOM)[477] señaló

---

475 Declaración CIG-4. Paquistán (G-77 y China) (18.03.2022). *https://www.un.org/bbnj/sites/www.un.org.bbnj/files/hxbpxickm8rf_en.pdf*

476 IISD. (2022). Summary of the Fourth Session (...), *op. cit.*, 20.

477 CARICOM está conformado por catorce Estados: Antigua y Barbuda, Bahamas, Barbados, Belice, Dominica, Granada, Guyana, Haití, Jamaica, San Cristóbal y Nieves, Santa Lucía, San Vicente y las Granadinas, Surinam y Trinidad y Tobago.
En las declaraciones hechas en nombre de CARICOM en el seno de las negociaciones del BBNJ no se habla del quinceavo Estado que conforma esta Comunidad en tanto Montserrat es un territorio de ultramar de Reino Unido. Hassanali, K. (2022). Participating in

en su declaración de la CIG-4 su compromiso de continuar examinando las propuestas de la UE y el Reino Unido sobre la Parte II del Acuerdo, relativa a los RGM, y a presentar una propuesta conjunta con el Grupo Africano y el *Core Latin American Group* (CLAM)[478]. Finalmente, y de cara a prosperar en las siguientes negociaciones, el G-77 y China solicitaron al final de su declaración escrita un segundo borrador en los siguientes meses para concluir las negociaciones lo antes posible[479], y reiteraron su posición a favor de no postergar los debates o discusiones a una futura posible COP sobre el Acuerdo.

Al finalizar la CIG-4 las expectativas eran elevadas entre las delegaciones de cara a la siguiente y esperada última conferencia[480]. No obstante, el éxito requería de un consenso que, hasta ese momento, parecía inalcanzable.

5. Quinta Conferencia Intergubernamental

La CIG-5 se dividió en tres períodos de sesiones, de las cuales la primera y la segunda albergaron discusiones de fondo y la realización de concesiones importantes por parte de las delegaciones involucradas en el proceso de negociación, mientras que la última se destinó fundamentalmente a adoptar oficialmente el Acuerdo.

Negotiation of a New Ocean Treaty Under the Law of the Sea Convention – Experiences of and Lessons from a Group of Small-Island Developing States. *Frontiers Marine Science, 9*, 2.

478 Declaración CIG-4. Barbados (CARICOM) (18.03.2022). *https://www.un.org/bbnj/sites/www.un.org.bbnj/files/wdedzalbk4pw_en.pdf* El CLAM está formado por Argentina, Brasil, Chile, Colombia, Costa Rica, El Salvador, Guatemala, Honduras, México, Panamá, Paraguay, Perú, República Dominicana y Uruguay.

479 Declaración CIG-4. Paquistán (G-77 y China) (18.03.2022), *op. cit.*

480 IISD. (2022). Summary of the Fourth Session (...), *op. cit.*, 21.

La CIG-5.1 se celebró entre el 15 y el 26 de agosto de 2022, menos de seis meses después de la última CIG, denotando el interés generalizado de (casi) todas las delegaciones en llegar a un acuerdo sobre el futuro instrumento.

Los delegados reunidos en Nueva York aprobaron la agenda[481] sin cambios y el programa de trabajo[482]. Las discusiones se basaron en el NPTR2022 y se organizaron mediante consultas oficiosas[483] e *informals informals* con moderadores designados sobre los elementos principales del *Package Deal*, y con derecho de voz únicamente de los Estados[484]. Durante la CIG-5.1, el Grupo de Trabajo Informal sobre RGM, moderado por Janine Elizabeth Coye-Felson, se reunió entre los días 15 y 19 y 22 a 25 de agosto. A principios de la segunda semana de negociaciones, la presidenta presentó y distribuyó una versión mejorada del texto tomando en consideración los avances de la primera semana[485], y el 26 de agosto publicó el NPTA2022.

---

481 AGNU. A/CONF.232/2022/6 (15.08.2022). Agenda.

482 AGNU. A/CONF.232/2022/7 (15.08.2022). Programa de trabajo.

483 Declaración formulada por la presidenta de la conferencia tras la suspensión del quinto período de sesiones. A/CONF.232/2022/9* (14.09.2022).

484 IISD. (2022). Summary of the Fifth Session of the Intergovernmental Conference on an International Legally Binding Instrument under the UN Convention on the Law of the Sea on the Conservation and Sustainable Use of Marine Biodiversity of Areas Beyond National Jurisdiction: 15-26 August 2022. *Earth Negotiations Bulletin, 25 (240)*, 1-13, 3.

485 *Ibidem*, 3; Proyecto de informe de la conferencia intergubernamental sobre un instrumento internacional jurídicamente vinculante en el marco de la Convención de las Naciones Unidas sobre el Derecho del Mar relativo a la conservación y el uso sostenible de la diversidad biológica marina de las zonas situadas fuera de la jurisdicción nacional sobre su quinto período de sesiones. A/CONF.232/2023/L.2 (28.03.2023), párr. 13.

Este período de sesiones fue elogiado por muchos como "lo más cerca que hemos estado de alcanzar un consenso" e, incluso, se dijo que se había "hecho más progreso en esta sesión que en la última década"[486].

Respecto a los RGM se avanzó en las disposiciones relativas a la aplicación y las actividades relacionadas con los mismos, así como en su notificación. No obstante, persistieron las discrepancias en cuanto al establecimiento de un mecanismo de acceso y distribución de los beneficios monetarios y sobre los derechos de propiedad intelectual[487].

En cualquier caso, el consenso distaba de ser una realidad, motivo por el que se decidió suspender el quinto período de sesiones y reanudarlo posteriormente, en la CIG-5.2 o CIG-5 *bis*[488]. Tras la clausura de la CIG-5.1, la presidenta emitió una declaración formal en la que recogía el estado de las negociaciones y "algunas reflexiones personales sobre el estado de nuestros trabajos"[489]. En materia de RGM, es destacable la convergencia que hubo, según la presidenta, en relación con la delimitación del ámbito material y temporal del Acuerdo de forma simplificada, así como de las actividades relacionadas con estos recursos. También señaló que se lograron avances sustanciales en el "desarrollo de las modalidades de un sistema de notificación de las actividades" relacionadas con los RGM, y en lo relativo al precepto sobre los conocimientos tradicionales de los Pueblos Indígenas. Entre los elementos de disputa se mantuvo la conveniencia o no de abordar la cuestión de los derechos de propiedad intelectual, así como lo referido a las

---

486 ISD. (2022). Summary of the Fifth Session (...), *op. cit.*, 1.

487 *Ibidem.*

488 A/CONF.232/2023/L.2, *op. cit.*, párr. 14.

489 A/CONF.232/2022/9*, *op. cit.*, 1.

disposiciones relativas a los beneficios monetarios (mientras que sobre los no monetarios sí que se halló más consenso)[490].

Finalmente, se convocó el segundo período entre el 20 de febrero y el 3 de marzo de 2023, donde se siguió el programa de trabajo previsto[491]. Las negociaciones avanzaron notablemente en este período, si bien las discrepancias en los temas clásicos de disputa se mantuvieron hasta el final (notablemente, sobre la incorporación del PCH).

Las negociaciones finalizaron tras la maratoniana sesión del 4 de marzo de 2023 con el anuncio de la presidenta de la CIG al mundo de que el Acuerdo se había alcanzado con las famosas palabras "*the ship has reached the shore*". Posteriormente, se programó la celebración de la CIG-5.3 o CIG-5 *ter* durante los días 19 y 20 de junio de 2023[492], en la que el primer día se adoptó, por consenso, el Acuerdo en el marco de la CNUDM relativo a la conservación y el uso sostenible de la diversidad biológica marina de las zonas situadas fuera de la jurisdicción nacional o Acuerdo BBNJ.

Desde el 20 de septiembre de 2023 al 20 de septiembre de 2025, los Estados y organizaciones regionales de integración económica que lo deseen pueden ratificarlo, aprobarlo, aceptarlo o adherirse al mismo[493] y entrará en vigor 120 días[494] después de la fecha del depósito del sexagésimo instrumento de ratificación, aprobación, aceptación o adhesión[495].

---

490 *Ibidem*, Anexo, apartado I.

491 AGNU. A/CONF.232/2023/1 (20.03.2023). Programa de trabajo.

492 A/77/L.62 (29.03.2023), *op. cit.*

493 Artículo 66 del Acuerdo.

494 En versiones anteriores del Acuerdo, este número era considerablemente menor, reduciéndose a treinta días (artículo 61 del NPTA2022).

495 Artículo 68 del Acuerdo. En versiones anteriores del Acuerdo, se contemplaba la posibilidad de requerir únicamente el depósito de treinta

Con el fin de preparar la entrada en vigor del Acuerdo BBNJ, la AGNU adoptó el 24 de abril de 2024 la Resolución 78/272 en la que decidió establecer una comisión preparatoria[496], cuya primera reunión de organización está prevista del 24 al 26 de junio de 2024 en la sede la ONU en Nueva York[497].

En todo caso, considerando la experiencia previa con la entrada en vigor de otros acuerdos multilaterales medioambientales[498], así como el hecho de que, hasta el 22 de octubre de

---

instrumentos de ratificación, aprobación, aceptación o adhesión (artículo 61 del NPTA2022). El incremento en este número, así como de los días para su entrada en vigor, puede perjudicar negativamente a la consecución de los objetivos del Acuerdo en el corto plazo.

496 AGNU. A/RES/78/272 (29.04.2024). Resolución 78/272 sobre el Acuerdo en el marco de la Convención de las Naciones Unidas sobre el Derecho del Mar relativo a la Conservación y el Uso Sostenible de la Diversidad Biológica Marina de las Zonas Situadas Fuera de la Jurisdicción Nacional, párr. 3.
La creación de este comité fue propuesta por parte de la doctrina siguiendo el ejemplo de la Tercera Conferencia de las Naciones Unidas sobre Derecho del Mar. Gjerde, K. M. et al. (2022). Getting beyond yes: fast-tracking implementation of the United Nations agreement for marine biodiversity beyond national jurisdiction. *Ocean Sustainability, 6*, 4.

497 La reunión estará abierta a los Estados Miembros de la ONU, miembros de los organismos especializados, Partes de la CNUDM, representantes de organizaciones y otras entidades con estatus de observador permanente de la Asamblea General, organizaciones intergubernamentales interesadas y otros organismos internacionales, miembros asociados de comisiones regionales y del sistema de las Naciones Unidas, así como organizaciones no gubernamentales pertinentes. *Ibidem*, párrs. 4-6.

498 En este sentido, véase la Figura 1 del artículo de Blasiak y Jouffray, que recoge la diferencia entre la adopción y la entrada en vigor de los últimos acuerdos multilaterales internacionales sobre el medioambiente desde 1970. Blasiak, R. & Jouffray, J-B. (2024). When will the BBNJ Agreement deliver results? *Ocean Sustainability, 3 (21)*, 2.

2024, ciento cinco Estados y la UE han firmado el Acuerdo[499],

[499] La UE ha sido una participante activa durante todas las negociaciones, representando los intereses de sus Estados Miembros y los propios de la Unión. El 22 de marzo de 2016 el Consejo de la UE emitió la Decisión (UE) 2016/455 por la que se autorizó la apertura de las negociaciones del Acuerdo BBNJ en nombre de la UE "en las reuniones del Comité preparatorio", autorizó a la Comisión Europea a negociar "sobre las cuestiones que sean competencia de la Unión y respecto de las cuales la Unión haya adoptado normas" bajo sus directrices, y exigió que se mantuviera una cooperación estrecha con los Estados Miembros y que la labor negociadora se apoyase del comité especial creado por la misma, es decir, del Grupo de Derecho del Mar o COMAR.
Más tarde, la Comisión Europea emitió el 4 de enero de 2018 unas recomendaciones al Consejo para que autorizara la apertura de las negociaciones del instrumento internacional jurídicamente vinculante, la cual el Consejo autorizó mediante la Decisión del 13 de marzo de 2018. Finalmente, se autorizó la firma del Acuerdo en virtud de la Decisión del Consejo de 18 de septiembre de 2023.
El 17 de junio de 2024, el Consejo aprobó la Decisión (UE) 2024/1830 por la que aprobó, en nombre de la Unión Europea la celebración del Acuerdo BBNJ. Esta Decisión vino acompañada de una declaración de competencia, exigida por el artículo 67.2 del Acuerdo BBNJ, así como la excepción relativa a la no retroactividad de la Parte II, de conformidad con el artículo 70 del Acuerdo. Sobre esta Decisión y, en particular, la declaración de no retroactividad, véase: Carro Pitarch, M. (2024). La aprobación de la Unión Europea de la ratificación del Acuerdo sobre la diversidad biológica marina de las zonas fuera la jurisdicción nacional (Acuerdo BBNJ). *La Ley Unión Europea, 128,* 1-14.
Merece ser destacado que, en el momento de adopción de dichas recomendaciones, la doctrina criticó la ausencia de una consulta a las partes interesadas "bajo el pretexto de mantener el rito de los debates a nivel internacional" por menoscabar la transparencia. Fajardo del Castillo, T. (2019). Competencia exterior medioambiental de la Unión Europea y desarrollo progresivo del Derecho Internacional en el marco de la Asamblea General de Naciones Unidas. *Revista General de Derecho Europeo, 47,* 127.

Decisión (UE) 2016/455 del Consejo de 22 de marzo de 2016 por la que se autoriza la apertura de negociaciones en nombre de la Unión Europea sobre el borrador de un instrumento internacional jurídicamente vinculante en el marco de la Convención de las Naciones Unidas sobre el Derecho del Mar relativo a la conservación y el uso sostenible de la diversidad biológica marina de las zonas situadas fuera de la jurisdicción nacional. DO L 79/32 (30.3.2016); Directrices para la negociación en nombre de la Unión de los elementos del borrador de un instrumento internacional jurídicamente vinculante en el marco de la Convención de las Naciones Unidas sobre el Derecho del Mar relativo a la conservación y el uso sostenible de la diversidad biológica marina de las zonas situadas fuera de la jurisdicción nacional. Documento 6862/16 ADD1 (11.03.2016); Recomendación de Decisión del Consejo por la que se autoriza la apertura de negociaciones sobre un instrumento internacional jurídicamente vinculante en el marco de la Convención de las Naciones Unidas sobre el Derecho del Mar relativo a la conservación y el uso sostenible de la diversidad biológica marina en las zonas situadas fuera de la jurisdicción nacional. Documento COM (2017) 812 final (4.01.2018); Decisión del Consejo de 13 de marzo de 2018 por la que se autoriza la apertura de negociaciones, en nombre de la Unión Europea, sobre un instrumento internacional jurídicamente vinculante en el marco de la Convención de las Naciones Unidas sobre el Derecho del Mar relativo a la conservación y el uso sostenible de la diversidad biológica marina en las zonas situadas fuera de la jurisdicción nacional. Documento 6698/18 (13.03.2018); Decisión (UE) 2023/1974 del Consejo de 18 de septiembre de 2023 relativa a la firma, en nombre de la Unión Europea, del Acuerdo en el marco de la Convención de las Naciones Unidas sobre el Derecho del Mar relativo a la conservación y el uso sostenible de la diversidad biológica marina de las zonas situadas fuera de la jurisdicción nacional. DO L 235 (25.09.2023); Decisión (UE) 2024/1830 Del Consejo de 17 de junio de 2024 relativa a la celebración, en nombre de la Unión Europea, del Acuerdo en el marco de la Convención de las Naciones Unidas sobre el Derecho del Mar relativo a la conservación y el uso sostenible de la diversidad biológica marina de las zonas situadas fuera de la jurisdicción nacional. DO L 2024/1830 (19.07.2024).

pero sólo trece lo han ratificado[500], resulta incierto cuándo, en su caso, entrará en vigor el Acuerdo BBNJ y su régimen para los RGM de las ZFJN.

La importancia de su entrada en vigor no se limita al hecho de cubrir las lagunas previamente señaladas, sino que es todavía mayor en la medida en que se espera que este Acuerdo contribuya de forma determinante a la consecución de los Objetivos de Desarrollo Sostenible (ODS)[501], en especial al ODS 14 sobre vida submarina, pero también a otros como el ODS 3 (Salud y Bienestar) o el ODS 13 (Acción por el Clima); así como al logro del objetivo tercero del Marco Mundial de Biodiversidad de Kunming-Montreal[502], aprobado en diciembre de 2022, que

---

500 Los Estados que han ratificado o aceptado el Acuerdo BBNJ son en orden cronológico de ratificación, a fecha de 22 de octubre de 2024: Palao, Chile, Belice, Seychelles, Mónaco, Mauricio, Estados Federados de Micronesia, Cuba, Maldivas, Singapur, Bangladesh, Barbados y Timor-Leste. El listado completo puede ser consultado en: *https://treaties.un.org/pages/ViewDetails.aspx?src=TREATY&mtdsg_no=XXI-10&chapter=21&clang=_en*

501 La AGNU aprobó en 2015 la Resolución 70/1 en la que presentaban diecisiete ODS y 169 metas como parte de la Agenda 2030, en la que se conjugan las tres dimensiones del Desarrollo Sostenible: económica, social y ambiental. AGNU. A/RES/70/1 (21.10.2015). Resolución aprobada por la Asamblea General el 25 de septiembre de 2015. Transformar nuestro mundo: la Agenda 2030 para el Desarrollo Sostenible. No obstante, estas tres dimensiones no han sido consideradas en un plano de igualdad ya que, como señala Juste Ruiz, "el desarrollo sostenible se basa en premisas economicistas que priorizan el crecimiento económico" y, si bien se atiende a la dimensión social, las exigencias ambientales quedan relegadas a un límite negativo más que a un objetivo fundamental. Juste Ruiz, J. (2022). 50 años del Derecho Internacional Ambiental: la participación de la sociedad civil. *Revista Catalana de Dret Ambiental, XIII (2),* 1-37, 13-14.

502 CDB. CBD/COP/DEC/15/4 (19.12.2022). Decisión adoptada por la conferencia de las partes en el Convenio sobre la Diversidad Biológica. Marco Mundial de Biodiversidad de Kunming-Montreal.

busca conservar de manera efectiva al menos un 30% de la superficie terrestre y marina. La Parte III del Acuerdo BBNJ sobre mecanismos de gestión basados en áreas, incluidas las áreas marinas protegidas, se vislumbra especialmente útil para ello[503].

[503] Carro Pitarch, M. (2023). El "Acuerdo BBNJ": Hacia un nuevo régimen para la conservación y el uso sostenible de la diversidad biológica marina en zonas fuera de la jurisdicción nacional. *Revista Española de Derecho Internacional, 75 (2)*, 248.

Capítulo IV

Disposiciones intersectoriales del Acuerdo BBNJ con una incidencia clave en el régimen de los recursos genéticos marinos

Tras casi veinte años de trabajo y negociaciones, y cinco CIG, se adoptó el primer texto internacional jurídicamente vinculante sobre la diversidad biológica marina de las ZFJN, el Acuerdo BBNJ, elogiado como un logro histórico para la protección de la biodiversidad de estas zonas.

No obstante, el acercamiento de las posturas de las delegaciones participantes durante las negociaciones exigió de concesiones a la "ambigüedad constructiva" en las partes más sensibles del texto[504]. La metodología utilizada para superar estas disparidades en algunos casos es la llamada "sublimación por integración"[505], introduciendo binomios normativos que tratan de satisfacer a todas las partes involucradas, pero cuya formulación puede conllevar problemas a la hora de implementarlo.

El objeto de este Capítulo es analizar los elementos claves del nuevo régimen para los RGM contemplados en el Acuerdo BBNJ, estudiando cada uno de ellos de forma doble: en primer

---

504 Juste Ruiz, J. (2023). El acuerdo sobre la diversidad biológica marina en zonas fuera de la jurisdicción nacional: un análisis preliminar. *Revista Aranzadi de Derecho Ambiental, 55*, 11.

505 *Ibidem.*

lugar, atendiendo al texto definitivo y, por tanto, el régimen que puede entrar en vigor; y, por otro lado, considerando la formulación definitiva a la luz de las negociaciones previas, haciendo un repaso de las posturas de las distintas delegaciones a lo largo de las CIG con el fin de esclarecer la voluntad de las partes negociadoras. Esto se complementa con una visión crítica del régimen adoptado subrayando las principales aristas que pueden surgir en su entrada en vigor y posterior desarrollo normativo.

Como se ha indicado con anterioridad, no se pretende en este trabajo realizar un análisis exhaustivo de todo el Acuerdo, sino únicamente de la Parte relativa a los RGM, y de aquellas cuestiones intersectoriales cuya relevancia para los RGM es fundamental. Para ello, este Capítulo parte de una breve referencia a la estructura del Acuerdo, para luego pasar a estudiar algunas de las disposiciones generales que tienen una relevancia clave para los RGM, y centrar finalmente el estudio en la Parte II, relativa a los RGM, incluida la participación justa y equitativa en los beneficios, en el siguiente Capítulo.

A. TÍTULO Y ESTRUCTURA DEL ACUERDO

El "Acuerdo en el marco de la Convención de las Naciones Unidas sobre el Derecho del Mar relativo a la conservación y el uso sostenible de la diversidad biológica marina de las zonas situadas fuera de la jurisdicción nacional", ha recibido muchos nombres durante el período de su negociación y tras su adopción. Títulos como el "Tratado de Alta Mar" han sido criticados por centrarse en demasía en una de las zonas de aplicación del Acuerdo, la alta mar, pudiendo llevar a confusión sobre su verdadero alcance; o por ser excesivamente generales, como ocurre con el "Tratado de los Océanos", en el que es notable la ausencia de la biodiversidad, que es el elemento central del

Acuerdo[506]. Con el objetivo de ser fieles al objetivo general del Acuerdo y su espíritu, adoptamos en esta investigación el título de "Acuerdo BBNJ", que consideramos que pone en valor la diversidad biológica y no distorsiona ni reduce su ámbito de aplicación geográfico.

El Acuerdo sigue la división clásica de los tratados internacionales, contando con doce partes conformadas por setenta y seis artículos, precedidos por un preámbulo, y seguidos de dos anexos[507]. Las doce partes corresponden a las siguientes:

> I. Disposiciones generales (arts. 1 a 8); II. Recursos genéticos marinos, incluida la participación justa y equitativa en los beneficios (arts. 9 a 16); III. Medidas como los mecanismos de gestión basados en áreas, incluidas las áreas marinas protegidas (arts. 17 a 26); IV. Evaluaciones del impacto ambiental (arts. 27 a 39); V. Creación de capacidad y transferencia de tecnología marina (arts. 40 a 46); VI. Arreglos institucionales (arts. 47 a 51); VII. Recursos financieros y mecanismo financiero (art. 52); VIII. Implementación y cumplimiento (arts. 53 a 55); IX. Solución de controversias (arts. 56 a 61); X. Terceros al presente Acuerdo (art. 62); XI. Buena fe y abuso de derecho (art. 63); y XII. Disposiciones finales (arts. 64 a 76).

Como se puede observar, los elementos claves del *Package Deal* de 2011 son los pilares sobre los que se adopta el Acuerdo, formando la parte sustantiva del mismo, los cuales están acompañados de una serie de cuestiones intersectoriales, como son las disposiciones sobre arreglos institucionales, el

---

[506] Para una crítica más exhaustiva sobre la inexactitud del título escogido, véase: Mendenhall, E. & Bateh, F. (2024). 'High Seas Treaty' name is inaccurate and should center biodiversity (commentary). Mongabay (Blog). *https://news.mongabay.com/2024/02/high-seas-treaty-name-is-inaccurate-and-should-center-biodiversity-commentary/*

[507] El Anexo I contiene los criterios indicativos para la determinación de las áreas, y el Anexo II los tipos de creación de capacidad y de transferencia de tecnología marina.

establecimiento de mecanismos de financiación y las disposiciones sobre la futura implementación del acuerdo, necesarias para asegurar su efectividad.

A lo largo del proceso negociador la estructura fundamental no sufrió variaciones. La única diferencia sustancial fue la aparición del Anexo I sobre los criterios indicativos para la determinación de áreas en la versión del PTR2019. En el NPTR2022 se propuso la supresión del otro Anexo, relativo a los tipos de creación de capacidad y transferencia, relegando su redacción a un documento a adoptar junto al texto del Acuerdo de la conferencia. Sin embargo, en el siguiente proyecto de texto, el NPTA2022, volvía a estar incluido como Anexo II sin cambios respecto al finalmente adoptado.

El resto de las modificaciones en la estructura han consistido en alteraciones de los títulos de las Partes en cuestión, que no han tenido mayor trascendencia (por ejemplo, pasando de "solución de controversias y opiniones consultivas" a "solución de controversias", o de "aplicación y cumplimiento" a "implementación y cumplimiento").

B. EL PREÁMBULO DEL ACUERDO: ¿LA ORILLA DE LAS DISCUSIONES PERDIDAS O SU BRÚJULA INTERPRETATIVA?

1. La función del preámbulo en los tratados internacionales

Los preámbulos han sido una parte consustancial en los tratados, bilaterales y multilaterales, desde la antigüedad. Desde el siglo XX, fruto de la estandarización y codificación de los tratados, se ha seguido un formato típico constituido por un preámbulo, seguido de una serie de artículos en el cuerpo del texto y, en su caso, por anexos[508]. No obstante, su función ha sido incierta tanto en sus negociaciones como en la práctica posterior a su entrada en vigor.

A la hora de definir su cometido aparecen, doctrinalmente, dos grandes posiciones: una que le atribuye un carácter puramente estético y decorativo, y otra más funcional, de carácter interpretativo. Dentro del primer grupo, Koskenniemi ha asimilado agudamente el preámbulo a una celebración y un rechazo. Por un lado, esta parte del texto, marcada por lo general por un lenguaje "ceremonial y elevado", subraya los "logros morales y los motivos" que han llevado a la adopción del tratado en cuestión; mientras que, por otro lado, "todo lo que contiene no se aceptó como parte del texto"[509].

Otros autores, en cambio, han argüido que los preámbulos son una parte "integral y fundamental" de los tratados, funcionando a modo de presentación y como una "importante herramienta interpretativa"[510]; reflejando los "indicios de la intención de las partes de un tratado"[511]. Esta función, la cual compartimos, está codificada en el artículo 31.2 de la CVDT sobre la forma de interpretar un tratado; y en este sentido ha

---

508 Hulme, M. H. (2016). Preambles in Treaty Interpretation. *University of Pennsylvania Law Review, 164 (5),* 1342.

509 Koskenniemi, M. (1999). The Preamble of the Universal Declaration of Human Rights. En: G. S. Alfredsson & A. Eide (Eds.). *The Universal Declaration of Human Rights: A Common Standard of Achievement* (pp. 27-39). La Haya: Kluwer Law International, 27.

510 Mbengue, M. M. (2008). The notion of preamble. En: R. Wolfrum (Ed.). *The Max Planck Encyclopaedia of Public International Law (Online Edition).* Oxford: Oxford University Press.

511 *Ibidem,* 397; Klabbers, J. (2018). Treaties and their preambles. En: M. J. Bowman & D. Kritsiotis (Eds.). *Conceptual and Contextual Perspectives on the Modern Law of Treaties* (pp. 172-200). Cambridge: Cambridge University Press, 195.

sido utilizada por numerosas cortes o tribunales, incluida la Corte Internacional de Justicia (CIJ)[512].

Partiendo de la base de que el preámbulo no es, por su naturaleza, vinculante, siendo incapaz de "dar lugar a derechos y obligaciones exigibles"[513], Hulme destaca que la CVDT proporciona al preámbulo dos vías para ejercer su influencia[514]: en primer lugar, como parte integrante del análisis textual holístico del tratado[515] y, en segundo lugar, como el repositorio estándar de declaraciones de objeto y finalidad[516].

---

512 Lothian señala, como ejemplos, el asunto relativo a los derechos de los nacionales de EE.UU. en Marruecos (Francia c. EE.UU.) donde la CIJ se basó en los preámbulos de la Convención de Madrid de 3 de julio de 1880 y el Acta de Algeciras de 7 de abril de 1906, o el asunto relativo a una controversia entre Argentina y Chile sobre el Canal Beagle. Lothian, S. (2023). The BBNJ preamble: More than just window dressing. *Marine Policy, 153*, 2.

513 Klabbers, J. (2018), *op. cit.*, 172.

514 Hulme, M. H. (2016), *op. cit.*, 1342.

515 Hulme señala al respecto que la CVDT define el preámbulo como parte del texto y, por lo tanto, como un elemento importante y necesario del enfoque textual holístico para interpretar los tratados (*text-and-context approach*). *Ibidem*, 1331.

516 En la práctica, los preámbulos son citados como fuentes o evidencia del "objeto y finalidad" de un tratado ante los tribunales internacionales y por parte de la doctrina. Para un análisis más detallado sobre la utilización de los preámbulos en procedimientos ante cortes y otros órganos internacionales en los análisis del objeto y finalidad (*objet-and-purpose analysis*), véase: Hulme, M. H. (2016), *op. cit.*, 1300-1301. De forma ilustrativa, Hulme se refiere a la decisión del Órgano de Apelación de la Organización Mundial del Comercio (OMC), en la disputa *U.S. Shrimp-Turtle.* En ella, el Órgano se remite al preámbulo en su análisis del objeto y finalidad, y lo utiliza para justificar una lectura expansiva de un término. Concretamente, y partiendo del reconocimiento en el preámbulo del "objetivo de desarrollo sostenible", el Órgano de Apelación hace una lectura amplia de la noción "recursos naturales agotables" para incluir a las criaturas vivas. Los

Algunos preámbulos han gozado y gozan de un legado relevante y mantenido en el tiempo, como es el caso de la CNUDM. Sin embargo, en otros tratados, los preámbulos han sido negociados con menos detenimiento o atención y/o han tenido un papel menos fundamental[517].

En el Acuerdo BBNJ la clásica preocupación sobre el papel del preámbulo también acontece, cuestionándonos si éste servirá como el faro interpretativo del instrumento o permanecerá como la suma de nobles intenciones sobre las que no se alcanzó el consenso. De forma consistente con lo establecido por la CVDT y la jurisprudencia de la CIJ, consideramos que su rol puede ser muy significativo una vez el Acuerdo entre en vigor y sea aplicado. Su papel puede llegar a ser especialmente relevante si tomamos en consideración que el texto definitivo fue adoptado por consenso y, en consecuencia, requirió de la cesión de los intereses de todas las partes

---

pormenores del caso no son tan relevantes como lo es la utilización del preámbulo para interpretar el objeto y finalidad de un acuerdo de una forma bastante amplia, en tanto se señala que la referencia al preámbulo y al objetivo de desarrollo sostenible no informa sólo la comprensión adecuada de las disposiciones del Acuerdo General sobre Aranceles Aduaneros y Comercio, sino de todos los demás acuerdos conexos al mismo. OMC (1998). WTO Doc. WT/DS58/AB/R. Informe del Órgano de Apelación, Estados Unidos-Prohibición de importación de determinados camarones y productos del camarón (adoptado el 12 de octubre de 1998); Ruse-Kahn, H. G. (2011). The (Non) Use of Treaty Object and Purpose in Intellectual Property Disputes in the WTO. *Max Planck Institute for Intellectual Property and Competition Law, Research Paper No. 11-15*, 1-35.
Dentro de la doctrina, podemos destacar las palabras de Gardiner, que señala que "al enunciar los fines y objetivos de un tratado, como los preámbulos suelen hacer, los preámbulos pueden ayudar a identificar el objeto y la finalidad del tratado". Gardiner, R. (2008). *Treaty Interpretation.* Oxford: Oxford University Press, 186.

517 Lothian, S. (2023), *op. cit.*, 2.

negociadoras y la utilización de un lenguaje no siempre riguroso y claro. Es por ello por lo que este apartado se centra en analizar qué se ha consagrado (o relegado) finalmente en el preámbulo del Acuerdo BBNJ, subrayando, en particular, las oportunidades perdidas.

2. El preámbulo del Acuerdo BBNJ: una sistematización de su razón de ser, propósitos y contexto normativo

El análisis del preámbulo de un tratado puede realizarse de varias formas, bien de manera lineal, pasando por todos los considerandos[518], o bien sistematizándolos dentro de categorías amplias y abstractas, que proporcionen orden[519].

Hemos estimado que los considerandos del Acuerdo BBNJ se pueden dividir en tres grandes categorías que responden al por qué, al para qué y al cómo del Acuerdo. Por un lado, aquellos considerandos que justifican la razón de ser del Acuerdo, es decir, fundamentan su necesidad. Por otro lado, aquellos considerandos que explican los propósitos del instrumento,

---

518 Un ejemplo de esto es el análisis de Lagoni en el comentario de Alexander Proelss a la CNUDM. Lagoni, R. (2017). Preamble. En: A. Proelss. *United Nations Convention on the Law of the Sea. A Commentary* (pp. 1-16). Múnich: C. H. Beck – Hart – Nomos.

519 Por ejemplo, Lothian analiza el preámbulo del Acuerdo BBNJ basándose en las tres "P's" sobre las que Charry Samper consideró se configuraba el preámbulo de la CNUDM: objetivos, principios y filosofía (*purposes, principles and philosophy*), si bien no incluye todos los considerandos en su categorización. Lothian, S. (2023), *op. cit.*, 1; 189th Plenary Meeting Extract from the Official Records of the Third United Nations Conference on the Law of the Sea, Volume XVII (Plenary Meetings, Summary Records and Verbatim Records, as well as Documents of the Conference, Resumed Eleventh Session and Final Part Eleventh Session and Conclusion). A/CONF.62/SR.189 (08.12.1982), párr. 238.

qué se pretende conseguir. Finalmente, podemos observar un número notable de considerandos que establecen el contexto normativo en el que el Acuerdo se encuadra, recordando obligaciones existentes bajo otros instrumentos y, por tanto, cómo se debe aplicar.

a. La razón de ser del Acuerdo

El preámbulo aporta luz sobre las causas que llevaron a la adopción del Acuerdo. En este sentido, podemos observar una serie de considerandos que explican el objeto de regulación (la diversidad biológica) y, otros, las razones detrás de la necesidad de un nuevo instrumento jurídico.

En su considerando onceavo, el Acuerdo se refiere al "valor inherente" de esta biodiversidad, sin entrar a desarrollar cuál es dicho valor. Parte de la doctrina, como Lothian, ha planteado que se podría haber optado por incluir un considerando similar al primero del CDB[520], estableciendo una conexión directa entre ambos instrumentos y demostrando la importancia de una interpretación coherente entre éstos.

Independientemente de ello, el preámbulo enumera una serie de circunstancias que resultan en la pérdida de diversidad biológica y la degradación de los ecosistemas del océano, como son: "los impactos del cambio climático en los ecosistemas marinos, como el calentamiento y la desoxigenación del océano, así como la acidificación del océano, la contaminación, incluida la contaminación por plásticos, y el uso no

520 El cual expone: "Conscientes del valor intrínseco de la diversidad biológica y de los valores ecológicos, genéticos, sociales, económicos, científicos, educativos, culturales, recreativos y estéticos de la diversidad biológica y sus componentes". Preámbulo del CDB, párr.1; Lothian, S. (2023), *op. cit.*, 8.

sostenible"[521]. Así pues, la importancia de conservar y utilizar los recursos de forma sostenible, objetivos primordiales del Acuerdo, queda subrayada al remarcar la creciente pérdida de la biodiversidad.

La enumeración de amenazas a las que se enfrentan los océanos y sus ecosistemas, en especial, debido a la acción humana, ha sido considerada prometedora, en tanto referencia de manera explícita los problemas derivados del cambio climático[522]. Cabe mencionar que la inclusión o no de referencias al cambio climático en el texto del Acuerdo BBNJ fue largamente debatida en las negociaciones. Finalmente, junto a la del preámbulo[523], se hace referencia tres veces al mismo en el cuerpo del texto y dos más en los anexos, incluido en uno de los enfoques rectores del Acuerdo ("el enfoque general que refuerce la resiliencia de los ecosistemas, incluso frente a los efectos adversos del cambio climático (...)")[524].

---

521 Preámbulo del Acuerdo, párr. 3.
Previamente al NPTA22 se hacía referencia a la explotación en lugar del uso no sostenible. Este cambio parece ampliar las realidades que resultan en una mayor pérdida de la biodiversidad, y resulta más coherente con uno de los objetivos últimos del Acuerdo, asegurar el uso sostenible de la diversidad biológica de las ZFJN.

522 Lothian, S. (2023), *op. cit.*, 8.

523 Su aparición en el preámbulo ha estado contemplada desde un inicio, si bien en las versiones anteriores hasta el NPTA2022 se hacía referencia a "los impactos del cambio climático" sin entrar a enumerar algunos de ellos como son la acidificación, contaminación, etc.

524 Artículo 7 (h) del Acuerdo. La adopción del Acuerdo, fundamentado en principios y enfoques focalizados en salvaguardar la resiliencia, se consideraba una de las opciones más pertinentes para ayudar a los ecosistemas marinos a hacer frente a las amenazas medioambientales a las que se enfrentan. Yadav, S. S. & Gjerde, K. M. (2020). The ocean, climate change and resilience: Making ocean areas beyond national jurisdiction more resilient to climate change and other anthropogenic activities. *Marine Policy, 122*, 9.

Sin embargo, se ha perdido la ocasión de ilustrar las consecuencias derivadas de la pérdida de biodiversidad en nuestro planeta, habiéndose podido incluir referencias a la importancia que los océanos y su diversidad biológica tienen para la seguridad alimentaria, los servicios de ecosistemas o la productividad[525], siguiendo los modelos de otras convenciones[526].

En otro orden de cosas, en el preámbulo se reconoce la consciencia colectiva de la "necesidad de un régimen mundial comprensivo en el marco de la Convención para abordar mejor la conservación y el uso sostenible de la diversidad biológica marina de las [ZFJN]"[527], carencia que dio lugar a la creación del Grupo de Trabajo de cuya labor se derivó la negociación y adopción del Acuerdo BBNJ. A pesar de dicha evocación, el texto no hace referencia a las razones por las que existen las lagunas jurídicas ni a las lagunas en sí que se derivan del sistema de gobernanza fragmentado normativa e institucionalmente que impera sobre la biodiversidad de los océanos[528].

---

525 Kenia sugirió reconocer expresamente el impacto que tiene la destrucción de la biodiversidad en la seguridad alimenticia y la vida de los habitantes de los Estados en Desarrollo y los Pequeños Estados Insulares en Desarrollo. A/CONF.232/2020/3 (15.04.2020). Textual proposals (...), *op. cit.*, 3; Declaración Comité Preparatorio. EE.UU. (20.12.2016). Written submission of the US on Possible Elements for Inclusion in an ILBI. *https://www.un.org/depts/los/biodiversity/prepcom_files/rolling_comp/United_States_of_America.pdf*

526 En esta línea, el CDB prevé que "la conservación y la utilización sostenible de la diversidad biológica tienen importancia crítica para satisfacer las necesidades alimentarias, de salud y de otra naturaleza de la población mundial en crecimiento, para lo que son esenciales el acceso a los recursos genéticos y a las tecnologías, y la participación en esos recursos y tecnologías". Preámbulo del CDB, párr. 20.

527 Preámbulo del Acuerdo, párr. 4.

528 Para un análisis de las lagunas existentes, véase el Capítulo II.

Asimismo, el preámbulo reconoce la "necesidad de abordar, de manera coherente y cooperativa"[529] los problemas que tienen un impacto negativo en la biodiversidad de las ZFJN mencionados anteriormente[530]. La obligación de los Estados de cooperar entre sí es uno de los principios básicos del Derecho Internacional[531] y del Derecho Internacional del Medioambiente[532]. En particular, la obligación de cooperar para preservar y proteger el medio marino que se desprende del artículo 197 de la CNUDM, en el que se codifica el Derecho Internacional consuetudinario[533], se considera "una expresión del deber general de los Estados de cooperar para conservar, proteger y restaurar la salud y la integridad de los ecosistemas"[534], también consagrado en el artículo 8 del Acuerdo BBNJ.

---

529 Preámbulo del Acuerdo, párr. 3.

530 La importancia de crear un instrumento que ofreciese un marco jurídico que fortaleciese la cooperación en estas áreas fue patente desde la labor del Grupo de Trabajo. A/63/79 (16.05.2008), *op. cit.*, párr. 47.

531 AGNU. A/RES/2625(XXV) (24.10.1970). Declaración sobre los principios de derecho internacional referentes a las relaciones de amistad y a la cooperación entre los Estados de conformidad con la Carta de las Naciones Unidas, 4º Principio.

532 Tanaka, Y. (2023). Basic principles of international marine environmental law. En: R. Rayfuse, A. Jaeckel & N. Klein (Eds.). *Research Handbook on International Marine Environmental Law* (pp. 81-103). Cheltenham: Edward Elgar Publishing Limited, 98.

533 UNEP. (2011). UNEP-MAP-RAC/SPA. Note on the establishment of Marine Protected Areas beyond national jurisdiction or in areas where the limits of national sovereignty or jurisdiction have not yet been defined in the Mediterranean Sea. By Scovazzi, T. (Ed.). Túnez: RAC/SPA, 16.

534 Lothian, S. (2023), *op. cit*, 9; Principio 7 de la Declaración de Río; CNUMAD. (1992). A. CONF/151/26/REV.1 (Vol. I). Informe de la Conferencia de las Naciones Unidas sobre el Medio Ambiente y el Desarrollo, 9 (Programa 21), cap. 17.

Su inclusión, consideramos, es imprescindible, pues, como señala Tanaka, la obligación de cooperación puede influenciar la interpretación o aplicación de normas relevantes relativas a la protección del medio marino, incluida la conservación de los recursos vivos marinos[535].

Cabe destacar que la formulación del preámbulo adoptada también ha sido criticada por no trasladar la urgencia o la necesidad de acción inmediata para lidiar con dichos problemas y con otros que amenazan a la biodiversidad de estas zonas[536].

---

535 Ilustra su funcionalidad con el caso de la caza de ballenas en el océano Antártico, en el que la CIJ sostuvo que "[l]os Estados Partes en el [Convenio Internacional para la Regulación de la Caza de la Ballena de 1946] tienen el deber de cooperar con la [Comisión Ballenera Internacional] y el Comité Científico y, por lo tanto, deben prestar la debida atención a la viabilidad de alternativas no letales". *Whaling in the Antarctic (Australia v. Japan: New Zealand intervening),* Judgment, I.C.J. Reports 2014, p. 226, párr. 45; Tanaka, Y. (2023), *op. cit.*, 99; Tanaka, Y. (2018). Toward Sustainable Management of Marine Natural Resources. En: M. Kotzur *et al.* (Eds). *Sustainable Ocean Resource Governance: Deep Sea Mining, Marine Energy and Submarine Cables* (pp. 110-133). Leiden-Boston: Brill Nijhoff, 120-122.

536 En este sentido, Lothian remarca que se podría haber hecho referencia al ritmo sin precedentes al que se está perdiendo la biodiversidad o la necesidad de medidas urgentes para contrarrestar los efectos de las actividades antropogénicas. Lothian, S. (2023), *op. cit*, 8.
En esta misma línea se habían expresado las delegaciones de la Santa Sede y de la *International Union for Conservation of Nature* (IUCN) en sus propuestas para ser tomadas en consideración en la CIG-5. A/CONF.232/2022/INF.5 (1.08.2022). Textual proposals submitted by delegations by 25 July 2022, for consideration at the fifth session of the Intergovernmental conference on an international legally binding instrument under the United Nations Convention on the Law of the Sea on the conservation and sustainable use of marine biological diversity of areas beyond national jurisdiction (the Conference), in response to the invitation by the President of the Conference in her Note of 1 June 2022. Article-by-article compilation, 2-3.

b. Los propósitos del Acuerdo

La razón de ser del Acuerdo y sus objetivos, es decir, lo que pretende conseguir, son dos caras de la misma moneda; por lo que una categorización estricta resulta compleja. Es la ausencia de un régimen mundial comprensivo y coherente el que impulsa la creación del Acuerdo[537] y esto es lo que se pretende conseguir con él: la creación de un marco normativo comprensivo que aborde o asegure la conservación y el uso sostenible de la diversidad biológica de las ZFJN.

Podemos caracterizar el lenguaje utilizado al explicar los propósitos del Acuerdo como débil e insuficiente, y, sobre todo, como una oportunidad perdida. De forma contraria al lenguaje imperativo utilizado en el Acuerdo de implementación de 1995 ("Decididos a…"; o "Instando a…"), en el preámbulo de este Acuerdo se ha optado por una terminología más desiderativa y declarativa ("Deseando asegurar..." o "Conscientes de la necesidad…"). En este sentido, se desea "asegurar la buena gestión del océano en las [ZFJN], en nombre de las generaciones presentes y futuras"[538]. El componente de equidad intergeneracional que fundamenta la noción del desarrollo sostenible se presenta también como objetivo del Acuerdo. Para ello, prevé que dicha gestión se traduzca o se haga realidad mediante

---

537 Preámbulo del Acuerdo, párr. 3 y 4.

538 Hasta el NPTA2022, el considerando comenzaba: "Deseando actuar como administradores del océano en las [ZFJN] (…)" (*stewards of the ocean*). No obstante, no todas las delegaciones estaban a favor de esta terminología. En este sentido, y si bien la inclusión de la equidad intergeneracional fue recibida con agrado por las delegaciones del CLAM, también se manifestaron en contra de incluir la palabra "administradores" debido a las connotaciones que esta palabra puede tener en español "incluyendo aquellas de cuidado e incluso representante, lo que puede confundir la interpretación del propio instrumento y el alcance de las obligaciones de los Estados". A/CONF.232/2020/3 (15.04.2020). Textual proposals (…), *op. cit.*, 2.

la protección y cuidado del medio marino, garantizando su uso responsable; y "considerando el valor inherente" de la biodiversidad de estas zonas[539].

El lenguaje más enérgico utilizado en el preámbulo se encuentra en el considerando decimosexto, en el que no reconoce, recuerda o manifiesta su consciencia, sino que se compromete a lograr el desarrollo sostenible.

Hay tres considerandos cuya clasificación entre razón de ser y propósitos es especialmente compleja, pues podrían encuadrase en ambas categorías. El quinto considerando reconoce "la importancia de contribuir a la realización de un orden económico internacional justo y equitativo que tenga en cuenta los intereses y necesidades de toda la humanidad y, en particular, los intereses y necesidades especiales de los Estados en desarrollo, sean ribereños o sin litoral". Sin embargo, se ha planteado también que podría haberse incluido en este punto una especial referencia a los Pequeños Estados Insulares en Desarrollo para los que el "océano es de importancia estratégica"[540], de forma similar al CDB[541].

La CNUDM contiene un considerando prácticamente idéntico en el que establece que la consecución de los objetivos de

---

539 Preámbulo del Acuerdo, párr. 11.

540 Lothian, S. (2023), *op. cit*, 9.
Su inclusión también fue promovida por la Santa Sede que señalaba que "habida cuenta de su situación geográfica y su aislamiento del continente, los pequeños Estados insulares y archipelágicos son los más directa y gravemente afectados por la incapacidad colectiva de conservar y proteger, así como de gestionar de forma sostenible, los recursos vivos y no vivos de las zonas situadas fuera de la jurisdicción nacional y del medio marino en su conjunto". A/CONF.232/2020/3 (15.04.2020). Textual proposals (...)., *op. cit.*, 2.

541 Preámbulo del CDB, párr. 17.

la Convención contribuirá a dicho orden[542]. Su redacción en el Acuerdo BBNJ, en cambio, no establece una conexión directa entre la importancia de conseguir los objetivos del Acuerdo y la consecución de un orden internacional justo y equitativo, que, en cambio, subyace a los objetivos generales, como se ve en el apartado siguiente.

Asimismo, se reconoce la necesidad de apoyar a los "Estados partes en desarrollo mediante la creación de capacidad y el desarrollo y la transferencia de tecnología marina" para lograr los objetivos del Acuerdo, a saber, los de "conservación y uso sostenible de la diversidad biológica marina de las zonas situadas fuera de la jurisdicción nacional"[543]. Este reconocimiento explica por qué una de las cuatro grandes Partes del Acuerdo se centra en la creación de capacidad y el desarrollo y la transferencia de tecnología.

En el preámbulo también se hace un reconocimiento especial a la importancia de la innovación y la investigación, que se ve enriquecida por "la generación de información digital sobre secuencias de recursos genéticos marinos de las [ZFJN], el acceso a ella y su utilización, junto con la distribución justa y equitativa de los beneficios que se deriven de su utilización"[544]. Este considerando señala que, además de contribuir al avance de la

---

542 Preámbulo de la CNUDM, párr. 5.
En contra de cualquier referencia a este orden se ha manifestado repetidamente la delegación de EE.UU., que ha aludido a la necesaria supresión de los preceptos que hacían referencia a este principio y/o a los preceptos que aludían a la "realización de un orden económico justo y equitativo", por entender que iban más allá del ámbito del Acuerdo que se estaba debatiendo. Declaraciones CIG-3. A/CONF.232/2019/CRP.1 (06.09.2019). Compilation of the written proposals received during the third session, *https://www.un.org/bbnj/fr/content/conference_room_papers*, 92/816.

543 Preámbulo del Acuerdo, párr. 6.

544 Preámbulo del Acuerdo, párr. 12.

ciencia, lo hacen al "objetivo general del presente Acuerdo"[545]. No obstante, la generación de la IDS, su acceso y utilización contribuyen, en todo caso, a un potencial uso sostenible de estos recursos; pero no necesariamente a su conservación, la otra gran vertiente del objetivo general del Acuerdo.

Finalmente, el preámbulo concluye "[a]spirando a lograr una participación universal"[546]. La búsqueda de una extensa participación es uno de los tres elementos o componentes del "trilema de la efectividad" (*effectiveness trilemma*) planteado por Dimitrov *et al.* sobre los tratados medioambientales en materia de cambio climático. Este trilema propone que un acuerdo o tratado internacional ideal debe contener tres elementos: participación, ambición y cumplimiento. Sin embargo, se parte de la base de que es prácticamente imposible que coexistan los tres, sino que, a lo sumo, dos pueden encontrarse muy presentes en detrimento del tercero[547]. Aplicado al Acuerdo BBNJ, conseguir una participación universal, similar a la de la CNUDM, probablemente requerirá que uno de los otros elementos se vea comprometido, bien por ser poco ambicioso o contener obligaciones menos rigurosas, bien por no incorporar mecanismos de cumplimiento estrictos.

La *International Union for Conservation of Nature*, consciente de la complejidad de conseguir el consenso y, en consecuencia, una elevada participación para el Acuerdo, sugirió añadir a este considerando la siguiente frase: "(...) pero reconociendo

---

545 *Ibidem, in fine.*

546 Preámbulo del Acuerdo, párr. 6.

547 Sobre la noción del "trilema de la efectividad", véase: Dimitrov *et al.* (2019). Institutional and environmental effectiveness: Will the Paris Agreement work? *WIREs Climate Change, 10 (4)*, 1-12; Tørstad, V. H. (2020). Participation, ambition and compliance: can the Paris Agreement solve the effectiveness trilemma? *Environmental Politics, 29 (5)*, 761-780.

la necesidad de liderar con el ejemplo"[548], que no se acabó adoptando. Con esta modificación proponía que el Acuerdo priorizase la consecución de sus objetivos para prevenir o minimizar la degradación y pérdida de la biodiversidad, incluso si esto implicaba una menor participación.

c. El contexto normativo del Acuerdo

Al categorizar una serie de considerandos bajo la pregunta de cómo debe aplicarse o interpretarse el Acuerdo, tratamos de subrayar la importancia de llevar a cabo estos procesos en el contexto normativo en el cual se adoptan, y en estricta observancia de las obligaciones y derechos establecidos en virtud de otros instrumentos normativos de ámbito internacional.

Si bien es cierto que el Acuerdo BBNJ se adopta en el marco de la CNUDM y, por ende, se debe a ella, se puede observar que el texto definitivo del preámbulo hace alusiones reiteradas a la Convención, posiblemente de manera excesiva y prescindible. El preámbulo comienza recordando las disposiciones pertinentes de la CNUDM y, en particular, la "obligación de proteger y preservar el medio marino"[549]. Este considerando, por un lado, contextualiza el instrumento jurídico[550]; y, por otro lado, destaca la base sobre la que se edifica uno de los principales pilares del

---

548 A/CONF.232/2022/INF.5 (01.08.2022). Textual proposals (...), *op. cit.*, 3.

549 Preámbulo del Acuerdo, párr. 1. Esta obligación está consagrada en el artículo 192 de la CNUDM.

550 En el momento de adopción de la CNUDM ya se previó que sería necesario que las Partes "siguieran regulando sus relaciones mediante tratados posteriores" para dar respuesta a desafíos nuevos e imprevistos en el Derecho del Mar. Artículo 311 de la CNUDM; Harrison, J. (2011). *Making the Law of the Sea: A Study in the Development of International Law.* Cambridge: Cambridge University Press, 85.

nuevo acuerdo: la conservación del medio marino. Asimismo, recuerda el necesario respeto al "equilibrio entre los derechos, los intereses y las obligaciones previstos en la [CNUDM]"[551].

Además, reconoce y tiene presentes dos obligaciones previstas en la Convención, como son la evaluación de los "efectos potenciales en el medio marino de las actividades bajo la jurisdicción o el control de un Estado cuando el Estado tenga motivos razonables para creer que esas actividades pueden causar una contaminación considerable del medio marino u ocasionar cambios importantes y perjudiciales en él" y la de "adoptar todas las medidas necesarias para garantizar que la contaminación causada por incidentes o actividades no se extienda más allá de las zonas donde se ejercen derechos de soberanía de conformidad con la Convención"[552]. Estas dos obligaciones, consagradas respectivamente en los artículos 206 y 194 de la CNUDM, se hallan en la Parte XII relativa a la protección y preservación del medio marino en la Convención[553].

---

551 Preámbulo del Acuerdo, párr. 2. Ese equilibrio es especialmente complejo en lo relativo a los intereses de los Estados ribereños y los Estados del pabellón. Lothian, S. (2023), *op. cit,* 7.
De forma complementaria, en el decimotercero se establece el necesario respeto a la "soberanía, la integridad territorial y la independencia política de todos los Estados", y en el catorceavo se recuerda que "la situación jurídica de quienes no son partes en la Convención o en otros acuerdos conexos se rige por las normas del derecho de los tratados". Este último considerando fue añadido en el borrador definitivo del 4 de marzo de 2023 y en el Acuerdo definitivo, ya que no aparecía en ninguno de los proyectos de texto anteriores.

552 Preámbulo del Acuerdo, párrs. 9 y 10, respectivamente.

553 La inclusión de estas dos obligaciones de forma expresa no estuvo clara hasta la última CIG, en tanto podemos observar en el texto del NPTA2022 que los considerandos que contenían a las mismas se encontraban entre corchetes, revelando la disconformidad de un número relevante de delegaciones con su inclusión.

Las disposiciones que aluden a la CNUDM finalizan recordando la responsabilidad internacional de los Estados por el cumplimiento de sus "obligaciones internacionales relativas a la protección y preservación del medio marino"[554]. Cabría plantearse en este punto si hubiera sido interesante y, por lo tanto, una oportunidad perdida, incluir en el Acuerdo un reconocimiento similar al realizado en otras convenciones como el CDB, que establece en su preámbulo la responsabilidad de los Estados sobre su biodiversidad y el uso sostenible de la misma y consagra que conservación de la biodiversidad es interés común de la humanidad[555]; aún más cuando finalmente se ha consagrado el PCH como uno de los principios rectores del Acuerdo.

Finalmente, se incluyen dos considerandos relativos a los derechos de los Pueblos Indígenas. Así pues, se recuerda la Declaración de las Naciones Unidas sobre los Derechos de los Pueblos Indígenas[556], para luego afirmar que "nada de lo dispuesto en el presente Acuerdo se interpretará como una reducción o extinción de los derechos existentes de los Pueblos Indígenas, incluidos los previstos en la Declaración de las Naciones Unidas sobre los Derechos de los Pueblos Indígenas, o, según proceda, de las comunidades locales"[557].

El interés por no solo no afectar, sino también por tomar en consideración de forma prominente los derechos e intereses de los Pueblos Indígenas y las comunidades locales a la hora de crear el nuevo régimen que el Acuerdo BBNJ prevé fue una constante en las negociaciones[558]. Su inclusión repetida en el

---

554 Preámbulo del Acuerdo, párr. 15.

555 Preámbulo del CDB, párrs. 5 y 3, respectivamente.

556 Preámbulo del Acuerdo, párr. 7.

557 *Ibidem*, párr. 8.

558 Para un estudio en mayor profundidad sobre los derechos de los Pueblos y comunidades en el Acuerdo BBNJ en relación con los RGM, veáse el apartado G del Capítulo V.

preámbulo solo constata tal interés. Ambos considerandos se podrían haber agrupado bajo uno solamente, en especial, si tomamos en consideración que la última línea relativa a la Declaración del segundo considerando fue introducida con posterioridad al NPTA2022.

El elevado número de considerandos que aluden a la CNUDM y a otros instrumentos normativos vigentes no resulta sorprendente habida cuenta de que una de las reivindicaciones más frecuentes realizadas por varias delegaciones en el seno de las negociaciones era que el nuevo instrumento no socavase el marco jurídico e institucional ya existente, tal y como se desarrolla en el apartado E de este Capítulo.

Aun así, se ha criticado que el lenguaje pudiera haber sido más enfático, haciendo referencia a que el Acuerdo no pretende "alterar radicalmente, enmendar o socavar la CNUDM", sino que busca fortalecerla, mejorarla y desarrollarla[559]. Entendiendo la crítica, consideramos que el artículo 5 del Acuerdo, relativo a la relación entre el mismo, la CNUDM y otros instrumentos, deja suficientemente claro que el Acuerdo BBNJ queda subsumido a la Convención y se debe leer a la luz de la misma.

C. EL OBJETIVO GENERAL DEL ACUERDO BBNJ Y LOS OBJETIVOS ESPECÍFICOS SOBRE LOS RECURSOS GENÉTICOS MARINOS

El análisis del objetivo general del Acuerdo BBNJ puede realizarse desde tres prismas distintos. En primer lugar, atendiendo a su (doble) objetivo: la conservación y el uso sostenible. En segundo lugar, considerando por qué es éste el que rige el Acuerdo, atendiendo pues a su razón de ser y a la evolución de

559 Lothian, S. (2023), *op. cit.*, 7.

las negociaciones y los intereses de las Partes. En tercer lugar, analizando para qué o con qué finalidad se ha optado por el mismo, es decir, esclareciendo cuáles son sus potenciales funciones o usos.

1. La pretendida dicotomía entre la conservación y el uso sostenible

Comenzando por el análisis desde el primero de los prismas, el artículo segundo del Acuerdo BBNJ consagra cuál es su objetivo general:

> "asegurar la conservación y el uso sostenible de la diversidad biológica marina de las zonas situadas fuera de la jurisdicción nacional, en el presente y a largo plazo, mediante la implementación efectiva de las disposiciones pertinentes de la Convención y una mayor cooperación y coordinación internacionales".

Así pues, el objetivo enunciado enlaza con la concepción del Acuerdo como tercer instrumento de implementación de la CNUDM, uniéndolo a la aspiración de no sólo aplicarla de forma efectiva, sino también a favorecer la cooperación internacional al respecto. Estos dos pilares son también las dos áreas de actividad normativa del CDB. Como señalan Dupuy y Viñuales, es complicado presentar ambas nociones de forma separada, dado lo interconectadas que están en la práctica[560].

Como puede extraerse del precepto sobre los objetivos, se aúnan los dos grandes propósitos que desde sus orígenes impulsaron la adopción del Acuerdo: por un lado, el medioambiental, centrado en garantizar la conservación de la diversidad biológica marina de las ZFJN; y, por otro lado, el utilitario, enfocado en establecer un régimen que permita un uso sostenible de esta biodiversidad. Dos nociones –uso y conservación– que, aunque por su naturaleza, podrían ser consideradas opuestas,

---

560 Dupuy, P. M. & Viñuales, J. E. (2018), *op. cit.*, 235.

conviven en un complejo equilibrio en el Acuerdo BBNJ. Este equilibrio subyace en los cimientos de este nuevo régimen para los RGM de las ZFJN. No obstante, hablamos de "pretendida dicotomía" porque las nociones que se oponen son más bien la conservación y la explotación, mientras que la conservación y el uso sostenible pueden convivir en relativa armonía.

El uso sostenible está definido por el propio instrumento, notablemente inspirado por la noción utilizada en el CDB[561], como "la utilización de componentes de la diversidad biológica de un modo y a un ritmo que no ocasionan una disminución a largo plazo de la diversidad biológica, salvaguardando así su potencial de satisfacer las necesidades y las aspiraciones de las generaciones presentes y futuras"[562]. En cambio, la conservación no está propiamente definida en el Acuerdo BBNJ (como tampoco lo estaba en el CDB, ni en el Protocolo de Nagoya)[563].

El Acuerdo BBNJ se compone de cuatro grandes partes temáticas anteriormente mencionadas. Juste Ruiz vincula éstas con los dos grandes objetivos, de modo que estima que la Parte II, relativa a los RGM, constituye el pilar utilitarista del Acuerdo –sustentado en el uso sostenible de dichos recursos–, mientras que las Partes III y IV, relativas a los mecanismos de gestión por áreas y las evaluaciones de impacto ambiental, constituyen el pilar conservacionista. A estos dos pilares añade un tercero,

561 El CDB define la "utilización sostenible" como "la utilización de componentes de la diversidad biológica de un modo y a un ritmo que no ocasione la disminución a largo plazo de la diversidad biológica, con lo cual se mantienen las posibilidades de ésta de satisfacer las necesidades y las aspiraciones de las generaciones actuales y futuras" (artículo 2, párr. 17).

562 Artículo 1.13 del CDB.

563 Morgera, E.; Tsioumani, E. & Buck, M. (2014), *op. cit.*, 55.

el solidario, que encuentra desarrollo en la Parte V sobre la creación de capacidad y transferencia de tecnología marina[564].

2. *Razón de ser y evolución del objetivo general a lo largo de las negociaciones*

Si analizamos este objetivo desde el segundo prisma, es decir, desde cuál es su razón de ser, se puede observar que el propósito último que se busca alcanzar con la adopción y ulterior entrada en vigor e implementación del Acuerdo es reflejo de la preocupación creciente de la comunidad internacional por el estado de la diversidad biológica marina de las ZFJN. Sin ánimos de reiterar lo ya expresado en los capítulos anteriores, se debe subrayar que es globalmente aceptado que estas zonas son cuna de una rica diversidad biológica que se encuentra cada vez más amenazada[565] y cuentan con un contexto normativo fragmentario y escaso[566]. Es por ello que la cuasi totalidad de Estados miembros de la ONU, así como varias integraciones regionales económicas[567] y múltiples representantes de la industria, la sociedad civil y académica, llevan décadas reclamando la importancia de asegurar no sólo la conservación y protección de la biodiversidad de estas áreas; sino también la creación de un marco que permita el uso sostenible de los recursos que se encuentran en las mismas. En consecuencia, la adopción de un Acuerdo con dicho propósito es la forma por la que se ha optado para cubrir una

564 Juste Ruiz, J. (2023), *op. cit.*, 6-9.

565 Véase el Capítulo I.

566 Véase el Capítulo II.

567 Utilizando la terminología propia del Acuerdo.

carencia patente en el régimen jurídico internacional, partiendo del mandato de la AGNU en su Resolución 72/249[568].

A lo largo de las CIG este precepto no ha sido objeto de graves discrepancias, sino que únicamente se han realizado dos modificaciones respecto de la redacción finalmente adoptada. La primera, de menor calado, fue efectuada tras la CIG-3, cuando se añadió al título del precepto en el PTR2019 el término "general" después de "objetivo"[569].

La segunda modificación realizada al texto original fue la relativa a la inclusión o no de una acotación temporal al objetivo general, opción que fue objeto de varias discusiones y tiene su fundamento en el reiterado reclamo de adoptar un acuerdo que cumpliese con el principio de equidad intergeneracional. En esta línea, en un primer momento se planteó únicamente la pertinencia de incluir la referencia al "largo plazo". La reticencia a recoger expresamente esta referencia se debía a la preocupación sobre la posible exclusión de medidas a corto plazo por parte de las delegaciones del G-77 y China. No obstante, como señala Vázquez Gómez, esta inquietud no está del todo fundada dado que "todo aquello que se desee conservar a largo plazo precisa necesariamente de la adopción de medidas

---

568 AGNU. Resolución 72/249, *op. cit.*, apartado 1. Véase el Capítulo III para el proceso de adopción completo.

569 Este cambio fue considerado "con agrado" por las delegaciones del CLAM, dado que permitía la interpretación e implementación de todas las secciones del instrumento conforme al objetivo señalado en el artículo 2. A/CONF.232/2020/3 (15.04.2020). Textual proposals (...), *op. cti.*, 29.
Éste fue un cambio menor que obtuvo un gran respaldo de la mayoría de las delegaciones. Roach, J. A. (2021). BBNJ Treaty Negotiations 2019. En: M. H. Nordquist & R. Long. *Marine Biodiversity of Areas beyond National Jurisdiction* (pp. 25-90). Leiden: Brill, 70.

a corto plazo", aún sin establecerlo expresamente[570]. A favor de esta posición se mostraron por escrito Mónaco y la *Deep-Ocean Stewardship Initiative*, mientras que se manifestaron en contra las delegaciones de Sudáfrica (en tanto, a su juicio, la conservación también requiere de objetivos y medidas a corto y medio plazo) y del CLAM (puesto que, desde su óptica, el objetivo es de aplicación y observancia "constante, continua y progresiva"), entre otras[571].

En el primer proyecto de texto, el PT2019, presentado tras las CIG-1 y CIG-2, únicamente se hacía referencia al "largo plazo", el cual no fue ampliado también al "presente" hasta el NPTR2022, presentado después de la CIG-4. Previamente a la celebración de la CIG-5, Venezuela volvió a proponer incluir una referencia al "presente, y en el corto, medio y largo plazo"[572] con nulo éxito.

La determinación de la última parte del objetivo general no generó grandes controversias en las negociaciones, si bien algunas voces autorizadas de la doctrina han señalado lo innecesario que resulta incorporar los elementos de cooperación y coordinación, que ya son reafirmados expresamente en otras disposiciones del Acuerdo[573].

Cabe destacar también la propuesta realizada por algunas delegaciones durante la CIG-5.2 de incluir en este precepto

---

570 Vázquez Gómez, E. M. (2021). La configuración de los objetivos y principios rectores destinados a regir la diversidad biológica marina en los espacios de interés general. En: R. Casado Raigón y E. Martínez Pérez (Eds.). *La contribución de la Unión Europea a la protección de los recursos biológicos en espacios marinos de interés internacional* (pp. 237-270). Valencia: Tirant lo Blanch, 243.

571 *Ibidem*, 29-31.

572 A/CONF.232/2022/INF.5 (01.08.2022). Textual proposals (...), *op. cit.*, 23.

573 Véase en este sentido: Vázquez Gómez, E. M. (2021), *op. cit.*, 244.

una referencia a la participación en los beneficios derivados de los RGM, una de las grandes demandas por parte de los Estados Parte en desarrollo –utilizando la terminología propia del Acuerdo– durante todas las negociaciones y que se erige como una parte importante dentro del nuevo régimen. No obstante, y siguiendo la sugerencia de la presidenta de la CIG, se optó por su no inserción en este apartado, en tanto consideraba que no era necesario, pues ya estaban consagrados en otra parte del Acuerdo (la Parte II)[574].

3. La triple función del objetivo general: garantía última contra la incoherencia interpretativa

Por último, podemos estudiar el objetivo general del Acuerdo a través del tercer prisma, es decir, considerando para qué o con qué finalidad se ha optado por el mismo. La importancia del objeto de un tratado o acuerdo ha sido objeto de prolijos estudios[575]. Es por ello por lo que el propósito de este apartado no es realizar un análisis exhaustivo sobre la noción del objetivo en los tratados internacionales y su función, sino incidir en la potencial utilidad que tiene este concreto objetivo en la implementación e interpretación de las disposiciones del Acuerdo BBNJ.

Jonas y Saunders destacan tres usos principales al "objeto y fin" de un acuerdo conforme a la CVDT: primero, un tratado debe ser interpretado "teniendo en cuenta su objeto y fin"[576],

---

574 IISD. (2023). Summary of the Resumed Fifth Session (...), *op. cit.*, 4.

575 Por todos, véase: Jonas, D. S. & Saunders, T. N. (2010). The object and purpose of a Treaty: Three Interpretive Methods. *Vanderbilt Journal of Transnational Law, 43 (3)*, 565-609.

576 Artículo 31.1 de la CVDT. En este sentido, Higgins señala que "la intención de las partes debe deducirse a menudo del objeto y fin del acuerdo". Higgins, R. (1997). Time and the Law: International Perspectives on an Old Problem. *International and Comparative Law Quarterly, 46*, 519.

por lo que el proceso interpretativo requiere un equilibrio entre la interpretación individual de un precepto y la lógica general del tratado; segundo, tiene una función de preservación de la coherencia ante la formulación de reservas al tratado; y tercero, los Estados signatarios que no lo hayan ratificado están obligados a no frustrar el objeto y fin de un tratado[577].

Mientras que el primer uso que se le atribuye podemos calificarlo de expansivo, en tanto permite una interpretación más que literal de los tratados; el segundo y tercero los consideramos como usos con un carácter limitativo, dado que restringen la acción de los Estados.

Si bien la interpretación de un precepto en el contexto del objeto y fin de un tratado no pueden suponer una lectura *contra legem* del mismo, de modo que se modifique o reescriban los tratados[578], puede (y debe) servir para esclarecer las distintas partes del tratado a la luz de su contexto[579], actuando en algunas instancias como "modificadores" de su lenguaje ordinario

---

577 Artículo 18 de la CVDT; Jonas, D. S. & Saunders, T. N. (2010), *op. cit.*

578 Boyle, A. & Chinkin, C. (2007). *The Making of International Law.* Oxford: Oxford Public International Law, 246.

Una clara ilustración de la imposibilidad de utilizar el objeto de un tratado para alterar el significado de su texto es el caso de la Reserva Banco Federal c. Irán, en el que se establecía: "Incluso cuando se trata del objeto y fin de un tratado, que es la parte más importante del contexto de un tratado, el objeto y fin no constituyen un elemento independiente de ese contexto. El objeto y fin no deben considerarse aisladamente de los términos del tratado; es intrínseco a su texto. De ello se desprende que, en virtud del artículo 31 de la CVDT, el objeto y fin de un tratado sólo debe utilizarse para clarificar el texto, no para proporcionar fuentes independientes de significado que contradigan el claro texto". *Federal Reserve Bank of New York v. Iran, Bank Marzaki,* Award, Case A28 (2000-02), 36 Iran-US Claims Tribunal Reports 5, p. 22, párr. 58; Gardiner, R. (2008), *op. cit.*, 198.

579 *Ibidem,* 190.

al facilitar una interpretación evolutiva[580]. Además, el objetivo puede ser utilizado para reconciliar las posibles divergencias interpretativas derivadas de la redacción de los tratados en dos o más idiomas autenticados[581].

En el contexto del Acuerdo BBNJ es previsible que el objetivo general goce de una especial relevancia como herramienta de interpretación principalmente por dos motivos. Por un lado, el lenguaje utilizado a lo largo del texto adolece de ciertas ambigüedades, concesiones necesarias para conseguir un consenso que en algunos puntos parecía improbable, tal y como se estudia en los siguientes apartados. Por otro lado, el Acuerdo delega una gran parte del desarrollo normativo a los arreglos institucionales creados en su virtud, así como a sus Partes. El objetivo, por lo tanto, potencialmente actuará como un límite sustantivo a las negociaciones de las Partes en las ulteriores fases de implementación del Acuerdo (por ejemplo, en la futura COP)[582].

El segundo uso surge en relación con la posible formulación de reservas de un Estado al firmar, ratificar, aceptar o aprobar un tratado o adherirse al mismo. Las reservas son declaraciones unilaterales emitidas por un Estado "con objeto de excluir o modificar los efectos jurídicos de ciertas disposiciones del tratado en su aplicación a ese Estado"[583]. En consecuencia, las reservas son potenciales amenazas a la coherencia de lo dispuesto en el tratado, ya que introducen o crean distinciones

---

580 Morgera, E.; Tsioumani, E. & Buck, M. (2014), *op. cit.*, 57.

581 Artículo 33.4 de la CVDT; Gardiner, R. (2008), *op. cit.*, 193.

582 Morgera *et al.* resaltan la función del objetivo como límite sustantivo a la discreción legislativa, negociadora e interpretativa de las Partes en relación con el Protocolo de Nagoya; función que consideramos que se comparte en el Acuerdo BBNJ. Morgera, E.; Tsioumani, E. & Buck, M. (2014), *op. cit.*, 57.

583 Artículo 2 (d) de la CVDT.

en su aplicación[584]. La CVDT prevé en su artículo 19 (c) lo que Franck denomina un *test* o prueba para preservar la coherencia del tratado[585]. En él se dispone que estas reservas, siempre que no estén prohibidas por el tratado en cuestión, no pueden formularse cuando sean incompatibles con el objeto y fin del tratado[586]. Es decir, prohíbe las reservas que no encajen (sean incompatibles o incoherentes) con la lógica general del tratado (sus objetivos u objeto y fin)[587]. Este "dispositivo de preservación

---

584 Jonas, D. S. & Saunders, T. N. (2010), *op. cit.*, 587.

585 Franck, T. (1990). *The Power of Legitimacy among Nations.* Nueva York: Oxford University Press, 143-149.

586 Artículo 19 (c) de la CVDT.

587 Jonas, D. S. & Saunders, T. N. (2010), *op. cit.*, 587.
Este examen fue utilizado por la CIJ en su Opinión consultiva del 28 de mayo de 1951 sobre las reservas a la Convención para la Prevención y la Sanción del Delito de Genocidio. En ella estableció respecto a la potestad de un Estado de formular una reserva basándose en su soberanía que "podría conducir a un desprecio absoluto del objeto y fin de la Convención", lo cual era inaceptable. *Reservations to Convention on Prevention and Punishment of Crime of Genocide,* Advisory Opinion, I.C.J. Reports 1951, p. 15.
Del mismo modo, y sin necesidad de recurrir a los tribunales, el artículo 19 (c) de la CVDT ha servido para ejercer presión a Estados que buscaban incumplir el espíritu y los objetivos de un tratado internacional mediante la formulación de una reserva. Éste fue el caso de la reserva emitida por Maldivas a la Convención sobre la eliminación de todas las formas de discriminación contra la mujer, por la que se comprometía a cumplir con la Convención salvo aquellos preceptos que resultasen contradictorios con la Sharía sobre la que se fundamentan las leyes y tradiciones del Estado. Múltiples Estados objetaron esta reserva y solicitaron su nulidad, pues consideraban que la reserva permitía la discriminación por razón de género simplemente por formar parte de las normas y tradiciones de una sociedad. Eventualmente, Maldivas retiró su reserva sustituyéndola por una de menor alcance. Jonas, D. S. & Saunders, T. N. (2010), *op. cit.*, 590-593.

de la coherencia" trata de garantizar que no existan distinciones que se encuentren fuera de la lógica del tratado[588].

Como regla general, el Acuerdo BBNJ no admite reservas o excepciones, más allá de las que están previstas específicamente en el texto[589]. La única en materia de RGM es la relativa al ámbito de aplicación temporal de la Parte sobre RGM. En principio, el Acuerdo se aplica a las actividades relacionadas con los RGM y la IDS de las ZFJN "recolectados y generada *tras* la entrada en vigor del presente Acuerdo para la Parte respectiva". Sin embargo, seguidamente se amplía el alcance temporal a la utilización de aquellos RGM recolectados o la IDS generada *antes*, "salvo que una Parte formule una excepción por escrito"[590].

En la práctica, pues, la Parte que formule una excepción ante la entrada en vigor del Acuerdo respecto a su aplicación retroactiva debe hacerlo conforme al objetivo general del Acuerdo, es decir, asegurando la conservación y el uso sostenible de la diversidad biológica marina de las ZFJN.

El tercer uso atribuible al objetivo del Acuerdo es su función como límite a la actuación de los Estados signatarios. Un Estado que bien haya firmado el tratado y no haya manifestado su intención de no llegar a ser parte en éste, bien haya manifestado su consentimiento en obligarse por el tratado en el período de espera a su entrada en vigor, tiene la obligación de no frustrar el objeto y fin del tratado. Esta "obligación transitoria" existe en el período entre la firma (antes de la cual ningún Estado está obligado por el tratado) y la entrada en

588 *Ibidem*, 571.

589 Artículo 70 del Acuerdo.

590 Artículo 10 del Acuerdo (énfasis añadido). Para un análisis en detalle sobre el ámbito de aplicación de la Parte II del Acuerdo, véase el apartado A del Capítulo V.

vigor del Acuerdo junto a la ratificación individual (después del cual está obligado por el mismo)[591]. En ese período, los Estados pueden revisar el tratado en cuestión antes de quedar vinculados[592]. No obstante, no existe una definición clara sobre el alcance de la obligación de "no frustrar"[593].

Este uso es especialmente relevante si tomamos en consideración que, en el momento de redacción de esta monografía, el Acuerdo ha sido firmado por un número elevado de Estados, pero no se ha alcanzado el número de ratificaciones necesarias y, en consecuencia, aún no ha entrado en vigor; así como el historial de otros tratados en materia de Derecho del Mar, que cuentan con un número importante de Estados únicamente signatarios[594].

4. Los objetivos de la Parte II sobre los recursos genéticos marinos

En el Acuerdo BBNJ, a diferencia de en otros tratados o convenciones de Derecho del Mar y Derecho Internacional del Medioambiente se ha optado por incluir, además del objetivo general que inspira e informa a todo el instrumento, una serie de objetivos específicos en cada una de las Partes, debido a que

---

591 Jonas, D. S. & Saunders, T. N. (2010), *op. cit.*, 572.

592 *Ibidem*, 594.

593 Para un análisis en profundidad sobre los diferentes *tests* para considerar que el objetivo de un tratado se ha frustrado por un Estado signatario, véase: *Ibidem*, 594-608.

594 Para ilustrar la importancia que esta disposición puede llegar a tener es suficiente con pensar en la CNUDM, que con una participación cuasi universal, cuenta con un largo listado de Estados que la han firmado pero no ratificado (Afganistán, Bosnia y Herzegovina, Burundi, Bután, Camboya, Colombia, Corea del Norte, El Salvador, Emiratos Árabes Unidos, Etiopía, Irán, Libia, Liechtenstein, República Centroafricana) o ni siquiera firmado (Andorra, EE.UU., Eritrea, Israel, Kazakstán, Kirguistán, Perú, San Marino, Santa Sede, Siria, Sudán del Sur, Tayikistán, Turquía, Uzbekistán y Venezuela).

el contenido del Acuerdo está estructurado a partir de cuatro grandes temáticas (las que conforman el *Package Deal*).

Esta división de objetivos, que puede haber resultado útil a la hora de negociar las distintas partes de forma separada[595], tiene el potencial de generar conflictos a la hora de implementar el Acuerdo, bien por contrariarse, bien por generarse un orden de prioridad entre ellos. En este sentido, hacemos nuestras las críticas emitidas por parte de algunas delegaciones como la UE, Islandia, Suiza, Rusia o Corea del Sur durante las negociaciones, así como de parte de la doctrina, que alertaban que esta fragmentación "p[odía] llegar a desfigurar el objetivo general"[596].

Por cuanto acontece al objeto de estudio de este trabajo, en la Parte II del Acuerdo BBNJ sobre los RGM, incluidas las cuestiones relativas a la participación en los beneficios, se pueden encontrar cuatro objetivos: (a) la participación justa y equitativa en los beneficios; (b) la creación y el desarrollo de capacidades de las Partes; (c) la generación de conocimientos, comprensión científica e innovación tecnológica; y (d) el desarrollo y la transferencia de tecnología marina[597].

a. La participación justa y equitativa en los beneficios

El primer objetivo de la Parte relativa a los RGM es "[l]a participación justa y equitativa en los beneficios que se deriven de las actividades relacionadas con los recursos genéticos marinos

595 Desde el Documento de ayuda a la presidencia con el que se trabajó en las primeras CIG se pueden encontrar ya objetivos específicos para las partes de las medidas como los mecanismos de gestión basados en áreas o la creación de capacidad y transferencia de tecnología, apareciendo por escrito los de los RGM y las evaluaciones de impacto ambiental a partir del PT2019.

596 Vázquez Gómez, E. M. (2021), *op. cit.*, 245.

597 Artículo 9 del Acuerdo.

y la información digital sobre secuencias de recursos genéticos marinos de las [ZFJN] para la conservación y el uso sostenible de la diversidad biológica marina de las [ZFJN]"[598].

Como se ha señalado antes, durante las negociaciones se planteó reiterar este propósito en el objetivo general, aunque finalmente se incluyó exclusivamente en esta Parte. Es similar al que encontramos en el Protocolo de Nagoya, con la salvedad de que en el Acuerdo BBNJ los beneficios se derivan de las *actividades relacionadas* con los RGM, mientras que en el Protocolo de Nagoya se derivan de la *utilización* de éstos[599].

De la misma forma que en el preámbulo se señala que la distribución justa y equitativa de los beneficios derivados de la utilización de la IDS contribuye al objetivo general del Acuerdo[600], en la Parte II se señala que esta participación justa y equitativa debe ser para la conservación y el uso sostenible de la diversidad biológica marina de las ZFJN, vinculando la participación en beneficios tanto al uso sostenible (que está definido por el Acuerdo) como a la conservación de la biodiversidad (que no lo está).

De igual forma que sucede con el objetivo consagrado en el artículo primero del Protocolo de Nagoya, en el Acuerdo BBNJ tampoco se explicita el vínculo o relación del objetivo del Acuerdo con los conocimientos tradicionales de los Pueblos Indígenas y las comunidades locales. Esta parece una oportunidad perdida de dotar de mayor coherencia al texto dada la relevancia que se les otorga en otras áreas del instrumento[601].

---

598 Artículo 9 (a) del Acuerdo.

599 Véase el artículo 1 del Protocolo de Nagoya.

600 Preámbulo del Acuerdo párr. 12.

601 Sobre las críticas al Protocolo de Nagoya, véase: Morgera, E.; Tsioumani, E. & Buck, M. (2014), *op. cit.*, 48 y 53-54. Sobre los conocimientos tradicionales de los Pueblos Indígenas y las comunidades locales en el Acuerdo BBNJ, véase el apartado G del Capítulo V.

b. La creación de capacidades y el desarrollo y transferencia de tecnología marina

En las cuatro Partes que conforman el *Package Deal*, así como en el preámbulo del Acuerdo[602], podemos encontrar como objetivos la creación y el desarrollo de las capacidades de las Partes y el desarrollo y la transferencia de tecnología marina[603]; que, además, dan título a la Parte V del Acuerdo. Las cuatro formulaciones son similares, pero no idénticas, alterando el énfasis dentro del objetivo[604]; y en las cuatro se especifica que se busca dicha creación de capacidad y/o transferencia de tecnología para una meta concreta (en el caso de la Parte II, "realizar actividades relacionadas con los RGM"). Aunque en principio las diferencias entre estos objetivos no sean muy significativas, parece innecesario reiterar un mismo objetivo cuatro veces a lo largo del mismo Acuerdo; en especial, cuando en el objetivo de la Parte V se hace referencia a la importancia de instrumentalizar esta creación de capacidades y transferencia "para lograr los objetivos relativos" a los RGM, las medidas

---

602 Recordamos que el preámbulo considera estos dos elementos como "esenciales" para el logro de los objetivos generales del Acuerdo. Preámbulo del Acuerdo, párr. 6.

603 En las otras Partes, pueden encontrase en el artículo 17 (e) para los mecanismos de gestión, el artículo 27 (f) de las evaluaciones de impacto ambiental y el artículo 40 (e) para la Parte sobre la creación de capacidad y transferencia de tecnología marina.

604 Por ejemplo, en la Parte II sobre los RGM el énfasis está en la creación y desarrollo de las capacidades, mientras que en el objetivo de las Partes III y V (sobre los mecanismos de gestión basados en áreas y la creación de capacidad y transferencia de tecnología marina) se subraya más el objetivo de apoyar a los Estados Parte en desarrollo para lograr los objetivos del Acuerdo "mediante la creación de capacidad y del desarrollo y la transferencia de tecnología".

como los mecanismos de gestión basados en áreas y las evaluaciones de impacto ambiental[605].

El segundo objetivo de esta Parte II es la creación y el desarrollo de las capacidades de las Partes para la realización de actividades relacionadas con los RGM y la IDS de las ZFJN. En especial, se busca crear y desarrollar la capacidad de:

> "[l]os Estados parte en desarrollo, en particular los países menos adelantados, los países en desarrollo sin litoral, los Estados geográficamente desfavorecidos, los pequeños Estados insulares en desarrollo, los Estados ribereños de África, los Estados archipelágicos y los países en desarrollo de ingreso medianos"[606].

A diferencia de lo dispuesto en la Parte IV sobre evaluaciones de impacto ambiental, que hace referencia a "crear y fortalecer la capacidad", en esta se destaca la "creación y el desarrollo de las capacidades". La utilización de desarrollo en vez de fortalecimiento apoya la idea base de que los Estados tienen ciertas capacidades para efectuar dichas evaluaciones, pero no muchas en términos de realizar actividades sobre RGM, y menos sobre los que se encuentran en ZFJN, tal y como se explicaba en el Capítulo II.

El cuarto objetivo del Acuerdo es el "desarrollo y la transferencia de tecnología marina de conformidad con el presente Acuerdo"[607], que se desarrolla con profusión en la Parte V. Si

---

605 En el artículo 40 (e) se hace referencia expresa a los artículos 9, 17 y 27 del Acuerdo.

606 Artículo 9 (b) del Acuerdo.
La enumeración de Estados no fue valorada positivamente por todos los participantes en las negociaciones. De forma ilustrativa, la *International Union for Conservation of Nature* consideró que se trataba de un listado poco flexible que podía quedar desactualizado ante las nuevas realidades de los próximos años. A/CONF.232/2020/3 (15.04.2020). Textual proposals (...), *op. cit.*, 62-63.

607 Artículo 9 (d) del Acuerdo.

bien es cierto que desde el inicio de las negociaciones hubo un consenso general sobre la necesidad de apoyar a los Estados Parte en desarrollo para que pudiesen cumplir los objetivos generales, la concreción de este apoyo mediante la Parte V ha quedado delegada, en gran medida, a un futuro desarrollo normativo y a la supervisión por el nuevo comité de creación de capacidad y transferencia de tecnología marina y por la COP[608].

c. La generación de conocimientos, comprensión científica e innovación tecnológica

El tercer objetivo de la Parte II es la "generación de conocimientos, comprensión científica e innovación tecnológica, entre otras cosas mediante el desarrollo y la realización de investigaciones científicas marinas, como contribuciones fundamentales a la implementación del presente Acuerdo"[609].

Desde el inicio de las negociaciones quedó patente la importancia de que el nuevo Acuerdo no sólo no impidiese, sino que contribuyese a la labor científica y a la generación de conocimientos. De hecho, ya en el preámbulo se reconoce la contribución que suponen a la investigación y la innovación, así como a los objetivos generales del Acuerdo, la generación de la IDS, su acceso, su utilización y la distribución de los beneficios derivados de ésta[610].

---

608 Artículo 45.2 y 46 del Acuerdo; Carro Pitarch, M. (2023), *op. cit.*, 253. Sobre la puesta en funcionamiento de la Parte V del Acuerdo una vez entre en vigor, véase: Harden-Davies, H. *et al.* (2024). First to finish, what comes next? Putting Capacity Building and the Transfer of Marine Technology under the BBNJ Agreement into practice. *Ocean Sustainability, 3 (3)*, 1-5.

609 Artículo 9 (c) del Acuerdo.

610 Preámbulo del Acuerdo, párr. 12.

En versiones anteriores del texto encontramos que este objetivo estaba acotado geográficamente a las investigaciones científicas marinas "en zonas fuera de la jurisdicción nacional"[611]. La desaparición de este límite resulta positivo en tanto queda como objetivo de la Parte sobre RGM promover la investigación científica marina en general, en zonas bajo y fuera de la jurisdicción nacional. Al no restringirse a las ZFJN, se podría considerar que hay cabida dentro de este objetivo, aunque implícitamente, a los RGM *ex situ,* es decir, los que se encuentran en repositorios bajo la jurisdicción de algún Estado.

D. EL ÁMBITO DE APLICACIÓN DEL ACUERDO Y SUS EXCEPCIONES

1. El ámbito de aplicación del Acuerdo: las zonas fuera de la jurisdicción nacional

Desde los debates en el Grupo de Trabajo y el Comité Preparatorio había quedado claro que las lagunas jurídicas existentes en la gobernanza de los océanos y sus recursos eran especialmente patentes en las ZFJN[612]. Es por ello, que desde el primer momento quedó definido que el futuro instrumento jurídico se aplica a las "zonas situadas fuera de la jurisdicción nacional"[613], las cuales comprenden a la alta mar y la Zona[614].

---

611 En este sentido, véanse los proyectos de texto hasta el NPTA2022 en que desaparece la limitación.

612 Veáse el Capítulo II, relativo a las lagunas jurídicas en la gobernanza de los océanos.

613 Artículo 3 del Acuerdo.

614 Artículo 1.2 del Acuerdo. Estas zonas han sido definidas conforme a la CNUDM en los Capítulos I y II.

El Acuerdo se remite para la definición de la alta mar[615] y de la Zona[616] a lo ya establecido por la CNUDM. No obstante, durante las negociaciones se planteó por parte de alguna delegación (como la turca) la necesidad de clarificar el ámbito de aplicación geográfico, proponiendo que se definiesen las ZFJN como "la alta mar más allá de las 200 m. m. de la línea de base a partir de las cuales se mide la anchura del mar territorial y la Zona"[617]. Esta petición venía motivada por el hecho de que son varios los Estados ribereños que no han proclamado o delimitados sus ZEE dentro de las 200 m. m.[618]. En la forma que finalmente ha quedado adoptado el Acuerdo se entiende que es de aplicación tanto a la alta mar como a la Zona, y mientras que dichas ZEE no sean proclamadas, quedarán sujetas a la aplicación del Acuerdo.

---

615 Artículo 86 de la CNUDM.

616 Artículo 1 de la CNUDM.

617 En su defecto, Turquía proponía añadir al precepto sobre el ámbito de aplicación geográfico un segundo párrafo que indicase: "Nada de lo dispuesto en este acuerdo puede interpretarse en el sentido de que su ámbito geográfico se aplica a las zonas marítimas situadas a menos de 200 m. m. de las líneas de base a partir de las cuales se mide la anchura del mar territorial". Declaración CIG-3. Turquía (19.08.2019). *https://www.un.org/bbnj/sites/www.un.org.bbnj/files/turkey3.pdf*

618 Establecer el perímetro de la Zona puede tardar un tiempo si tomamos en consideración la larga duración del procedimiento en el seno de la Comisión de Límites de la Plataforma Continental. Para un listado completo del estado de las propuestas actuales, véase: Submissions, through the Secretary-General of the United Nations, to the Commission on the Limits of the Continental Shelf, pursuant to article 76, paragraph 8, of the United Nations Convention on the Law of the Sea of 10 December 1982. *https://www.un.org/depts/los/clcs_new/commission_submissions.htm*; Declaración CIG-4. Turquía (18.03.2022). *https://www.un.org/bbnj/sites/www.un.org.bbnj/files/turkey_-_closing_statement_-_bbnj_igc_iv.pdf*

A lo largo de las CIG, este precepto no ha sufrido variación alguna más allá de su título, el cual cambió de "Aplicación" durante todos los proyectos de texto a "Ámbito de aplicación" en el definitivo. Al igual que ocurre con los objetivos, el ámbito de aplicación del Acuerdo está fragmentado en el texto, estableciéndose un ámbito de aplicación general en el artículo 3, que es más tarde matizado para las partes relativas a los RGM[619] y las medidas como los mecanismos de gestión basados en áreas[620].

También se ha propuesto, en varios estadios de las negociaciones, que el ámbito de aplicación se limitara únicamente a las "*actividades* en zonas fuera de la jurisdicción nacional". Esta idea fue sugerida, entre otros, por Corea del Sur, Venezuela y la *International Chamber of Shipping*[621]. La Santa Sede fue un paso más allá, y propuso que únicamente se aplicase a las "actividades humanas relativas a la utilización de recursos" en ZFJN[622]. No obstante, esta limitación del ámbito de aplicación del Acuerdo no contó con los apoyos suficientes.

2. Las excepciones al ámbito de aplicación del Acuerdo

Seguidamente a la delimitación del ámbito de aplicación del Acuerdo, el instrumento contempla una serie de excepciones a su aplicación en el artículo 4 ("Excepciones"), del que se pueden extraer tres ideas fundamentales: la no aplicación del Acuerdo a los buques de guerra, las aeronaves militares o las

---

619 Artículo 10 del Acuerdo. Para un análisis en profundidad, véase el apartado A del Capítulo V.

620 Véase el artículo 18 del Acuerdo.

621 A/CONF.232/2020/3 (15.04.2020). Textual proposals (...), *op. cit.*, 33-34; A/CONF.232/2022/INF.5 (01.08.2022). Textual proposals (...), *op. cit.*, 25.

622 *Ibidem*, 26.

unidades navales auxiliares; su inaplicabilidad a los buques o aeronaves estatales utilizados para servicios no comerciales; y la obligación de las Partes de actuar de manera compatible y no obstaculizar el Acuerdo.

En las instancias iniciales de las negociaciones se previeron tales excepciones en un mismo precepto junto al ámbito de aplicación, pero se acabó optando por escindirlo en dos: uno relativo a la aplicación, y otro con las excepciones. Este segundo artículo, se titulaba, hasta el NPTA2022, "[i]nmunidad soberana".

Varias delegaciones sugirieron la total eliminación de este apartado durante las negociaciones. En este sentido, el CLAM recalcó la falta de consenso sobre la misma tras la CIG-3. Destacaban que era un precepto innecesario, puesto que la inmunidad jurisdiccional de los buques ya estaba reconocida en otros tratados y regímenes, si bien reconocían que el ámbito material del Acuerdo BBNJ es más amplio que estos otros instrumentos (en tanto abarca las actividades relacionadas con los RGM, su recolección y el reparto de beneficios derivados de su utilización)[623]. En la misma línea se expresó Turquía antes de la CIG-5, remarcando la impertinencia de este apartado o precepto por separado, ya que la inmunidad de jurisdicción ya está definida por el Derecho Internacional[624].

---

623 En especial, el artículo 236 de la CNUDM relativo a la inmunidad soberana en relación con los preceptos de la Convención sobre la protección y preservación del medio marino.

624 No obstante, la delegación expresó también su voluntad de adherirse a la versión que generase un consenso generalizado. A/CONF.232/2022/INF.5 (01.08.2022). Textual proposals (...), *op. cit.*, 27.

a. La no aplicación a los buques de guerra, las aeronaves militares o las unidades navales auxiliares

La primera excepción supone la no aplicación del Acuerdo a "los buques de guerra, las aeronaves militares o las unidades navales auxiliares"[625].

Esta excepción es un reflejo de la inmunidad soberana reconocida a los buques de guerra y las naves auxiliares en la CNUDM[626]. Este precepto refleja la costumbre internacional y, de la misma forma que no fue controvertida en el momento de adopción de la Convención[627], tampoco fue una de las principales fuentes de discrepancias a la hora de adoptar el Acuerdo. Así pues, la inaplicabilidad a éstos se contemplaba en todos los

---

625 Artículo 4 del Acuerdo.

626 Artículo 236 de la CNUDM. La inmunidad de jurisdicción de los buques de guerra también está expresamente contemplada en la alta mar en el artículo 95 de la CNUDM, el cual se extiende a la ZEE en virtud del artículo 58.2 de la CNUDM. Asimismo, el artículo 32 de la Convención reitera que "ninguna disposición de esta Convención afectará a las inmunidades de los buques de guerra (…)", remarcando la inmunidad de estos buques bajo el Derecho Internacional.

627 Stephens destaca una serie de asuntos en que se expresa la inmunidad de estos buques, como son el caso *ARA Libertad* (Argentina c. Ghana) del TIDM (Medidas Provisionales, Orden de 15 de diciembre de 2012), párr. 95 por el que se afirma que "de conformidad con el derecho internacional general, un buque de guerra goza de inmunidad, incluso en aguas interiores"; así como en numerosos tratados anteriores y posteriores a la CNUDM, entre los que subraya el Convenio internacional para la unificación de ciertas reglas relativas a la Inmunidad de los Buques de Estado, Bruselas, de 10 de abril de 1926, UNTS 176 (p. 199) o Convenio de Bruselas. Stephens, T. (2017). Section 10. Sovereign Immunity. En: A. Proelss (Ed.). *United Nations Convention on the Law of the Sea: A Commentary* (pp. 1591-1595). Múnich: Nomos Verlagsgesellschaft, 1592; Churchill, R. R. & Lowe, A. V. (1999). *The Law of the Sea* (3ª Ed.). Mánchester: Manchester University Press, 351.

proyectos de texto, si bien la referencia de las aeronaves militares fue incluida en el NPTA2022[628].

Los buques de guerra son definidos por la CNUDM como "todo buque perteneciente a las fuerzas armadas de un Estado que lleve los signos exteriores distintivos de los buques de guerra de su nacionalidad, que se encuentre bajo el mando de un oficial debidamente designado por el gobierno de ese Estado cuyo nombre aparezca en el correspondiente escalafón de oficiales o su equivalente, y cuya dotación esté sometida a la disciplina de las fuerzas armadas regulares"[629].

Por su parte, las unidades navales auxiliares no fueron definidas por la Convención, pero por lo general se entiende por tales buques aquéllos que tienen una función de apoyo naval, prestando asistencia a los buques de combate (por ejemplo, aprovisionando, repostando o reparando)[630].

La inmunidad soberana de las aeronaves militares no aparece prevista en la CNUDM. En el Convenio relativo a la reglamentación de la navegación aérea o Convenio de París de 1919[631] se establece que toda aeronave militar será considerada aeronave estatal, así como que toda aeronave comandada por una persona en servicio militar designada a tal efecto será considerada una aeronave militar. No obstante, no encontramos una definición similar a la que la Convención nos ofrece para los buques de guerra[632]. Como señalábamos antes, la inserción

---

628 Esta propuesta la realizó la UE y sus Estados Miembros en las declaraciones previas a la celebración de la CIG-5.1. A/CONF.232/2022/INF.5 (01.08.2022). Textual proposals (...), *op. cit.*, 25.

629 Artículo 29 de la CNUDM.

630 Stephens, T. (2017), *op. cit.*, 1594.

631 Convenio relativo a la reglamentación de la navegación aérea, París, 13 de octubre de 1919.

632 Tremblay, M. (2003). *The Legal Status of Military Aircraft in International Law.* McGill University (Tesis Doctoral), 3.

de las aeronaves en el precepto sobre las excepciones al ámbito de aplicación no se produjo hasta después de la celebración de la CIG-5.1.

b. La no aplicación a los buques o las aeronaves estatales utilizados para servicios no comerciales

La segunda excepción prevista por el artículo 4 consiste en que el Acuerdo "no se aplicará a otros buques o aeronaves que, siendo propiedad de una Parte o estando a su servicio, se estén utilizando en ese momento únicamente para servicios gubernamentales de carácter no comercial".

Este precepto recoge una larga tradición del Derecho Internacional que apoya una doctrina de inmunidad restrictiva, lo que implica que ésta no se extiende a las transacciones privadas o comerciales[633]. De forma similar a lo dispuesto en los artículos 96 y 236 de la CNUDM[634], el Acuerdo hace una distinción entre los actos de soberanía (*acta jure imperii*) y las actividades comerciales y privadas (*acta jure gestionis*), gozando de inmunidad únicamente los primeros[635]. Es decir, la inmunidad depende de la naturaleza del acto en cuestión. Empero, determinar qué actividades son comerciales no es siempre

---

633 Yang, X. (2012). *State Immunity in International Law.* Cambridge: Cambridge University Press, 8.

634 El artículo 96 establece que "[l]os buques pertenecientes a un Estado o explotados por él y utilizados únicamente para un servicio oficial no comercial tendrán, cuando estén en la alta mar, completa inmunidad de jurisdicción respecto de cualquier Estado que no sea el de su pabellón"; mientras que el artículo 236 consagra la inmunidad soberana con respecto a las disposiciones relativas a la protección y preservación del medio marino de "otros buques o aeronaves pertenecientes o utilizados por un Estado y utilizados a la sazón únicamente para un servicio público no comercial".

635 Stephens, T. (2017), *op. cit.*, 1594.

sencillo, resultando complejo en algunos casos encontrar un criterio viable, particularmente para distinguir entre una transacción comercial y una transacción en el ejercicio de la autoridad soberana[636].

No obstante, debe ser destacado que el Acuerdo sí se aplicará a estos buques o aeronaves en lo relativo a su Parte II (sobre los RGM). Varias delegaciones y observadores criticaron la excepción contemplada para los buques estatales con anterioridad a la celebración de la CIG-5.2 –sesión en la que fue introducida esta excepción de la excepción–, ya que hasta dicha conferencia se preveía que se aplicase a todo el Acuerdo, incluida la Parte sobre RGM, o lo que es lo mismo, que ninguna disposición del Acuerdo fuese aplicable a los buques estatales que realizasen actividades no comerciales.

La UE y sus Estados Miembros, haciéndose eco de estas preocupaciones expuestas por otras delegaciones y la sociedad civil participante en las negociaciones, expresaron su voluntad de revisar la no aplicación de esa Parte del Acuerdo a los buques propiedad de los Estados u operados por éstos[637]. Finalmente, los representantes de estas delegaciones propusieron crear una distinción entre los buques militares y los operados o bajo la propiedad del Estado sin carácter militar, excluyendo

---

636 Fox, H. (2010). International Law and Restraints on the Exercise of Jurisdiction by National Court of States. En: D. Evans. *International Law* (3rd Ed.) (pp. 336-355). Oxford: Oxford University Press; Guilfoyle, D. (2017). High Seas. En: A. Proelss (ed.), *op. cit.* (pp. 675-791), 719.

637 Declaración CIG-4. UE y sus Estados Miembros. (18.03.2022). *https://www.un.org/bbnj/sites/www.un.org.bbnj/files/bbnj_igc_4_closing_statement_18.3.2022.pdf* En relación con esta propuesta, Reino Unido manifestó su voluntad de estudiarla y seguir negociando esta cuestión. Declaración CIG-4. Reino Unido (18.03.2022). *https://www.un.org/bbnj/sites/www.un.org.bbnj/files/bbnj_igc4_uk_final_comments.pdf*

la aplicación del Acuerdo a los primeros, mientras que a los segundos únicamente les serían aplicables las disposiciones relativas a los RGM[638].

En concreto, sugirieron introducir en el texto que "[*s*]*alvo para la Parte II,* el Acuerdo no se aplica a otros buques o aeronaves propiedad u operados por una Parte y usados, por el momento, sólo para servicios gubernamentales no comerciales"[639]. Fundamentaron su propuesta en que, en la práctica, el número de buques operados o propiedad de los Estados utilizados para la investigación científica marina es numeroso. Por lo tanto, excluir la aplicación del Acuerdo a estos buques, por el hecho de ser operados o propiedad del Estado, sería "indeseable" al crear una situación donde no habría igualdad de condiciones (*no level playing field*)[640].

Esta idea fue apoyada también por la *Deep-Ocean Stewardship Initiative,* que destacaba que una parte sustancial de la investigación marina se realiza a bordo de buques estatales con carácter no comercial[641] y, en consecuencia, la cooperación científica internacional y el reparto de beneficios se vería "mejorado" si todas las actividades de investigación en la alta mar, propiciadas o patrocinadas por Estados u otras fuentes, se adhirieran a las provisiones del Acuerdo (sobre todo, en materia de intercambio de información)[642].

Finalmente, se contempla pues que la excepción a la aplicación del Acuerdo para los buques o aeronaves estatales utilizados

---

638 A/CONF.232/2022/INF.5 (01.08.2022). Textual proposals (...), *op. cit.*, 25.

639 *Ibidem* (énfasis añadido).

640 *Ibidem.*

641 A/CONF.232/2020/3 (15.04.2020). Textual proposals (...), *op. cit.*, 46-48.

642 *Ibidem,* cita a: Rabone, M. *et al.* (2019), *op. cit.*

para servicios gubernamentales de carácter no comercial no opere en lo relativo a la sección sobre los RGM; es decir, que estos buques y aeronaves se vean obligados por las disposiciones de la Parte II del Acuerdo. Tal y como se señala en el apartado A.3 (c) del Capítulo V con mayor profundidad, las obligaciones previstas aparejadas a la utilización de los RGM y la IDS sí serán de aplicación para las actividades no militares de una Parte.

c. La obligación de las Partes de no obstaculizar y actuar de manera compatible con el Acuerdo

El tercer elemento por destacar es la obligación impuesta a las Partes del Acuerdo de asegurar que "tales buques o aeronaves [a los que se les aplica la excepción] actúen, en cuanto sea razonable y factible, de manera compatible con las disposiciones del presente Acuerdo" mediante la "adopción de medidas apropiadas que no obstaculicen las operaciones o la capacidad operacional de esos buques o aeronaves que sean de su propiedad o estén a su servicio"[643]. Es decir, el Acuerdo prevé que sus Partes deban velar porque sus buques y aeronaves, militares y estatales, actúen en conformidad con el mismo, si bien en la medida de sus posibilidades. Esta formulación otorga una alta discrecionalidad a los Estados a la hora de adoptar las medidas oportunas.

Asimismo, y partiendo de que esta obligación reitera la prevista en el artículo 236 de la CNUDM, retomamos la crítica que en su día Stephens realizó respecto a la falta de un artículo similar al 31 de la Convención que acompañase al 236, estableciendo la asunción de responsabilidades derivadas del incumplimiento de las disposiciones de la CNUDM y del convenio internacional.

---

643 Artículo 4 *in fine* del Acuerdo.

En el Acuerdo BBNJ tampoco se planteó la posibilidad de introducir un artículo similar que, en lugar de limitar la jurisdicción sobre los buques gubernamentales, estableciera una potencial responsabilidad de los Estados que incumpliesen con esta obligación[644].

E. LA RELACIÓN DEL ACUERDO CON OTROS INSTRUMENTOS, MARCOS Y ÓRGANOS: EL TEMIDO "NO MENOSCABARÁ O NO PERJUDICARÁ"

La relación del Acuerdo con la CNUDM y otros instrumentos, marcos y órganos se regula en el artículo 5 del Acuerdo. En éste se establecen tres elementos claves: su relación con la Convención, su relación con otros instrumentos y marcos jurídicos, así como con otros órganos, y la no afectación de la situación jurídica de los Estados que no son parte de la CNUDM u otros acuerdos conexos.

En primer lugar, este precepto señala que el Acuerdo debe ser "interpretado y aplicado en el contexto de la Convención y de forma compatible con ella". Añade que "[n]ada de lo dispuesto en el presente Acuerdo perjudicará los derechos, la jurisdicción y los deberes que corresponden a los Estados en virtud de la Convención, incluso con respecto a la zona económica exclusiva y la plataforma continental dentro de las 200 m. m. y más allá"[645].

En segundo lugar, el Acuerdo recoge una reclamación reiterada por parte de algunas delegaciones durante las negociaciones, como es que la "situación jurídica de quienes no

---

644 Stephens, T. (2017), *op. cit.*, 1595.

645 Artículo 5.1 del Acuerdo. Sobre la relación de este precepto y los derechos de los Estados ribereños, véase el apartado A.1 del Capítulo V.

son partes en la Convención o en otros acuerdos conexos con respecto a esos instrumentos no se verá afectada por el presente Acuerdo"[646].

En tercer lugar, dispone que el Acuerdo "se interpretará y aplicará de manera que no vaya en detrimento de los instrumentos y marcos jurídicos pertinentes ni los órganos mundiales, regionales, subregionales y sectoriales competentes y promueva la coherencia y la coordinación con esos instrumentos, marcos y órganos"[647]. Ahora bien, ¿qué abarca la noción de no ir en detrimento (*not undermine,* en su versión inglesa)? ¿Cuáles son esos otros instrumentos, marcos y órganos que no deben verse menoscabados por la aplicación del Acuerdo? Debido a los múltiples interrogantes que surgen en torno a esta disposición focalizamos el análisis en ella a continuación.

---

646 Artículo 5.3 del Acuerdo. Este apartado se mantuvo entre corchetes hasta el NPTA2022, es decir, que únicamente se aceptó su inclusión por todas las delegaciones tras la CIG-5.1. Por todos, cabe destacar la intervención de la UE y sus Estados Miembros en las propuestas por escrito previamente a dicha conferencia, en la que señalaban que incorporar esta cláusula era contraintuitivo para alcanzar la participación universal. En este sentido, argüían que el Acuerdo ya preveía una referencia especial a las Partes del Acuerdo que no lo fuesen de la CNUDM en lo relativo a la solución de controversias, así como a que no se había utilizado un precepto similar en el Acuerdo de aplicación de 1995 y, sin embargo, había Estados que eran Parte de éste y no de la Convención, sin que se hubiera visto afectada su situación jurídica. A/CONF.232/2022/INF.5 (1.08.2022). Textual proposals (...), *op. cit.*, 29. Por su parte, y con carácter previo, EE.UU. propuso (sin éxito) ampliar aún más el potencial alcance del precepto sustituyendo la referencia a "otros acuerdos conexos con respecto a esos instrumentos" por a "otros acuerdos conexos". A/CONF.232/2020/3 (15.04.2020). Textual proposals (...), *op. cit.*, 41.

647 Artículo 5.2 del Acuerdo.

1. *El regime complex de la gobernanza de los océanos*

El ámbito de aplicación del Acuerdo y sus objetivos ha quedado establecido en los anteriores apartados. En este marco ha quedado patente que este Acuerdo no goza del monopolio de la regulación de la conservación y el uso sostenible de la biodiversidad de las ZFJN, sino que se suma a un complejo entramado de tratados, instrumentos, marcos jurídicos y órganos o instituciones que, en el marco de sus competencias, y a escala global, regional o sectorial, configuran el sistema de gobernanza de la biodiversidad de los océanos[648].

Para referirnos a esta amalgama jurídica e institucional, utilizamos la noción de *regime complex* o "régimen complejo" de Raustiala y Victor[649], definida como "un conjunto de instituciones

---

648 La Comisión Mundial de los Océanos concluyó en su informe de 2014 que el actual marco de gobernanza de los océanos carece de un conjunto de principios generales de gobernanza y se caracteriza por una fragmentación generalizada. Global Ocean Commission. (2014). *From Decline to Recovery: A Rescue Package for the Global Ocean* (Global Ocean Commission Report). *http://www.some.ox.ac.uk/wp-content/uploads/2016/03/GOC_report_2015.July_2.pdf*, 4; Dalaker Kraabel, K. (2018). The BBNJ PrepCom and Institutional Arrangements: They Hype about the Hybrid Approach. En: M. H. Nordquist; J. Norton Moore & R. Long. *The Marine Environment and United Nations Sustainable Development Goal 14 K* (pp. 137-172). Leiden-Boston: Brill Nijhoff, 146-151.

649 Este concepto fue presentado y definido por Kal Raustiala y David Victor, cuya investigación dentro de las relaciones internacionales se centró en las pautas generales resultantes de la compleja interacción entre varias instituciones que se solapan en un ámbito temático concreto de la política internacional. Estos autores, más tarde, demostraron a partir de los datos recogidos en el caso de los recursos fitogenéticos, que la densidad institucional ofrece a los Estados la oportunidad de seleccionar el foro en el que pudieran obtener el resultado más favorable (*forum-shopping*). Para un estudio completo sobre el origen, concepto y consecuencias de los

parcialmente superpuestas y no jerárquicas que gobiernan un área temática concreta"[650]. La existencia de estos regímenes puede conducir a una serie de comportamientos negativos por parte de los Estados. La doctrina más señalada ha observado que los Estados se aprovechan de las inconsistencias jurídicas consecuencia de la fragmentación para escoger el foro que les sea más conveniente, así como que las organizaciones internacionales se ven involucradas en una competición en el período de transición de la implantación de las nuevas normas. No obstante, Langlet y Vadrot también destacan que hay efectos positivos consecuencia de la coexistencia de estos regímenes, como es la división efectiva del trabajo y el intercambio de datos y experiencia, así como, en el caso concreto del Acuerdo BBNJ, su oportunidad de coordinar el complejo régimen actual posicionándose como un "acuerdo global dotado de autoridad y capacidad para ordenar las interacciones en este denso complejo"[651].

Pero ¿en qué consiste concretamente el *regime complex* del Acuerdo BBNJ? El Acuerdo hace referencia expresa a la CNUDM en su artículo 5.1, convención marco bajo la cual éste

---

regímenes complejos, véase: Gómez Mera, L. (2021). International Regime Complexity. *Oxford Research Encyclopedia of International Studies*, 1-25; Raustiala, K. & Victor, D. (2004). The regime complex for plant genetic resources. *International Organization, 58*, 277-309.

650 Langlet y Vadrot utilizan también esta expresión en el marco de su investigación sobre el Acuerdo BBNJ en tanto, por un lado, las delegaciones estatales identificaron el proceso como tal (señalando que están "creando un régimen complejo") y, por otro lado, dado que es un marco útil para analizar los efectos de las relaciones entre las distintas organizaciones internacionales que operan en un área temática. Vadrot, A. B. M. & Langlet, A. (2023). Not 'undermining' who? Unpacking the emerging BBNJ regime complex. *Marine Policy, 147*, 2.

651 *Ibidem*, 8.

se adopta y, en consecuencia, a la luz de la cual debe interpretarse. Junto a la Convención, no obstante, el Acuerdo utiliza una fórmula amplia que exige interpretarlo y aplicarlo sin socavar "los instrumentos y marcos jurídicos pertinentes", ni "los órganos mundiales, regionales, subregionales y sectoriales competentes".

Un estudio exhaustivo de todos los instrumentos, marcos y órganos que tienen funciones de gestión en las ZFJN y, por tanto, son "pertinentes" y "competentes", está más allá del objeto de esta investigación y, potencialmente, la interacción de cada uno de estos regímenes con el propuesto por el Acuerdo BBNJ sería suficiente, por sí misma, para una profusa investigación. La propia noción de "pertinentes" delega tácitamente en los Estados Parte el identificar y tomar en consideración qué instrumentos o normas caben bajo esta categoría y, por tanto, cuáles no deben verse socavados al aplicar e interpretar el Acuerdo.

A pesar de esta ambigüedad, y de forma no exhaustiva, resulta imperativo destacar una serie de instrumentos y órganos existentes en aras a advertir de las aristas que consideramos que pueden surgir a raíz de las futuras interacciones en la práctica, así como por la preocupación que han generado a lo largo de las negociaciones tanto a las delegaciones como a representantes de la sociedad civil[652].

De manera especialmente notoria a lo largo de todas las negociaciones se subrayó el potencial solapamiento del Acuerdo con otros instrumentos jurídicos y organizaciones encargadas de regular y gestionar la pesca. El texto definitivo señala que la aplicación de las disposiciones relativas a los RGM del Acuerdo

---

652 Para un estudio empírico sobre las organizaciones internacionales involucradas en el proceso de negociación del Acuerdo BBNJ, véase: Vadrot, A. B. M. & Langlet, A. (2023), *op. cit.*

queda expresamente excluida para la pesca, las actividades relacionadas con la pesca y los peces u otros recursos capturados en actividades pesqueras[653].

Desde un inicio varias voces alertaron sobre los peligros de excluir los peces del ámbito de gestión del Acuerdo con el fin de no socavar o menoscabar el mandato de la FAO o las OROP, en tanto consideraban que los peces podían "escabullirse a través de la red de gobernanza", lo que dejaría a muchas especies sin regular y sin proteger[654], contingencia que finalmente parece haberse producido, a falta de la entrada en vigor del Acuerdo y su posterior desarrollo.

De igual modo, hay una serie de organizaciones u organismos cuyos mandatos sectoriales se podrían ver afectados o parcialmente solapados por el régimen del Acuerdo BBNJ, entre los que destacan la Organización Marítima Internacional (OMI) -que gestiona el transporte marítimo-, la AIFMO -encargada de gestionar la explotación de recursos minerales de la Zona-, la Comisión Oceanográfica Intergubernamental de la UNESCO -que promueve la cooperación internacional en las ciencias marinas-, o la Organización Mundial de la Propiedad Intelectual (OMPI) y la OMC -a las cuales varios Estados se refirieron a lo largo de las negociaciones con causa de las implicaciones para el comercio y la propiedad intelectual, particularmente, del nuevo régimen de los RGM-[655].

---

653 Artículo 10.2 del Acuerdo. Sobre el ámbito de aplicación material de la Parte II sobre RGM y, en particular, la excepción de la pesca, véase el apartado A.3 (c) del Capítulo V.

654 Ortuño Crespo, G. *et al.* (2019). High seas fish biodiversity is slipping through the governance net. *Nature, ecology and evolution, 3 (9),* 1273-1276.

655 Cabe mencionar también otros instrumentos sectoriales que podrían ser relevantes de cara a la implementación del Acuerdo BBNJ como son la Convención Internacional para la Regulación de la Caza de Ballenas de 1946 o la Convención sobre la Conservación

2. *La ambigüedad de la expresión "no menoscabar" o "no ir en detrimento"*

La Resolución 69/292 de la AGNU mediante la cual se decide la elaboración de un instrumento jurídicamente vinculante en el marco de la CNUDM relativo a la biodiversidad marina de las ZFJN, expresamente reconoce que éste "no *debe ir en detrimento* de los instrumentos y marcos jurídicos existentes ni de los órganos globales, regionales y sectoriales competentes"[656].

La premisa fundamental de que el nuevo instrumento no debía menoscabar los ya existentes fue constantemente reafirmada por las delegaciones negociadoras. No obstante, ¿qué implica exactamente no menoscabar o no ir en detrimento? Desde un inicio se ha empleado la expresión en inglés "*not undermine*", traducida al español como "no ir en detrimento de"[657] o "no menoscabar"[658]. Estos términos pueden definirse

de las Especies Migratorias de Animales Silvestres o Convenio de Bonn de 1979; así como una serie de organizaciones e instrumentos regionales, entre los que cabe destacar el papel del Programa de las Naciones Unidas para el Medio Ambiente, encargado de coordinar las respuestas a problemas ambientales dentro de la ONU y, en especial, de una serie de iniciativas como son la Convención para la Conservación de los Recursos Marinos Antárticos, la Convención para la Protección del Medio Ambiente Marino del Atlántico del Nordeste (Convención OSPAR), la Convención para la Protección de los Recursos Naturales y el Medio Ambiente de la Región del Pacífico Sur (Convención de Noumea) o el Convenio para la Protección del Mar Mediterráneo (Convenio de Barcelona).

656 AGNU. A/RES/69/292 (19.06.2015), *op. cit.*, apartados 1 y 3 (énfasis añadido).

657 Utilizada tanto en la Resolución 69/292 de la AGNU como en el artículo 5.2 del Acuerdo BBNJ.

658 Artículo 4.2 del NPTA2022 y del NPTR2022, artículo 4.3 del PT2019.

como "disminuir la eficacia, poder o capacidad de"[659] o "introducir un elemento que resulta desfavorecido o perjudicado, especialmente con respecto a otro"[660]. Como Scanlon señala, el significado de disminuir la eficacia o disminuir la capacidad de algo varía considerablemente. Con el fin de esclarecer el alcance preciso de esta expresión, Scanlon la interpreta conforme a los criterios del artículo 31 de la CVDT. En este sentido, argumenta que, dado que el término en sí mismo tiene más de un significado, como se ha apuntado, su concepto común no es esclarecedor. Asimismo, destaca que del objetivo central de la Resolución de la AGNU (elaborar un instrumento jurídicamente vinculante) no se puede deducir qué se pretendía con el lenguaje escogido en relación con la arquitectura institucional y legal existente. Por último, subraya que resulta especialmente problemático encontrar una interpretación "correcta" del término en tanto no es posible determinar la intención de las partes, puesto que no se puede afirmar que todas compartiesen una misma definición[661].

Como consecuencia de su análisis, Scanlon plantea dos posibles lecturas de la expresión: por un lado, la exigencia de no menoscabar los instrumentos, marcos y órganos existentes; y, por otro lado, la exigencia de no menoscabar la efectividad o eficacia de dichos instrumentos, marcos u órganos. Es decir, la dicotomía se presentaba entre una alternativa más amplia que requería que el Acuerdo BBNJ y su futuro desarrollo no socavasen la autoridad o mandato de aquellos órganos existentes ni de

659 Traducción de la definición provista por el diccionario de Oxford para la palabra "*undermine*".

660 Definición de "en detrimento de" de la Real Academia Española (23ª Ed.). *https://dle.rae.es/detrimento?m=form*

661 Scanlon, Z. (2017). The art of "not undermining": possibilities within existing architecture to improve environmental protections in areas beyond national jurisdiction. *ICES Journal of Marine Science, 75 (1)*, 2-4.

las medidas o normas vigentes, mientras que la segunda limitaba la obligación a no ir en detrimento de la efectividad o de los objetivos consagrados en los instrumentos o marcos señalados.

En todos los proyectos de texto del Acuerdo, así como en el texto definitivo, no se ha hecho referencia a la opción de no "socavar la eficacia" (*undermine the effectiveness*) expresamente, salvo en el artículo 4.3 del NPTR2022[662]. Por lo tanto, podríamos considerar que la voluntad que ha imperado y que se desprende de la lectura del texto definitivo es la correspondiente a la primera lectura de Scanlon.

La evolución de este precepto a lo largo de las negociaciones también llevó a que se eliminase la referencia a los marcos jurídicos "existentes", y se prefiriese la alternativa "pertinentes", eliminando la limitación temporal del tipo de relación que debe imperar entre el Acuerdo y estos otros instrumentos[663].

---

662 En este precepto se planteó, entre corchetes, que el Acuerdo se interpretase y aplicase "de manera que [respete las competencias de y] no menoscabe [la eficacia de] los instrumentos y marcos jurídicos pertinentes (...)".
Entre otras, la delegación de Turquía se mostró a favor de eliminar la referencia a la eficacia de los instrumentos, dado que consideraba que el uso del término podía resultar en imprecisiones o ambigüedades en tanto es difícil determinar la eficacia de los instrumentos, marcos y órganos relevantes, así como la *World Wide Fund for Nature International* que directamente consideraba "perverso introducir la noción de no socavar" ya que entendía que "empujaba a los Estados a encerrarse aún más en sus silos sectoriales aislados". En contraposición se manifestaron los representantes de algunas organizaciones como la *High Seas Alliance* o, en las propuestas de 2020, Mónaco. A/CONF.232/2022/INF.5 (1.08.2022). Textual proposals (...), *op. cit.*, 31-33; A/CONF.232/2020/3 (15.04.2020). Textual proposals (...), *op. cit.*, 40.

663 La limitación a los pertinentes ya existentes se propuso en el artículo 4.3 del PT2019 entre corchetes, pero no obtuvo apoyos. El CLAM ilustró la necesidad de eliminar esta limitación en tanto "permite la

3. La cooperación internacional y otras formas de relación

El debate sobre la relación del Acuerdo con otros acuerdos y organismos estuvo, como indica De Lucia, en cierto modo monopolizado por la cuestión de "no menoscabar". No obstante, una serie de conceptos más amplios fueron puestos sobre la mesa y debatidos a lo largo de los veinte de años de negociaciones, como fomentar la coherencia, complementariedad, el apoyo, la cooperación, la coordinación o la compatibilidad"[664].

La compatibilidad se debatió a lo largo de las primeras CIGs, en particular, en relación con el objetivo de no socavar mediante las medidas adoptadas en ZFJN aquéllas adoptadas en zonas bajo la jurisdicción nacional por los Estados ribereños[665]. De Lucia planteaba dar un papel más prominente a esta forma de relacionarse en tanto serviría para evitar que las actividades y decisiones de órganos e instituciones ya existentes socavasen los objetivos del Acuerdo, aseguraría una mayor coherencia con la CNUDM (marco normativo bajo el que existen una gran parte de los instrumentos, incluido el Acuerdo)[666] y permitiría la consecución de los objetivos de la Parte XII de la

---

inclusión de otros instrumentos, organismos y marcos no solo existentes o en vigor actualmente, sino aquellos que puedan surgir en el futuro". A/CONF.232/2020/3 (15.04.2020). Textual proposals (...), *op. cit.*, 37.

664 De Lucia, V. (2019). Rethinking the Conservation of Marine Biodiversity beyond National Jurisdiction: From 'Not Undermine' to Ecosystem-Based Governance. *ESIL Reflections, 8 (4)*, 5-6.

665 *Ibidem*, 6.

666 La compatibilidad no es un concepto original en el contexto del Derecho del Mar, sino que ha tenido un rol importante, por ejemplo, en el Acuerdo de aplicación de 1995. Véanse, en especial, los artículos 7.2, 16.2, 18, 20.4, 20.7, 23.3 y 33.2 del Acuerdo de aplicación. *Ibidem*, 6.

Convención. En el Acuerdo BBNJ su compatibilidad con otros instrumentos se limita expresamente a la CNUDM[667].

Por su parte, la cooperación internacional adquiere un papel fundamental en la implementación del Acuerdo BBNJ. Regida por lo dispuesto en su artículo 8, la cooperación presenta tres cometidos. En primer lugar, las Partes deberán cooperar en el marco del Acuerdo, "incluso a través del fortalecimiento y la intensificación de la cooperación con, y la promoción de la cooperación entre, los instrumentos y marcos jurídicos pertinentes y los órganos mundiales, regionales, subregionales y sectoriales competentes con miras a lograr los objetivos del presente Acuerdo"[668].

La formulación de esta obligación es cuanto menos enrevesada: ¿Cómo cooperarán las Partes?: fortaleciendo, intensificando y promocionando la cooperación. Esta obligación, que ha mantenido su forma a lo largo de todos los proyectos de texto, denota la voluntad de las delegaciones de consagrar la cooperación como piedra angular del Acuerdo. No obstante, el tiempo y forma de cómo se debe configurar dicha cooperación no resulta del todo clara.

En segundo lugar, de forma similar, pero más específica, se prevé que las Partes deban promover la cooperación internacional para "la investigación científica marina y para el desarrollo y la transferencia de tecnología marina"[669], y que esto se haga de conformidad con la CNUDM y los objetivos del Acuerdo. Esta reiteración, que podríamos considerar innecesaria

---

667 Artículo 5.1 del Acuerdo. Queda previsto también que la COP, en el marco del establecimiento de medidas de gestión basadas en áreas, pueda adoptar decisiones sobre medidas compatibles con las adoptadas por los instrumentos y marcos jurídicos pertinentes (artículo 22 del Acuerdo).

668 Artículo 8.1 del Acuerdo.

669 Artículo 8.3 del Acuerdo.

puesto que la investigación científica marina y el desarrollo y la transferencia de tecnología son dos de los pilares del Acuerdo, se mantuvo desde el inicio de las negociaciones[670].

En tercer lugar, se prevé que las Partes "se esforzarán por promover, según proceda, los objetivos del presente Acuerdo cuando participen en la toma de decisiones en el contexto de otros instrumentos o marcos jurídicos pertinentes u órganos mundiales, regionales, subregionales o sectoriales competentes"[671]. La formulación de esta obligación es claramente débil: las Partes deberán "esforzarse", pero únicamente "según proceda". De forma opuesta al apartado anterior o al tercero del mismo precepto, el Acuerdo no exige la cooperación general o específica para una materia, sino que, en la medida de sus posibilidades, deberán tratar de fomentar los objetivos del Acuerdo, a saber, la conservación y el uso sostenible de la biodiversidad marina en ZFJN, entre otros.

Uno de los principales problemas que surgió en las negociaciones a raíz del debate sobre la relación del nuevo instrumento con otros fue la cuestión de los arreglos institucionales necesarios para implementar de manera efectiva el instrumento. Así, mientras que unas delegaciones planteaban la necesidad de un órgano u organismo global a través del cual las Partes pudiesen adoptar decisiones y coordinarse, otras advertían de que este enfoque menoscabaría los mandatos y competencias de otros instrumentos y marcos[672]. Finalmente, se ha

---

670 No obstante, cabe destacar que la delegación de EE.UU., dentro de sus propuestas por escrito posteriores a la CIG-3, solicitó su eliminación. A/CONF.232/2020/3 (15.04.2020). Textual proposals (...), *op. cit.*, 55.

671 Artículo 8.2 del Acuerdo.

672 Dalaker Kraabel, K. (2018), *op. cit.*, 141. A favor de un enfoque claramente regional, véase la intervención de Islandia sobre el artículo 8: A/CONF.232/2020/3 (15.04.2020). Textual proposals (...), *op. cit.*, 53-54.

optado por crear una COP, una secretaría y varios comités, de los que dependerá, junto a la actuación de las Partes, la configuración definitiva de esta relación[673].

F. LA DISPUTA SUBYACENTE AL NUEVO RÉGIMEN: ENTRE EL PATRIMONIO COMÚN DE LA HUMANIDAD Y EL PRINCIPIO DE LIBERTAD

Desde el inicio en las negociaciones y, como se ha ido avanzando a lo largo de este trabajo, la disputa que ha guiado el rumbo de los debates que se prolongaron casi veinte años es la determinación del principio que debía regir el nuevo Acuerdo y, en particular, si éste debía ser el patrimonio común de la humanidad. La inclusión de este principio, considerado como "uno de los conceptos jurídicos más revolucionarios y radicales surgidos en las últimas décadas"[674], no ha sido pacífica. Para comprender plenamente la relevancia de este principio en el seno del Acuerdo BBNJ es imprescindible examinar brevemente su posición en el Derecho del Mar, considerar su evolución a lo largo de las negociaciones y analizar cómo ha sido finalmente

---

673 Sobre éstos, véanse los apartados E.4 y F del Capítulo V.

674 Imnadze, L. B. (1992). Common Heritage of Mankind: A Concept of Co-operation in Our Independent World? En: T. Kuribayshi & E. L. Miles (Eds.). *The Law of the Sea in the 1990s: A Framework for Further International Co-operation* (pp. 312-318). Honolulu: The Law of the Sea Institute, 312.
Las esperanzas eran tales respecto a la aparición de este principio que Baslar se aventuró a afirmar que el PCH "señala el comienzo de un cambio en la percepción del papel del Derecho Internacional al Derecho de la Humanidad (*ius inter gentes*) y de un mundo desordenado a un orden mundial justo", teniendo el potencial de derrumbar los muros establecidos entre Estados similares a la muralla de Berlín. Baslar, K. (1998). *The concept of the common heritage of mankind in international law.* La Haya: Martinus Nijhoff Publishers, 373.

incorporado, así como identificar las posibles aristas que pueden surgir a raíz de dicha inclusión.

1. El patrimonio común de la humanidad en el Derecho del Mar: los orígenes del conflicto

El origen, o más bien la popularización, del PCH[675] en el Derecho del Mar se atribuye al embajador Arvid Pardo por la *nota verbale* que dirigió a la AGNU en 1967 en la que señalaba que "los fondos marinos y oceánicos son un patrimonio común de la humanidad y deben utilizarse y explotarse con fines pacíficos y en beneficio exclusivo de toda la humanidad en su conjunto"[676]. Partiendo de esta premisa, la AGNU declaró que

---

675 Scovazzi destaca que el único precedente es una propuesta realizada por el jurista argentino José León Suárez que, en su informe para el Comité de Expertos para la Codificación Progresiva del Derecho Internacional de la Sociedad de las Naciones sobre normas internacionales relativas a la explotación de recursos marinos vivos, propuso que los recursos vivos del mar, y las ballenas en particular, fuesen considerados PCH. Sociedad de las Naciones. (1927). Comité d'experts pour la codification progressive du droit international, Rapport au Conseil de la Société des Nations, 123; Scovazzi, T. (2007). The Concept of Common Heritage of Mankind and the Genetic Resources of the Seabed beyond the Limits of National Jurisdiction. *Agenda Internacional, 25*, 11.

676 Note on behalf of the Permanent Mission of Malta to the United Nations. A/C.1./PV.1516 (01.11.1967), párr. 27.
Un análisis en profundidad sobre el origen y naturaleza del PCH excede del objeto de este trabajo y ha sido realizado con maestría por varios autores. Véanse, en este sentido: Baslar, K. (1998), *op. cit*; Noyes, J. E. (2011). The Common Heritage of Mankind: Past, Present and Future. *Denver Journal of International Law and Policy, 40 (1)*, 447-471; Juste Ruiz, J. & Castillo Daudí, M. (1983). La explotación de la zona de fondos marinos más allá de la jurisdicción nacional (El patrimonio común de la Humanidad frente a las legislaciones nacionales). *Anuario Español de Derecho Internacional, VII*, 65-90; White,

el "lecho y los fondos marinos, así como el subsuelo de éstos, más allá de los límites de la jurisdicción nacional, junto con los recursos del área, son patrimonio común de la humanidad". Por consiguiente, determinó que estas áreas no deberían estar "sujetas a apropiación por ningún medio", y las actividades que tengan lugar allí deberían ser "con fines pacíficos". Además, la AGNU estableció que cualquier exploración y/o explotación del Área debía tener "particularmente en cuenta los intereses y necesidades de los países en desarrollo"[677].

La indeterminación que ha acompañado la consagración e implantación de este principio se debe en gran medida al contexto político en el que surgió. En este sentido, y como trasfondo, los por entonces denominados Estados desarrollados y en vías de desarrollo estaban en desacuerdo sobre la gestión de recursos de espacios comunes y, en su caso, la posible distribución de los beneficios derivados de éstos. Desde el principio, las formulaciones del PCH que hacían hincapié en la atribución de derechos a toda la humanidad y el reparto de beneficios se vincularon con el movimiento del nuevo orden económico internacional[678].

M. V. (1982). The Common Heritage of Mankind: An Assessment. *Case Western Reserve Journal of International Law, 14 (3)*, 509-542.

677 AGNU. A/RES/2749(XXV) (17.12.1970). Declaración de principios (…), *op. cit*, párrs. 1-8.

678 Noyes, J. E. (2011), *op. cit.*, 459; Bourrel, M., Thiele, T. & Currie, D. (2018). The common heritage of mankind as a means to access and advance equity in deep sea mining. *Marine Policy, 95*, 312.
Desde los años cincuenta hubo un marcado incremento en el número de quejas con el orden económico existente y demandas para cambiarlo por parte de los Estados en desarrollo, si bien el objetivo del establecimiento de un "nuevo orden económico internacional" se proclamó formalmente en la Cumbre de los Países No Alineados celebrada en Argel en 1973 y se reiteró en la Declaración sobre el Establecimiento de un Nuevo Orden Económico Internacional adoptada en el Sexto Período Extraordinario de Sesiones de la

Los objetivos principales de este principio eran primordialmente dos: por un lado, la prevención de la extensión de los derechos soberanos por parte de los Estados costeros y, por otro lado, el establecimiento de bases legales para compartir "los beneficios económicos de los recursos del lecho marino"[679].

El principio y sus elementos pueden ser encontrados en la CNUDM en relación con el régimen de la Zona y sus recursos[680]. Este enfoque "completamente innovador y mucho más equitativo"[681] y su inclusión en la Convención no fue el éxito que en un principio se deseó. Las negociaciones se polarizaron cimentando una brecha entre los Estados desarrollados y en desarrollo, en tanto por parte de los segundos se criticaba

---

AGNU en 1974. Estos Estados consideraban que el orden económico imperante y, en especial, las normas que regían el comercio internacional favorecían a los denominados Estados desarrollados. Hossain, K. (2013). *Legal Aspects of the New International Economic Order.* Nueva York: Bloomsbury Publishing, 2.

Retomando la cuestión del PCH, Juste y Castillo destacan que, si bien la Declaración y el Plan de acción para el establecimiento de un nuevo orden económico internacional de 1974 no trataban este asunto, el artículo 29 de la Carta de derechos y deberes económicos de los Estados proclamaba formalmente que "[l]os fondos marinos y oceánicos y su subsuelo, fuera de los límites de la jurisdicción nacional, así como los recursos de la zona, son patrimonio común de la Humanidad". AGNU. Resolución 3201 y 3202 (S-VI) (01.05.1974). Declaración y plan de acción sobre el establecimiento de un Nuevo Orden Económico Internacional; AGNU. Resolución 3281 (XXIX) (12.12.1974). Carta de derechos y deberes económicos de los Estados; Juste Ruiz, J. & Castillo Daudí, M. (1983), *op. cit.*, 70.

679 Vadrot, A. B. M.; Langlet, A. & Tessnow-Von Wysocki, I. (2022). Who owns marine biodiversity? Contesting the world order through the 'common heritage of humankind' principle. *Environmental Politics, 2*, 225.

680 Artículo 136 de la CNUDM.

681 Scovazzi, T. (2007), *op. cit.*, 13.

la fórmula de "explotación económica occidental" que consideraban que imperaba en el Derecho del Mar tradicional[682]. Es por todos conocido que la CNUDM no se adoptó por consenso, sino que muchos de los llamados Estados desarrollados votaron en contra o se abstuvieron, principalmente, por el régimen de la Zona, que consideraban que desincentivaba las actividades mineras. Con el objetivo de superar el *impasse* y que la Convención entrase en vigor con una participación cuasi universal, se adoptó el Acuerdo de Aplicación de 1994 relativo a la Parte XI. Esta realidad llevó a que efectivamente se consiguiese la participación deseada (con la notable excepción de los EE.UU.), a costa de cambiar la forma y fondo del PCH[683].

El principio cayó en desuso entre los años 1982 y 2006[684], momento en el que fue reintroducido en las negociaciones del Acuerdo BBNJ[685], donde ganó impulso gracias al apoyo

---

682 Bourrel, M., Thiele, T. & Currie, D. (2018), *op. cit.*, 312.

683 *Ibidem*, 13-14.

684 El principio no ha sido comúnmente utilizado en otros tratados de manera formal. Según Leary, hasta 2006, solo había sido utilizado en otro tratado: el artículo 11.1 del Acuerdo que debe regir las actividades de los Estados en la Luna y otros cuerpos celestes, Nueva York, de 5 de diciembre de 1979, UNTS 1363 (p. 3), también conocido como Tratado de la Luna. Leary, D. (2006), *op. cit.*, 97-98.
A lo largo del tiempo, se han realizado varios intentos infructuosos para declarar otros recursos como pertenecientes a la humanidad. De manera destacada, en 1982 se propuso que la Antártida fuese proclamada como PCH, así como sucedió, en distintos estadios, para los recursos espaciales como los meteoritos, la energía solar, o las órbitas terrestres bajas; varios recursos medioambientales como especies en peligro de extinción, recursos genéticos o la atmosfera, recursos alimenticios y herencias culturales, incluso la transferencia de tecnología. Noyes, J. E. (2011), *op. cit.*, 448-450.

685 Vadrot, A. B. M.; Langlet, A. & Tessnow-Von Wysocki, I. (2022), *op. cit.*, 231.

inquebrantable de las delegaciones de China y del G-77 durante sus intervenciones. También es importante mencionar que, a pesar de los fervientes reclamos anteriores de algunos Estados en desarrollo durante otros procesos de negociación de instrumentos legales internacionales, éstos tuvieron poco o ningún éxito. En este sentido, el CDB de 1992 sólo menciona el interés común de toda la humanidad (*common concern of mankind*) en el preámbulo[686], mientras que, en 2004, el debate también se planteó dentro del Proceso Consultivo Informal de las Naciones Unidas sobre los Océanos y el Derecho del Mar[687].

El estatus jurídico del principio del PCH ha sido objeto de múltiples debates y de una prolífica literatura. Algunos autores han argüido que establece una norma fundamental y no derogable, constituyendo una obligación *jus cogens*[688]. Otros, como Wolfrum, han reiterado que el PCH es parte del Derecho consuetudinario internacional, independientemente de su inclusión en la CNUDM[689]; mientras que autores como

---

686 Preámbulo del CDB, párr. 3.

687 Este Proceso se consagró a los "[n]uevos usos sostenibles de los océanos, incluida la conservación y gestión de la diversidad biológica de los fondos marinos de las zonas situadas fuera de las jurisdicciones nacionales". Druel, E. & Gjerde, K. M. (2014). Sustaining marine life beyond boundaries: Options for an implementing agreement for marine biodiversity beyond national jurisdiction under the United Nations Convention on the Law of the Sea. *Marine Policy, 49*, 91.

688 Baslar, K. (1998), *op. cit.*, 455; Wolfrum, R. (1983). The Principle of Common Heritage of Mankind. *Zeitschrift für ausländisches öffentliches Recht und Völkerrecht, 43*, 313.
Ya en la CNUDM III, Chile presentó una propuesta informal que finalmente no se adoptó para insertar un artículo para declarar el PCH como norma imperativa del Derecho Internacional en el sentido del artículo 53 de la CVDT bajo el título "*jus cogens*". Lagoni, R. (2017), *op. cit.*, 13.

689 Wolfrum, R. (1983), *op. cit.*, 336.

Cocca señalaron desde un inicio que se trataba de un principio jurídico fundamental del Derecho Internacional[690].

Más allá de su naturaleza, el PCH se caracteriza, de conformidad con lo dispuesto en la Parte XI de la CNUDM, por los siguientes elementos: (a) el hecho de que los Estados no pueden reclamar ni ejercer soberanía sobre esta área[691]; (b) que cualquier exploración debe realizarse con fines pacíficos[692]; (c) en beneficio de toda la humanidad y teniendo en cuenta los intereses y necesidades de los Estados en desarrollo[693]; (d) observando y respetando todas las disposiciones de la Parte XI de la CNUDM, la Carta de las Naciones Unidas y otras normas relevantes del Derecho Internacional[694]; (e) que todas las actividades realizadas en la Zona serán "organizadas, realizadas y controladas" por la AIFMO[695]; (f) la cual será también la encargada de distribuir de forma equitativa los beneficios que se deriven de las actividades en la Zona[696].

En consecuencia, el PCH generalmente se define como la suma de cinco elementos: "la no apropiación, la gestión común, el reparto de beneficios, el uso del patrimonio común únicamente para fines pacíficos, y la preservación para las generaciones futuras"[697].

---

690 Cocca, A. A. (1986). The Common Heritage of Mankind: Doctrine and Principle of Space Law: An Overview. *Proceedings of the 29th Colloquium on the Law of Outer Space*, 17-24.

691 Artículo 137.1 de la CNUDM.

692 Artículo 141 de la CNUDM.

693 Artículo 140.1 de la CNUDM.

694 Artículo 138 de la CNUDM.

695 Artículo 153.1 de la CNUDM.

696 Artículo 140.2 de la CNUDM.

697 Jaeckel, A. (2020). Benefitting from the Common Heritage of Humankind: from expectation to reality. *The International Journal of Marine and Coastal Law, 35*, 662, cita a: Wolfrum, R. (2009). Common

2. *Evolución del debate durante las negociaciones*

La disputa entre los dos principios analizada en el apartado anterior llevó, en algunos momentos del proceso, a pensar que el Acuerdo no se adoptaría por ello. En el seno de las negociaciones del BBNJ, los Estados en desarrollo y China defendieron vehementemente la inclusión del PCH, al entender que cualquier acuerdo al que se llegase para regular estas áreas quedaría obsoleto si no considerase que los recursos existentes en ellas debieran ser patrimonio de la humanidad; dado que estimaban que, en la práctica, sólo los Estados que cuentan con una tecnología más desarrollada podrán explotar los recursos que se encuentran en estas áreas[698].

Esta "oscilación entre la libertad y la restricción"[699] frenó considerablemente el proceso de negociación. Incluso, una parte de la literatura ha destacado el uso de este debate, o lo que llamaríamos la instrumentalización del mismo por parte

---

Heritage of Mankind. *Max Planck Encyclopedia of Public International Law.* Un análisis de estos elementos se realiza de forma individual en el Capítulo V.

698 Tanaka, Y. (2008). Reflections (...)., *op. cit.*, 140.
Para una defensa más elaborada sobre el PCH y, en especial, de su impacto en la equidad inter e intra-generacional, véase: Tladi, D. (2015). The Common Heritage of Mankind and the Proposed Treaty on Biodiversity in Areas beyond National Jurisdiction: The Choice between Pragmatism and Sustainability. *Yearbook of International Environmental Law, 25 (1)*, 113-132.

699 Caracterización de la historia del Derecho del Mar de Rayfuse y Warner reutilizada por Hammond y Jones para referirse a la cuestión de la elección de principios en las negociaciones del Acuerdo BBNJ. Rayfuse, R. & Warner, R. M. (2008). Securing a sustainable future for the oceans beyond national jurisdiction: the legal basis for an integrated cross-sectoral regime for high seas governance for the 21st century. *International Journal Marine Coastal Law, 23 (3)*, 399-421; Hammond, A. & Jones, P. J. S. (2021), *op. cit.*, 3.

de ciertas delegaciones, como una "herramienta y técnica de negociación para desafiar las desigualdades profundamente arraigadas en el orden mundial actual"[700].

Introducido el PCH en el seno del Grupo de Trabajo[701], la controversia en torno a su pertinencia persistió a lo largo de las negociaciones de las CIG[702], en tanto la CNUDM no resolvía esta cuestión. En el Comité Preparatorio se reconoció el estancamiento entre ambas posturas[703], y algunas delegaciones

700 Vadrot, A. B. M.; Langlet, A. & Tessnow-Von Wysocki, I. (2022), *op. cit.*, 242.

701 El informe final del Grupo de Trabajo recoge que varias delegaciones hicieron hincapié en la necesidad de incluir este principio, así como de "elaborar un régimen jurídico específico a fin de aplicar" el PCH. AGNU. A/69/780, *op. cit.*, apartado II, subapartados 16, 18 y 29; De Lucia, V. (2020). The Question of the Common Heritage of Mankind and the Negotiations towards a Global Treaty on Marine Biodiversity in Areas beyond National Jurisdiction: No End in Sight? *McGill Journal of Sustainable Development Law, 16 (2)*, 5.

702 Tiller *et al.* contabilizaron el número de veces que el principio fue utilizado en las CIG: 41 en la CIG-1, 56 en la CIG-2, 18 en la CIG-3, 8 en la CIG-4 y 82 en la CIG-5. Tiller, R. *et al.* (2023), *op. cit.*, 4.

703 En las declaraciones de los Estados al Comité ya quedaba patente la división entre los Estados del Norte y del Sur Global. El G-77 y China reafirmaban que el PCH debía "sustentar el nuevo régimen" que rija los RGM de ZFJN, y debía "estar en el centro del nuevo instrumento". En contraposición, Islandia remarcaba que el PCH sólo es aplicable a los recursos minerales conforme al artículo 133 de la CNUDM, y la libertad de los mares (conforme al artículo 87 de la CNUDM) "es más adecuada" en lo que respecta a los RGM. En su defecto, señalaban que debía encontrarse una solución práctica y potencialmente híbrida. Declaración Comité Preparatorio. G-77 y China (05.06.2016). Development of an international legally binding instrument under the United Nations Convention on the Law of the Sea on the conservation and sustainable use of marine biological diversity of areas beyond national jurisdiction- Group of 77 and China's Written submission. *http://www.un.org/depts/los/biodiversity/*

comenzaron a exigir un enfoque más pragmático[704].

El Informe final incluyó la disputa entre ambas como el primer elemento de la Sección B, relativa a los problemas principales donde existían divergencias de opinión[705]. Junto con ello, el PCH se incluyó en la sección sobre los Principios y Enfoques

---

prepcom_files/rolling_comp/Group_of_77_and_China.pdf; Declaración Comité Preparatorio. Islandia (12.2016). Iceland's written submission to the Preparatory Committee established by the General Assembly Resolution 69/292: development of an international legally binding instrument under the United Nations Convention on the Law of the Sea on the conservation and sustainable use of marine biological diversity beyond national jurisdiction. *http://www.un.org/depts/los/biodiversity/prepcom_files/rolling_comp/Iceland.pdf*

704 Entre otros, la UE y sus Estados Miembros, así como Noruega, abogaron por una solución pragmática, sin entrar en el debate ideológico entre ambos principios. Declaración Comité Preparatorio. UE y sus Estados Miembros (22.02.2017). Development of an international legally binding instrument under UNCLOS on the conservation and sustainable use of marine biological diversity of various areas beyond national jurisdiction (BBNJ process)- written submission of the EU and its Member states. Marine genetic resources, including questions on the sharing of benefits. (22.02.2017). *http://www.un.org/depts/los/biodiversity/prepcom_files/rolling_comp/EU_Written_Submission_on Marine_Genetic_Resources.pdf*; Declaración Comité Preparatorio. Noruega (12.2016). Preparatory Committee established by General assembly resolution 69/ 292: development of an international legally binding instruments under the United Nations Convention on the Law of the Sea on the conservation and sustainable use of marine biological diversity of areas beyond national jurisdiction. Comments by Norway. *http://www.un.org/depts/los/biodiversity/prepcom_files/rolling_comp/Norway.pdf*; Vadrot, A. B. M.; Langlet, A. & Tessnow-Von Wysocki, I. (2022), *op. cit.*, 237-239.

705 Se señalaba expresamente que, "[e]n lo que respecta al patrimonio común de la humanidad y la libertad de la alta mar, es necesario seguir debatiendo". Comité Preparatorio. A/AC.287/2017/PC.4/2 (31.07.2017). Informe (...), *op. cit.*, 17/19.

Generales del Documento de ayuda a la presidencia[706], en las subsecciones relativas a los RGM, evaluaciones de impacto ambiental y distribución de beneficios, que fue la base para las discusiones de la CIG-1.

Para las negociaciones de la CIG-1 se sugirieron tanto principios y enfoques generales para el Acuerdo como exclusivamente para los RGM. Entre ellos, destacó especialmente la propuesta del PCH como primer principio de este segundo grupo[707], junto a una alternativa de "no texto", seguida de otra con la "libertad de la alta mar". El enfrentamiento entre estas posturas se intentó solventar planteando una alternativa que trataba de compaginar ambos principios, instaurando la libertad de la alta mar para el acceso a los RGM y el PCH para regular su explotación[708]. Las actitudes de las delegaciones al debate entre estos principios fueron muy distintas. En particular, la UE remarcó que las negociaciones del instrumento no dependían de la determinación del estatus legal de los RGM, optando por posponer el debate, mientras que, por otro lado, Rusia

706 AGNU. A/CONF.232/2019/1, *op. cit.* Se incluye como una opción para los principios y enfoques para los RGM (Segunda Parte III.1(2)(a)), opuesto a una opción sin texto, o previendo la libertad para el acceso y el PCH para la explotación de los recursos (III.1(2)(b)); también para los mecanismos de gestión basados en zonas geográficas (Segunda Parte III.1(3)(g)); para las evaluaciones de impacto ambiental (Segunda Parte III.1(4)(d)); y para la distribución de beneficios (Segunda Parte III.3.2.2. Opción I(a)). Disponible en: *https://digitallibrary.un.org/record/1661607*

707 Argentina consideró que mantener el *statu quo* sólo ofrecía "acceso a los RGM (...) a un reducido número de países". IISD. (2019). Summary of the First Session (...), *op. cit.*, 3. Por todas las declaraciones a favor del PCH, véase: Declaración CIG-1. Colombia (s.f.). *https://www.un.org/bbnj/sites/www.un.org.bbnj/files/colombia_1.pdf*

708 AGNU. A/CONF.232/2019/1, *op. cit.*, segunda parte apartado II, subapartado 1.2.b). Esta propuesta fue realizada por el G-77 y China. IISD. (2019). Summary of the First Session (...), *op. cit.*, 3.

hizo hincapié en la necesaria aplicación de la libertad de la alta mar a los RGM (incluidos los de la Zona)[709], de la misma forma que Corea del Sur señaló la imperiosidad de asegurar un libre acceso a estos recursos, de conformidad con "la libertad de los mares consagrada en la CNUDM" y, sobre todo, que el instrumento "no necesitaba abordar" el PCH[710]. EE.UU., en su declaración final, manifestó expresamente su escepticismo sobre la posibilidad de llegar a un "compromiso práctico" en lo que respecta al régimen de distribución de beneficios debido a las numerosas referencias que se habían hecho al PCH durante la CIG-1 por parte de otras delegaciones[711].

Más adelante, con la celebración de la CIG-2 y la CIG-3, las tensiones se intensificaron entre las delegaciones y se evidenció la división entre el Sur y el Norte Global[712]. De Lucia resumió la problemática señalando que "todas las principales discrepancias en las posiciones de negociación parecían haber permanecido iguales", siendo el "elemento clave de divergencia" el PCH[713].

Este estancamiento inspiró a la presidenta a excluir el principio del PT2019, aunque para ciertos autores la idea general fue incluida con otro lenguaje[714]. No obstante, su eliminación

---

709 *Ibidem*, 3.

710 Declaración CIG-1. Corea del Sur (04.09.2018). *https://www.un.org/bbnj/sites/www.un.org.bbnj/files/rok.pdf*

711 Declaración CIG-1. Estados Unidos (05.09.2018). *https://www.un.org/bbnj/sites/www.un.org.bbnj/files/united-states-opening-statement-bbnj-igc-session-1docx.pdf*

712 Vadrot, A. B. M.; Langlet, A. & Tessnow-Von Wysocki, I. (2022), *op. cit.*, 245.

713 De Lucia, V. (2020), *op. cit.*, 11.

714 En este sentido, De Lucia subraya cómo el texto del artículo 7 (e) captura esta idea. El precepto se refiere a la "contribuc[ión] de la realización de un orden económico internacional justo y equitativo", cuya relación con el PCH se ha señalado brevemente en el apartado anterior. *Ibidem*, 8.

textual no supuso su olvido por parte de las delegaciones negociadoras[715], que mantuvieron lo que algunos autores calificaron un tanto severamente como un "ataque a la desesperada de los Estados en desarrollo"[716]. La intervención de Palestina, en nombre del G-77 y China, en la CIG-3 reflejó de forma contundente el estado de las discusiones al hablar de los principios del Acuerdo:

> "El principio de Patrimonio Común de la Humanidad, quien contamina paga, el principio del Patrimonio Común de la Humanidad, el principio/enfoque de precaución, el principio del Patrimonio Común de la Humanidad, la equidad, ¿he mencionado el principio del Patrimonio Común de la Humanidad? El enfoque ecosistémico, la mejor información científica disponible y los conocimientos tradicionales de los pueblos indígenas y las comunidades locales, y por supuesto el principio del Patrimonio Común de la Humanidad"[717].

Argelia, en nombre del Grupo Africano, remarcó la ausencia del PCH del proyecto de texto, si bien aceptó que su espíritu sí se podía intuir del texto. Declaración CIG-3. Argelia (19.08.2019). *https://www.un.org/bbnj/sites/www.un.org.bbnj/files/algeria3-obo-african-group.pdf*

715 Entre otras, Senegal remarcó antes de la CIG-3 que "[e]l problema es, pues, complejo en varios aspectos, y todas estas consideraciones exigen una reforma en profundidad del estatus de los recursos genéticos marinos. Es imperativo ir más allá de la libertad de alta mar y consolidar el estatuto jurídico de la Zona, pues si bien 'los ricos tesoros del mar están abiertos a toda la humanidad', la libertad es una 'fórmula insuficiente cuando se trata del uso de cosas que pueden ser utilizadas por todos'". Declaración CIG-3. Senegal (19.08.2019). *https://www.un.org/bbnj/sites/www.un.org.bbnj/files/senegal3.pdf*
Tiller *et al.* destacaron que las negociaciones revertieron rápidamente a la dicotomía entre el PCH y la libertad de los mares a pesar de los intentos de proponer alternativas menos polarizadas. Tiller, R. *et al.* (2023), *op. cit.*, 2.

716 Vázquez Gómez, E. (2021), *op. cit.*, 260.

717 Declaración de Palestina, en nombre del G-77 y China, sobre los principios y enfoques generales (art. 5). Grupo de Trabajo sobre cuestiones intersectoriales, en: De Santo, E. M. *et al.* (2020), *op. cit.*, 4.

Así pues, y como consecuencia de la fuerte oposición a la eliminación de este principio por parte de China y el G-77[718], se impulsó su posterior inclusión en el PTR2019 de ese mismo año (tras la segunda y tercera CIG), en el artículo dedicado a los "Principios [generales] [y] [enfoques]". En contraste, los Estados desarrollados –entre los cuales EE.UU. fue especialmente categórico– solicitaron la eliminación de los preceptos que aludían a la "realización de un orden económico internacional justo y equitativo"[719], cuya relación con el PCH ya ha sido señalada, dado que entendían que esta reivindicación iba más allá del alcance del Acuerdo que se estaba negociando; y mantenían que el acceso a los RGM debía mantenerse libre y desobstruido[720].

La problemática de los principios rectores tenía implicaciones directas para la cuestión del acceso y participación en los beneficios, un aspecto clave del nuevo régimen de RGM. La presidenta de la CIG señaló que esta controversia venía "impulsada con posiciones ideológicas relativas a la adquisición y el estatus de la propiedad, que se ven especialmente en la oposición entre los conceptos de patrimonio común y

---

718 En las propuestas realizadas por las delegaciones de China y el G-77, así como del CARICOM, se recomendó la inclusión del PCH en el artículo 5. Declaraciones CIG-3. A/CONF.232/2019/CRP.1 (06.09.2019), *op. cit.* 59/816 y 62/816.
Asimismo, como De Lucia recuerda, Argelia declaró que "[a]doptar un nuevo instrumento BBNJ sin este principio sería como dar vida a un tratado de esta importancia sin alma, o poner un buque en el mar sin un instrumento de navegación". Declaración CIG-3. Argelia (Grupo Africano) (19.08.2019). *http://statements.unmeetings.org/media2/21996848/algeria-obo-african-group.pdf*, 2; De Lucia, V. (2020), *op. cit.*

719 Declaraciones CIG-3. A/CONF.232/2019/CRP.1 (06.09.2019), *op. cit.*, 92/816.

720 Mendenhall, E. *et al.* (2019), *op. cit.*, 3.

empresa de libre mercado"[721]. La alianza del G-77 y China continuó insistiendo en que el PCH debía ser el "principio jurídico y moral subyacente" para los RGM, mientras que los Estados desarrollados subrayaron la necesidad de no impedir ni desincentivar u obstaculizar la investigación y el desarrollo por parte de entidades privadas[722]. Asimismo, y ante los argumentos que abanderaban la extensión de la libertad de los mares conforme a la CNUDM, algunos Estados en desarrollo señalaron que la Convención contiene ambos principios, y que es justamente la tendencia maximalista hacia la libertad de los mares la razón fundamental por la que se ha producido la sobreexplotación y, en consecuencia, "[esta libertad] no es tan de oro como la presentamos"[723].

En la misma línea que el resto de las negociaciones, las propuestas escritas presentadas previamente a la celebración de la CIG-5 consolidaron las posiciones de las delegaciones ya vistas, a pesar de las escasas referencias al PCH[724]. Tras la CIG-5.1, un número más reducido de países y organizaciones publicaron sus declaraciones o intervenciones en el Intercambio General de Puntos de Vista. De los que lo han hecho, sólo Haití hizo referencia de forma poética a que los RGM de ZFJN deben ser reconocidos como un "*bien commun de l'humanité*" (bien común

---

721 *Ibidem.*

722 *Ibidem.*

723 *Ibidem.*

724 La Santa Sede argumentó que sería preferible trasladar la referencia al PCH del artículo 5 al preámbulo, dejándola como referencia no vinculante. Por su parte, Turquía pidió que se suprimieran los corchetes del artículo 5 (b) del NPTR2022, consolidando al PCH como uno de los principios rectores del Acuerdo. Por el contrario, Japón sugirió la supresión del artículo 9.4, que se refiere a la utilización de los RGM en beneficio de la humanidad. A/CONF.232/2022/INF.5 (01.08.2022). Textual proposals (...), *op. cit.*, 38, 40 y 59.

de la humanidad)[725]. Sin embargo, de sus intervenciones, tanto en la CIG-5.1 como en su reanudación en la CIG-5.2, resulta meridianamente claro que el "mundo en desarrollo había hecho suyo el concepto como fundamental para un Acuerdo equitativo y eficaz", no estando dispuesto a que el principio se excluyera del Acuerdo[726].

3. "Sublimación por integración": la coexistencia de los principios en el Acuerdo

Hace más de veinte años, Glowka ya señaló que "[s]i bien puede merecer la pena crear un régimen jurídico e institucional para los recursos genéticos de la Zona, es difícil determinar de forma concluyente sin un estudio más profundo si es útil o incluso necesario declarar los recursos genéticos de la Zona patrimonio común de la humanidad"[727]. En la misma línea, y

---

725 La delegación de Haití señaló expresamente que, en lo que se refiere al PCH, "al igual que el aire que respiramos o el sol que nos calienta" los RGM de ZFJN debían "reconocerse con toda naturalidad como un bien común de la humanidad". Declaración CIG-5. Haití (s.f.). *https://www.un.org/bbnj/sites/www.un.org.bbnj/files/icg-5_intervention.pdf*
Asimismo, entre otros, Nepal destacó que "los recursos biológicos marinos son un bien común mundial" (*global commons*) y reiteró que el Acuerdo debía "defender el principio de PCH". Declaración CIG-5. Nepal (26.08.2022). *https://www.un.org/bbnj/sites/www.un.org.bbnj/files/nepal-_statement_during_general_exchange_of_views_on_bbnj_igc-v_on_26_aug_2022.pdf*
Las declaraciones de nueve Estados y organizaciones (Costa Rica, Haití, Liberia, Micronesia, Nepal, Papúa Nueva Guinea, Tonga, *World Wide Fund for Nature International* y la FAO) están disponibles en la página web de la ONU para el Acuerdo BBNJ, a las que se puede acceder en: *https://www.un.org/bbnj/statements-fifth-session*

726 Mendenhall, E.; Tiller, R. & Nyman, E. (2023), *op. cit.*, 3.

727 Glowka, L. (1996), *op. cit.*, 24.

ante el inicio de las CIG para adoptar el instrumento objeto de estudio, Leary recogía esta idea y repetía que invocar el PCH no era "útil ni necesario" en tanto distrae de las cuestiones verdaderamente fundamentales[728].

Finalmente, y en contra de la posición que habían mantenido firmemente y desde el principio los Estados desarrollados, y de lo esperado por una parte de la doctrina[729], se ha optado por la inclusión de este principio en la Parte I del Acuerdo. Así pues, se prevé expresamente "[e]l principio del patrimonio común de la humanidad, el cual está enunciado en la Convención", si bien equilibrado por la incorporación

---

728 Este autor proponía, como alternativa a la invocación y utilización de dicho principio, usar los elementos propios del PCH sin nombrarlo (estableciendo la no apropiación de los RGM, su gestión común y un reparto de beneficios), u optar por otras alternativas como es el interés común de la humanidad, de forma similar al CDB. Leary, D. (2019), *op. cit.*, 24-25.
También a favor de la utilización del interés común de la humanidad, véanse: Bowling, C.; Pierson, E. & Ratté, S. (2018). The Common Concern of Humankind: A Potential Framework for a New International Legally Binding Instrument on the Conservation and Sustainable Use of Marine Biological Diversity in the High Seas, 1-15; Lothian, S. (2021). Forget Me Not: Revisiting the Common Concern of Humankind Concept in the BBNJ Context. *Environmental and Planning Law Journal, 38 (3)*, 189-203.

729 En este sentido, Vázquez Gómez señaló que el PCH "no tiene viso alguno de permanecer en el listado si lo que se pretende es la más amplia participación". La autora considera que su inclusión sería imposible debido al principio de integración sistémico del Derecho Internacional, en tanto en la Zona, parte de las ZFJN, sólo rige el PCH para los recursos minerales, como ya hemos apuntado. Vázquez Gómez, E. M. (2021), *op. cit.*, 258 y 260. Finalmente, el principio sí ha sido incluido, pero queda por ver si supondrá un motivo de no ratificación por parte de los Estados desarrollados.

también como principio de "la libertad de investigación científica, junto con otras libertades de la alta mar"[730].

La inclusión de ambos principios que, como señalábamos antes, se presentaron como opuestos e, incluso, incompatibles durante las negociaciones, puede no ser tan problemática en la práctica porque la mayor parte de sus elementos constitutivos[731], tanto del PCH como de la libertad de investigación científica marina, aparecen expresamente recogidos en el Acuerdo BBNJ. En este sentido, las actividades relacionadas con los RGM deberán realizarse exclusivamente con fines pacíficos[732] y en beneficio de la humanidad[733]. Asimismo, estas actividades no podrán servir como fundamento para reclamar soberanía sobre las zonas o sus recursos[734]

---

730 Artículo 7 (b) y (c) del Acuerdo.

731 Para un análisis más detallado de estos elementos, véase el apartado B.2 del Capítulo V.

732 Véase el artículo 11.7 del Acuerdo para los RGM de las ZFJN, previsto asimismo en el artículo 141 de la CNUDM sobre la utilización de la Zona conforme al PCH, en el artículo 143.1 sobre la investigación científica marina en la Zona y en el artículo 240 de la CNUDM sobre los principios generales para la realización de la investigación científica marina.

733 La realización de actividades en beneficio de la humanidad está prevista en el artículo 11.6 del Acuerdo, de forma análoga al artículo 140 de la CNUDM sobre la realización de actividades en la Zona, así como en el artículo 143 de la CNUDM sobre la investigación científica marina en la Zona.

734 La prohibición de reclamaciones sobre los RGM de las ZFJN se establece en el artículo 11.4 del Acuerdo, de forma similar a la prohibición del artículo 137.1 de la CNUDM sobre la Zona y sus recursos, así como del artículo 241 de la CNUDM que establece que las actividades de investigación científica marina tampoco podrán constituir fundamento jurídico alguno para reivindicar "parte alguna del medio marino o sus recursos".

y podrán ser llevadas a cabo por todas las Partes[735].

A pesar de ello, la formulación de estos dos principios en el Acuerdo puede generar dudas sobre su alcance. Así, el Acuerdo al incluir el PCH establece que éste debe ser entendido tal y como está "enunciado en la Convención". Sin embargo, el régimen previsto por el Acuerdo BBNJ no es completamente análogo al establecido por la CNUDM para la Zona. Parece lógico entender que la referencia a la Convención por el Acuerdo se remite a los elementos constitutivos del PCH y no a su limitación a los recursos minerales, dado que el Acuerdo BBNJ se aplica sobre los recursos vivos. Además, el Acuerdo no prevé una autoridad independiente que regule el acceso a dichos recursos, sino simplemente un sistema de notificaciones vinculadas a su recolección y utilización y un ulterior mecanismo de reparto de los beneficios.

En adición a lo anterior, el Acuerdo se debe regir tanto por la libertad de investigación científica como por las "otras libertades de la alta mar"[736], integrando en un mismo apartado los principios que más controversias generaron. Esta compleja coexistencia da muestra del difícil proceso de nego-

---

[735] La no discriminación entre las Partes queda consagrada en el artículo 11.1 del Acuerdo, así como también lo está en el artículo 141 de la CNUDM sobre la utilización de la Zona y en el artículo 238 de la CNUDM sobre el derecho de todos los Estados a realizar investigaciones científicas marinas.

[736] La formulación de este principio señalando expresamente la investigación científica marina, en adición de las otras libertades fue considerada por Thambisetty como una disminución inevitable del principio de libertad de la alta mar como un enfoque dominante del Acuerdo, tal y como habían propugnado los Estados del Norte Global. Thambisetty, S. (2024). The Unfree Commons: Freedom of Marine Scientific Research and the Status of Genetic Resources Beyond National Jurisdiction. *Modern Law Review, 87*, 5.

ciación en el que se aspiraba a hacer converger intereses en ocasiones contrapuestos.

En cualquier caso, es patente que las advertencias de Leary fueron claramente desoídas por las delegaciones negociadoras, cuya determinación (y reiteración) los llevó a ver el controvertido principio del PCH como uno de los principios rectores del Acuerdo. La utilidad e impacto de su consagración, no obstante, no podrá ser valorada hasta la entrada en vigor del Acuerdo y su futuro desarrollo, del que dependerá, significativamente, cómo se configura la interrelación de estos principios en la práctica.

G. LOS ENFOQUES Y PRINCIPIOS GENERALES DEL ACUERDO

En el artículo séptimo del Acuerdo BBNJ se han consagrado catorce principios o enfoques que deben guiar a las Partes con el fin de lograr sus objetivos[737]. La elección de los principios

---

737 A saber: "a) El principio de que quien contamina paga; b) El principio del patrimonio común de la humanidad, el cual está enunciado en la Convención; c) La libertad de investigación científica marina, junto con otras libertades de la alta mar; d) El principio de equidad y la participación justa y equitativa en los beneficios; e) El principio precautorio o enfoque de precaución, según proceda; f) Un enfoque ecosistémico; g) Un enfoque integrado de la gestión de los océanos; h) Un enfoque que refuerce la resiliencia de los ecosistemas, incluso frente a los efectos adversos del cambio climático y la acidificación del océano, y que también mantenga y restaure la integridad de los ecosistemas, incluidos los servicios del ciclo del carbono que sustentan la función del océano en el clima; i) El uso de los mejores conocimientos e información científicos disponibles; j) El uso de los conocimientos tradicionales pertinentes de los Pueblos Indígenas y las comunidades locales, cuando se disponga de ellos; k) El respeto, la promoción y la consideración de sus respectivas

y/o enfoques generales que deben regir el Acuerdo ha sido uno de los elementos que más antagonismo ha provocado. Lo vehemente de las discusiones trae causa del papel vital que los principios tienen a la hora de implementar e interpretar el Acuerdo, en particular en uno con un cuádruple ámbito material con objetivos específicos aparejados para cada uno. Así, asegurar su aplicación sobre la base de principios comunes se convirtió en una necesidad imperiosa, ya que, de lo contrario, el Acuerdo podría llegar a ver la luz "herido de muerte"[738].

A pesar de que el foco de las desavenencias ha sido el ya explicado debate entre el PCH y la libertad de los mares, conllevando el mayor interés tanto de las delegaciones como de la doctrina, es necesario realizar una reflexión sobre el conjunto de principios rectores del Acuerdo, que han sido objeto de menor reflexión, pero merecen igualmente atención.

Tras la CIG-1, la presidenta sugirió en su documento de ayuda a la presidencia veintidós principios y enfoques generales para el Acuerdo, y veintiuno exclusivamente para los RGM (si bien algunos estaban repetidos en ambas listas). De los generales propuestos, únicamente siete fueron finalmente incorporados en el texto definitivo, siendo el resto descartados entre las CIG-2 y

---

obligaciones, según resulte aplicable, relativas a los derechos de los Pueblos Indígenas o, según proceda, de las comunidades locales cuando adopten medidas para abordar la conservación y el uso sostenible de la diversidad biológica marina de las zonas situadas fuera de la jurisdicción nacional; l) La no transferencia, directa o indirectamente, de daños o peligros de una zona a otra y la no transformación de un tipo de contaminación en otro al adoptar medidas para prevenir, reducir y controlar la contaminación del medio marino; m) El pleno reconocimiento de las circunstancias especiales de los pequeños Estados insulares en desarrollo y los países menos adelantados; y n) El reconocimiento de los intereses especiales y necesidades de los países en desarrollo sin litoral". Artículo 7 del Acuerdo.

738 Vázquez Gómez, E. (2021), *op. cit.*, 251-252.

CIG-3 (Tabla 4). La eliminación, sin embargo, no ha sido total, ya que algunos de los principios y enfoques se han incorporado en otros preceptos del acuerdo, como son las numerosas referencias a la transparencia de la información a lo largo del texto[739], o al respeto de los derechos e intereses de los Estados consagrados en la Convención[740], así como la obligación de cumplir con buena fe las obligaciones del Acuerdo[741].

	Ayuda Presidencia 03/12/2018	**PT** 17/05/2019	**PTR** 18/11/2019	**NPTR** 01/06/2022	**NPTA** 12/12/2022	**ACUERDO BBNJ** 19/06/2023
El principio de que quien contamina paga	1q	5d	[5b]	5a	5a	7a
El principio del patrimonio común de la humanidad, el cual está enunciado en la Convención			[5c]	[5b]	[5b]	7b
La libertad de investigación científica marina, junto con otras libertades de la alta mar						7c
El principio de equidad y la participación justa y equitativa en los beneficios			[5d] (sólo el de equidad)	5c (separados como alternativas)	5c (separados como alternativas)	7d

739 Artículos 15.1, 16 y 48 del Acuerdo.

740 Preámbulo, párr. 2 y artículos 5, 11 y 22.5 del Acuerdo.

741 Artículo 63 del Acuerdo.

El principio precautorio o el enfoque de precaución, según proceda	1k (enfoque)		[5e]	5d (la aplicación de la precaución)	[5d] (la aplicación de la precaución)	7e
Un enfoque ecosistémico	1j		5f	5e	5e	7f
Un enfoque integrado de la gestión de los océanos	1l	[5a] (enfoque o principio)	[5g]	5f	5f	7g
Un enfoque que refuerce la resiliencia de los ecosistemas, incluso frente a los efectos adversos del cambio climático y la acidificación del océano, y que también mantenga y restaure la integridad de los ecosistemas, incluidos los servicios del ciclo del carbono que sustentan la función del océano en el clima		5b (versión reducida)	5h (versión reducida)	5g (versión reducida)	5g (versión reducida)	7h
El uso de los mejores conocimientos e información científicos disponibles	1m (enfoque)		[5i]	5h	5h	7i
El uso de los conocimientos tradicionales pertinentes de los Pueblos Indígenas y las comunidades locales, cuando se disponga de ellos					5i	7j

El respeto, la promoción y la consideración de sus respectivas obligaciones, según resulte aplicable, relativas a los derechos de los Pueblos Indígenas o, según proceda, de las comunidades locales cuando adopten medidas para abordar la conservación y el uso sostenible de la diversidad biológica marina de las zonas situadas fuera de la jurisdicción nacional				5i	5j	7k
La no transferencia, directa o indirectamente, de daños o peligros de una zona a otra y la no transformación de un tipo de contaminación en otro	1p	5c	5j	5j	5k	7l
El pleno reconocimiento de las circunstancias especiales de los pequeños Estados insulares en desarrollo y los países menos adelantados	1t				5l (sin referencia a los países menos adelantados)	7m

El reconocimiento de los intereses y necesidades de los países en desarrollo sin litoral						7n

Tabla 4. Evolución de los principios y/o enfoques en los proyectos de texto del Acuerdo[742].

Un análisis pormenorizado de cada uno de los principios está más allá de las capacidades de este trabajo de investigación y ha sido realizado parcialmente por parte de la doctrina, en tanto un elevado número de estos principios y enfoques son propios del Derecho Internacional del Medioambiente y del Derecho Internacional del Mar[743]. No obstante, consideramos que es imprescindible atender al menos a dos de ellos: el precautorio, debido a su consagración en el Acuerdo y al papel crucial que desempeña la ciencia en su desarrollo y aplicación; y el de equidad, atendiendo al concepto que subyace a todas sus dimensiones, cuyo reflejo en el Acuerdo traspasa más allá del precepto sobre principios y enfoques.

---

742 Los números y letras hacen referencia a los preceptos en los que aparecían dichos principios y/o enfoques.

743 Así pues, sobre estos principios y enfoques, véanse, entre otros: Sands, P. & Peel, J. (2018). *Principles of International Environmental Law*. Cambridge: Cambridge University Press, 197-251; Valverde Soto, M. (1996). General Principles of International Environmental Law. *ILSA Journal of International and Comparative Law, 3*, 193-209; Dupuy, P. M. & Viñuales, J. E. (2018), *op. cit.*, 58-99; Tanaka, Y. (2011). The Changing Approaches to Conservation of Marine Living Resources in International Law. *Heidelberg Journal of International Law, 71 (2)*, 291-330.

1. El principio precautorio o el enfoque de precaución

Este principio o enfoque es un principio clásico del Derecho Internacional del Medio Ambiente que tiene su reflejo en numerosos instrumentos[744]. Este criterio o principio ha sido considerado por algunos autores como un principio de derecho consuetudinario[745]. No obstante, no se ha llegado a un acuerdo sobre su formulación concreta para todos los contextos, aunque se fundamenta o parte de una misma idea: los legisladores tienen que legislar en algunas áreas de forma

---

[744] Entre otros, el Convenio de Viena para la protección de la capa de ozono de 1985; el Convenio para la protección del medio marino de la zona del mar Zona del Mar Báltico de 1992; la Declaración Ministerial de la Conferencia Internacional sobre la Protección del Mar del Norte en Bremen de 1984; la Declaración Ministerial de la Segunda Conferencia del Mar del Norte en Londres de 1987; la Tercera Conferencia del Mar del Norte en La Haya de 1990; la Declaración Ministerial sobre el Desarrollo Sostenible en la Región de la Comunidad Económica Europea en Bergen de 1990; y la Convención sobre la Prohibición de Importación en África y el Control de los Movimientos Transfronterizos y la Gestión de los Desechos Peligrosos y su eliminación.

[745] Sands, P. & Peel, J. (2018), *op. cit.*, 228. En este sentido, en su Opinión Consultiva de 2011 el TIDM estableció que "la Sala observa que el enfoque de precaución ha sido incorporado en un número creciente de tratados internacionales y otros instrumentos, muchos de los cuales reflejan la formulación del Principio 15 de la Declaración de Río. En opinión de la Sala, esto ha iniciado una tendencia hacia que este enfoque forme parte del Derecho internacional consuetudinario". *Responsibilities and obligations of States with respect to activities in the Area*, Advisory Opinion, 1 February 2011, ITLOS Reports 2011, p. 10, párr. 135; Kelly, E. (2018). The Precautionary Approach in the Advisory Opinion Concerning the Responsibilities and Obligations of States Sponsoring Persons and Entities with Respect to Activities in the Area. En: TIDM. *The contribution of the International Tribunal for the Law of the Sea to the rule of Law: 1996-2016* (pp. 45-57). Leiden: Brill Nijhoff.

habitual "en las fronteras del conocimiento y en ausencia de una certeza científica total". En concreto, tiene su origen en los tratados medioambientales que exigían a sus Partes y sus instituciones que adoptasen decisiones o medidas basadas en resultados o métodos científicos, o a la luz del conocimiento disponible en el momento[746]. Estos estándares relegaban la acción tras la constatación científica del daño. No obstante, las medidas medioambientales deben anticiparse, prevenir y atacar las causas del deterioro del medioambiente, y para ello el principio o enfoque de precaución hace suya la conciencia de que los Estados "no deben esperar a que se demuestren los efectos nocivos para tomar medidas", ya que los daños pueden ser irreversibles o solo remediables a un elevado coste[747]. Algunos autores como Wang arguyen al respecto que la aplicación de la precaución como "base del desarrollo sostenible está fuera de toda duda" y puede salvar la brecha entre la preservación del medio ambiente y la incertidumbre científica relativa a los posibles daños derivados de las actividades antropogénicas[748].

El enfoque de precaución fue formulado como el Principio 15 de la Declaración de Río, de la siguiente forma:

> "Con el fin de proteger el medio ambiente, los Estados deberán aplicar ampliamente el criterio de precaución conforme a sus capacidades. Cuando haya peligro de daño grave o irreversible, la falta de certeza científica absoluta no deberá utilizarse como razón para postergar la adopción de medidas eficaces en función de los costos para impedir la degradación del medio ambiente".

---

746 Sands, P. & Peel, J. (2018), *op. cit.*, 230.

747 Preámbulo de la Declaración Ministerial de 1984 de la Conferencia Internacional sobre la Protección del Mar del Norte, en: Sands, P. & Peel, J. (2018), *op. cit.*, 231.

748 Wang (2011). The Precautionary Principle in Maritime Affairs. *WMU Journal of Maritime Affairs, 10*, 144.

Esta consagración puede considerarse que ha relativizado, en cierta medida, el principio de precaución principalmente por dos motivos: por un lado, la Declaración devalúa su rango de principio por "criterio" (enfoque) y, por otro lado, relativiza su alcance al limitarlo a las "capacidades de los Estados". Justamente debido a sus múltiples permutaciones y facetas, la precaución es a la vez útil como herramienta o "enfoque" flexible, y difícil de captar en el contexto de un "principio" o norma jurídica de aplicación general[749].

En todos los proyectos del texto del Acuerdo BBNJ se han incluido variaciones del principio o enfoque de precaución. La preferencia por una u otra alternativa y, sobre todo, la ambigüedad sobre el alcance de cada concepto (principio o enfoque) no ha sido exclusiva del proceso de negociación del Acuerdo, sino que tiene precedentes tanto en otros procesos negociadores como en los tribunales internacionales[750]. Finalmente, en el Acuerdo BBNJ se han incluido ambas opciones mediante un binomio integrador: "[e]l principio precautorio o enfoque de precaución, según proceda"[751].

La inclusión de este principio consagra pues una tendencia clara en los tratados medioambientales desde mediados de los ochenta y, sobre todo, resulta especialmente necesaria dada la

---

749 Shelton, D. & Kiss, A. (2005). *Judicial Handbook on Environmental Law.* Hertfordshire: United Nations Environment Programme, 21.

750 Por ejemplo, en el seno de la OMC, en el asunto Biotech se utilizó el enfoque y el principio de precaución de manera indistinta. Mientras que EE.UU. utilizaba el criterio o enfoque en sus documentos, la UE prefirió referirse al principio. *European Communities–Measures Affecting the Approval and Marketing of Biotech Products,* Panel Report, WT/DS291/R, WT/DS292/R, WT/DS293/R (29.09.2006), párr. 4224, 4339, 4526, 4539 y 4540; Wagenaar, T. (2022). A principled approach for BBNJ: An idea whose time has come. *Review of European, Comparative and International Environmental Law, 31 (3),* 405-406.

751 Artículo 7 (e) del Acuerdo.

materia que se regula. Como señalan Shelton y Kiss, el concepto de precaución parte de un enfoque científico de la regulación[752] y el Acuerdo BBNJ, en su planteamiento, es un instrumento que regula poniendo en el centro el "uso de los mejores conocimientos e información científicos disponibles"[753].

Esta investigación comenzaba ilustrando los océanos como ese abismo del que lo que se desconoce es superior a lo que se conoce y en el que muchos de los avances y conocimientos científicos, aunque cada vez son más frecuentes debido a las nuevas tecnologías, están todavía por llegar. En lo que concierne al nuevo régimen de los RGM de las ZFJN, resultaba imperiosa la consagración de un principio o enfoque que exigiese a los Estados posponer medidas potencialmente dañinas para la biodiversidad marina, especialmente tomando en consideración el conflicto entre los intereses de la industria y los conocimientos sobre el impacto del medioambiente de ciertas actividades.

2. El principio de equidad y la participación justa y equitativa en los beneficios

Las referencias a la equidad no son ajenas a los instrumentos jurídicos internacionales y, en particular, a los propios del Derecho del Mar[754]. El concepto de equidad es un elemento de

---

752 Shelton, D. & Kiss, A. (2005), *op. cit.*, 21.

753 Entre otros, artículo 7 (i) del Acuerdo.

754 En este sentido, véanse las referencias a la equidad en su sentido más amplio en la CNUDM (artículos 69, 70, 74, 83, 140, 144, 150, 151, 155, 160, 266, 269, entre otros) y, en particular, en tanto se dispone la "distribución equitativa de los beneficios financieros y otros beneficios" derivados de la Zona (artículo 140 de la CNUDM); así como en el Acuerdo que rige las actividades de los Estados en la Luna y otros cuerpos celestes (artículo 11.7); o en la CVDT (artículo 443 (c)), por

buena gobernanza, pero es un principio complejo en cuanto a su definición y alcance. Consideramos que para entender mejor su contenido y alcance en el texto del Acuerdo BBNJ y, en consecuencia, en su futura aplicación, es interesante no examinar la naturaleza de este concepto de forma aislada como principio o enfoque rector del Acuerdo, sino analizarlo desde tres dimensiones, subrayando sus vínculos con otros principios, enfoques y elementos del nuevo régimen para los RGM en el que subyace la idea de la necesidad de justicia.

Partiendo de la premisa de Schroeder y Psiupati de que la justicia, la imparcialidad y la equidad presuponen "un trato justo o la debida recompensa"[755], el análisis jurídico de este principio lo sustentamos en la teoría de la justicia social y, más concretamente, en la literatura sobre la justicia medioambiental[756], que establece tres dimensiones: la distributiva, la de procedimiento y la de reconocimiento. Estas tres dimensiones han sido utilizadas, a su vez, para definir la equidad por parte del CDB[757]: la "distributiva" (*distributional equity*) implica que los

---

mencionar algunos de los más relevantes. Lapidoth, R. (1987). Equity in International Law. *Proceedings of the Annual Meeting (American Society of International Law), 81*, 138-147.

755 Schroeder, D. & Pisupati, B. (2010). *Ethics, justice and the convention on biological diversity*. Nairobi y Preston: United Nations Environment Program y University of Central Lancashire, 13.

756 Gurney, G. *et al.* (2021). Equity in environmental governance: perceived fairness of distributional justice principles in marine co-management. *Environmental Science and Policy, 124*, 29; Fraser, N. (2009). *Scales of Justice: Reimagining Political Space in a Globalizing World.* Nueva York: Columbia University Press; Schlosberg, D. (2009). *Defining Environmental Justice: Theories, Movements, and Nature.* Oxford: Oxford University Press.

757 CDB. CBD/COP/DEC/14/8 (30.11.2018). Decision Adopted by the Conference of the Parties to the Convention on Biological Diversity 14/8. Protected areas and other effective area-based conservation measures, Anexo II.I.B, párr. 9.

costes y beneficios deben repartirse equitativamente entre los distintos agentes; la de "procedimiento" (*procedural equity*) se refiere al carácter inclusivo de los procedimientos de creación de normas y toma de decisiones; y la de "reconocimiento" (*recognitional equity*) es la admisión y respeto de los derechos y la diversidad de identidades, valores, sistemas de conocimiento e instituciones de los titulares de derechos[758].

a. Equidad distributiva

La equidad distributiva, entendida como la justa asignación de recursos con el fin de mitigar disparidades entre las Partes, ha recibido la mayor atención por parte de la literatura académica, lo cual es comprensible si se toma en consideración la arquitectura de las Naciones Unidas, en la cual las preocupaciones por la equidad vienen promovidas por el cisma entre las capacidades y recursos de los llamados países desarrollados y en desarrollo. Es decir, los sujetos de la equidad son, primordialmente, los Estados[759]. Las ZFJN, construidas como espacios "despoblados" (*unpeopled spaces*), fomentan la concepción del Estado como sujeto de equidad, en tanto las personas quedan relegadas a un segundo plano, en favor de los otros sujetos[760].

---

758 *Ibidem*. Las definiciones son una adaptación propia de las realizadas por la CDB, que las adecúa al contexto de áreas protegidas, elemento central de la Decisión en cuestión.
Estas cuatro dimensiones están rodeadas de "condiciones propicias" que abarcan el contexto social, económico, medioambiental, cultural y político en el que se enmarcan los avances de la equidad. Este contexto es a veces considerado como una cuarta dimensión de la equidad. Campbell, L. M. *et al.* (2022). Architecture and agency for equity in areas beyond national jurisdiction. *Earth System Governance, 13*, 2.

759 *Ibidem*.

760 *Ibidem*.

Si nos remontamos a las negociaciones de la CNUDM, marco base del Acuerdo BBNJ, éstas fueron marcadas tanto por un lenguaje como por un interés en la equidad y la justicia, un esfuerzo realizado en gran medida por los llamados Estados en desarrollo que querían distanciarse del "*mare liberum*", y que propulsó la incorporación del PCH, cuyo objetivo radicaba en evitar la disparidad de riqueza que se generaría entre unos Estados y otros si se permitía o facilitaba que aquéllos con la tecnología más avanzada pudieran explotar la Zona y sus recursos minerales, tal y como se ha visto en el apartado anterior. Si bien es cierto que el potencial esperado del PCH como mecanismo de realización de la equidad distributiva no ha sido realizado, las delegaciones de China y el G-77 han vuelto a recurrir a su necesidad en el seno de las negociaciones del Acuerdo BBNJ y, finalmente, lo han visto incorporado. No obstante, y como ya apuntábamos, la operatividad de este principio aún está por desarrollarse mediante los arreglos institucionales del Acuerdo y no sería impensable que se acabase produciendo una situación similar a la ocurrida con la adopción del Acuerdo de 1994 tras la CNUDM.

El segundo principio directamente relacionado con la equidad y que comparte espacio con el mismo en el artículo 7 (d) del Acuerdo BBNJ es la participación justa y equitativa en los beneficios[761]. La CNUDM ya hacía referencia a los beneficios derivados de las actividades en la Zona y su distribución equitativa[762],

---

761 Entre otras delegaciones que promovieron su consideración conjunta se encuentra la de Turquía, que aportó como razonamiento para su unión el hecho de que "las ZFJN son parte del PCH" y, en consecuencia, los principios rectores "deben comprender tanto el principio de equidad como la participación justa y equitativa en los beneficios". A/CONF.232/2022/INF.5 (01.08.2022). Textual proposals (...), *op. cit.*, 39-40.

762 En este sentido se dispone sobre los beneficios de la Zona y la potestad de la Asamblea de la AIFMO para decidir sobre la distribución

si bien no fue hasta el CDB y el Protocolo de Nagoya cuando este principio se desarrolló en profundidad. El concepto de participación justa y equitativa en los beneficios es una realidad jurídica difusa en el Derecho Internacional[763]. El Acuerdo BBNJ, lejos de esclarecer su alcance, se limita a establecer que la participación justa y equitativa en los beneficios es tanto un principio o enfoque, como un objetivo específico de la Parte II relativa a los RGM, cuyo régimen además se desarrolla en profundidad en el artículo 14 del Acuerdo, donde se exponen cuáles son las condiciones para el acceso de estos recursos, qué se considera como beneficios (tanto monetarios como no monetarios) y las modalidades de su distribución o reparto.

Los cuatro elementos clave que deben destacarse al hablar de esta materia (el concepto de participación, los beneficios, las actividades que desencadenan o generan el reparto y la noción de justo y equitativo) son estudiados en profundidad en el Capítulo V.

b. Equidad de procedimiento

Al hacer referencia a la equidad de procedimiento aludimos a cuán inclusivo es el procedimiento de creación de normas y toma de decisiones. Algunos autores han considerado que la negociación del Acuerdo BBNJ mediante el *Package Deal* evitó que la agenda de algunos Estados dominase las negociaciones,

---

de los beneficios financieros y económicos derivados de dichas actividades (artículos 140 y 160 de la CNUDM, respectivamente).

763 Morgera señala cómo se ha utilizado el concepto de reparto o distribución de beneficios (*benefit sharing*) para referirse a los objetivos de un tratado, una obligación internacional, un derecho, una salvaguarda o un mecanismo. Morgera, E. (2016). The Need for an International Legal Concept of Fair and Equitable Benefit Sharing. *The European Journal of International Law, 27 (2)*, 353-355.

centrando el foco de la atención en algunos artículos concretos[764]. No obstante, los veinte años de negociaciones han dejado patente que algunas de las materias han absorbido una gran parte del tiempo de debate. La adopción del Acuerdo mediante consenso[765] puede ser considerada también como una medida que, si bien no es particularmente innovadora, contribuyó a la realización de la equidad de procedimiento, en tanto hizo posible que el texto final reflejase la voluntad de todas las partes negociadoras.

Otras de las representaciones de la equidad de procedimiento que pueden ser subrayadas con respecto al régimen para los RGM del Acuerdo BBNJ son los mecanismos previstos para asegurar la supervisión y transparencia de las actividades relacionados con éstos, que se aspira a lograr por tres vías: su notificación al Mecanismo de Intercambio de Información, los informes periódicos de las Partes al Comité de acceso y distribución de los beneficios, y el informe de dicho Comité para la COP[766].

La composición de los arreglos institucionales previstos en el propio Acuerdo trata de tener en especial consideración a los Estados en desarrollo. En este sentido, el Comité de acceso y distribución estará compuesto por miembros cualificados propuestos por las Partes y escogidos por la COP, de forma que se mantenga un equilibrio tanto de género como geográfico[767]. Asimismo, el Mecanismo de Intercambio de Información quedará administrado por la secretaría del Acuerdo, la

764 Campbell, L. M. *et al.* (2022), *op. cit.*, 3.

765 AGNU. A/RES/72/249, *op. cit.*

766 Artículo 16 del Acuerdo BBNJ.

767 Es decir, tendrán que estar representados “los Estados en desarrollo, incluidos los países menos adelantados, los pequeños Estados insulares en desarrollo y los países en desarrollo sin litoral” (artículo 15.2 del Acuerdo).

cual deberá reconocer "plenamente las necesidades especiales de los Estados partes en desarrollo, así como las circunstancias especiales de los Estados partes que son pequeños Estados insulares en desarrollo"[768].

Por último, y en relación con los mecanismos de solución de controversias previstos en la Parte IX del Acuerdo BBNJ, en tanto el acceso a la justicia forma parte del entramado de principios que aseguran la equidad de procedimiento[769], es destacable en particular el papel que se reserva al TIDM, que podrá dar opiniones consultivas sobre cuestiones normativas del Acuerdo a requerimiento de la COP[770]. La reducida experiencia en esta materia del TIDM[771] no quita que esta atribución de responsabilidades pueda verse como un uso positivo de las instituciones ya existentes y que se espera que aporte coherencia a la interpretación de un nuevo instrumento en el marco del Derecho del Mar.

---

768 Artículo 51.4 y 5 del Acuerdo.

769 En esta línea, la *International Union for Conservation of Nature* destaca como principios o fórmulas derivadas de la equidad de procedimiento, si bien de forma conjunta con la equidad de reconocimiento: la participación plena y efectiva de todos los agentes pertinentes en la toma de decisiones, la transparencia, el intercambio de información y la rendición de cuentas por las acciones o inacciones; y el acceso a la justicia, incluidos los procesos eficaces de resolución de controversias. Franks, P. & Booker, F. (s.f.). Equity in conservation – what, why and how? *IUCN Technical Note,* 2.

770 Artículo 47.7 del Acuerdo.

771 Hasta la fecha, únicamente se ha pronunciado en tres opiniones consultivas en los casos núm. 17 (01.02.2011), 21 (02.04.2015) y 31 (solicitada el 12.12.2022).

c. Equidad de reconocimiento

La equidad de reconocimiento está intrínsecamente ligada a la de procedimiento[772]; sin embargo, su realización en las ZFJN es especialmente compleja, ya que en las mismas se produce, como señalan *Campbell et al.*, la mayor desviación del *statu quo* actual, centrado en el Estado y en el que tanto normas como políticas científicas occidentales se ven privilegiadas.

Esta dimensión abarca, como mencionábamos, el respeto por los derechos de los titulares de estos y sus conocimientos y valores[773]. En el contexto de las Naciones Unidas, se ha señalado el papel central de los Estados como sujetos de equidad. Sin embargo, hay actores no estatales que también han sido reconocidos como tales, y cuyos intereses y conocimientos han sido reconocidos en el Acuerdo BBNJ. Este es el caso, por ejemplo, de los Pueblos Indígenas y las comunidades locales, que aparecen mencionados en el texto veinticinco veces[774]. A la afirmación del respeto a los derechos de estos Pueblos o, en su caso, de las comunidades locales en el preámbulo, se añade que las Partes deben guiarse, para lograr los objetivos del Acuerdo por "[e]l uso de los conocimientos tradicionales pertinentes de los Pueblos Indígenas y las comunidades locales, cuando se disponga de ellos"[775], así como por "[e]l respeto, la promoción y la consideración de sus respectivas obligaciones, según resulte aplicable, relativas a los derechos de los Pueblos Indígenas o, según proceda, de las comunidades locales cuando adopten medidas para abordar la conservación y el uso sostenible de la diversidad biológica marina de las zonas situadas fuera de la

---

772 Campbell, L. M. *et al.* (2022), *op. cit.*, 7.

773 Franks, P. & Booker, F. (s.f.), *op. cit.*, 2.

774 Para un análisis en profundidad sobre los Pueblos Indígenas y las comunidades locales, véase el apartado G del Capítulo V.

775 Artículo 7 (j) del Acuerdo.

jurisdicción nacional"[776]. La incorporación de ambos en este precepto no se produjo hasta después de la CIG-4, en el NP-TR2022[777].

Al igual que sucede con la participación en los beneficios, las referencias a los Pueblos Indígenas y comunidades locales abarcan todo el texto del Acuerdo, desde el preámbulo, pasado por los principios que deben regir las acciones de las Partes, así como los objetivos específicos en relación con los RGM, hasta la imposición a las Partes de adoptar medidas con el fin de asegurar que el acceso a sus conocimientos se produzca con el "consentimiento libre, previo e informado o con la aprobación y participación" de dichos Pueblos y comunidades[778]. La exigencia de este consentimiento previo podría considerarse parte de la configuración de la equidad de procedimiento, si bien se basa en la de reconocimiento de los Pueblos Indígenas, reconociéndolos como titulares de derechos interrelacionados con los RGM.[779].

Se planteó también que un paso más allá en el asentamiento de la equidad de reconocimiento hubiera sido no sólo incluir

---

776 Artículo 7 (k) del Acuerdo.

777 En contra del primero, relativo al uso de estos conocimientos tradicionales, se pronunciaron las delegaciones de Corea del Sur y de EE.UU. en las propuestas enviadas por escrito tras la CIG-3; mientras que la formulación del segundo (contemplado en el apartado (k)) fue una propuesta conjunta de las delegaciones de Australia, Nueva Zelanda, Noruega y los Pequeños Estados Insulares en Desarrollo en tanto consideraban que era necesario asegurar la operacionalización de las obligaciones de los Estados en relación con los derechos de los Pueblos Indígenas y las comunidades locales. A/CONF.232/2020/3 (15.04.2020). Textual proposals (...), *op. cit.*, 47-49 y 43, respectivamente.

778 Artículo 13 del Acuerdo. Sobre esta obligación, véase el apartado G del Capítulo V.

779 Campbell, L. M. *et al.* (2022), *op. cit.*, 4.

como sujetos de equidad a agentes no estatales sino, tal vez, reconocer en esta dimensión a otro tipo de actores (entidades naturales, etc.). En esta línea, en el seno de las negociaciones del Acuerdo, Ridings propuso la administración ambiental (*environmental stewardship*) como un marco rector para la formulación de las políticas internacionales con la aspiración de salvar las distancias entre la libertad de los mares y el PCH[780]. Por su parte, Harden-Davies *et al.* defendieron la utilización de un enfoque de los derechos de la naturaleza (*Rights of Nature*), por el cual los ordenamientos jurídicos deben reconocer a la naturaleza como un sujeto titular de derechos, más que como un objeto controlado o propiedad de los humanos[781]. En particular, estos autores propusieron que los derechos de la naturaleza podrían replantear el "intratable debate sobre el control, los derechos y las responsabilidades" sobre o de los RGM. En este sentido, proponían considerar los océanos como "proveedores" de estos recursos con derecho a los mismos y fijar las responsabilidades recíprocas para los usuarios por utilizarlos y compartirlos. En un intento de trasladar a la práctica los principios rectores del Acuerdo y, en especial, el PCH y la libertad de los mares, sugerían un sistema de gobernanza colectiva (en línea con el PCH) pero cuya explotación fuese libre, si bien bajo ciertas condiciones y responsabilidades que asegurasen los objetivos del Acuerdo[782].

En el texto del Acuerdo se ha eliminado toda referencia a la administración ambiental, excepto un considerando del preámbulo cuya versión en inglés refleja el deseo de actuar

---

780 Ridings, P. (2018). Redefining environmental stewardship to deliver governance frameworks for marine biodiversity beyond national jurisdiction. *ICES Journal of Marine Science, 75*, 435-443.

781 Harden-Davies, H. *et al.* (2020). Rights of nature: perspectives for global ocean stewardship. *Marine Policy, 122*, 3.

782 Para una defensa más exhaustiva sobre su incorporación, véase: *Ibidem.*

como gestores o administradores del océano con un objetivo intergeneracional de mantener la integridad de sus ecosistemas y su valor[783]. Asimismo, las expectativas de parte de la doctrina y de la sociedad civil de crear, mediante el Acuerdo BBNJ, unas estructuras institucionales innovadoras en las que se crease un "Consejo de Custodios de los Océanos" que diese voz a los océanos de las ZFJN no ha ocurrido. Una aproximación a los arreglos institucionales establecidos en el Acuerdo muestra cómo una gran parte del desarrollo normativo queda relegado a la COP, donde es previsible que los intereses de los Estados prevalezcan sobre los de la naturaleza. No obstante, la creación de algunos comités, como el de acceso y distribución de los beneficios o el de creación de capacidad y transferencia de tecnología marina, podrían resultar en cauces para una visión más "pro-océanos" pero, en cualquier caso, sus opiniones en forma de informes o recomendaciones terminarán debiendo ser examinadas por la COP, que será la que adopte las medidas correspondientes[784].

---

783 En contraposición, el lenguaje de la versión en español del considerando onceavo del preámbulo del Acuerdo despersonaliza en cierta medida la labor como "gestores o administradores de las ZFJN" que debe recaer en la humanidad con vistas a preservar y cuidar el medio marino para la presente y futuras generaciones, ya que simplemente desea "asegurar la gestión" de estas zonas.
El texto de este considerando estuvo propuesto como uno de los principios o enfoques rectores del Acuerdo en el artículo 5 (k) del NPTR2022, si bien fue prontamente eliminado en los posteriores proyectos de texto y quedó relegado al Preámbulo del Acuerdo.

784 Artículos 15.3, 15.6, 16.3 y 46.3 del Acuerdo.

Capítulo V

El nuevo régimen de uso sostenible y conservación de los recursos genéticos marinos de las zonas fuera de la jurisdicción nacional

La Parte II del Acuerdo BBNJ regula el régimen de los RGM, incluidas las cuestiones relativas a la participación en los beneficios. Esta Parte fue particularmente conflictiva durante las negociaciones, dado que suscitaba numerosos conflictos de intereses entre las delegaciones. Los desafíos en torno a su regulación derivaban principalmente de las divergencias en las prioridades y necesidades de los Estados desarrollados y los Estados en desarrollo presentes en las negociaciones.

Para analizar este nuevo régimen que propugna un uso sostenible y la conservación de estos recursos –pero sobre todo su uso–, el presente capítulo se estructura de forma escalonada, atendiendo a cada uno de los aspectos clave. Iniciamos su análisis con el ámbito de aplicación de esta Parte II, que presenta particularidades con respecto al general del Acuerdo, enfocándonos especialmente en la definición de los RGM y la IDS, y las implicaciones que conlleva la inclusión de esta última. Seguidamente, examinamos cuáles son las actividades relacionadas con dichos recursos y sus elementos principales. Después, planteamos si, efectivamente, el nuevo régimen se trata de uno de acceso y participación en beneficios o si se ha omitido algún aspecto clave.

Una vez clarificada la terminología empleada en el Acuerdo, abordamos las principales obligaciones asociadas a la realización de dichas actividades: de notificación, identificación y depósito. Posteriormente, analizamos el régimen de participación justa y equitativa en los beneficios, detallando los mecanismos y arreglos previstos para su implementación y destacando las carencias que ya son identificables.

Luego, centramos la atención en las cuestiones de supervisión y transparencia, imprescindibles para la efectiva implementación del régimen. A continuación, tratamos de forma separada la especial situación del acceso a los conocimientos tradicionales de los Pueblos Indígenas y las comunidades locales, así como sus obligaciones conexas. Finalmente, comentamos brevemente una de las omisiones más significativas del Acuerdo: los derechos de propiedad intelectual.

A. EL ÁMBITO DE APLICACIÓN DE LAS DISPOSICIONES RELATIVAS A LAS ACTIVIDADES RELACIONADAS CON LOS RECURSOS GENÉTICOS MARINOS Y LA INFORMACIÓN DIGITAL SOBRE SECUENCIAS

En lo referente a las actividades relacionadas con los RGM y la IDS, es el artículo 10 del Acuerdo BBNJ el encargado de especificar su ámbito de aplicación geográfico, temporal y material.

1. Ámbito de aplicación geográfico

El ámbito de aplicación geográfico o espacial se limita a "las actividades relacionadas con los recursos genéticos marinos y la información digital sobre secuencias de recursos genéticos marinos *de las zonas situadas fuera de la jurisdicción nacional*"[785];

---

[785] Artículo 10.1 del Acuerdo (énfasis añadido).

es decir, el Acuerdo se aplica a las actividades situadas fuera de la jurisdicción nacional, o lo que es lo mismo, "la alta mar y la Zona"[786], reiterando el alcance general del Acuerdo establecido en su artículo tercero[787].

Durante las negociaciones surgieron dos grandes cuestiones con respecto a la fijación de este ámbito: por un lado, el establecimiento de a qué zonas marítimas, conforme a la CNUDM, debía aplicarse el Acuerdo BBNJ; y, por otro lado, el papel de los Estados ribereños, si se consideraba que debían tener uno especial.

La determinación del ámbito geográfico del Acuerdo con base en las zonas marítimas definidas por la CNUDM fue objeto de algunas críticas que resaltaban la incoherencia de tratar de regular una realidad viva basándose en categorías estancas. La delegación de Bangladesh reflejó con acierto los problemas inherentes a la tarea, al destacar que "[l]a dicotomía entre los límites jurídicos establecidos en virtud de la CNUDM y las características biológicas y ecosistémicas del medio marino es desconcertante a efectos de la regulación de la utilización de los recursos genéticos marinos"[788].

---

786 Artículo 1.4 del Acuerdo. Sobre estas áreas, véase el apartado A del Capítulo II.

787 Esta reiteración fue considerada innecesaria por algunas delegaciones, que manifestaron su preferencia por no repartir ni repetir el ámbito de aplicación geográfico en varias disposiciones del mismo Acuerdo. Por todas, véase la declaración de Islandia. Declaración CIG-2. Islandia (27.03.2019). *https://www.un.org/bbnj/sites/www.un.org.bbnj/files/iceland2-statement-on-mgrs-part-30-32-27-march-2019.pdf*

788 Entre los múltiples desafíos o retos a los que se enfrentaba tal delimitación del ámbito geográfico, la delegación subrayaba la existencia de RGM encontrados tanto en ZEE de varios Estados ribereños como en la alta mar (por ejemplo, los microbios flotantes de la zona pelágica o los RGM albergados en especies migratorias de peces, cetáceos o mamíferos), así como la complejidad de los organismos u

En cualquier caso, como Acuerdo adoptado en el marco de la CNUDM, la vinculación entre la determinación geográfica realizada por la Convención y el Acuerdo era necesaria a efectos de coherencia entre los instrumentos. Así pues, en relación con la primera gran cuestión, es decir, la determinación de las zonas marítimas a las que les es de aplicación el Acuerdo, en las primeras CIG se debatió si la Parte relativa a los RGM del Acuerdo debía aplicarse a la alta mar y la Zona, únicamente a la Zona o a los recursos a los que se accediese en ZFJN[789]. Palestina, en nombre del G-77 y China[790], se manifestó en contra de la limitación del ámbito geográfico a los RGM "de la Zona"[791] y a favor "[d]e la alta mar y de la Zona"[792], opción finalmente consagrada.

Trabajando aún sobre el documento de ayuda a la presidencia en la CIG-2, algunas delegaciones plantearon limitar negativamente el ámbito de aplicación, excluyendo de forma expresa a la plataforma continental[793]. Sin embargo, tal planteamiento

---

otros componentes bióticos que pueden depender de especies sedentarias o estar asociados a ellas, como las esponjas o los corales que se encuentran en la parte de la plataforma continental que se extiende más allá de las 200 m. m., de conformidad con el artículo 76 de la CNUDM, pero que en sí mismos no son necesariamente de naturaleza sedentaria. Declaración CIG-2. Bangladesh (04.04.2019). *https://www.un.org/bbnj/sites/www.un.org.bbnj/files/bangladesh2-4-april-pm.pdf*

789 AGNU. A/CONF.232/2019/1, *op. cit.*, Segunda Parte. II. 3.1.

790 Declaración CIG-2. Palestina (G-77 y China) (05.04.2019). *https://www.un.org/bbnj/sites/www.un.org.bbnj/files/palestine2-on-behalf-of-G-77-and-china-bbnj-igc2-agenda-item-7-intervention-on-mgr-25-27-march-2019-.pdf*

791 AGNU. A/CONF.232/2019/1, *op. cit.*, Segunda Parte. II. 3.1 (1), opción I. Opción C.

792 *Ibidem*, opción A.

793 Esto fue propuesto, entre otros, por los Estados Federados de Micronesia, Mauricio y las Seychelles. IISD. (2019). Summary of the Second Session (...), 3.

no ha sido recogido en el artículo 10 del Acuerdo. Tal circunstancia, la exclusión de la plataforma en el ámbito de aplicación, podría suponer ciertos conflictos a la hora de aplicar el Acuerdo en lo relativo a los RGM. Estos conflictos se refieren principalmente a dos cuestiones[794]. La primera cuestión es la delimitación del alcance de la Zona, ya que varios Estados ribereños no han establecido sus plataformas continentales dentro de las 200 m. m. o sus potenciales extensiones, tal y como se apuntaba en el apartado D del Capítulo IV, lo que supone un problema de inseguridad jurídica a la hora de aplicar el Acuerdo.

La segunda cuestión problemática *a priori* tiene que ver con las consecuencias derivadas del ejercicio del derecho de los Estados ribereños a explotar los recursos no vivos de la plataforma continental extendida[795]. No es complejo imaginar que cualquier tipo de explotación de esta zona, aunque limitada a los recursos no vivos, pueda tener un impacto en sus aguas suprayacentes y en los recursos vivos que en ella habitan, que constituyen parte de la alta mar y, por tanto, están bajo el régimen del Acuerdo BBNJ. Así pues, las obligaciones de conservación establecidas en este Acuerdo pueden verse confrontadas por las actividades permitidas por el Estado ribereño. El Acuerdo BBNJ, previendo un potencial conflicto entre normas, ha establecido que debe interpretarse y aplicarse en el contexto

---

794 A estas dos cuestiones podríamos sumar una tercera que se derivaría de la Parte relativa a los mecanismos de gestión basados en zonas, que no son objeto de estudio de esta investigación, pero que son una parte del cuádruple objeto del Acuerdo BBNJ. En este sentido, consideramos que podría darse la situación de que el establecimiento de uno de estos mecanismos, por ejemplo, de un área marina protegida, chocase con el derecho de un Estado ribereño a extender su plataforma continental más allá de las 200 m. m. conforme a las disposiciones de la CNUDM.

795 Artículo 82.1 de la CNUDM.

de la Convención, "incluso con respecto a la zona económica exclusiva y la plataforma continental dentro de las 200 m. m. y más allá"[796].

Así pues, los objetivos de conservación del Acuerdo parecen ceder frente a los derechos de los Estados ribereños. Empero, es imprescindible destacar al respecto que la soberanía sobre los recursos naturales de un Estado no es ilimitada, sino que, entre otros, se ve afectada tanto por obligaciones convencionales (como la del artículo 193 de la CNUDM por el que los Estados tienen derecho a explotar sus recursos "de conformidad con la obligación de proteger y preservar el medio marino"), así como por el derecho consuetudinario (en particular, por la obligación general de los Estados de velar por que las actividades en zonas bajo la jurisdicción nacional respeten el medioambiente de otros Estados o las ZFJN)[797]. Por lo tanto, lo que parece una cesión a los intereses de los Estados ribereños queda atemperada por las normas consuetudinarias del Derecho Internacional y la aplicación efectiva de la CNUDM.

El papel de los Estados ribereños en este apartado y, en general, en el Acuerdo fue ampliamente debatido a lo largo de las CIG. En particular, se discutió si debían ser tenidos en consideración singular en lo relativo a las actividades realizadas en

---

796 Artículo 5.1 *in fine* del Acuerdo.

797 En este sentido, la CIJ, en su Opinión Consultiva de 8 de julio de 1996, reconoce que "la existencia de la obligación general de los Estados de garantizar que las actividades dentro de su jurisdicción y control respeten el medio ambiente de otros Estados o de zonas que escapan al control nacional forma ya parte del *corpus* del Derecho internacional relativo al medioambiente". *Legality of the Threat or Use of Nuclear Weapons*, Advisory Opinion, I. C. J. Reports 1996, p. 226, párr. 29. Sobre el Principio 2 de la Declaración de Río (relativo a la responsabilidad de no causar daños medioambientales), véase: Sands, P. & Peel, J. (2018), *op. cit.*, 206-211.

las ZFJN más cercanas a su jurisdicción, bien requiriendo su consentimiento previo[798] o bien, en su defecto, siendo notificados de las mismas. Asimismo, también se debatió la necesidad de consagrar en el texto el especial respeto a sus derechos e intereses conforme a la CNUDM y a otros instrumentos[799].

En esta línea, una de las propuestas que se llevaron a la mesa de negociación fue la posibilidad de establecer un sistema de consultas con los Estados ribereños, incluido un sistema de notificación previa, cuando se fuese a realizar una actividad relacionada con los RGM hallados en ZFJN que también se encontrasen en zonas bajo su jurisdicción, así como requerir el consentimiento previo del Estado ribereño cuando las actividades pudieran llevar a la explotación de RGM que se encuentren en ambas zonas[800]. El establecimiento de un sistema de consentimiento previo fue considerado inaceptable por varios Estados[801], positivo por otros[802] y matizable

---

798 En contra de esta opción se manifestó, entre otras, la delegación de EE.UU. IISD. (2019). Summary of the Second Session (...), *op. cit.*, 3.

799 Mientras que algunos Estados se mostraron favorables a proponer un régimen de cooperación con los Estados ribereños, como el propuesto por Singapur en la CIG-3; otros Estados, como China, se opusieron a otorgar cualquier tipo de estatus especial a estos Estados en el contexto del Acuerdo BBNJ. IISD. (2019). Summary of the Third Session (...), *op. cit.*, 7.

800 AGNU. A/CONF.232/2019/1, *op. cit.*, Segunda Parte. II. 3.1 (2).

801 IISD. (2019). Summary of the Second Session (...), 3; Declaración CIG-2. Japón (27.03.2019). *https://www.un.org/bbnj/sites/www.un.org.bbnj/files/japan2-27-march.pdf*

802 Entre otros, Islandia se manifestó a favor de esta opción. Palestina, en nombre del G-77 y China, también se mostró a favor de incorporar algo en este sentido en el texto, pero no acabó de definir cómo en ese momento de las negociaciones. Declaración CIG-2. Islandia (27.03.2019), *op. cit.;* Declaración CIG-2. Palestina (G-77 y China) (05.04.2019), *op. cit.*

por bastantes delegaciones[803]. En particular, la delegación de Singapur señaló en la CIG-2, que era necesario modificar el lenguaje utilizado sobre este sistema de consentimiento en el documento de ayuda a la presidencia sobre el que se estaba trabajando, porque en el apartado que exigía el consentimiento previo de los Estados ribereño, el elemento accionador (*trigger*) de este requisito era que la actividad en cuestión "pu[diera] resultar en una explotación de RGM", lo cual era análogo a conceder a los Estados ribereños un veto a prácticamente todas las actividades[804].

En las CIG iniciales se debatió la potencial aplicación del Acuerdo a los RGM transzonales en tanto las clasificaciones jurídicas estancas no siempre son un reflejo de la realidad que intentan regular. El nuevo instrumento regula los RGM, recursos vivos que, por su naturaleza, pueden moverse por los océanos, pasando por varias zonas marítimas, sometidas a diferentes jurisdicciones. Por ello, al plantearse la aplicación del Acuerdo a éstos, Brasil destacó la imperiosidad de establecer un mecanismo

---

803 En este último grupo se encontraba Singapur, que sugirió que las consultas y notificaciones previas solo fuesen necesarias si se alcanzaban ciertos umbrales de impacto, y no como una "obligación completamente ilimitada". Declaración CIG-2. Singapur (27.03.2019). *https://www.un.org/bbnj/sites/www.un.org.bbnj/files/singapores2-intervention-on-mgr-3-1-.pdf*

804 *Ibidem.* A colación de este último apartado propuesto, que consideraba una igualdad de trato para los RGM bajo y fuera de la jurisdicción nacional, Japón planteó si la consideración de los RGM hallados fuera como PCH –reclamo constante de los Estados Parte en desarrollo y contra el que se posicionó Japón– implicaría que aquellos RGM idénticos encontrados bajo la jurisdicción de estos Estados ribereños también deberían considerarse PCH. Declaración CIG-2. Japón (27.03.2019), *op. cit.*

de consultas con el Estado ribereño pertinente[805], que no fue finalmente reflejado en el texto definitivo.

Finalmente, no hay prácticamente referencia alguna a los Estados ribereños en el precepto sobre la aplicación de la Parte II, relativa a los RGM. De hecho, la única mención que existe en este apartado es en relación con las actividades relacionadas con los RGM y la IDS, por el que se establece que la recolección *in situ* de RGM deberá tener "debidamente en cuenta los derechos y los intereses legítimos de los Estados ribereños en las zonas bajo su jurisdicción nacional y los intereses de otros Estados en las [ZFJN], de conformidad con la Convención"[806]. El Acuerdo no profundiza en qué implica exactamente "tener debidamente en cuenta" estos derechos, más allá de una obligación bastante difuminada por la que las Partes "se esforzarán por cooperar, según proceda"[807].

2. Ámbito de aplicación temporal

En cuanto al ámbito de aplicación temporal de las disposiciones del Acuerdo, éste se limita a las actividades relacionadas con los RGM recolectados y la IDS generada de las ZFJN "*tras* la entrada en vigor del Acuerdo para la Parte respectiva"[808]. Pero, se prevé también que la aplicación de las disposiciones del Acuerdo se extienda a la utilización de los RGM y la IDS recogidos o generada *antes* de la entrada en vigor, salvo que una Parte solicite una excepción al firmar, ratificar, aprobar,

---

805 Declaración CIG-1. Brasil (s.f.). *https://www.un.org/bbnj/sites/www.un.org.bbnj/files/brazil-item-3.pdf*

806 Artículo 11.3 del Acuerdo.

807 *Ibidem.*

808 Artículo 10.1 del Acuerdo (énfasis añadido).

aceptar o adherirse al Acuerdo conforme a su artículo 70[809]. Esta extensión temporal, con aparente efecto retroactivo por defecto, no se preveía en ninguno de los proyectos de texto del instrumento. Decimos aparente porque, en principio, el Acuerdo se aplica a la utilización –nueva– de un recurso recolectado en el pasado. Por lo tanto, no constituye una aplicación retroactiva del Acuerdo a la recolección. Esta construcción legal permite que aquellos RGM o la IDS que se encuentren actualmente en repositorios o colecciones *ex situ* no eludan el régimen del Acuerdo BBNJ[810].

Como se analiza en los apartados siguientes, el Acuerdo prevé una serie de obligaciones aparejadas a la recolección y utilización de los RGM o la IDS. Este ámbito de aplicación temporal implica que se deberá cumplir con las obligaciones aparejadas a la utilización tanto de recursos recolectados antes como después de la entrada en vigor del Acuerdo, como, por ejemplo, los relativos a la notificación de su uso y de participación en beneficios.

---

809 *Ibidem* (énfasis añadido). A lo largo de las negociaciones, el ámbito de aplicación temporal previsto era el preferido, entre otros, por la UE y sus Estados Miembros, EE.UU., Islandia y Suiza, que se inclinaban a favor de aplicarlo únicamente a la recolección posterior a la entrada en vigor del Acuerdo; frente a otras delegaciones (como la argentina) que mostraban su preocupación por el estatus de los RGM recolectados o accedidos con anterioridad. Islandia, por su parte, reiteró la necesidad de aclarar si la entrada en vigor se refería a la general del Acuerdo o a cada una de las partes, prefiriendo esta última opción, que fue la finalmente incorporada. IISD. (2018). Summary of the First Session (…), *op. cit.*, 4; IISD. (2019). Summary of the Second Session (…), *op. cit.*, 3; Declaración CIG-2. Islandia (27.03.2019), *op. cit.*

810 Los repositorios en línea y las publicaciones de investigación son la forma más común de acceder a los RGM. Rabone, M. *et al.* (2019), *op. cit.*, 10.

Ya en las negociaciones del Protocolo de Nagoya los Estados en desarrollo, con la oposición de los Estados desarrollados, propusieron también que se aplicase a los recursos genéticos y al conocimiento tradicional adquirido previamente a la entrada en vigor del Protocolo, pero con posterioridad a la entrada en vigor del CDB. Esta propuesta no se vio finalmente reflejada en el Protocolo. El objetivo era evitar que se produjesen lagunas jurídicas respecto a los recursos genéticos hallados en colecciones *ex situ*[811]. Con el Acuerdo BBNJ, los Estados en desarrollo han conseguido ver atendida su reivindicación. Sin embargo, habrá que esperar a que los Estados firmen o ratifiquen el Acuerdo para hacer una valoración precisa, pues todos ellos pueden formular una excepción a este ámbito temporal excepcional.

Como se ha señalado previamente, el Acuerdo, en principio, no admite reservas o excepciones salvo aquéllas expresamente previstas, siendo una de éstas el ámbito temporal de la Parte II[812]. Así pues, aunque *a priori* se prevea la aplicación a aquellos recursos o la IDS recogidos o generada antes de la entrada en vigor del Acuerdo, las Partes pueden solicitar que no se les aplique.

3. Ámbito de aplicación material

En relación con el ámbito de aplicación material, el Acuerdo recoge que las disposiciones del Acuerdo se aplicarán a "las actividades relacionadas con los recursos genéticos marinos y la información digital sobre secuencias de recursos genéticos marinos de las zonas situadas fuera de la jurisdicción

---

811 Morgera, E.; Tsioumani, E. & Buck, M. (2014), *op. cit.*, 77-79.

812 Artículos 70 y 10 del Acuerdo. Sobre las reservas en el Acuerdo BBNJ, véase el apartado C.3 del Capítulo IV.

nacional"[813]. Este ámbito de aplicación se acota por una serie de excepciones materiales: la pesca y las actividades militares de una Parte. En consecuencia, son cuatro los conceptos claves para concretar su ámbito de aplicación: qué son los RGM de las ZFJN, qué es la IDS de las ZFJN, cuáles son sus excepciones materiales, y qué abarca la noción de "actividades relacionadas" con los RGM y la IDS. Esta última cuestión se responde en el siguiente apartado.

a. Los recursos genéticos marinos

El Acuerdo BBNJ define los "recursos genéticos marinos" como "cualquier material de origen marino vegetal, animal, microbiano o de otro tipo que contenga unidades funcionales de la herencia con valor real o potencial"[814].

Esta definición aúna las utilizadas por el CDB para "recursos genéticos" y "material genético"[815]. Mientras que su definición conjunta fue avalada por la UE y EE.UU.; China y el G-77, CARICOM, CLAM y los Pequeños Estados Insulares en Desarrollo abogaban por dos definiciones separadas[816]. En los textos posteriores a la CIG-3 y en el texto definitivo se consagró la opción preferida por los primeros, es decir, una única definición de RGM que incorporase qué se entiende por material genético.

b. La información sobre secuencias de recursos genéticos marinos

El Acuerdo también se aplica a las actividades relacionadas con la IDS, si bien no se proporciona definición alguna de esta

813 Artículo 10.1 del Acuerdo.

814 Artículo 1.8 del Acuerdo.

815 Véase el apartado A.2 (a) del Capítulo I.

816 IISD. (2019). Summary of the Third Session (…), *op. cit.*, 4.

noción en el texto. Sin ánimo de reiterar la definición y complejidad de este concepto, ya estudiado en el apartado A.2 (c) del Capítulo I al que nos remitimos, cabe mencionar brevemente que la cuestión de su inserción o no fue ampliamente debatida durante las negociaciones. Varias delegaciones exigieron su presencia desde un principio, razón por la que se encuentran numerosas alusiones al mismo a lo largo del PT2019, si bien entre corchetes. Sin embargo, en los siguientes proyectos de texto su aparición mengua considerablemente hasta el borrador definitivo, en el que vuelve a aparecer a lo largo de todo el texto, pero sin incluir una definición. Ésta fue una decisión consciente en aras a mantener la coherencia con el CDB, que actualmente está trabajando en definirla. Por lo tanto, se espera que, una vez adoptada para el CDB, la noción escogida se haga extensiva al Acuerdo BBNJ.

A pesar de ello, es preciso subrayar los perjuicios potenciales derivados de que exista un intervalo temporal entre la entrada en vigor del Acuerdo BBNJ y la adopción de una definición conjunta en el seno del CDB. En dicha hipotética situación, el Acuerdo se aplicaría a las actividades relacionadas con una realidad, la IDS, que no se encontraría definida en el momento de su aplicación. Tal falta de determinación supone una considerable inseguridad jurídica en una materia de tan necesaria precisión.

c. Materias fuera del ámbito de aplicación del Acuerdo: la pesca y las actividades militares

c.1. La pesca

El Acuerdo establece expresamente que no será de aplicación a: (a) “la pesca regulada por el Derecho Internacional pertinente y las actividades relacionadas con la pesca”; o (b) "los peces u otros recursos marinos vivos de los que se sepa que han sido capturados en la pesca y las actividades relacionadas con la pesca en zonas situadas fuera de la jurisdicción nacional, excepto cuando dichos peces u otros recursos marinos vivos estén regulados como utilización en virtud de [la Parte II del Acuerdo]"[817].

La naturaleza de los recursos a los que les sería de aplicación el instrumento no fue pacífica durante las negociaciones del Acuerdo, en particular en relación con su potencial impacto sobre la pesca. En esta línea, Jamaica observó en el Comité Preparatorio la complejidad de lidiar con la pesca cuando el propio término "pesca" no está definido por la CNUDM, si bien algunas convenciones adoptadas en el marco de las OROP la definen como la "búsqueda, captura, recogida o recolección, reales o intentadas, de recursos pesqueros", así como "la realización de cualquier actividad de la que quepa esperar razonablemente que tenga como resultado la localización, captura, recogida o recolección de recursos pesqueros para cualquier fin, incluida la investigación científica"[818].

En cualquier caso, una serie de Estados[819] argumentaron desde un inicio que era necesario distinguir entre los "peces como productos básicos" (*fish as a commodity*) y los "peces valorados por sus propiedades genéticas" (*fish valued for their genetic properties*). La diferencia radica en que la utilización de los peces en el primer sentido tiene como objetivo explotar las partes tangibles de estos recursos principalmente para su consumo, mientras que en el segundo caso la cuestión

817 Artículo 10.2 del Acuerdo.

818 Artículo 1 (h) del Convenio sobre la Conservación y Ordenación de los Recursos Pesqueros en el Atlántico Sudoriental, Windhoek, de 20 de abril de 2001, UNTS 2221 (p. 189).

819 Principalmente, Argentina, Canadá, EE.UU., Jamaica y la UE (y sus Estados Miembros). Leary, D. (2019), *op. cit.*, 26.

principal reside en acceder al material biológico, a partir del cual investigar y desarrollar productos.

La FAO se posicionó a favor de diferenciar entre ambos, recordando que la consideración como productos básicos cuenta con un precedente en el Tratado Internacional sobre los Recursos Fitogenéticos para la Alimentación y la Agricultura (TIRFAA)[820] y que la pesca ya está cubierta por otros marcos jurídicos internacionales existentes (por ejemplo, de las OROP)[821].

No obstante, la distinción entre estas categorías no es siempre sencilla, no sólo por la difusa delimitación conceptual entre ambas, sino también porque un mismo tipo de pez puede tener, en ocasiones, una función como producto básico y, en otras, ser considerado en función de sus propiedades genéticas. Es por ello por lo que Leary señalaba con anterioridad a la celebración de las CIG que el instrumento debería definir: (a) "cuándo y por qué los peces no se consideran peces"; y (b) "cuándo y por qué los peces no son considerados parte de la biodiversidad marina"[822]. Es decir, remarcaba la necesidad de establecer unos umbrales de exclusión en el propio texto del Acuerdo[823].

---

820 Tratado Internacional sobre los Recursos Fitogenéticos para la Alimentación y la Agricultura, Roma, de 3 de noviembre de 2001, UNTS 2400 (p. 303). El Tratado entró en vigor el 29 de junio de 2004.

821 Declaración CIG-2. FAO (s.f.). *https://www.un.org/bbnj/sites/www.un.org.bbnj/files/fao2-statement-intergovernmental-conference-on-bbnj-march-2019.pdf*

822 *Ibidem.*

823 Esta idea fue más tarde recogida por algunas delegaciones y organizaciones participantes en las CIG, como la FAO, que preguntaba en su declaración inicial de la CIG-3 quién determinaría el umbral a partir del cual los recursos pesqueros son considerados como mercancía y cuál sería la composición del órgano subsidiario que

Algunos Estados, como Islandia o Japón, propusieron eliminar dicha diferenciación y dejar a los peces y la pesca completamente fuera de las negociaciones[824], en tanto estimaban que el instrumento debía "adaptarse a la existencia de sus hermanos mayores, los otros acuerdos de aplicación" de la CNUDM, y no socavarlos[825]. El cimiento argumentativo de todas las delegaciones que abogaron por la exclusión total de la pesca del nuevo instrumento era su falta de competencia para regular *ex novo* un ámbito que consideraban que excedía el mandato de la Conferencia. Nicaragua enfatizó al respecto la presencia de otros instrumentos ya existentes que abordan esta cuestión (en particular, la CNUDM y el Acuerdo de Poblaciones de Peces de 1995), así como otros marcos jurídicos relevantes (FAO, etc.) e instituciones (OROP)[826].

Por el contrario, un número importante de delegaciones insistieron en la aplicación del instrumento a los peces y sus derivados dentro de la noción de RGM "no con el objetivo de volver a regular, sino para cubrir las lagunas de los peces capturados para su consumo, pero utilizados en actividades de bioprospección"[827]. Asimismo, se manifestaron a favor de su incorporación tomando en cuenta el impacto colateral de la pesca en el medioambiente[828] y el potencial del nuevo instrumento para protegerlo. Las realidades de la pesca y del

---

tomara tales decisiones. Declaración CIG-3. FAO (19.03.2019). *https://www.un.org/bbnj/sites/www.un.org.bbnj/files/fao3-statement.pdf*

824 Declaración Comité Preparatorio. Islandia (12.2016), *op. cit.;* Declaración CIG-2. Japón (27.03.2019), *op. cit.*

825 Declaración CIG-2. Islandia (27.03.2019), *op. cit.*

826 Declaración CIG-4. Nicaragua (15.03.2022). *https://www.un.org/bbnj/sites/www.un.org.bbnj/files/intervencion_de_nicaragua_15_de_marzo_2022.pdf*

827 Declaración CIG-4. Indonesia (18.03.2022). *https://www.un.org/bbnj/sites/www.un.org.bbnj/files/indonesia_statement_closing_igc_4_bbnj_.pdf*

828 Declaración CIG-3. FAO (19.03.2019), *op. cit.*

Acuerdo BBNJ no son fácilmente disociables, por lo que en los próximos años será necesario evaluar la interacción entre estos regímenes[829].

c.2. Las actividades militares de una Parte

De forma novedosa, el Acuerdo finalmente incorporó un subapartado al artículo décimo relativo a la no aplicación de las disposiciones de la Parte II a las actividades militares, que debe leerse de forma conjunta con el artículo cuarto del Acuerdo relativo a las excepciones del ámbito de aplicación del Acuerdo en su totalidad[830]. El análisis de la exclusión prevista en una interpretación literal de ambos artículos resulta ciertamente confuso, por lo que es necesario realizar una interpretación sistemática de ambos preceptos (véase la Tabla 5).

Este apartado no había sido contemplado en esta parte del texto en ninguno de los proyectos de texto anteriores, sino que quedaba originalmente restringido a los apartados relativos al ámbito de aplicación y excepciones dentro de las disposiciones generales del instrumento. Sin embargo, el Acuerdo añade a las otras materias fuera del ámbito de aplicación de la Parte II (lo dispuesto sobre la pesca) que las obligaciones de dicha sección no serán de aplicación para las actividades militares

---

829 Debido al objeto de estudio de este trabajo, no se entra a realizar un estudio de la interacción de los regímenes, pero sin duda será de gran relevancia en los próximos años. Sobre el impacto potencial del Acuerdo en las normativas internacionales sobre pesca, véase, por todos: Barnes, R. (2016). The Proposed LOSC Implementation Agreement on Areas Beyond National Jurisdiction and Its Impact on International Fisheries Law. *The International Journal of Marine and Coastal Law, 31*; en particular, 583-619.

830 Véase el apartado D del Capítulo IV.

de una Parte, "incluidas las actividades militares de buques y aeronaves del Estado dedicados a servicios no comerciales"[831].

Con el fin de considerar el alcance concreto de esta exclusión, se debe partir de lo dispuesto en el artículo 4 del Acuerdo, el cual ya establece que éste no se aplicará a "los buques de guerra, las aeronaves militares o las unidades navales auxiliares", así como a los "buques o aeronaves que, siendo propiedad de una Parte o Estado a su servicio" que se estén utilizando en ese instante para servicios gubernamentales de carácter no comercial de forma exclusiva. No obstante, esta última excepción no regirá en lo relativo a la Parte II. Es decir, partiendo del artículo 4 del Acuerdo, *a priori* la Parte II del Acuerdo BBNJ dedicada a la regulación de los RGM y la IDS es de aplicación a los buques o naves, propiedad de los Estados o a su servicio, siempre que sean utilizados para servicios no comerciales.

El apartado tercero incorporado a última hora en el artículo 10 en la Parte II del Acuerdo matiza esta afirmación general, centrándose en la aplicación de la parte relativa a los RGM a ciertas actividades, de modo que a la excepción de la excepción del artículo 4 se añade una contraexcepción:

> "Las obligaciones previstas en la presente parte no se aplicarán a las actividades militares de una Parte, incluidas las actividades militares de buques y aeronaves del Estado dedicados a servicios no comerciales"[832].

Por lo tanto, el Acuerdo BBNJ en lo que respecta a las obligaciones establecidas en el régimen sobre los RGM (Parte II) se aplicará a los buques o naves, propiedad de los Estados o a su servicio, que sean utilizados para servicios no comerciales, siempre y cuando dichos servicios no formen parte de actividades militares.

---

[831] Artículo 10.3 del Acuerdo.

[832] *Ibidem*.

A esta compleja formulación dividida en dos artículos, se añade otra excepción por la que:

> "Las *obligaciones* previstas en la presente parte *con respecto a la utilización* de recursos genéticos marinos e información digital sobre secuencias de recursos genéticos marinos de las zonas situadas fuera de la jurisdicción nacional *se aplicarán a las actividades no militares de una Parte*"[833].

La lectura de este conjunto de preceptos es cuanto menos confusa. En primer lugar, el Acuerdo establece en su artículo 10.3 que las obligaciones de la Parte II no se aplican a las actividades militares de una Parte (incluyendo en este concepto tanto las actividades militares de buques y aeronaves, como las del Estado dedicados a servicios no comerciales). Pero, a continuación, señala en el mismo apartado que las obligaciones sobre la utilización de dichos recursos se aplicarán a aquéllas no militares. En otras palabras, las actividades militares quedan claramente excluidas de las obligaciones relativas a los RGM, pero las actividades relacionadas con la utilización efectuadas por un buque o aeronave estatal dedicado a servicios no comerciales sí que se regirían por lo dispuesto en la Parte II del Acuerdo.

<table>
<tr><th></th><th>Acuerdo BBNJ</th><th>Parte II</th><th>Artículo</th></tr>
<tr><td>Buques de guerra, aeronaves militares y unidades navales auxiliares</td><td colspan="2">No aplica</td><td>Art. 4</td></tr>
<tr><td>Buques/aeronaves propiedad/al servicio del Estado utilizados para servicios gubernamentales no comerciales</td><td>No aplica</td><td>Sí aplica</td><td>Art. 4</td></tr>
</table>

---

833 Artículo 10.3 *in fine* del Acuerdo (énfasis añadido).

Actividades militares de una Parte [actividades militares de buques/aeronaves del Estado dedicadas a servicios no comerciales]		No aplica (obligaciones)	Art. 10.3
Actividades no militares de una Parte		Sí aplica, respecto a las obligaciones de utilización de RGM/ IDS.	Art. 10.3

Tabla 5. Excepciones a la aplicación material del Acuerdo y la Parte II: comparativa entre los artículos 4 y 10 del Acuerdo (elaboración propia).

B. LAS ACTIVIDADES RELACIONADAS CON LOS RECURSOS GENÉTICOS MARINOS Y LA INFORMACIÓN DIGITAL SOBRE SUS SECUENCIAS

1. ¿Qué se entiende por "actividades"?

El Acuerdo dedica un precepto a las actividades relacionadas con los RGM y la IDS de las ZFJN estableciendo cómo deben ser llevadas a cabo dichas actividades, pero sin definir el alcance de la noción en sí misma.

De una lectura global del Acuerdo, podemos entender que cualquier utilización de los RGM está comprendida en estas actividades en tanto el propio Acuerdo define "la utilización de los RGM" como "la *realización de actividades* de investigación y desarrollo sobre la composición genética y/o bioquímica de los recursos genéticos marinos, incluso mediante la aplicación de biotecnología (...)"[834]. Por su parte, la "biotecnología"

834 Artículo 1.14 del Acuerdo (énfasis añadido).

comprende "toda aplicación tecnológica que utilice sistemas biológicos y organismos vivos o sus derivados para la creación o modificación de productos o procesos para usos específicos"[835].

Cabría también entender dentro de esta noción las actividades de bioprospección, definida usualmente por la doctrina como "la búsqueda de recursos biológicos y genéticos nuevos y útiles"[836]. Dichas actividades se pueden realizar en las ZFJN en la forma de expediciones conocidas como cruceros (*cruises*) que persiguen distintos objetivos, como son realizar estudios de poblaciones, la cartografía taxonómica de la presencia de especies, la exploración con fines comerciales o la recogida sistemática de muestras[837].

La ausencia de una definición de "actividades" relacionadas con los RGM y la IDS permite crear un régimen tecnológica y terminológicamente neutro, evitando la rigidez que supondría establecer un *numerus clausus* de prácticas consideradas bajo esta noción de actividades. De esta manera, el régimen establecido en la Parte II del Acuerdo BBNJ puede aplicarse a acciones que no se conciban en la actualidad, pero que podrían surgir en un futuro más o menos distante.

2. Principios rectores de la realización de las actividades

De la lectura del artículo 11 del Acuerdo BBNJ se pueden extraer cuatro grandes principios que deben regir la realización de actividades relacionadas con los RGM de las ZFJN: la

---

835 Artículo 1.3 del Acuerdo.

836 Tvedt, M. W. (2020). Marine Genetic Resources: a Practical Legal Approach to Stimulate Research, Conservation and Benefit Sharing. En: C. Banet. *The Law of the Seabed* (pp. 238-254). Leiden: Brill Nijhoff, 245.

837 *Ibidem*, 246.

no discriminación entre Partes, la prohibición de reclamaciones soberanas, la realización de las actividades en interés de todos los Estados y en beneficio de toda la humanidad, y con fines exclusivamente pacíficos[838]. Tradicionalmente, éstos han sido algunos de los rasgos o elementos considerados como constitutivos del PCH[839].

A estos principios se suma una reiteración de un deber advertido en múltiples partes del Acuerdo, como es la obligación de las Partes de promover la cooperación para realizar las actividades de conformidad con lo dispuesto en el Acuerdo[840], añadida en el NPTA2022. La pertinencia de tal reiteración puede ser cuestionada, ya que la obligación ya está prevista de manera general en el artículo 8 del Acuerdo.

a. La no discriminación entre Partes

El Acuerdo prevé que las actividades relacionadas con los RGM y la IDS de las ZFJN puedan ser desarrolladas por "[t]odas las Partes, independientemente de su ubicación geográfica, y las

---

838 Apartados 1, 4, 6 y 7 del artículo 11 del Acuerdo, respectivamente.

839 Tanaka considera que el PCH está compuesto por tres subprincipios (la no apropiación de la Zona y sus recursos, el beneficio de la humanidad y el uso de la Zona exclusivamente para fines pacíficos), mientras que Vöneky y Höfelmeier considerarn que sus elementos son la utilización para fines pacíficos y la no discriminación entre Estados. Tanaka, Y. (2008). *A Dual Approach to Ocean Governance. The Cases of Zonal and Integrated Management in International Law of the Sea.* Surrey: Ashgate, 13; Vöneky, S. & Höfelmeier, A. (2017). The Area. En: A. Proelss (Ed.). United Nations Convention on the Law of the Sea: A Commentary (pp. 936–1276). Múnich: Nomos Verlagsgesellschaft, 982-984. Sobre el PCH, véase el apartado F del Capítulo IV.

840 Artículos 11.1 y 2 del Acuerdo. Sobre la obligación de cooperación en el Acuerdo BBNJ, véase el apartado E.3 del Capítulo IV.

personas naturales o jurídicas bajo su jurisdicción"[841]. A diferencia de la CNUDM, que utiliza con frecuencia un lenguaje dirigido a los "Estados" (si bien limitado por la doctrina *pacta tertiis,* por la que en virtud del artículo 34 del CVDT, se impide cualquier efecto sobre terceros sin su consentimiento), el Acuerdo se limita en este caso a las "Partes" (Estados u organizaciones regionales de integración económica que hayan consentido en obligarse por el Acuerdo[842]) y los sujetos privados bajo su jurisdicción (en el caso de la realización de actividades relacionadas con los RGM, empresas e instituciones públicas o privadas y sus empleados o particulares). Esta decisión parece un distanciamiento del Derecho del Mar tradicional, caracterizado por un régimen Estado-céntrico.

La inclusión de un precepto sobre la no discriminación en la realización de actividades en un área o zona tiene sus antecedentes en otros tratados internacionales como el Tratado de la Luna[843] o del Espacio Ultraterrestre[844]. Cabe mencionar que la referencia a la no discriminación geográfica fue únicamente incluida a raíz del NPTA2022, tal vez como un guiño al artículo 141 de la CNUDM sobre el uso de la Zona para fines pacíficos que establece la apertura de esta área para su utilización por todos los Estados "ya sean ribereños o sin litoral".

Podríamos considerar que este artículo trata de promover la equidad en un estadio anterior al del reparto de beneficios[845],

---

841 Artículo 11.1 del Acuerdo.

842 Artículo 1.11 del Acuerdo.

843 Artículos 8 y 11.4 del Tratado de la Luna.

844 Artículo III del Tratado sobre los principios que deben regir las actividades de los Estados en la exploración y utilización del espacio ultraterrestre, incluso la Luna y otros cuerpos celestes, Washington, Moscú, Londres, de 27 de enero de 1967, UNTS 610 (p. 205) (en adelante, Tratado del Espacio Ultraterrestre).

845 De forma similar a lo planteado en el artículo 140 de la CNUDM. Vöneky, S. & Höfelmeier, A. (2017), *op. cit.*, 985.

asegurando no sólo que la humanidad se beneficie y que los Estados en desarrollo reciban, más tarde, beneficios derivados de la utilización de los RGM, sino también aspirando a la equidad en el primer paso o estadio, es decir, en la realización de actividades sobre dichos recursos e información.

Este precepto finaliza señalado que "[e]sas actividades se realizarán de conformidad con el presente Acuerdo"[846], reforzando las obligaciones consagradas tanto en la Parte II relativa a los RGM como en el resto de Acuerdo.

b. La prohibición de reclamaciones soberanas ¿y la no apropiación? de los recursos genéticos marinos

El Acuerdo BBNJ establece la prohibición de reclamaciones soberanas al disponer que "[n]ingún Estado podrá reclamar o ejercer soberanía o derechos soberanos sobre los recursos genéticos marinos de las zonas situadas fuera de la jurisdicción nacional (...)"[847]. Esta prohibición estaba ya prevista en la CNUDM para la Zona o sus recursos[848] y la alta mar[849],

---

846 Artículo 11.1 *in fine* del Acuerdo.

847 Artículo 11.4 del Acuerdo.

848 El artículo 137.1 de la CNUDM está formulado de manera prácticamente idéntica, excepto que prohíbe la "reivindicación" en vez de la "reclamación". La diferencia de sus significados es prácticamente nula en tanto "reivindicar" hace referencia a "reclamar (...) lo que por razón de dominio, cuasi dominio u otro motivo le pertenece". Definición de "reivindicar" de la Real Academia Española (23ª Ed.). *https://dle.rae.es/reivindicar*

849 Noyes señala que esta prohibición no es única del régimen de PCH, sino que ha sido ampliamente aceptada también en la alta mar. Noyes, J. E. (2011), *op. cit.*, 451. En este sentido, el artículo 89 de la CNUDM dispone que "[n]ingún Estado podrá pretender legítimamente someter cualquier parte de la alta mar a su soberanía", recogiendo la prohibición ya consagrada en el artículo 2 de la Con-

y es uno de los elementos centrales del PCH[850].

En virtud de la doctrina *pacta tertiis*, y a pesar del lenguaje universal utilizado en este precepto del Acuerdo BBNJ –al prohibir la reclamación de soberanía de "ningún Estado" (y no sólo de los Estados Parte o las Partes)–, no se generan obligaciones para aquellos Estados no partes[851].

De forma complementaria, el Acuerdo prevé un deber de no reconocimiento de tales reclamaciones o ejercicios de soberanía o derechos soberanos[852]. Este deber de no reconocer es idéntico al dispuesto en el artículo 137.1 *in fine* de la CNUDM sobre las posibles reivindicaciones o ejercicios de soberanía sobre la Zona o sus recursos, e implica que ningún Estado podrá aceptar o reconocer la reclamación efectuada por otros Estados sobre los RGM de las ZFJN.

Por tanto, la prohibición de reclamaciones soberanas sobre los RGM de las ZFJN contemplada en el Acuerdo está compuesta por dos elementos fundamentales: uno negativo –la prohibición y, otro positivo –el deber de no reconocimiento–.

---

vención de Ginebra sobre la alta mar. Convención sobre la alta mar, Ginebra, de 29 de abril de 1958, UNTS 450 (p. 11).

850 Vöneky, S. & Höfelmeier, A. (2017), *op. cit.*, 960.

851 En contraposición se podría argumentar, tal y como han hecho algunos autores respecto a la misma prohibición para con la Zona en la CNUDM, que esta formulación hace referencia a la costumbre internacional y que en la práctica todos los reclamos de soberanía se han visto rechazados. No obstante, parece ser precipitado realizar tales afirmaciones en un momento en el que el Acuerdo todavía no ha entrado en vigor y no hay práctica estatal que pueda validar tales aseveraciones. Sobre el efecto sobre terceros de la prohibición de soberanía en la CNUDM, véase: Vöneky, S. & Höfelmeier, A. (2017), *op. cit.*, 963-964; Wood, M. C. (1999). International Seabed Authority: The First Four Years. *Max Planck Yearbook of United Nations Law, 3*, 173-241.

852 Artículo 11.4 *in fine* del Acuerdo.

Merece la pena destacar una ausencia notable del texto del Acuerdo: el establecimiento de la no apropiación de estas ZFJN o sus recursos. Hasta el NPTA2022 se contemplaba la adición a la prohibición anteriormente señalada de la frase: "[y ningún Estado o persona natural o jurídica *podrá apropiarse* de parte alguna de esos recursos]"[853]. Es decir, se prohibía tanto toda reclamación o ejercicio de la soberanía por parte de los Estados, como toda apropiación de estos recursos por parte de cualquier Estado o personas privadas. La eliminación de esta prohibición vino propulsada, entre otros, por la delegación de EE.UU.[854].

Esta prohibición ha sido previamente consagrada en otros instrumentos jurídicos relevantes, como el artículo 137.1 sobre la Zona y sus recursos de la CNUDM, el artículo II del Tratado del Espacio Ultraterrestre o el artículo 11 del Tratado de la Luna.

Denegar la posibilidad de apropiarse un área o unos recursos en concreto plantea necesariamente la cuestión de su estatus jurídico. Solo se puede prohibir la apropiación de algo (ya sea un área o recursos) considerado como apropiable (*res nullius*). Sin embargo, cuando algo pertenece a todos, no es apropiable por nadie (*res communis*)[855]. La inclusión de esta privación pudiera haber servido para clarificar la naturaleza de los RGM en ZFJN. No obstante, la consagración como no apropiables de la Zona y sus recursos, regidos por el PCH conforme a la CNUDM, no sirvió para clarificar su naturaleza

---

853 Artículo 9.3 del PT2019, PTR2019 y NTPR2022.

854 A/CONF.232/2020/3 (15.04.2020). Textual proposals (...), *op. cit.*, 72.

855 Para un análisis en profundidad de estas categorías y su origen en el Derecho Romano, véase: De Lucia, V. (2019). Ocean Commons, Law of the Sea and Rights for the Sea. *Canadian Journal of Law and Jurisprudence, XXXII (1)*, 45-57.

específica, sino que se terminó concluyendo que el estatus de esta área y recursos debe ser visto como una categoría legal en sí misma[856], por lo que cabe considerar que haber incorporado dicha prohibición de apropiación en el Acuerdo BBNJ podría haber resultado igualmente en vano a los efectos de clarificar cuál es la naturaleza de los RGM.

A la prohibición contemplada en el artículo 11.4 del Acuerdo se añade que "[l]a recolección *in situ* de [RGM] de las [ZFJN] no será fundamento jurídico para reclamar ninguna porción del medio marino o sus recursos". La recolección pues, no puede servir para presentar reivindicaciones territoriales sobre el medio marino ni sobre los recursos de las ZFJN. Así, pasa de una prohibición general dirigida a los Estados a una prohibición derivada de la realización de una actividad, en este caso, la recolección *in situ* de dichos recursos. Este quinto apartado relativo a las actividades con RGM fue una incorporación de última hora, pues no aparecía en ninguno de los proyectos de texto del Acuerdo.

La formulación de este mandato recuerda a la utilizada por la CNUDM para la investigación científica marina[857]. Se ha debatido en la doctrina si el artículo 241 de la CNUDM puede utilizarse para fundamentar una prohibición de los derechos de propiedad intelectual (no mencionados expresamente en la Parte XIII de la Convención)[858], es decir, si serviría para evitar

856 Macdonald, R. S. J. (1995). The Common Heritage of Mankind. En: U. Beyerlin *et al.* (Eds.). *Recht zwischen Umbruch und Bewahrung: Festschrift für Rudolf Bernhardt.* Berlín: Springer, 153-154.

857 El artículo 241 de la CNUDM consagra la prohibición ya establecida en el principio 10 de la Declaración de principios que regulan los fondos marinos y oceánicos y su subsuelo fuera de la jurisdicción nacional. AGNU. A/RES/2749(XXV) (17.12.1970), *op. cit.*

858 Gorina Ysertn sostiene que los datos, muestras y resultados recogidos han sido utilizados como base jurídica para reclamaciones de este tipo, si bien el artículo 241 puede servir para esbozar un vínculo

cualquier título de propiedad o derechos de uso exclusivo de los resultados de la investigación científica marina mediante patentes o marcas registradas, entre otros[859]. Sin embargo, ni el proceso de negociación y redacción de la Convención ni su lenguaje ni la práctica posterior de los Estados ofrecen indicación alguna por la que se deba entender que lo dispuesto en la CNUDM impide que cualquier resultado posterior a una investigación de este tipo fuera objeto de derechos de propiedad intelectual[860]. Tomando en consideración que en las negociaciones del Acuerdo BBNJ se optó, tras mucho debate, por eliminar toda referencia a la propiedad intelectual, incluido un precepto exclusivo en la Parte II sobre los RGM, no parece que la inserción de este apartado quinto en el artículo 11 del Acuerdo pretenda impedir que los resultados obtenidos a

---

entre los datos y muestras obtenidas mediante la investigación científica marina y los productos finales (aporten beneficios comerciales o no). Para un análisis completo del artículo 241 de la CNUDM como posible base jurídica para reivindicaciones de propiedad intelectual a la luz de otros tratados como son el Tratado de la Luna, el Tratado de la Antártida o el CDB, véase: Gorina-Ysern, M. (1998). Marine scientific research activities as the legal basis for intellectual property claims? *Marine Policy, 22 (4-5)*, 337-357.

859 Matz-Lück destaca la especial controversia que podría suscitarse derivada de tal afirmación si se estima que la bioprospección debiera ser considerada investigación científica marina, debido a los usos derivados de estos recursos para las industrias farmacéutica o biomédica. Matz-Lück, N. (2017). Marine Scientific Research. Section 1. En: A. Proelss (Ed.), *op. cit.* (pp. 1605-1629), 1628.
Sobre la consideración o no de la bioprospección como investigación científica marina, véase, entre otros: Morris-Sharma, N. Y. (2020). BBNJ and MGRs: Practical Solutions for Benefit Sharing. En: T. Heidar (Ed.). *New Knowledge and Changing Circumstances in the Law of the Sea* (pp. 79-98). Leiden: Brill Nijhoff, 86-88.

860 Matz-Lück, N. (2017), *op. cit.*, 1628-1629.

partir de los RGM recolectados en las ZFJN puedan ser objeto de derechos de propiedad intelectual[861].

c. La realización de las actividades en interés de todos los Estados y en beneficio de toda la humanidad

En línea con los principios establecidos para el Acuerdo, y, en especial el PCH, se establece también que las actividades relacionadas con los RGM y la IDS de las ZFJN "se realizarán en el interés de todos los Estados y en beneficio de toda la humanidad, en particular a fin de impulsar los conocimientos científicos de la humanidad y promover la conservación y el uso sostenible de la diversidad biológica marina, teniendo en especial consideración los intereses y necesidades de los Estados en desarrollo"[862].

De esta obligación podemos extraer tres ideas fundamentales: primero, se establece a la humanidad en su conjunto como beneficiaria de las actividades realizadas al amparo del Acuerdo; segundo, se definen los objetivos que deben fundamentar la realización de dichas actividades; y tercero, se enfatiza la necesidad de tomar en consideración la situación particular de los Estados en desarrollo.

El Acuerdo BBNJ, al igual que el artículo 140 de la CNUDM (sobre las actividades a realizar en la Zona) erige a la humanidad como máxima beneficiaria de la proclamación de la Zona como PCH[863]. La humanidad, en su conjunto, puede definirse como la suma de todos los seres humanos[864], en sus dos dimensiones:

---

861 Sobre este extremo, véase el apartado H de este Capítulo.

862 Artículo 11.6 del Acuerdo.

863 Vöneky, S. & Höfelmeier, A. (2017), *op. cit.*, 979.

864 Dupuy, J. (1991). *A Handbook on the New Law of the Sea* (vol. I). Leiden-Boston: Brill Nijhoff, 579.

la espacial (*transspatial*), en tanto abarca a todas las personas independientemente de su paradero; y la temporal (*transtemporal*), dado que incluye las generaciones presentes y futuras[865]. En consecuencia, a la hora de realizar actividades relacionadas con RGM y la IDS de las ZFJN será necesario tomar en consideración los aspectos del desarrollo sostenible y las preocupaciones y necesidades globales tanto a corto como a largo plazo.

La idea subyacente del uso sostenible de los recursos que se insinúa en la obligación de actuar en beneficio de la humanidad viene reforzada en el Acuerdo BBNJ, en tanto en este mismo precepto se establece que las actividades relacionadas con estos recursos tendrán dos objetivos o metas: por un lado, impulsar el conocimiento científico y, por otro, promover el uso sostenible y la conservación de la biodiversidad marina. Este enfoque no sólo reafirma el objetivo general del Acuerdo, sino también uno de los objetivos específicos de la parte sobre RGM[866].

No obstante, esta repetición de objetivos puede parecer algo superflua, dado que ya están reiterados en varias secciones del Acuerdo, y podría dar la impresión de que se establece una jerarquía innecesaria entre los mismos. Surge, pues, el siguiente interrogante: ¿por qué las actividades que se realizan en beneficio de la humanidad deben prestar especial atención a impulsar conocimientos científicos y no, de manera igualmente enfática, en fomentar la participación justa y equitativa de los beneficios?[867]. Esta preocupación subraya la necesidad de integrar de manera equilibrada todos los objetivos del Acuerdo en su implementación.

---

865 *Ibidem*, 580-586.

866 Artículos 2 y 9 (c) del Acuerdo, respectivamente.

867 Sobre los potenciales problemas derivados de la fragmentación de los objetivos del Acuerdo, véase el apartado C del Capítulo IV.

Las actividades reguladas por el Acuerdo BBNJ, además de realizarse en pro de toda la humanidad, deben efectuarse "en interés de todos los Estados". Esta dualidad en la determinación de los beneficiarios fue incorporada en el texto a partir del NPTA2022, aunque su idoneidad no resulta del todo clara. Con esta adición, el Acuerdo se desvincula del lenguaje utilizado por la CNUDM[868] y añade una capa adicional de ambigüedad a la construcción de la obligación, puesto que es complejo definir cuál es el interés de todos los Estados y, sobre todo, determinar si el beneficio de la humanidad y los intereses de los Estados están alineados para que las actividades que se realicen sean a la luz de ambos. Estos dos intereses podrían ser divergentes, por ejemplo, en el caso de una actividad relacionada con los RGM que resultara en la creación de una vacuna, la cual sería indudablemente en beneficio de la humanidad, pero no necesariamente de todos los Estados si dicha vacuna no es accesible por igual, o si beneficia económicamente a un Estado en concreto. Esta dualidad plantea pues interrogantes significativos sobre cómo deben interpretarse y aplicarse las actividades conforme a ambos criterios en la práctica.

Siguiendo la práctica consagrada en el Derecho Internacional de proporcionar un trato diferenciado a los Estados en pos no solo del desarrollo sostenible, sino de la redistribución de las cargas en dicha consecución[869], la realización de cualquiera de estas actividades debe tener en cuenta "en particular los intereses y necesidades de los Estados en desarrollo". En los primeros proyectos de texto esta especial consideración definía de forma

[868] A saber, artículos 140 de la CNUDM sobre las actividades a realizar en la Zona y 143 de la CNUDM sobre la investigación científica marina en la Zona.

[869] Cullet, P. (1999). Differential Treatment in International Law: Towards a New Paradigm of Inter-State Relations. *European Journal of International Law, 10*, 549-563.

más concreta qué Estados se encuentran bajo la categoría (tan compleja de definir) de Estados en desarrollo[870]. Esta obligación genérica de tener en cuenta intereses y necesidades (establecida en la CNUDM) ha sido calificada por parte de la doctrina como de un "contenido normativo especialmente bajo". Esto se debe a las imprecisiones inherentes a la definición del concepto de los "Estados en desarrollo" y que los intentos de operacionalizar esta cláusula para realizar una interpretación dinámica y flexible de la Convención no han resultado exitosos[871].

En los proyectos de texto del Acuerdo se establecía que fuera "la utilización de los RGM y la IDS" en vez de las "actividades relacionadas" con dichos recursos las que debían realizarse en interés de todos los Estados y en beneficio de la humanidad. En consecuencia, el texto finalmente adoptado en el artículo

---

870 En el PT2019 y PTR2019 se hacía referencia a los "Estados en desarrollo y, en particular los países menos adelantados, los países en desarrollo sin litoral, los Estados geográficamente desfavorecidos, los pequeños Estados insulares en desarrollo, los Estados ribereños de África y los países en desarrollo de ingresos medianos".

871 Por ejemplo, Nauru solicitó una opinión consultiva al TIDM en tanto entendía que la responsabilidad de los Estados en desarrollo por los daños derivados de las operaciones mineras en los fondos marinos que patrocinan debía estar condicionada y limitada por su condición de Estado en desarrollo. El Tribunal rechazó la idea de un modelo de dos niveles de responsabilidad basado exclusivamente en la condición de desarrollo económico de los Estados, y confirmó que todos los Estados tienen las mismas obligaciones con respecto a las actividades de la Zona, incluida la protección del medioambiente. *Responsibilities and obligations of States with respect to activities in the Area,* Advisory Opinion, *op. cit.*, párr. 1551 y ss.; Rayfuse, R. (2011). Differentiating the Common? The Responsibilities and Obligations of States Sponsoring Deep Seabed Mining Activities in the Area. *German Yearbook of International Law, 54*, 473 -474; Vöneky, S. & Höfelmeier, A. (2017), *op. cit.*, 980-981.

11.6 del Acuerdo sobre las actividades relacionadas con los RGM y la IDS abarca una gama de actividades mayor que si se hubiese limitado a únicamente la utilización.

d. La realización de las actividades exclusivamente con fines pacíficos

Finalmente, el Acuerdo establece que las actividades relacionadas con los RGM y la IDS de las ZFJN "se realizarán exclusivamente con fines pacíficos"[872]. Éste es uno de los elementos clásicamente característicos del PCH[873] y que puede ser leído a la luz del principio de equidad intergeneracional consagrado en el Acuerdo[874].

Esta condición se ha incluido en múltiples acuerdos o tratados internacionales[875], incluida en la CNUDM en lo relativo

---

872 Artículo 11.7 del Acuerdo.

873 Larschan, B. & Brennan, B. C. (1983). Common Heritage of Mankind Principle in International Law. *Columbia Journal of Transnational Law, 21 (2),* 305; Tanaka, Y. (2008), *op. cit.*, 13; Vöneky, S. & Höfelmeier, A. (2017), *op. cit.*, 982-984. Baslar, por su parte, considera que este principio no debe asociarse con el PCH, sino que debe ser considerado en el contexto de la gestión sostenible y la protección del medioambiente. Baslar, K. (1998), *op. cit.*, 107.

874 Noyes parte de la base de que los usos no pacíficos de una zona pueden destruir sus recursos, por lo que la vertiente o dimensión de los usos pacíficos puede abarcar la preocupación por las futuras generaciones. Partiendo de la premisa del autor, es decir, de que los usos no pacíficos pueden llevar a destruir recursos para las futuras generaciones, se puede establecer un claro vínculo con la consagración del principio de equidad establecido en el artículo 7 del Acuerdo, así como con el objetivo general del Acuerdo fundamentado en el uso sostenible de los recursos. Noyes, J. E. (2011), *op. cit.*, 451.

875 Entre otros, cabe destacar el Tratado Antártico de 1959 (artículo I), el Tratado del Espacio Ultraterrestre (preámbulo y artículo IV), o la Declaración de principios de la Asamblea General de 1970 que rige

a ciertas zonas (la alta mar[876] y la Zona[877]), así como para determinadas actividades (la investigación científica marina[878]) y de forma general[879]. Algunos autores, como Tanaka, consideraban que, de la misma forma que la Convención preveía que la utilización de la Zona debiera ser con fines pacíficos, los recursos genéticos también habían de utilizarse con tales fines en aplicación analógica[880]. El Acuerdo BBNJ, no obstante, va un paso más allá, si recordamos su ámbito de aplicación geográfico, y no sólo extiende efectivamente esta característica a los recursos genéticos de la Zona, sino a todas las actividades relacionadas con dichos recursos de las ZFJN.

La cuestión esencial al plantear que las actividades deben ser realizadas con fines pacíficos es qué abarca la expresión "fines pacíficos". A diferencia de lo establecido en otros Tratados[881], ni la CNUDM ni el Acuerdo BBNJ especifican o tienen

---

los fondos marinos y oceánicos y su subsuelo fuera de los límites de la jurisdicción nacional (preámbulo y artículos 5, 8 y 10) de la Resolución de la AGNU 2749 (XXV).

876 Artículo 88 de la CNUDM.

877 Artículos 141, 147.2 (d) y 155.2 de la CNUDM.

878 Artículos 143, 240 (a), 242.1 y 246.3 de la CNUDM.

879 Considerando cuarto del preámbulo y artículo 301 de la CNUDM.

880 Tanaka, Y. (2019), *op. cit.*, 412.

881 El artículo 3 del Tratado de la Luna, tras la obligación de utilizar la luna con fines exclusivamente pacíficos, prohíbe cualquier amenaza o uso de fuerza o acto hostil en la luna, así como la puesta en órbita alrededor o hacia la luna portadora de armas nucleares u otras armas de destrucción masiva, y el establecimiento de bases, instalaciones, fortificaciones militares y el ensayo de cualquier tipo de armas o la realización de maniobras militares; mientras que el artículo I del Tratado Antártico establece que la Antártida será utilizada únicamente con fines pacíficos y, añade, estará prohibido cualquier acción militar (incluido el establecimiento de bases, la realización de maniobras militares o pruebas de armas). Ambos Tratados excluyen expresamente de

un desarrollo normativo que permita dilucidar el alcance de esta obligación[882]. Podemos considerar que ésta ha sido una oportunidad perdida para clarificar el concepto en el Derecho del Mar, que sigue siendo debatido extensamente por la doctrina.

El alcance de su significado en el seno de la CNUDM es impreciso[883] y sólo puede ser evaluado atendiendo al precepto concreto[884]. Las dos perspectivas dominantes en la doctrina sobre su interpretación son, por un lado, la que defiende una "interpretación estricta" (la mayoritaria), según la cual se afirma que el contenido de los fines pacíficos se determina mejor a través de una interpretación contextual que conduce a considerar el concepto bajo el prisma del artículo 301 de la Convención, que prohíbe el uso de la fuerza con un lenguaje similar al del artículo 2.4 de la Carta de la ONU[885]; y, por otro lado, la

---

la prohibición el uso de personal militar o equipamiento para las investigaciones científicas marinas o cualquier otro uso pacífico (artículos 3.4 del Tratado de la Luna y I.2 del Tratado Antártico).

882 Vöneky y Höfelmeier señalan que no se puede dilucidar un contenido normativo claro de esta expresión en la Convención, y que tampoco existe un principio fundamentado de fines pacíficos en el Derecho Internacional consuetudinario. Vöneky, S. & Höfelmeier, A. (2017), *op. cit.*, 984.

883 Henrique, M. & Mello Filho, E. C. (2023). Peaceful Purposes Reservations in the Law of the Sea Convention and the Regulation of Military Exercises or Manoeuvres in the Exclusive Economic Zone. *University of Pennsylvania Journal of International Law, 44 (2)*, 416; Guilfoyle, D. (2017), *op. cit.*, 675–857.

884 Así, Vöneky y Höfelmeier señalan respecto al alcance de esta noción en la Convención que debe ser analizada según el caso, en tanto en algunos preceptos se requiere que ciertos espacios se utilicen con fines pacíficos (la Zona), y, en otros, algunas actividades (por ejemplo, la investigación científica marina). Vöneky, S. & Höfelmeier, A. (2017), *op. cit.*, 984.

885 Mientras que la Carta de la ONU establece que "[l]os Miembros de la Organización, en sus relaciones internacionales, *se abstendrán de*

postura minoritaria que defiende una "interpretación amplia o general", según la cual el alcance de esta noción no se limita a la prohibición general del uso de fuerza, sino que se extendería incluso hacia exigencias de completa desmilitarización[886].

Como se ha señalado, esta cláusula es utilizada tanto para ciertas áreas como para determinadas actividades. En tanto la utilización de esta expresión en el Acuerdo BBNJ va ligada a la

---

recurrir a la amenaza o al uso de la fuerza contra la integridad territorial o la independencia política de cualquier Estado, o en cualquier otra forma incompatible con los Propósitos de las Naciones Unidas", el artículo 301 de la CNUDM señala que "[a]l ejercer sus derechos y cumplir sus obligaciones de conformidad con esta Convención, *los Estados Partes se abstendrán de recurrir a la amenaza o al uso de la fuerza* contra la integridad territorial o la independencia política de cualquier Estado o en cualquier otra forma incompatible con los principios de derecho internacional incorporados en la Carta de las Naciones Unidas".

886 Henrique y Mello Filho señalan que la primera interpretación ha sido avalada e impulsada, tradicionalmente, por Estados considerados potencias navales que consideran la movilidad naval a través de los océanos como un interés estratégico crítico, mientras que muchos de los llamados Estados en desarrollo favorecen una interpretación más amplia del concepto, como puede verse en sus restricciones a actividades militares extranjeras en sus ZEE al considerarlas como no pacíficas. Henrique, M. & Mello Filho, E. C. (2023), *op. cit.*, 420-421.

En este sentido, en el seno de la CNUDM III, Ecuador señaló que ya se había reconocido en otros instrumentos y órganos internacionales que el uso del espacio marino para usos exclusivamente pacíficos debía significar la desmilitarización y exclusión de toda actividad militar de estas áreas; lo cual fue rebatido por el representante de EE.UU., que señalaba que su país llevaba a cabo actividades militares con plena conformidad a la Carta de la ONU y que limitar las actividades militares debería ser objeto de otro acuerdo a parte, puesto que estaba fuera del objetivo de la Conferencia. Wolfrum, R. (1981). Restricting the Use of the Sea to Peaceful Purposes: Demilitarization in Being. *German Yearbook of International Law, 24*, 203.

realización de actividades (relacionadas con los RGM y la IDS) es interesante concretar qué se entiende por "fines pacíficos" para la investigación científica marina en la CNUDM con el fin de ver si podría ser extrapolable al nuevo Acuerdo.

Al igual que en las interpretaciones realizadas sobre los preceptos relativos a los fines pacíficos para la Zona o el general del artículo 301 de la CNUDM, la mayoría de la doctrina entiende que el uso de este concepto en el precepto sobre la investigación científica marina "no excluye las actividades militares", tal y como se dilucida de los *travaux préparatoires* de la Convención, dado que pueden haber actividades militares con fines pacíficos y, en consecuencia, el contenido de esta expresión debe ser entendido de conformidad con el artículo 2.4 de la Carta de la ONU[887].

En la práctica y en la doctrina mayoritaria la primera interpretación es la que impera, en tanto el Acuerdo BBNJ se adopta en el marco de la Convención y no se ha aprovechado su proceso de negociación para reinterpretar esta cláusula. Parece pues plausible entender que el alcance de la obligación prevista por el artículo 11.7 del Acuerdo BBNJ se limita a la prohibición del uso de la fuerza en el marco del artículo 2.4 de la Carta de la ONU. En cualquier caso, la falta de precisión puede provocar problemas tanto en su futura implementación como respecto al control de la observancia del cumplimiento de las obligaciones por los Estados parte[888].

---

[887] Vöneky, S. & Beck, J. (2017). "Marine Scientific Research". En: A. Proelss (Ed.). United Nations Convention on the Law of the Sea: A Commentary (pp. 989–1001), *op. cit.*, 997.

[888] Los problemas que se pueden derivar de la falta de definición de este concepto y, en consecuencia, de qué se considera como usos no pacíficos, fueron señalados por la *International Union for Conservation of Nature* en una de sus propuestas tras la CIG-3, en la que planteaba que las toxinas marinas son estudiadas por sus efectos en la salud

A pesar de estas discusiones doctrinales, es de reseñar que el precepto no sufrió variaciones en ninguno de los proyectos de texto. Algunas de las sugerencias de cambios que no se vieron reflejadas en el texto fueron las realizadas por EE.UU., que propuso limitar la obligación de realizar con fines pacíficos las actividades efectuadas en las ZJFN[889], lo cual consideramos que hubiese reducido excesivamente el alcance de dicha obligación hasta dejarla inservible en algunos casos, especialmente en lo relativo a las actividades que se pueden realizar sobre la IDS.

C. LA IMPLANTACIÓN DE UN RÉGIMEN DE ¿ACCESO? Y PARTICIPACIÓN EN LOS BENEFICIOS

1. Algunas cuestiones previas sobre el establecimiento de un régimen de acceso y participación en los beneficios

Tal y como se ha constatado en el Capítulo II, la ausencia de un régimen global amplio que regulase la conservación y el uso sostenible de la biodiversidad marina de las ZFJN fue la causa que propulsó la negociación y adopción del Acuerdo BBNJ. Entre los diferentes temas que debían regirse por el instrumento se encontraban "los recursos genéticos marinos, incluidas las cuestiones relativas a la distribución de los beneficios"[890].

---

humana, pero pueden ser fácilmente subvertidas para ser utilizadas como agentes de guerra biológica; así como el hecho de que una gran parte de la financiación de la investigación biotecnológica proviene de fuentes militares. A/CONF.232/2020/3 (15.04.2020). Textual proposals (...), *op. cit.*, 73.

889 *Ibidem*, 72.

890 AGNU. A/RES/69/292 (19.06.2015), *op. cit.*, apartado 2.

Desde los debates en el Comité Preparatorio surgieron tres cuestiones fundamentales, que se corresponden con los tres pilares clásicos de los sistemas de acceso y participación en los beneficios: a saber, la cuestión del acceso a los recursos, cómo se debería estructurar la participación en beneficios derivados de éstos y, en última instancia, su monitoreo o supervisión. La tercera cuestión necesariamente depende de las dos primeras, motivo por el que es conveniente dejarla momentáneamente de lado.

Así como el segundo de estos pilares, es decir, el establecimiento o no de un sistema de participación en los beneficios, estuvo claro desde un inicio, siendo una de las partes sustanciales del elemento de los RGM del *Package Deal*, el primero de ellos fue fuente de múltiples debates desde el inicio, siendo la decisión de si el instrumento debía o no regular tal acceso uno de los elementos que causó mayores divergencias de opinión entre las delegaciones en el Grupo de Trabajo y el Comité Preparatorio[891].

Dos son las principales cuestiones que se derivan de la decisión de regular o no el acceso y, en su caso, de cómo hacerlo. Por un lado, se plantea necesariamente cómo se podrá acceder a estos recursos bajo el nuevo régimen: ¿Se permite su libre acceso? ¿Se imponen nuevas condiciones (tal vez mediante un sistema de licencias o notificaciones)? Por otro lado, desde el comienzo de las negociaciones se partió del interés en crear un régimen en que hubiese una participación o distribución de los beneficios derivados de los RGM, pero uno de los grandes problemas para instaurar dicho régimen era delimitar cuál es el desencadenante (*trigger*) del mecanismo de distribución: ¿El acceso a los recursos, su utilización, su comercialización o todos los anteriores?

---

891 Comité Preparatorio. A/AC.287/2017/PC.4/2 (31.07.2017). Informe (...), *op. cit.*, Sección B, 20/22.

Las respuestas a estas cuestiones y los problemas derivados de ellas se estudian en profundidad en los siguientes apartados. No obstante, previamente a realizar un análisis del texto consideramos que es imperativo distinguir entre varios términos (el acceso, la recolección y la utilización). Estas nociones se han utilizado a veces de forma indistinta, pero reflejan realidades muy diferentes. La elección de uno de estos términos por encima de otros tiene implicaciones especialmente importantes cuando hablamos de las obligaciones derivadas de éstos, como pueden ser las de notificación, depósito o, aún más, de reparto de los beneficios, analizadas en los apartados D y E de este Capítulo.

2. Descifrando las nociones de "acceso [a]" y "utilización [de]" los recursos genéticos marinos en el contexto del Acuerdo BBNJ

a. La noción de "acceso"

El concepto "acceso", no definido por ningún instrumento jurídico internacional, resulta también problemático entre la doctrina, en tanto no existe un entendimiento común del mismo. Adhikari señala que, por lo general, se asume que el acceso "es simplemente el acto físico performativo de proporcionar y obtener recursos genéticos para algún tipo de reparto de beneficios entre los proveedores y los usuarios de los recursos"[892], mientras que Thambisetty considera que éste "es el acto fundamental que pone en funcionamiento la cadena de valor de ese recurso genético, y también identifica dónde

---

[892] Adhikari, K. (2018). Reconceptualising access. Moving beyond the limits of international biodiversity law. En: C. Lawson & K. Adhikari. *Biodiversity, Genetic Resources and Intellectual Property: Developments in Access and Benefit Sharing* (pp. 9-32). Nueva York: Routledge, 11.

ha sido obtenido"[893]. El acceso es, pues, un prerrequisito necesario para la utilización[894], incluida su futura comercialización.

Morgera *et al.*, por su parte, señalan que el acceso se puede producir a través de varias actividades: la recolección de material biológico en la naturaleza, la obtención de muestras de recursos genéticos o bioquímicos de bancos de genes, instituciones de investigación o el sector privado, o la obtención de información digitalizada sobre los recursos genéticos y su composición genética o bioquímica[895]. En otras palabras, que el concepto abarca el acceso *in situ, ex situ* e *in silico,* tal y como se definía en el Capítulo I.

En el seno de las negociaciones del Acuerdo BBNJ, la definición (y aparición) del acceso ha ido variando notablemente. Así pues, de la misma forma que con otras partes del Acuerdo BBNJ, a veces es destacable, más que aquello incorporado, lo que finalmente se ha omitido del texto. De forma representativa, la noción de "acceso" que se incluía desde el PT2019 hasta el NPTA2022 fue eliminada en el texto definitivo; así como también se eliminó el concepto de "derivado"[896], cuya inclusión se preveía en los proyectos de texto de junio y diciembre de 2022.

En los dos primeros proyectos de texto se trató de definir expresamente, señalando que este concepto abarcaba, en relación siempre con los RGM, "la recolección de recursos genéticos marinos [, incluidos los recursos genéticos marinos

---

893 Thambisetty, S. (2018). Marine Genetic Resources Beyond National Jurisdiction: Elements of a New International Legally Binding Instrument. *LSE Policy Briefing, 32,* 3.

894 Morgera *et al.* lo definen como una de las "precondiciones para el reparto de beneficios" derivados de la utilización de recursos genéticos. Morgera, E.; Tsioumani, E. & Buck, M. (2014), *op. cit.*, 137.

895 *Ibidem,* 140.

896 Sobre el concepto de derivado, véase el apartado A.2 (b) del Capítulo I.

a los que se acceda *in situ, ex situ* [e *in silico*] [[y] [como] [información y] datos de secuencia [genética] [digitales]].]"[897].

En cambio, tanto en el NPTR2022 como en el NPTA2022 se pasa a dividir el concepto de "acceso" en dos términos: el "acceso *ex situ*", por un lado, y la "recolección *in situ*", por otro lado. Por "acceso *ex situ*" a los RGM se entendía "el acceso a muestras y el acceso a datos e información conexos", incluyendo en estos últimos todo tipo de datos dentro de los cuales puede encontrarse "información digital sobre secuencias de recursos genéticos en el marco del CDB[898]"; mientras que la "recolección *in situ*" se definía como "la recolección o el muestreo de recursos genéticos marinos en las zonas situadas fuera de la jurisdicción nacional"[899].

En líneas generales, una serie de Estados se posicionaron rápidamente a favor de incluir únicamente la recolección *in situ,* eliminando toda referencia a la noción de acceso y al resto de posibles formas de acceso y recolección de estos recursos.

Esta división se mantuvo a lo largo de todas las CIG, en las que los Estados del Sur Global reiteraron la necesidad de que la noción de "acceso" abarcase la "recolección *in situ*", el "acceso *ex situ*", los "derivados" y otras formas de almacenaje, como la IDS[900]. Se arguyó especialmente a favor de utilizar una noción

---

897 Artículo 1.1 del PT2019 y PTR2019.

898 En el CDB, como hemos señalado previamente, se ha designado un Grupo de Trabajo específico para establecer qué se entiende por IDS.

899 Artículo 1.4 del Acuerdo.

900 Por todas, véase la declaración de Brasil, en nombre del CLAM, el Grupo Africano y el CARICOM en la CIG-4. Declaración CIG-4. Brasil (18.03.2022). *https://www.un.org/bbnj/sites/www.un.org.bbnj/files/2022_03_18_mgrs_-_joint_statement.pdf*
Asimismo, en las declaraciones al Comité Preparatorio, los Estados miembros del CARICOM argumentaron que todas las formas de

amplia, que cubriese todas las formas de acceso, con el fin de regularlo para "facilitar un acceso justo a los RGM, garantizando al mismo tiempo la trazabilidad, la transparencia y la rendición de cuentas"[901]. En contraposición, varios Estados del Norte Global continuaron enfatizando la importancia de que el acceso a los RGM no se viese perjudicado o restringido por el nuevo Acuerdo o que, directamente, no se hiciese ninguna referencia al acceso en esta sección[902].

En el texto final del Acuerdo se ha eliminado prácticamente toda referencia al "acceso", mientras que se mantiene la

---

acceso debían estar cubiertas por el instrumento, como el acceso *in situ* (en el océano), *ex situ* (en colecciones que ya no se encuentran en el océano, por ejemplo, en bancos de genes o biorrepositorios), el análisis *in silico* (existentes como datos digitales que representan las secuencias genéticas de interés) y a los derivados debían estar cubiertas por el instrumento. Leary, D. (2019), *op. cit.*, 27.

901 Declaración CIG-3. Filipinas (30.08.2019). *https://www.un.org/bbnj/sites/www.un.org.bbnj/files/philippines3_1.pdf*

902 En general, los Estados del Norte Global mencionaron su preocupación por establecer un régimen para los RGM que fuera costoso, complejo y que absorbiera todos los beneficios que se puedan derivar del acceso y uso de los RGM, así como su interés en mantener un acceso libre y abierto a los RGM que permita facilitar la investigación científica marina. Mendenhall, E. *et al.* (2019), *op. cit.*, 4. En este sentido, véanse, entre otras, las declaraciones de Corea del Sur, Suiza y Japón en la CIG-1 o las de Australia, EE.UU., Nueva Zelanda y Rusia en la CIG-3. IISD. (2018). Summary of the First Session (...), *op. cit.*, 4, IISD. (2022). Summary of the Fourth Session (...), *op. cit.*, 3; IISD. (2019). Summary of the Third Session (...), *op. cit.*, 3; A/CONF.232/2020/3 (15.04.2020). Textual proposals (...), *op. cit.*, 15 y 18. La eliminación de toda referencia al acceso fue también propuesta por la *International Union for the Conservation of Nature* puesto que ni la CDB ni el Protocolo de Nagoya lo definen en sus textos y se generaba el riesgo de crear un estándar separado. A/CONF.232/2022/INF.5 (1.08.2022). Textual proposals (...), *op. cit.*, 14.

definición de "recolección *in situ*"[903] y la mayoría de las obligaciones que se imponen en relación con los RGM están aparejadas a su recolección[904]. En el texto definitivo no se incluye una definición de acceso ni se dedica expresamente uno de los artículos relativos a los RGM a regular o condicionar su acceso. Las únicas referencias al acceso que han permanecido en el texto son las siguiente: (a) una en el considerando doceavo del preámbulo, reconociendo que el acceso a la IDS de las ZFJN contribuye a la investigación y los objetivos del Acuerdo; (b) la obligación de los repositorios bajo la jurisdicción de las Partes de preparar un informe general sobre el acceso a los RGM, es decir, un informe sobre el acceso *ex situ* (pero sin utilizar esta terminología)[905]; (c) la obligación de notificación por utilización de los RGM en el marco de la cual se deberá informar, entre otras cosas, de las modalidades previstas para el acceso a los RGM y la IDS[906]; (d) respecto al acceso de los conocimientos tradicionales asociados a los RGM[907]; (e) como una de las modalidades de beneficios no monetarios a distribuir[908], estableciendo el acceso tanto a muestras como colecciones de muestras, y a información digital sobre secuencias (o lo que es lo mismo, el acceso *ex situ* e *in silico* con otros términos);

903 Artículo 1.4 del Acuerdo.

904 Cabe destacar que el precepto que establece las obligaciones asociadas a las actividades relacionadas con los RGM y la IDS fue finalmente titulado "Notificación de las actividades relacionadas con los recursos genéticos marinos y la información digital sobre secuencias de recursos genéticos marinos de las [ZFJN]", cuando en el PT2019 se trataba de un artículo 10 sobre el "Acceso a los [RGM de ZFJN]" y, en el NPTR2022, sobre la "Recolección *in situ* de [RGM de ZFJN]". Sobre las obligaciones de notificación, véase el apartado siguiente.

905 Artículo 12.7 del Acuerdo.

906 Artículo 12.8 del Acuerdo.

907 Artículo 13 del Acuerdo.

908 Artículo 14.2 del Acuerdo.

(f) para establecer condiciones al acceso en repositorios o bases de datos (lo que no es más que la definición del acceso *ex situ*)[909]; y (g) en todas las referencias al Comité de acceso y distribución de los beneficios (que no estaba previsto en ninguno de los proyectos de texto anteriores).

b. La noción de "utilización"

La segunda noción que genera confusión en cuanto a su definición, especialmente en contraposición al acceso, y que ha sufrido variaciones a lo largo del proceso negociador del Acuerdo BBNJ, es la "utilización de recursos genéticos marinos". En un primer momento, se plantearon dos definiciones, la primera alternativa estaba focalizada sobre las actividades "de investigación y desarrollo", así como su explotación[910] y, la segunda alternativa recogía una serie de actividades ("la toma, captura, recuperación, extracción, recolección, análisis, procesamiento o utilización") siempre y cuando tuvieran fines comerciales u otorgasen una ventaja comercial.

A partir del NPTR2022 se plantearon dos opciones que, en su primera parte, mantenían la noción básica de la utilización, es decir, "la realización de actividades de investigación y desarrollo". En la opción A, se refería a que estas actividades se hicieran no sólo sobre la composición genética/bioquímica de los recursos, sino también sobre "sus derivados o la información sobre ellos", e incorporaba a éstas la "comercialización, incluida la biotecnología". La opción B, en cambio, era idéntica a la primera alternativa del primer proyecto de texto, pero mencionando de forma expresa la "aplicación de biotecnología".

---

909 Artículo 14.4 del Acuerdo.

910 La explotación se encontraba entre corchetes en el texto original, lo que denota las discrepancias existentes entre delegaciones en cuanto a la idoneidad de su inclusión.

En el NPTA2022 se fusionaron ambas opciones y se concluyó que esta noción suponía "la realización de actividades de investigación y desarrollo sobre los recursos genéticos marinos o sobre datos e información conexos, incluso mediante la aplicación de biotecnología (...), y la comercialización". Finalmente, el texto adoptado del Acuerdo utiliza una definición altamente similar a esta última, pero eliminando la referencia a la comercialización de los RGM[911], usando finalmente la misma formulación que en el Protocolo de Nagoya[912].

D. LA NOTIFICACIÓN Y EL DEPÓSITO COMO OBLIGACIONES ASOCIADAS A LAS ACTIVIDADES RELACIONADAS CON LOS RECURSOS GENÉTICOS MARINOS

La realización de las actividades explicadas en el apartado anterior lleva aparejada, en el nuevo régimen, una serie de obligaciones. Más allá de los deberes propios de las obligaciones consustanciales a la distribución de beneficios, a la que se hace referencia más tarde, del Acuerdo se desprenden tres obligaciones claras: la notificación de las actividades[913], la identificación de los recursos y el depósito de las muestras recolectadas *in situ.*

---

911 Como se ha señalado previamente, se entiende por "utilización de los [RGM]" la "realización de actividades de investigación y desarrollo sobre la composición genética y/o bioquímica de los recursos genéticos marinos, incluso mediante la aplicación de biotecnología, tal como se define en el párrafo 3 del [Acuerdo]". Artículo 1.14 del Acuerdo.

912 Artículo 2 (c) del Protocolo de Nagoya.

913 Véase este apartado de forma conjunta con el apartado F.1 de este Capítulo sobre el sistema de notificaciones como mecanismo de control y transparencia del Acuerdo.

1. El sistema de notificaciones de las actividades

a. Entre el libre acceso y la recolección regulada por licencias: la implantación de un sistema de notificaciones

A diferencia de otros instrumentos internacionales que implantan un sistema de acceso y participación en beneficios (entre otros, el CDB o el Protocolo de Nagoya), el Acuerdo BBNJ no parte del principio de soberanía de los Estados sobre sus recursos, sino que la creación de un régimen sobre sus recursos se fundamenta en el clásico debate sobre cuál es la naturaleza de éstos y, en consecuencia, si deben ser libremente accesibles o no.

Dentro del debate de gran magnitud que supone la definición y delimitación de la noción de acceso a los recursos, surgieron dos grandes cuestiones cuya solución se recoge en este apartado y el siguiente respectivamente. La primera era la pertinencia de regular su acceso o, en su defecto, su recolección o su utilización. Para ello, en el seno de las negociaciones, se planteó la pertinencia de establecer un sistema bien de licencias o permisos, bien de notificaciones para poder efectuar actividades relacionadas con los RGM hallados en ZFJN. La segunda era la implantación de un sistema que permitiera el rastreo de los recursos para poder vincularlos con las obligaciones de distribución de beneficios y, en su caso, con los derechos de propiedad intelectual[914].

En relación con la primera cuestión, las dos opciones propuestas han sido calificadas como un "enfoque pesado" (*heavy*

914 Al respecto, Thambisetty señala la importancia de que cualquier sistema de seguimiento y localización que se implante interactúe con el sistema de patentes. Thambisetty, S. (2018), *op. cit.*, 5.

approach) o un "enfoque ligero" (*light approach*)[915], en tanto conllevan una carga administrativa y/o económica mayor o menor para los Estados o aquellos obligados a cumplir con las obligaciones.

La elección de un sistema de licencias o permisos estaba inspirada en otros instrumentos como el Protocolo de Nagoya, asemejando la solicitud de estos permisos con la aceptación de términos de mutuo acuerdo (*mutually agreed terms*)[916]. Además, habría requerido la creación de un órgano o institución o el fortalecimiento o la dotación de mayores competencias a una ya existente para que gestionase las solicitudes y concesiones[917], así como para monitorear y supervisar el cumplimiento de las obligaciones establecidas.

La propuesta de implementar un sistema de licencias fue rechazada por la mayoría de las delegaciones, que argumentaron que ello condicionaría el acceso[918] y contravendría, en

---

915 Voigt-Hanssen realizó un análisis sobre los tres posibles regímenes de acceso y participación en beneficios que se podían consagrar en el Acuerdo BBNJ. Voigt-Hanssen, G. (2018). Current 'Light' and 'Heavy' Options for Benefit-sharing in the Context of the United Nations Convention on the Law of the Sea. *The International Journal of Marine and Coastal Law, 33*, 683-705.

916 Thambisetty, S. (2022). Intellectual Property and Marine Genetic Resources: Navigating Articles 10-13 in the BBNJ Draft Treaty. *LSE Law Policy Briefing Series, 48*, 6.

917 *Ibidem*, 697; Thambisetty, S. (2018), *op. cit.*, 4.

918 En contra de este potencial condicionamiento se posicionaron varias delegaciones, entre las que podemos destacar la de Islandia, que señaló que la notificación previa "nunca debería ser una condición al acceso, en tanto el acceso debería continuar estando regido por los preceptos de la CNUDM". Por lo tanto, continúa, el precepto sobre notificación "sólo debería imponer una obligación para las Partes que se acojan a esta libertad [la de acceso] de emitir la notificación". Declaración CIG-2. Islandia (27.03.2019), *op. cit.*

tanto restringiría, lo dispuesto sobre la investigación científica marina por la CNUDM[919]. A favor se mostraron los Pequeños Estados Insulares en Desarrollo que, entre otros, sugirieron un sistema similar al de la AIFMO[920] que permitiría una mejor gestión, supervisión y revisión por parte de los Estados[921]. Es importante mencionar también que la implementación de tal sistema podría enfrentar demoras desde su establecimiento hasta su efectiva puesta en funcionamiento[922].

En contraposición, se presentó la opción de establecer un sistema de notificaciones. Este modelo tiene la ventaja de poder ser unilateral[923] y no obstruir de manera excesiva el acceso o la recolección de los recursos. Su mayor inconveniente, sin embargo, descansa en su fundación sobre la confianza mutua y la buena fe de las Partes.

---

919 Entre otros, veáse la declaración de Japón en la CIG-2. Declaración CIG-2. Japón (27.03.2019), *op. cit.*

920 A/CONF.232/2019/1*, *op. cit.*, segunda parte, apartado. 3.2.1; IISD. (2018). Summary of the First Session (...), *op. cit.*, 4.

921 Consideraban que un sistema de licencias o permisos permitiría una mayor rastreabilidad, y aseguraría la inclusión de todos los *stakeholders* relevantes, incluidos los poseedores de los conocimientos tradicionales. Declaración CIG-2. Pequeños Estados Insulares en Desarrollo (27.03.2019). *https://www.un.org/bbnj/sites/www.un.org.bbnj/files/psids2-intervention-on-access-270319.pdf*

922 Algo similar ha ocurrido en el seno de la AIFMO, que se encuentra actualmente desarrollando un Código Minero (*Mining Code*) y, en concreto, regulaciones sobre la explotación. Mientras éstas son desarrolladas y consensuadas, un número importante de Estados ha solicitado una moratoria en la concesión de licencias de explotación minera de la Zona. IISD. (2023). Summary of the Twenty-eighth Annual Session of the International Seabed Authority (Third Part): 30 October – 8 November 2023. *Earth Negotiations Bulletin, 25 (254)*, 2-4.

923 Thambisetty, S. (2022), *op. cit.*, 6.

Más allá de los intereses estatales en juego, es relevante contar con la opinión de la industria y de los científicos, puesto que son los que participan en los cruceros en los que se realizan las actividades relacionadas con los RGM. En todo momento se mantuvo que el sistema a escoger debía ser un sistema que no impidiese la investigación científica marina con cargas administrativas adicionales, dado que la mayor parte de este tipo de investigación es básica, no aplicada, con potenciales aplicaciones comerciales lejanas[924].

Según el *International Council of Environmental Law*, los investigadores prefieren un sistema de notificación que sea fácil de usar y simple, sin crear obstáculos innecesarios, diseñado para contribuir a la diseminación de los datos y la información[925]. Una parte importante de la doctrina, bajo el enfoque *Mare Geneticum*, apoyó también la creación de un sistema de notificación electrónica obligatoria previo al acceso *in situ* de los RGM en ZFJN, que iría acompañado de una obligación de repartir los beneficios monetarios y no monetarios derivados de su utilización[926].

Durante las negociaciones, Corea del Sur, Japón, Noruega, Rusia y la UE promovieron un acceso libre a los RGM *in situ*, mientras que los Estados en desarrollo propusieron varios mecanismos de notificación y/o regulación. Por ejemplo, el Grupo Africano propuso un sistema obligatorio de notificación electrónica para "seguir y localizar" (*track and trace*) su uso, y

---

924 Ésta es una de las seis recomendaciones de políticas para monitorizar los RGM en ZFJN propuestas por Humphries *et al.* Humphries, F.; Rabone, M. y Jaspars, M. (2021). Traceability Approaches for Marine Genetic Resources Under the Proposed Ocean (BBNJ) Treaty. *Frontiers in Marine Science, 8*, 16.

925 Declaración CIG-1. *International Council of Environmental Law* (13.09.20218), *op. cit.*

926 Broggiato, A. *et al.* (2018), *op. cit.*, 9.

Brasil sugirió un proceso de notificación que incluyese la divulgación del origen y la finalidad del acceso[927].

Hasta después de la CIG-3 se mantuvieron ambas alternativas (sistema de notificaciones y sistema de permisos o licencias) en la mesa de negociación, apareciendo como alternativas 1 y 2, respectivamente, de los antiguos artículos 10 del PT2019 y PTR2019.

Si bien algunas delegaciones mantuvieron su posición a lo largo de todas o casi todas las CIG[928], algunos Estados, organizaciones regionales de integración económica y agrupaciones de Estados flexibilizaron su posición inicial, abriéndose a establecer algún tipo de sistema de notificación[929]. Finalmente, se prevé un sistema de notificaciones tripartito, tal y como se puede observar en la Figura 6.

Con el objetivo de asegurar las notificaciones al Mecanismo de Intercambio de Información (*Clearing-House Mechanism*) del Acuerdo, que es una parte de la estructura institucional de apoyo, las Partes deberán adoptar las medidas legislativas, administrativas o de política necesarias[930]. No obstante, el Acuerdo no prevé en qué sujetos recaerá la obligación de notificar, únicamente se establece que se debe notificar en tres estadios (antes de la recolección *in situ,* después de la misma y en caso de utilización del recurso). La falta de concreción sobre el sujeto obligado puede llevar a diferencias en la aplicación del Acuerdo entre sus Partes. Sería interesante que la COP aclarase esta cuestión en sus futuras directrices, de lo contrario,

---

927 Declaración CIG-1. Brasil (s.f.), *op. cit.*

928 Particularmente, Corea del Sur, Japón, EE.UU. y Rusia mantenían que un sistema de notificación previa supondría una carga inaceptable. Mendenhall, E. *et al.* (2022), *op. cit.*, 4.

929 Entre ellos, el CLAM, la UE, Noruega y Singapur. Mendenhall, E. *et al.* (2022), *op. cit.*, 4.

930 Artículo 12.1 del Acuerdo.

dependerá de las medidas de desarrollo adoptadas por las Partes, lo que podría llevar a una desigualdad entre los diferentes procedimientos nacionales.

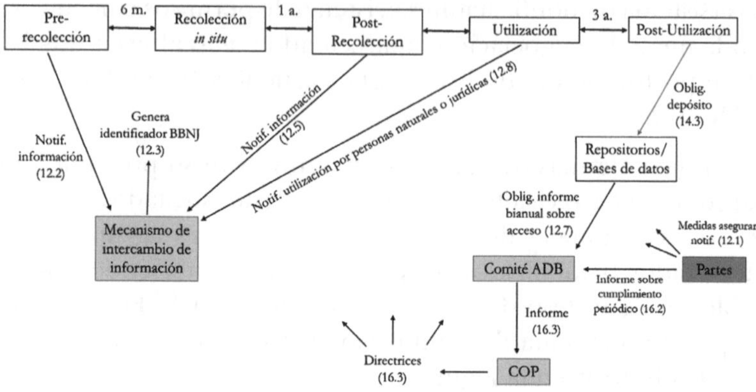

Figura 6. Sistema de notificaciones, depósito y supervisión previsto por el Acuerdo BBNJ para la implementación de la Parte II sobre los recursos genéticos marinos (elaboración propia).

b. La notificación previa a la recolección *in situ*

Se prevé una notificación previa a la recolección *in situ* y una posterior. La previa debe efectuarse seis meses antes de la recolección *in situ* de los RGM en ZFJN, o tan pronto como sea posible[931]. La notificación previa fue una fuente de conflicto durante las negociaciones del Acuerdo en tanto varias delegaciones se mostraban contrarias a su inclusión, principalmente por temor a que supusiera una carga adicional administrativa excesiva para la comunidad científica[932].

---

931 Artículo 12.2 del Acuerdo.

932 Entre otras, fue la postura de la UE durante la CIG-1. IISD. (2018). Summary of the First Session (...), *op. cit.*, 5.

La notificación previa debe contener, como mínimo, la siguiente información[933]:

a) "La naturaleza y los objetivos del proyecto en cuyo marco se realizará la recolección, incluidos, en su caso, el programa o los programas de los que forme parte;

b) El objeto de la investigación o, si se conocen, los recursos genéticos marinos que se buscarán o recolectarán y los fines para los que se recolectarán esos recursos;

c) Las zonas geográficas en las que se realizará la recolección;

d) Un resumen del método y los medios que se utilizarán para la recolección, incluidos el nombre, el tonelaje, el tipo y la clase de buques, el equipo científico y/o los métodos de estudio empleados;

e) Información sobre cualquier otra contribución a los programas principales propuestos;

f) Las fechas previstas de la primera llegada y de la partida definitiva de los buques de investigación, o de la instalación y la retirada del equipo, según corresponda;

g) El nombre de la institución o las instituciones patrocinadoras y de la persona encargada del proyecto;

h) Las oportunidades para los científicos de todos los Estados, en particular los científicos de los Estados en desarrollo, de participar en el proyecto o asociarse a él;

---

933 Artículo 12.4 del Acuerdo. La mayoría de la información solicitada fue prevista en algunos de los proyectos anteriores excepto los planes de gestión de datos, que son una incorporación novedosa en la fase final de negociación, y también se solicitan si se produce una utilización de los RGM o la IDS conforme al artículo 12.8 del Acuerdo.

i) La medida en que se considere que los Estados que puedan necesitar y solicitar asistencia técnica, en particular los Estados en desarrollo, podrían participar o estar representados en el proyecto;

j) Un plan de gestión de datos elaborado de conformidad con una gobernanza de datos abierta y responsable, teniendo en cuenta la práctica internacional actual".

En caso de producirse un "cambio sustancial en la información proporcionada" al Mecanismo de Intercambio de Información previamente a la recolección, se deberá notificar la información actualizada al mecanismo en un plazo razonable y, en cualquier caso, cuando comience la recolección *in situ* siempre que sea factible[934]. La especial atención a un posible cambio informacional no había sido prevista en el texto del instrumento hasta el NPTA2022, y si bien podemos celebrar su inclusión, el lenguaje utilizado es bastante débil por doble partida. Por un lado, la definición de un cambio sustancial puede ser compleja, ya que es fácil imaginar que un cambio en el objeto de la investigación fuese sustancial o en la zona geográfica o el método utilizado para la recolección, pero podrían producirse otros cambios menores de más difícil clasificación. Por otro, la notificación debe realizarse "en un plazo razonable" que, en cualquier caso, debe de ser antes de la recolección. Pero dicho plazo se matiza al ser seguido de la expresión "cuando sea factible", lo cual abre un amplio grado de discrecionalidad a las Partes que deben notificar la información al Mecanismo de Intercambio de Información.

Tras recibir la notificación previa a la recolección *in situ*, el Mecanismo de Intercambio de Información generará de forma automática un identificador estandarizado de lote

---

934 Artículo 12.4 del Acuerdo.

"BBNJ", explicado en el subapartado 2 (a) de este apartado bajo las obligaciones de identificación.

c. La notificación posterior a la recolección *in situ*

El régimen del Acuerdo también prevé que las Partes deban asegurar que se notifique al Mecanismo de Intercambio de Información, en el plazo máximo de un año desde la recolección *in situ* de los RGM en ZFJN, los siguientes elementos junto al identificador estandarizado[935]:

a) "El repositorio o la base de datos donde se ha depositado o se depositará la información digital sobre secuencias de los recursos genéticos marinos;

b) El lugar en el que se han depositado o se conservan, o se depositarán o conservarán, todos los recursos genéticos marinos recolectados *in situ*;

c) Un informe en el que se detalle la zona geográfica en la que se han recolectado los recursos genéticos marinos, con información sobre la latitud, la longitud y la profundidad de la recolección, y, en la medida en que se disponga de ellos, los resultados de la actividad realizada;

d) Cualquier información actualizada necesaria sobre el plan de gestión de datos previsto en la notificación previa".

Esta notificación posterior fue introducida formalmente en el NPTR2022, si bien con un plazo bastante inferior (hasta seis meses), cuya ampliación hasta un año se estableció en el NPTA2022. En contra del cómputo del plazo *desde* la recolección se posicionó sin éxito, entre otras, la delegación de Japón, que consideraba que, dado que las investigaciones

935 Artículo 12.5 del Acuerdo.

científicas marinas suelen durar varios meses, era preferible utilizar como fecha de inicio del cómputo la fecha de terminación del crucero[936].

Dicha obligación cumple con los objetivos de transparencia y equidad del Acuerdo, en tanto facilita el rastreo del recurso desde que es recolectado hasta dónde se deposita, y permite el acceso *ex situ* a estos recursos o la IDS al estar depositados en repositorios o bases de datos, si bien bajo las condiciones oportunas conforme al artículo 14.4 del Acuerdo[937].

d. La notificación por utilización de los recursos genéticos marinos o la información digital sobre sus secuencias, incluida su comercialización

Además de las notificaciones oportunas pre- y post- recolección *in situ* de los RGM de las ZFJN, el Acuerdo prevé que se deba notificar si éstos son utilizados por personas naturales o jurídicas bajo la jurisdicción de las Partes, así como “donde sea factible, [de] la información digital sobre secuencias de esos recursos”[938].

En caso de que los RGM sean objeto de utilización, incluida su comercialización, las Partes tienen la obligación de asegurar la notificación al Mecanismo de Intercambio de Información, junto con el identificador estandarizado de la siguiente información[939]:

---

936 A/CONF.232/2022/INF.5 (01.08.2022). Textual proposals (...), *op. cit.*, 66.

937 Sobre el posible condicionamiento del acceso, véase el apartado E.2 (a) de este Capítulo.

938 Artículo 12.8 del Acuerdo.

939 *Ibidem.*

a) "El lugar en que se pueden encontrar los resultados de la utilización, como publicaciones, patentes otorgadas, en caso de que existan y en la medida posible, y productos desarrollados;

b) Cuando se disponga de ellos, los detalles de la notificación realizada con posterioridad a la recolección al Mecanismo de Intercambio de Información en relación con los recursos genéticos marinos que fueron objeto de utilización;

c) El lugar en que se conserva la muestra original que fue objeto de utilización;

d) Las modalidades previstas para el acceso a los recursos genéticos marinos y la información digital sobre secuencias de recursos genéticos marinos objeto de utilización, y un plan de gestión de datos para ello;

e) Una vez comercializados, información, si se dispone de ella, sobre las ventas de los productos pertinentes y cualquier desarrollo posterior".

La inclusión de una notificación por utilización no se contempló desde un inicio, sino que fue incorporada a partir de la celebración de la CIG-5, apareciendo por primera vez en el NPTA2022. La notificación deberá producirse "en cuanto esté disponible", eliminando el plazo máximo de tres años que se preveía en el NPTA2022 y contra el que se posicionaron la alianza del G-77[940]. Por tanto, en el texto definitivo el plazo se reduce significativamente e implica que, desde el momento en que haya cualquier tipo de utilización se deba notificar, garantizando de esa forma una mayor supervisión del ciclo de

---

940 Thambisetty, S.; Oldham, P. & Chiarolla, C. (2023). BBNJ Draft Textual Proposals on Marine Genetic Resources: Prepared for the 5th Resumed IGC, Feb 20th – Mar 3rd 2023. Prepared by G77 Chair's Team, 30.

vida de los recursos y la información. Dada la información solicitada parece posible que, más que se deba efectuar una notificación por utilización en el sentido del Acuerdo, deba haber notificaciones sucesivas (por ejemplo, para notificar primero la existencia de una patente, posteriormente de publicaciones que se hayan realizado a raíz de los resultados del producto patentado y, posiblemente, de los desarrollos posteriores de los productos comercializados patentados derivados de RGM).

2. Las obligaciones de identificación y depósito

En el marco del nuevo régimen, junto a las obligaciones de notificación, cabe destacar dos adicionales que son particularmente relevantes por su contribución a una mayor transparencia. Estas obligaciones consisten en las de identificación y depósito. Cada obligación está consagrada en un precepto; respectivamente, en los artículos 12.5 y 14.3 del Acuerdo; y si bien su normativización independiente tiene causa de un diferente contenido, es también cierto que podría haberse valorado su unificación en un único precepto con efectos de mitigar la dispersión normativa.

a. El identificador estandarizado de lote "BBNJ"

Como señalábamos al principio de este apartado, una de las cuestiones controvertidas que surgió en los debates fue cómo asegurar el rastreo o el monitoreo de los recursos y la información recolectados y utilizados, en tanto la realización de ciertas actividades asociadas a dichos recursos o información lleva aparejada una serie de obligaciones (por ejemplo, la utilización de los recursos desencadena un reparto de beneficios), y es necesario establecer el vínculo entre ambas para poder exigir su cumplimiento. En este sentido, Humphries *et al.* señalan que poder demostrar que un producto final (como podría ser un cosmético o un fármaco) incorpora RGM de las ZFJN "es un paso clave para establecer que se debe compartir el beneficio del uso del RGM original"[941].

Las propuestas para garantizar su trazabilidad variaban desde un sistema que singularizase el recurso y se pudiese rastrear en todo momento (como si de un paquete de mensajería se tratase), permitiendo un seguimiento exhaustivo del recurso en toda la cadena de valor[942], a opciones menos detalladas, y también, menos onerosas económica y administrativamente como, por ejemplo, aquellos sistemas donde la trazabilidad se activa cuando se produce un suceso y no en todo momento[943].

Una de las alternativas que más interés suscitó fue el uso de identificadores, considerados como un "componente esencial de la trazabilidad" que facilita la conectividad entre bases de datos[944]. Al considerar su utilización dentro del Acuerdo BBNJ, especialmente dado su uso habitual en biología[945], emergieron

---

941 Humphries, F.; Rabone, M. y Jaspars, M. (2021), *op. cit.*, 2.

942 En el caso de la IDS la COP del CDB ha reconocido expresamente que el seguimiento y localización de "toda [la IDS] no es práctico". CDB. CBD/COP/DEC/15/9 (19.12.2022). Decision adopted by the COP to the CDB on Digital Sequence information on genetic resources, apartado 5.

943 Humphries, F. *et al.* (2020). A tiered approach to the marine genetic resource governance framework under the proposed UNCLOS agreement for biodiversity beyond national jurisdiction (BBNJ). *Marine Policy, 122*, 4-5.

944 Humphries, F.; Rabone, M. y Jaspars, M. (2021), *op. cit.*, 2.

945 Por ejemplo, en las bases de datos participantes en la *International Nucleotide Sequence Database Collaboration* se utilizan los identificadores BioProject y BioSample, que agrupan accesiones de secuencias individuales por proyecto global y muestras individuales, respectivamente. Oldham, P.; Chiarolla, C. & Thambisetty, S. (2023). Digital Sequence Information in the UN High Seas Treaty: Insights from the Global Biodiversity Framework-related Decisions. *LSE Law School Policy Briefing Series 53/2023*, 4.

interrogantes respecto al alcance de lo que debía ser rastreado –la muestra física, los bioquímicos o enzimas que pueda contener, la información secuenciada derivada de ésta, etc.–[946], así como de su utilidad[947].

Como señalábamos anteriormente, el Acuerdo BBNJ prevé que el Mecanismo de Intercambio de Información tras recibir la notificación previa a la recolección *in situ* genere de forma automática un identificador estandarizado de lote "BBNJ". El identificador funciona como una etiqueta que agrupa toda la información de secuencias, muestras y productos asociados que se deriven de ese descubrimiento, de modo que cada vez que la muestra o información sea utilizada para obtener un resultado material (por ejemplo, como un producto o una patente) el identificador indicará que proviene de ZFJN[948].

La incorporación de este identificador, clave para mejorar el monitoreo de los recursos, se realizó tras la CIG-5.2 y no había sido incluido en ninguno de los proyectos de texto anteriores. Este identificador fue propuesto por la coalición G-77 y China como solución al dilema de que, sin una identificación adecuada, la IDS no puede verificarse como procedente de un agente bajo la jurisdicción o control de un Estado; además, un recurso genético físico desmaterializado y usado como elemento en un producto biotecnológico o comercializado, si no es

---

946 La muestra física puede contener bioquímicos que pueden utilizarse para generar un producto comercial (un nuevo producto farmacéutico) o una enzima que pueda utilizarse en un proceso industrial. *Ibidem*, 3.

947 En términos generales, se asume que se puede establecer un vínculo entre un RGM y un producto final, pero en algunos casos resulta muy complicado cuando se trata de derivados (es decir, proteínas o compuestos químicos). *Ibidem.*

948 Thambisetty, S. (2023). Protecting the high seas. LSE Research (Blog, 23.05.2023). *https://www.lse.ac.uk/research/research-for-the-world/sustainability/protecting-the-high-seas*

identificable, no puede llevar a la asignación de responsabilidades en la distribución de beneficios[949].

Por lo tanto, la propuesta (y final incorporación) del uso de estos identificadores ha sido bien recibida por la doctrina que los propulsó, ya que perciben que tiene un doble beneficio: genera un efecto cascada en todas las actividades subsecuentes relacionadas con los RGM, aportando transparencia a su acceso y las condiciones de uso, y también sirve para superar un problema al diferenciar las actividades en la ZEE de aquellas en ZFJN, facilitando la documentación sobre las actividades en estas últimas[950].

b. La obligación de depósito en repositorios o bases de datos

El Acuerdo BBNJ establece directrices claras en relación con los repositorios o bases de datos donde se depositen las muestras de los RGM o la información vinculada a ellos. En concreto, el Acuerdo aborda tres aspectos fundamentales: primero, la obligación de depositar estos recursos dentro de un plazo determinado, así como las posibles restricciones al acceso a los mismos; segundo, la responsabilidad de las Partes que gestionan estos repositorios de proporcionar información sobre el acceso a dichos recursos; y tercero, la obligación de identificar el origen geográfico de los recursos hallados en dichas colecciones.

En primer lugar, las Partes deben adoptar las medidas legislativas, administrativas o de política necesarias para asegurarse de que dichos RGM e IDS de ZFJN utilizados por personas naturales

---

949 Concepción, R. T. (2024). Negotiating fair and equitable sharing of benefits in the BBNJ agreement: Role of the Group of 77 and China. *Marine Policy, 163*, 4.

950 Thambisetty, S.; Oldham, P. & Chiarolla, C. (2023), *op. cit.*, 7.

o jurídicas bajo su jurisdicción sean depositados junto con sus identificadores BBNJ en "repositorios y bases de datos de acceso público, de carácter nacional o internacional"[951]. El depósito deberá efectuarse en un plazo máximo de tres años desde el inicio de la utilización, "o tan pronto como estén disponibles, teniendo en cuenta la práctica internacional actual"[952]. A pesar de que algunas delegaciones dentro del G-77 ambicionaban un menor plazo (de un año), el establecimiento de un plazo máximo fue considerado como un éxito para la alianza de China y el G-77, dado que varias delegaciones de los Estados desarrollados se habían mostrado muy reticentes a proponer cualquier tipo de límite temporal[953].

En este sentido, se han mostrado cautelosamente optimistas porque consideran que con el paso del tiempo y el desarrollo de buenas prácticas es posible reducir este plazo en la realidad debido a otras presiones del movimiento de ciencia abierta[954]. No obstante, consideramos que es necesario matizar tal confianza dado que la evidencia empírica apunta a que algunos operadores de bases de datos y científicos, a pesar de la ética del acceso abierto, se resisten a implantar el seguimiento y, por lo general, aceptan "publicar y hacer accesibles otras partes o información cuyo potencial de generar dinero es más teórico"[955]. Además, el estudio indicaba que los investigadores no siempre comparten los

---

951 Artículo 14.3 del Acuerdo.

952 *Ibidem, in fine.*

953 Concepción, R. T. (2024), *op. cit.*, 4.

954 *Ibidem.*

955 El estudio se centra en el uso de la IDS. Welch, E. W. *et al.* (2017). Potential implications of new synthetic biology and genomic research trajectories on the International Treaty for Plant Genetic Resources for Food and Agriculture (ITPGRFA or 'Treaty'). *Scoping Report for the International Treaty on Plant Genetic Resources for Food and Agriculture*, 16.

"avances con potencial comercial especialmente cuando, por ejemplo, la investigación estaba financiada por entidades gubernamentales interesadas en la creación de empleo local o regional, y en ver claros beneficios económicos que retornen a los contribuyentes"[956].

Esta obligación de depósito se encuentra dentro del precepto destinado a la participación justa y equitativa de los beneficios, puesto que el depósito en estos repositorios o bases de datos es condición previa necesaria para varios beneficios no monetarios como es el acceso a las muestras o la información[957]. Las otras dos cuestiones relativas a los repositorios, en cambio, se regulan en el artículo 12 sobre el sistema de notificaciones de las actividades relacionadas con los RGM y la IDS.

En segundo lugar, las Partes tienen la responsabilidad de asegurar que los repositorios preparen un informe general bianual sobre el acceso a los RGM y la IDS con los correspondientes identificadores estandarizados[958], que deberá remitirse al Comité de acceso y distribución de los beneficios[959].

El artículo 10.5 del NPTA2022 establecía que "las Partes velarán porque se exijan" a las bases de datos o repositorios que notifiquen, mientras que en el artículo 12.7 del Acuerdo BBNJ modifica este enfoque y señala que las Partes se deberán asegurar de que "los repositorios, en la medida de lo posible, y las bases de datos bajo su jurisdicción" preparen dichos informes bianuales. El lenguaje utilizado en este último precepto plantea la cuestión de si las bases de datos estarán

---

956 *Ibidem*, 21.

957 Para un estudio en profundidad sobre el régimen de participación en los beneficios, véase el apartado siguiente.

958 Artículo 12.7 del Acuerdo.

959 Sobre el rol del Comité, véase el apartado E.4 (a) del Capítulo V.

siempre obligadas a realizarlo, mientras que los repositorios únicamente cuando les sea posible y, si esta diferenciación efectivamente es así, cuál es su justificación.

Además, es importante destacar que en el NPTA2022 se solicitaba notificar todos los accesos *ex situ*, mientras que en el texto definitivo se exige únicamente preparar un informe cada dos años. Este cambio representa una reducción significativa en la carga administrativa y, en consecuencia, económica, para las bases de datos y repositorios, lo que sugiere un esfuerzo por equilibrar la transparencia con la eficiencia operativa.

En tercer lugar, las Partes tienen el deber de asegurar que las muestras de los RGM y la IDS de ZFJN que se encuentren en repositorios o bases de datos bajo su jurisdicción sean identificables como provenientes de ZFJN "de conformidad con la práctica internacional actual y en la medida de lo posible"[960]. Este requisito, que se incorporó al texto del Acuerdo a pesar de no haber sido incluido en los proyectos de texto anteriores, subraya la importancia de especificar el origen de los recursos. Tal especificación es crucial ya que facilita el establecimiento de un vínculo entre el recurso, muestra o información y las obligaciones legales que se derivan de su uso, tales como el reparto de beneficios y los posibles derechos de propiedad intelectual.

960 Artículo 12.6 del Acuerdo.

E. LA PARTICIPACIÓN JUSTA Y EQUITATIVA EN LOS BENEFICIOS DERIVADOS DE LAS ACTIVIDADES RELACIONADAS CON LOS RECURSOS GENÉTICOS MARINOS

1. La justicia y la equidad como cimientos de la participación en los beneficios

La participación en los beneficios (*benefit-sharing*) fue conceptualizada originalmente como un componente del PCH dentro del marco del nuevo orden económico internacional[961]. En el ámbito del Derecho Internacional, este concepto ha sido empleado para connotar tanto un objetivo de una convención[962], como una obligación internacional[963], un derecho[964] o un mecanismo[965]. Algunos autores sugieren incluso que la participación en los beneficios se ha convertido en una obligación autónoma en el Derecho Internacional de la biodiversidad, siendo considerada por varios como un principio general emergente del Derecho Internacional[966]. En

---

961 Morgera, E. (2018). Fair and equitable benefit-sharing in a new international instrument on marine biodiversity: A principled approach towards partnership building? *Maritime Safety and Security Law Journal, 5*, 50.

962 Artículo 1 del CDB; artículo 1 del ITPGRFA y artículo 1 del Protocolo de Nagoya.

963 Artículos 8 (j) y 15.7 del CDB y artículo 5 del Protocolo de Nagoya.

964 Artículo 15.2 del Convenio n.º 169 de la Organización Internacional del Trabajo sobre Pueblos Indígenas y Tribales en Países Independientes, Ginebra, de 27 de junio de 1989.

965 Artículo 140 de la CNUDM; artículo 10 del TIRFAA y artículo 10 del Protocolo de Nagoya.

966 Morgera, E. (2018), *op. cit.*, 55.

cualquier caso, no se ha consolidado un concepto común, completamente desarrollado y operacional[967].

El reparto o la participación siempre se acompaña de los adjetivos calificativos "justo", "equitativo" o "justo y equitativo"[968], apoyando la doctrina que postula que la razón de ser de la distribución de los beneficios es la puesta en práctica (*operationalization*) de la equidad en el Derecho Internacional[969], siendo considerada por algunos como parte del principio general de equidad[970]. Este principio busca equilibrar derechos e intereses contrapuestos con el fin de integrar ideas de justicia en las relaciones reguladas por el Derecho Internacional[971].

---

967 Para un análisis completo de los orígenes jurídicos del reparto de beneficios y la propuesta de un concepto común, véase: Morgera, E. (2016), *op. cit.*, 355 y ss.

968 En todos los tratados o convenciones se hace referencia a estas expresiones excepto en la Convención n.º 169, si bien más tarde el Comité sobre la Eliminación de la Discriminación Racial se refirió también a la participación equitativa en los beneficios. Committee on the Elimination of Racial Discrimination. (2003). CERD/C/62/CO/2. Concluding Observations on Ecuador, párr. 16; Morgera, E. (2016), *op. cit.*, 380.
Un análisis filosófico en profundidad sobre cada uno de estos términos está fuera del alcance de esta monografía. En cualquier caso, estas nociones están estrechamente entrelazadas. Al respecto, véase: Cheng, B. (1995). Justice and Equity in International Law. *Current Legal Problems, 8 (1),* 185-221; Janis, M. W. (1984). Equity in International Law. En: E. Bernhardt (Dir.). *Encyclopedia of Public International Law* (pp. 74-78). Amsterdam: Elsevier Science Publishers B. V.

969 Morgera, E. (2016), *op. cit.*, 380.

970 Francioni, F. (2010). Equity. En: R. Wolfrum (Ed.). *Max Planck Encyclopedia of Public International Law* (edición *online*).

971 Burke, C. (2014). *An Equitable Framework for Humanitarian Intervention.* Bloomsbury Publishing, 197; Kläger, R. (2013). *Fair and Equitable Treatment in International Investment Law.* Cambridge: Cambridge University Press, 130.

El verbo "*to share*" transmite la idea de agencia en contraposición a un disfrute pasivo de los beneficios. En otras palabras, no se limita a un reparto unidireccional (*top-down*) de los beneficios, sino que pretende alcanzar un entendimiento común sobre cuáles son estos beneficios y cómo deben ser distribuidos. Este proceso implica una iteración continua, en lugar de ser un ejercicio único de distribución, y requiere la participación activa de diversos actores[972]. Este verbo implica que no todos los actores tienen un papel activo en una determinada actividad que provoca el reparto de beneficios, sino que todos deben participar en algunos de éstos[973]. En varios instrumentos jurídicos se ha traducido este verbo al español como "participar en", "distribuir" o "repartir". La elección en el Acuerdo BBNJ del verbo "participar en" parece reflejar esta idea de un proceso colaborativo en el que todos los sujetos involucrados contribuyen para determinar qué constituye una distribución justa o adecuada, en lugar de ser impuesta.

El reparto de beneficios puede ser entre Estados (distribución interestatal) o, dentro de los Estados, entre los gobiernos y las comunidades (distribución intraestatal)[974]. Para el propósito de analizar el reparto previsto por el Acuerdo BBNJ, nos centraremos en este apartado únicamente en el de la distribución interestatal.

Podemos considerar que la adopción del Acuerdo BBNJ parte de dos premisas fundamentales: primero, la innegable vulnerabilidad de los océanos y su biodiversidad, lo que resalta la

---

972 *Ibidem*, 363.

973 Schabas, W. A. (2007). Study of the Right to Enjoy the Benefits of Scientific and Technological Progress and Its Applications. En: Y. Donders & V. Volodin (Eds.). *Human Rights in Education, Science and Culture: Legal Developments and Challenges* (pp. 273-307). París: UNESCO, 276; *Ibidem*, 364.

974 *Ibidem*.

necesidad urgente de conservación; segundo, la división entre el Norte Global y el Sur Global en cuanto a los recursos de las ZFJN y, en especial, la necesidad de establecer un sistema que compense o mitigue las desigualdades sistémicas entre ambos grupos. De ellas podemos inferir que el problema a solucionar es uno de carácter global. Sin embargo, no todos los actores disponen de las mismas capacidades para actuar, como lo demuestra la comparación entre un Estado desarrollado, como EE.UU., y un Pequeño Estado Insular en Desarrollo, como Tuvalu, ni todos los Estados se verán afectados de la misma manera.

En este contexto, también es esencial reconocer que los beneficios derivados de los conocimientos generados o facilitados por algunos Estados pueden, a largo plazo, beneficiar a la comunidad internacional en su conjunto. Tomando en consideración lo señalado y partiendo de la doctrina que considera que la exigencia de que la participación sea "justa y equitativa" como una puesta en funcionamiento de la equidad, el mecanismo de distribución de los beneficios del Acuerdo BBNJ deberá aspirar a conseguir no sólo una justicia distributiva –repartiendo los beneficios basándose en las necesidades de los Estados–, sino también procedimental –asegurando que el mecanismo de reparto sea justo y que los desequilibrios de poder entre los Estados no resulten en un perjuicio sustantivo para algunos–[975].

---

975 Sobre los principios de justicia en mecanismos de acceso y participación en los beneficios, véanse los siguientes autores, si bien debe advertirse que basan su investigación en sistemas de zonas bajo la jurisdicción nacional y, en consecuencia, una gran parte de sus conclusiones se basa en sistemas basados sobre el principio de soberanía y la justicia compensatoria. Dauda, B.; Denier, Y. & Dierickx, K. (2016). What Do the Various Principles of Justice Mean Within the Concept of Benefit Sharing? *Bioethical Inquiry, 13*, 281-293; Jonge, B. D. (2011). What is Fair and Equitable Benefit-sharing? *Journal of Agricultural Environmental Ethics, 24*, 127-146.

La cuestión de la participación justa y equitativa en los beneficios derivados de los RGM de las ZFJN fue otro de los elementos que más debates generó durante las negociaciones del Acuerdo BBNJ, y se prevé que siga haciéndolo en las futuras COP, en caso de que el Acuerdo entre en vigor. Tras numerosos cambios a lo largo de los múltiples borradores, finalmente se ha optado por un sistema en que se aspira a repartir los beneficios de manera justa y equitativa[976], diferenciando los beneficios no monetarios de los monetarios[977], a cuya inclusión cedieron finalmente los Estados del Norte Global[978].

2. *Los beneficios*

Dos cuestiones principales dominaron los grandes debates sobre los beneficios: por un lado, si el reparto o distribución de éstos debía ser voluntario u obligatorio; y, por otro lado, la modalidad de beneficios a distribuir, es decir, si éstos serían monetarios, no monetarios o ambos y, en su caso, mediante qué modalidades.

En relación con el primer debate, los Estados del Norte Global se posicionaron rápidamente a favor de crear un régimen en el que el reparto de beneficios fuese voluntario[979];

---

976 Artículo 14.1 del Acuerdo.

977 Artículo 14.2 y 14.5-7 del Acuerdo.

978 Por todas sus intervenciones anteriores, pueden destacarse las propuestas de modificación de los proyectos de texto realizadas tras la CIG-3 por la UE, Israel, Corea del Sur y EE.UU., mediante las cuales todos ellos solicitaban la eliminación de cualquier referencia a los beneficios monetarios, y Corea del Sur e Israel proponían un mecanismo de reparto de beneficios voluntarios. A/CONF.232/2020/3 (15.04.2020). Textual proposals (...), *op. cit.*

979 Por todas, véase: Declaración CIG-1. Corea del Sur (04.09.2018), *op. cit.*

mientras que numerosas delegaciones del Sur Global manifestaron su disconformidad[980].

En relación con el segundo debate, las posiciones fueron paralelas al anterior: los Estados del Norte Global expresaron su interés en limitar los beneficios a repartir a los no monetarios[981]; mientras que los del Sur Global repitieron en numerosas ocasiones que un sistema de reparto de beneficios que únicamente incluyese los no monetarios era inaceptable[982]. Varias delegaciones sostuvieron que el acceso y la participación en beneficios se encuentra en el "corazón de la operacionalización del instrumento"[983].

---

980 IISD. (2018). Summary of the First Session (...), *op. cit.*, 5; IISD. (2019). Summary of the Second Session (...), *op. cit.*, 4; IISD. (2019). Summary of the Third Session (...), *op. cit.*, 8; IISD. (2022). Summary of the Fourth Session (...), *op. cit.*, 4.

981 Singapur, tras la CIG-1, remarcó la necesidad de priorizar el desarrollo del régimen para el reparto de beneficios no monetarios antes que el de los monetarios, teniendo en consideración "que existen diferentes horizontes temporales para el devengo de estos dos tipos de beneficios". Declaración CIG-1. Singapur (12.09.2018). *https://www.un.org/bbnj/sites/www.un.org.bbnj/files/singapores-intervention-on-mgr-12-september-2018.pdf*

982 En este sentido se expresaron el G-77 y China, así como Brasil en nombre del CLAM, del CARICOM y del Grupo Africano. Declaración CIG-2. Palestina (G-77 y China) (05.04.2019), *op. cit.*; Declaración CIG-3. Palestina (G-77 y China) (19.08.2019). *https://www.un.org/bbnj/sites/www.un.org.bbnj/files/palestine3-obo-G-77-and-china.pdf*; Declaración CIG-3. Malawi (Países menos adelantados) (19.08.2019). *https://www.un.org/bbnj/sites/www.un.org.bbnj/files/malawi3.pdf*; IISD. (2022). Summary of the Fourth Session (...), *op. cit.*, 3.

983 IISD. (2022). Summary of the Fourth Session (...), *op. cit.*, 3.

a. Los beneficios no monetarios

Los beneficios no monetarios han sido previstos en otros instrumentos jurídicos como el Protocolo de Nagoya. Dentro del régimen de participación en los beneficios, el consenso sobre la inclusión de los beneficios no monetarios fue relativamente rápido, en tanto las distintas delegaciones se mostraron proclives a incorporarlos. Estos beneficios, en contraposición a los monetarios, son más fáciles y rápidamente identificables[984].

El Acuerdo BBNJ prevé un listado no exhaustivo de beneficios no monetarios, que incluye los siguientes[985]:

a) "Acceso a muestras y a colecciones de muestras de conformidad con la práctica internacional actual;

b) Acceso a información digital sobre secuencias de conformidad con la práctica internacional actual;

c) Acceso abierto a datos científicos localizables, accesibles, interoperables y reutilizables (FAIR), de conformidad con la práctica internacional actual y una gobernanza de datos abierta y responsable;

d) Información contenida en las notificaciones, así como los identificadores estandarizados de lote "BBNJ", presentadas de conformidad con el artículo 12, en formatos de acceso y consulta públicos;

e) Transferencia de tecnología marina de conformidad con las modalidades pertinentes establecidas en la parte V del presente Acuerdo;

f) Creación de capacidad, incluso mediante la financiación de programas de investigación, y oportunidades de asociación, en particular oportunidades directamente

---

984 Morgera, E.; Buck, M. & Tsioumani, E. (2014), *op. cit.*, 133.

985 Artículo 14.2 del Acuerdo.

pertinentes y sustanciales, para científicos e investigadores en proyectos de investigación, así como iniciativas específicas, en particular para los Estados en desarrollo, teniendo en cuenta las circunstancias especiales de los pequeños Estados insulares en desarrollo y los países menos adelantados;

g) Una mayor cooperación técnica y científica, en particular con científicos e instituciones científicas de los Estados en desarrollo;

h) Otras formas de beneficios que determine la COP teniendo en cuenta las recomendaciones del Comité de acceso y distribución de los beneficios (…)".

Los primeros dos beneficios no monetarios contemplados son análogos a establecer como posible beneficio el acceso *ex situ* e *in silico* a las muestras de los RGM y la IDS. Es interesante su inclusión con otra formulación porque, durante todas las negociaciones, los Estados del Norte Global arguyeron arduamente con el fin de eliminar todo trazo de estos dos tipos de acceso en el Acuerdo[986].

Además, compartir las muestras resulta beneficioso porque ello tiene el potencial de minimizar y reducir la necesidad de repetir el muestreo, evitando así actividades de recolección que pudieran ser insostenibles[987]. Es menester también destacar que entre los potenciales beneficios no monetarios se incluyen la transferencia de tecnología marina y la creación de capacidad. Estos dos elementos, reclamo constante de los Estados del Sur Global para garantizar un acceso y uso equitativo

---

986 Por todas, véanse las declaraciones de Corea del Sur, EE.UU. y Japón. Declaración CIG-2. Japón (27.03.2019), *op. cit.*; A/CONF.232/2020/3 (15.04.2020). Textual proposals (...), *op. cit.*, 76-78

987 Morgera, E. (2018), *op. cit.*, 53.

de los recursos, tienen tanta entidad en sí mismos que una de las cuatro grandes partes del Acuerdo BBNJ se dedica en exclusiva a ellos[988]. No obstante, la transferencia de tecnología no es un proceso tan sencillo como pudiera aparentar, dado que "no puede limitarse simple y llanamente a la entrega de la tecnología a los países beneficiarios, sino que exige un complejo conjunto de actuaciones de naturaleza jurídica, política o económica" necesarias que garanticen que la tecnología transferida logre los efectos deseados[989], que en el caso del Acuerdo BBNJ, sería que los Estados Parte en desarrollo puedan realizar actividades en las ZFJN, incluidas con los RGM.

Para garantizar el acceso a las muestras, datos e información, las Partes deben adoptar las medidas oportunas para asegurar que los RGM de las ZFJN objeto de utilización por personas bajo su jurisdicción, junto con sus identificadores, sean depositados en repositorios y bases de datos de acceso abierto.

Este acceso tanto a los RGM como a la IDS en los repositorios y bases de datos que se encuentren bajo la jurisdicción de una Parte puede ser condicionado. Se prevén como posibles motivos para imponer condiciones la necesidad de preservar la integridad física de los RGM o los gastos razonables asociados al mantenimiento del banco de genes, biorrepositorio o base de datos o al acceso de los RGM, los datos o la información[990]. Asimismo, el Acuerdo prevé que se puedan estipular otras condiciones, siempre y cuando sean en consonancia con los objetivos del Acuerdo.

Del análisis del precepto se infiere que las condiciones de acceso deberán ser estipuladas por las Partes, a diferencia de

---

988 Véase la Parte V, relativa a la creación de capacidad y transferencia de tecnología marina del Acuerdo BBNJ.

989 Salinas Alcega, S. (2014). *El cambio climático: entre cooperación y conflicto.* Cizur Menor (Navarra): Thomson Reuters Aranzadi, 256.

990 Artículo 14.4 (a)-(c) del Acuerdo.

en el caso de los beneficios monetarios, donde la COP tiene un papel más prominente a la hora de definir sus modalidades y para examinar y evaluar dichos beneficios. En el caso de los beneficios no monetarios, la COP también participa en la determinación de otros beneficios no previstos expresamente, atendiendo a las recomendaciones del comité de acceso, pero no se hace referencia a un potencial rol de control o supervisión.

Esto plantea varias preguntas claves sobre cómo se gestionará el acceso a los RGM y, concretamente, sobre qué ocurrirá con las condiciones al acceso de los RGM que algunas Partes puedan imponer, restringiendo así la participación en los beneficios no monetarios. ¿Qué arreglo institucional estará encargado de determinar si las condiciones impuestas son consecuentes con los objetivos del Acuerdo? ¿Durante cuánto tiempo se puede limitar el acceso a dichas bases de datos? ¿Cómo se definirán los gastos considerados como razonables? Será necesario realizar futuras investigaciones para resolver estas cuestiones y otras que surgirán.

Por otro lado, surge también la cuestión de cuál es el desencadenante (*trigger*) de la distribución de los beneficios no monetarios. A diferencia de los monetarios, en los que la utilización de los recursos es el desencadenante, en los no monetarios no queda tan claro. El artículo 14 se limita a establecer que los beneficios derivados de las actividades se compartirán, pero ¿cuándo se deben compartir? ¿En el momento en que se inicie la actividad? ¿En el momento que finalice? ¿En el momento en que se utilicen los recursos?

Establecer el desencadenante de algunos beneficios resulta más sencillo que de otros. Por ejemplo, el acceso a muestras e información y datos científicos (los primeros tres beneficios propuestos), consideramos que será posible a partir del plazo máximo de un año desde la recolección *in situ* que se tiene para cumplir con las obligaciones de depósito del artículo 12 del Acuerdo. Asimismo, los identificadores estandarizados de lote "BBNJ" serán generados automáticamente por el Mecanismo de Intercambio de Información tras la notificación previa a la realización de alguna actividad relacionada con los RGM, notificación que debe producirse en un plazo de seis meses antes de la recolección o, en su defecto, lo antes posible. No obstante, hay otros beneficios no monetarios, como la transferencia de tecnología marina, cuyo desencadenante no queda establecido en el tiempo. Sería interesante que la COP, en sus futuras directrices, clarificara el mecanismo para el reparto de beneficios no monetarios.

Otra cuestión relevante es dilucidar quiénes serán los beneficiarios. A diferencia de con los beneficios monetarios, cuya distribución se realizará entre los Estados Parte en desarrollo, los no monetarios podrán ser disfrutados tanto por Estados como por personas físicas y jurídicas (por ejemplo, los investigadores o la industria que podrán acceder a las muestras e información). Dunshirn y Zhivkoplias han constatado, en un estudio reciente, que en el "panorama científico abierto" (al que contribuyen entre otros los primeros tres beneficios no monetarios contemplados en el Acuerdo BBNJ) hay dos tendencias claras: por un lado, los avances científicos de investigadores del G-77 reciben considerablemente menos atención; y, por otro lado, hay un desequilibrio entre los usuarios y proveedores de conocimiento. Respecto a esto último, los autores han verificado que algunos Estados, como EE.UU., son usuarios netos de conocimientos, en contraste con otros, como Japón, que comparten abiertamente una cantidad significativa de conocimientos, por ejemplo, a través de publicaciones académicas y técnicas, que luego son utilizados por otros Estados para desarrollar productos y obtener patentes[991].

---

[991] Dunshirn, P. & Zhivkoplias, E. (2024). Conducting Marine Genetic Research for Whom? Mapping Knowledge Flows from Science to Patents. *Npj Ocean Sustainability, 3 (50),* 1-11.

Esta dinámica resalta un desequilibrio en la contribución y aprovechamiento de los recursos intelectuales a nivel internacional, y plantea interrogantes críticos sobre quiénes son los verdaderos beneficiarios de la ciencia abierta. El número de Estados del G-77 usuarios de dichos conocimientos es bastante limitado, entre otras causas, por la falta de capacidad para poder utilizarlos. Es por ello por lo que algunos de los primeros beneficios previstos, cuya contribución al avance de la ciencia es innegable, puede que no tengan la utilidad imaginada para los Estados Parte en desarrollo si no vienen acompañados de otros relacionados con la creación de capacidad o la transferencia de tecnología necesaria para realizar actividades con dichos recursos o información.

b. Los beneficios monetarios

La lección aprendida de otros mecanismos multilaterales de participación en los beneficios es que el reparto de beneficios monetarios es muy complicado en la práctica[992]. El Acuerdo BBNJ prevé la distribución de beneficios monetarios derivados de la utilización de RGM y la IDS de ZFJN. La utilización de dichos recursos incluye expresamente la comercialización de éstos[993]. En otras palabras, el desencadenante del mecanismo de participación en beneficios monetarios es su utilización, no su acceso o recolección.

---

992 Morgera señala que éste ha sido el caso en el TIRFAA, en el que en gran parte se depende de las donaciones de los gobiernos para operar el fondo de reparto de beneficios, por lo que se está planteando el pago por adelantado de cantidades regulares por los usuarios, o el caso de la OMC, que está implementando un sistema de contribuciones obligatorias a su instrumento de reparto de beneficios relacionados con la pandemia influenza. Morgera, E. (2018), *op. cit.*, 59-60.

993 Artículo 14.5 del Acuerdo.

Los beneficios se compartirán "de manera justa y equitativa (...) con miras a la conservación y el uso sostenible de la diversidad biológica marina de las [ZFJN]"[994]. De esta forma se vincula expresamente el reparto de beneficios con el objetivo general del Acuerdo BBNJ. Para ello, las Partes deben adoptar las medidas legislativas, administrativas o de política necesarias para asegurar que los beneficios derivados de las actividades realizadas por personas bajo su jurisdicción (naturales o jurídicas) se compartan conforme al Acuerdo[995].

El Acuerdo prevé un listado con las posibles modalidades para compartir los beneficios:

a) "Pagos por hitos;

b) Pagos o contribuciones relacionados con la comercialización de productos, incluido el pago de un porcentaje de los ingresos procedentes de las ventas de productos;

c) Una tarifa escalonada, pagada periódicamente, basada en un conjunto diversificado de indicadores que miden el nivel global de actividades de una Parte;

d) Otras formas que decida la [COP], teniendo en cuenta las recomendaciones del Comité de acceso y distribución de los beneficios"[996].

La primera y la última modalidad estuvieron previstas en el cuerpo del texto desde el NPTR2022, mientras que la segunda y la tercera fueron incorporadas tras la CIG-5.1 en el Acuerdo. Al inicio de la CIG-5.2, 134 delegaciones integrantes de la alianza China y G-77 expandieron el modelo propuesto de regalías y pagos por hitos, añadiendo una tarifa escalonada basada en el nivel agregado de las actividades emprendidas por

994 *Ibidem, in fine.*

995 Artículo 14.11 del Acuerdo.

996 Artículo 14.7 *in fine* del Acuerdo.

una Parte en relación con los RGM y la IDS[997]. Esta propuesta finalmente fue incorporada, si bien con un nivel de detalle menor que en la propuesta del grupo.

La COP será la encargada de decidir las modalidades para compartir los beneficios, atendiendo a las recomendaciones del Comité de acceso y distribución de los beneficios establecido en virtud del Acuerdo. Las decisiones se adoptarán por consenso y, en su defecto, por mayoría de tres cuartos de las Partes presentes y votantes. En caso de haberse dejado como forma de adopción de las decisiones únicamente el consenso, ello hubiera supuesto en la práctica otorgar un derecho de veto a todas las Partes, bloqueando potencialmente toda decisión que implicase un desembolso económico. La inclusión de una mayoría cualificada fue considerada por los Estados Parte en desarrollo como una de las victorias más importantes[998].

3. El mecanismo de financiación del Acuerdo

Los mecanismos multilaterales de reparto de beneficios, como el propuesto en el Acuerdo BBNJ, son concebidos como sistemas interestatales, si bien en última instancia dependen de que los Estados adopten medidas para vincular a los actores no estatales que producirán dichos beneficios. El desarrollo a nivel nacional de esta obligación puede derivar en diferentes grados de obligación o distintas interpretaciones de las obligaciones entre las Partes del Acuerdo. Con el fin de solventar estas posibles debilidades, así como para implantar un régimen con un enfoque integral, algunas autoras

---

997 Concepción, R. T. (2024), *op. cit.*, 4.

998 Concepción señala que un número elevado de Estados en desarrollo se mostraban fuertemente en contra de flexibilizar la forma de adopción de las decisiones por la COP. *Ibidem.*

como Morgera, a la que nos sumamos, han advertido de la necesidad de adoptar un enfoque basado en principios y, en especial, el de equidad, para crear y aplicar el sistema de reparto de beneficios[999].

Dichos beneficios se compartirán mediante el mecanismo de financiación establecido en el artículo 52. El mecanismo de financiación se prevé que incluya tres fondos: un fondo fiduciario de contribuciones voluntarias establecido por la COP, un fondo especial y un fondo fiduciario del Fondo para el Medio Ambiente Mundial.

---

[999] Una forma de adoptar este enfoque, garantizando la equidad y el éxito del mecanismo, podría ser la creación de un contrato estandarizado que haga referencia a los objetivos y preceptos del Acuerdo como parámetros de referencia para la interpretación del contrato. En su defecto, o tal vez de forma complementaria a los anteriores, también se ha planteado la idoneidad de imitar la labor de la OMS, que ha desarrollado un parámetro de equidad en relación con la distribución de beneficios basando el reparto en los principios de riesgo y necesidades de salud pública. De forma análoga, bajo el marco del Acuerdo BBNJ se podría evaluar los riegos para la salud de los océanos y las necesidades de solventarlos, involucrando a otros instrumentos y organismos sectoriales y regionales para efectuar dichos análisis. Morgera, E. (2018), *op. cit.*, 63-65.
Tal vez sería interesante articular la distribución de los beneficios de forma similar al establecido por el TIRFAA mediante un acuerdo de transferencia de material. Este acuerdo normalizado constituye un "cauce contractual eficaz" que ofrece mayor certeza que los acuerdos bilaterales adoptados en el marco del Protocolo de Nagoya, motivo por el que los Estados que son Partes de ambos instrumentos, han optado por utilizar este tipo de acuerdos para recursos más allá de los enumerados en el TIRFAA. Corberá Martínez, J. (2023). *Contrato de acceso a recursos genéticos. Del material genético a la "Digital Sequence Information"*. Cizur Menor: Aranzadi, 42-43.

El fondo especial recibirá tres tipos de contribuciones (Figura 7). Las primeras son contribuciones anuales de conformidad con el artículo 14.6 del Acuerdo. Dichas contribuciones estarán compuestas, en un inicio, por el cincuenta por ciento de la cuota que cada Parte desarrollada deba aportar al presupuesto, conforme a lo aprobado por la COP. Más tarde, cuando la COP decida las modalidades para compartir los beneficios, dichas contribuciones cesarán en favor de la nueva distribución escogida[1000].

El segundo tipo de contribuciones son pagos para "compartir los beneficios monetarios derivados de la utilización de los [RGM y la IDS de las ZFJN]"[1001]. Por lo tanto, es la utilización (y no el acceso) el desencadenante de la distribución de los beneficios[1002]. El precepto relativo a la participación en los beneficios comienza estableciendo que se compartirán los beneficios "que se deriven de las actividades", pero este alcance se limita para los monetarios, en tanto serán distribuidos a través del mecanismo financiero aquellos beneficios "derivados de la *utilización* de los [RGM] y la [IDS]"[1003].

1000 Artículo 14.6 del Acuerdo.

1001 Artículo 14.7 del Acuerdo.

1002 Durante las negociaciones, la delegación de Turquía, entre otras, propuso que el desencadenante fuese tanto la recolección *in situ,* como el acceso *ex situ,* incluida la información digital sobre secuencias; mientras que la de Indonesia señaló que sería más conveniente que los beneficios se derivasen tanto de la recolección como del acceso, como de la utilización (incluida la comercialización) de los RGM. A/CONF.232/2022/INF.5 (1.08.2022). Textual proposals (...), *op. cit.,* 70; A/CONF.232/2020/3 (15.04.2020). Textual proposals (...), *op. cit.,* 87.

1003 Artículo 14.1 y 5 del Acuerdo (énfasis añadido).

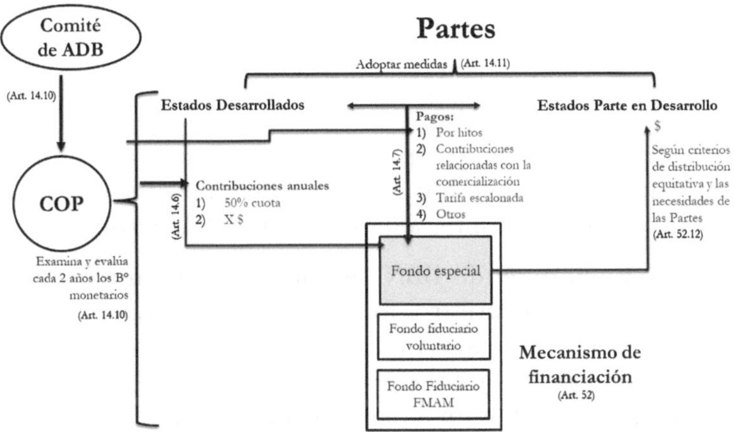

Figura 7. Mecanismo de financiación del Acuerdo BBNJ y de la participación en los beneficios (elaboración propia).

Las modalidades de los pagos, como hemos señalado, serán decididas por la COP tomando en consideración las recomendaciones del Comité de acceso y distribución de los beneficios. La decisión se deberá tratar de adoptar por consenso o, en su defecto, por mayoría de tres cuartos de las Partes presentes y votantes[1004]. El Acuerdo, por su parte, propone algunas modalidades que la COP podrá incluir, como son las indicadas en el apartado anterior.

Sin embargo, las Partes tienen la opción de no verse obligadas por todas las modalidades. En este sentido, pueden formular una declaración en el momento en que la COP adopte las modalidades para indicar que algunas no entrarán en vigor para esa Parte por un período máximo de cuatro años, con el objetivo de contar con el tiempo necesario para implementarlas de forma adecuada en sus legislaciones y políticas

1004 Artículo 14.7 del Acuerdo.

internas[1005]. La excepción a una o varias modalidades por vía de esta declaración no obstará para que la Parte continúe teniendo que cumplir con las contribuciones anuales previstas para las Partes desarrolladas[1006].

Finalmente, el fondo especial se verá nutrido de contribuciones adicionales tanto de las Partes como de entidades privadas que deseen contribuir a los objetivos del Acuerdo.

Así pues, el Acuerdo BBNJ establece un mecanismo de financiación que incluye tres fondos. Uno de ellos, el especial, se nutre de varias fuentes de ingresos, de entre las que destacan los pagos por la utilización de los RGM y la IDS en la modalidad que la COP estime más oportuna en un futuro. ¿Pero quién se beneficia? Los *inputs* al mecanismo quedan claros, pero la selección de quién recibe los *outputs* no está tan clara.

Se prevé que el fondo especial y el fondo fiduciario del Fondo para el Medio Ambiente Mundial se utilicen para los siguientes fines:

a) "Financiar proyectos de creación de capacidad en el marco del presente Acuerdo, incluidos proyectos eficaces para la conservación y el uso sostenible de la diversidad biológica marina, y actividades y programas, incluida capacitación relacionada con la transferencia de tecnología marina;

b) Ayudar a los Estados partes en desarrollo a implementar el presente Acuerdo;

c) Apoyar programas de conservación y uso sostenible por los Pueblos Indígenas y las comunidades locales, como poseedores de conocimientos tradicionales;

1005 Artículo 14.8 del Acuerdo.

1006 *Ibidem, in fine.*

d) Apoyar consultas públicas a nivel nacional, subregional y regional;

e) Financiar la realización de cualquier otra actividad decidida por la Conferencia de las Partes"[1007].

De forma complementaria al apartado (b), se establece que el acceso a la financiación estará abierto a los Estados Parte en desarrollo en función de sus necesidades, y que el fondo especial (nutrido por los beneficios derivados de los RGM y la IDS) se repartirá "según criterios de distribución equitativa". Para decidir la asignación, se deberá tomar en consideración las necesidades especiales de algunas Partes[1008].

Los beneficiarios del mecanismo de participación en los beneficios del Acuerdo BBNJ son pues los Estados Parte en desarrollo, según criterios de equidad y necesidad, fijados por la COP, autoridad bajo la cual funcionará el mecanismo[1009]. Cabe plantearse si ese reparto podrá ser condicionado o no, por ejemplo, a la realización de ciertas acciones, en tanto el Acuerdo prevé que deberá hacerse "con miras a la conservación y el uso sostenible de la diversidad biológica marina de las [ZFJN]", es decir, los objetivos generales del Acuerdo.

1007 Artículo 52.6 del Acuerdo.

1008 En esta línea, el Acuerdo señala expresamente "los países menos adelantados, los países en desarrollo sin litoral, los Estados geográficamente desfavorecidos, los pequeños Estados insulares en desarrollo y los Estados ribereños de África, los Estados archipelágicos y los países en desarrollo de ingreso mediano, y teniendo en cuenta las circunstancias especiales de los pequeños Estados insulares en desarrollo y los países menos adelantados". *Ibidem.*

1009 Artículo 52.9 del Acuerdo.

4. *Arreglos institucionales del régimen de participación en los beneficios*

a. El Comité de acceso y distribución de los beneficios

El artículo 15 del Acuerdo establece la creación de un Comité de acceso y distribución de los beneficios al que se le ha dotado de un importante número de funciones en relación con el régimen de los RGM de las ZFJN. La formación de dicho Comité no estaba prevista como tal en ninguno de los proyectos de texto anteriores, si bien en los artículos 11 *bis* del NPTR2022 y NPTA2022 se preveía la creación de un mecanismo de acceso y participación en los beneficios cuyas funciones eran similares a las finalmente otorgadas al Comité.

El Comité estará compuesto por quince miembros suficientemente cualificados para poder desempeñar sus funciones. Los miembros serán propuestos por las Partes y elegidos por la COP, manteniendo un equilibrio de género y geográfico, asegurando que los Estados en desarrollo estén representados[1010].

Se puede considerar que sus funciones primordiales son tres: establecer directrices para compartir los beneficios, formular recomendaciones a la COP y actuar como intermediario con otros órganos mundiales, regionales y sectoriales competentes.

En primer lugar, el Comité puede establecer directrices para compartir los beneficios de conformidad con el artículo 14 del Acuerdo[1011]. Mientras que el Acuerdo prevé expresamente que será la COP la que decida las modalidades para compartir los beneficios monetarios, en el caso de los no monetarios, se limita a enumerar una serie de formas en los que

---

[1010] Artículo 15.2 del Acuerdo.

[1011] Artículo 15.1 del Acuerdo.

podrían ser adoptados, junto a otras formas que determine la COP teniendo en cuenta las recomendaciones del Comité[1012]. Por lo tanto, las directrices del Comité deberán ser tomadas en consideración, pero no vincularán la decisión última de la COP.

En segundo lugar, el Acuerdo contempla que el Comité pueda formular recomendaciones a la COP sobre una serie de cuestiones[1013]. Entre éstas, son destacables la potestad para crear un código de conducta para las actividades relacionadas con los RGM y la IDS de las ZFJN, así como los mecanismos para compartir los beneficios monetarios, que fueron uno de los aspectos más controvertidos durante las negociaciones del instrumento.

En tercer lugar, el Comité tiene la facultad de "consultar y facilitar el intercambio de información con los instrumentos y marcos jurídicos pertinentes y los órganos mundiales, regionales, subregionales y sectoriales competentes sobre las actividades comprendidas en su mandato"[1014]. Esta potestad operacionaliza

---

[1012] Artículo 14.2 (h) del Acuerdo.

[1013] A saber: "a) Directrices o un código de conducta para las actividades relacionadas con los recursos genéticos marinos y la información digital sobre secuencias de recursos genéticos marinos de las zonas situadas fuera de la jurisdicción nacional de conformidad con la presente parte; b) Medidas para implementar las decisiones adoptadas de conformidad con la presente parte; c) Tasas de pago o mecanismos para compartir los beneficios monetarios de conformidad con el artículo 14; d) Cuestiones relacionadas con la presente parte en relación con el Mecanismo de Intercambio de Información; e) Cuestiones relacionadas con la presente parte en relación con el mecanismo financiero establecido en el artículo 52; f) Cualquier otra cuestión relacionada con la presente parte cuyo examen pueda solicitar la Conferencia de las Partes al Comité de acceso y distribución de los beneficios" y con base en la información obtenida de otros instrumentos y marcos jurídicos y los órganos mundiales, regionales, subregionales y sectoriales competentes sobre las actividades bajo el mandato del Comité (artículos 15.3 y 6 del Acuerdo).

[1014] Artículo 15.5 del Acuerdo.

y concreta la relación que el Acuerdo busca mantener con otros instrumentos y órganos internacionales, y reafirma el espíritu de cooperación y compatibilidad que permea al Acuerdo.

Las actividades sobre las que el Comité puede propulsar el diálogo con terceros organismos incluyen, expresamente, "la participación en los beneficios, el uso de la información digital sobre secuencias de recursos genéticos marinos, las mejores prácticas, las herramientas y metodologías, la gobernanza de los datos y las lecciones aprendidas"[1015]. Estas acciones son cruciales para integrar y sincronizar los esfuerzos globales en la gestión y conservación de los RGM.

Para asegurar el cumplimiento de las funciones del Comité, las Partes están obligadas a proporcionarle información sobre las "medidas legislativas, administrativas y de política sobre el acceso y la participación en los beneficios", los "datos de contacto y otra información pertinente sobre los puntos focales nacionales[1016]", así como "otra información requerida de conformidad con las decisiones adoptadas por la [COP]" a través del Mecanismo de Intercambio de Información[1017].

b. La Conferencia de las Partes

El Acuerdo establece asimismo una COP, que se reunirá ordinariamente en la sede de la secretaría (aún por decidir) o en la sede de la ONU[1018]. La COP adoptará sus decisiones y recomendaciones por consenso; en su defecto, las cuestiones

---

1015 *Ibidem.*

1016 Esta es la única referencia que hay en todo el Acuerdo a los puntos focales nacionales, cuya existencia estaba prevista en algunos de los proyectos de texto anteriores, pero que no ha sido contemplada en el texto definitivo.

1017 Artículo 15.4 del Acuerdo.

1018 Artículo 47.1 y 3 del Acuerdo.

de fondo se adoptarán por mayoría de dos tercios de las Partes presentes y votantes, y las de procedimiento por mayoría de las Partes presentes y votantes[1019]. El establecimiento de este sistema de mayorías por defecto se distancia de la práctica habitual en los tratados multilaterales medioambientales, donde suele predominar la búsqueda del consenso[1020].

Dentro del gran número de funciones que ostenta la COP, entre las que se encuentran aprobar su reglamentación financiera y la de los otros órganos del Acuerdo, aprobar un presupuesto y promover la cooperación y coordinación con otros órganos, instrumentos y marcos jurídicos internacionales[1021], es interesante destacar algunos de sus deberes más importantes en relación con los RGM.

Entre ellos destaca la potestad para establecer los órganos subsidiarios que sean necesarios para apoyar la implementación del Acuerdo[1022] que, en lo que concierne al uso sostenible de los RGM, serán *a priori,* la secretaría, el Mecanismo de Intercambio de Información, el Comité de acceso y participación en beneficios, así como el Comité de implementación y cumplimiento[1023].

1019 Artículo 47.4 del Acuerdo.

1020 Gehring, T. (2007). Treaty-making and treaty evolution. En: D. Bodansky, J. Brunnée & E. Heys (Eds.). *The Oxford Handbook of International Environmental Law* (pp. 467-497). Oxford: Oxford University Press, 470.

1021 Artículo 47.2 y 6 del Acuerdo. Véase el artículo en su totalidad para advertir el resto de sus funciones.

1022 Artículo 47.6 (d) del Acuerdo.

1023 Sobre éstos, véanse los artículos 50, 51, 15 y 55, respectivamente. A estos se suman la creación de un Comité de creación de capacidad y transferencia de tecnología marina y el Órgano Científico y Técnico, cuya actividad en la práctica podrá también resultar en un impacto en la regulación y conservación de los RGM (artículos 46 y 49 del Acuerdo, respectivamente).

Además, la COP, como se puede intuir de la lectura del Acuerdo y de las anteriores páginas, ha sido dotada de una gran responsabilidad a la hora de establecer el sistema de acceso y distribución de los beneficios, en tanto será la que cuantifique las contribuciones anuales de las Partes desarrolladas, así como las modalidades de pago para compartir los beneficios derivados de la utilización de los RGM objeto de estudio[1024]. La decisión de las modalidades para compartir los beneficios está sujeta a una mayoría de votación distinta que para el resto de sus decisiones o recomendaciones. La COP deberá decidirlas por consenso y, en su defecto, por mayoría de tres cuartos de las Partes votantes[1025]. El proceso de decisión requiere, pues, de un mayor número de Estados a favor, exigencia entendible tomando en consideración el impacto económico de dicha decisión y, sobre todo, las reticencias que ha generado la inclusión siquiera de un reparto de beneficios monetarios en un número importante de Estados.

A lo ya señalado, se puede añadir la facultad que se le ha conferido para definir la modalidad de reparto de los beneficios derivados del uso de la IDS[1026], así como su facultad de control, al preverse que realice un examen y evaluación bianual de los beneficios monetarios derivados de la utilización de los RGM y la IDS[1027].

1024 Artículo 14.6 y 7 del Acuerdo, respectivamente.

1025 Artículo 14.7 del Acuerdo.

1026 Artículo 14.9 del Acuerdo.

1027 El primer examen se deberá realizar antes de que transcurran cinco años desde la entrada en vigor del Acuerdo. Artículo 14.10 del Acuerdo.

F. SUPERVISIÓN Y TRANSPARENCIA

Uno de los elementos que más preocupación causa de cara a la implementación del Acuerdo es el control del cumplimiento de sus disposiciones en las ZFJN. Considerado como el tercer pilar del acceso y participación en beneficios, el control o la supervisión es el elemento que garantiza la operatividad del régimen, sin el cual su utilidad se ve comprometida.

El monitoreo, control o supervisión de las actividades relacionadas con los RGM fue otro de los aspectos que más debates generó entre las delegaciones, las cuales se dividían en un grupo que prefería un mecanismo de *track-and-trace* para monitorear la recolección, utilización y transferencias (incluyendo opciones para un sistema de notificaciones obligatorias), y otro grupo que cuestionaba la necesidad o pertinencia de crear un mecanismo de monitoreo[1028].

El Acuerdo BBNJ prevé que la supervisión de las actividades relacionadas con los RGM y IDS de ZFJN se realizará mediante tres vías: la notificación al Mecanismo de Intercambio de Información, los informes periódicos de las Partes al Comité de acceso y distribución de los beneficios sobre la implementación de las disposiciones de la Parte II del Acuerdo y el informe de dicho Comité para la COP, que se basará en sus recomendaciones para establecer las directrices para implementar la supervisión y transparencia del Acuerdo[1029].

[1028] Humphries, F. & Harden-Davies, H. (2020). Practical policy solutions for the final stage of BBNJ treaty negotiations. *Marine Policy, 122*, 5.

[1029] Artículo 16 del Acuerdo.

1. El sistema de notificaciones al Mecanismo de Intercambio de Información

a. Un sistema de notificaciones obligatorias como mecanismo de transparencia y vigilancia

El régimen impuesto por el Acuerdo se basa en un sistema de notificaciones obligatorias, tal y como se ha resaltado en el apartado D.1 de este Capítulo[1030], diseñado para facilitar el seguimiento de los recursos y la información y apoyar una distribución de los beneficios que sea justa y equitativa.

No obstante, es un sistema cuanto menos confuso y que deja algunos interrogantes sobre su implementación en la práctica, especialmente en cuanto a la identificación de los sujetos obligados a efectuar dichas notificaciones, tal y como se señalaba en apartados anteriores. En los tres casos previstos –antes y después de la recolección *in situ* y tras la utilización de los recursos–, se establece que las Partes deberán asegurar la realización de estas notificaciones, pero no se determina quién será el obligado a efectuarlas: ¿Los científicos involucrados en las expediciones? ¿Los repositorios o las bases de datos donde se depositan los RGM y la IDS? ¿Los usuarios finales que utilicen dichos recursos?

El Acuerdo prevé que las notificaciones sean una de las vías de supervisión de dichas actividades conforme a lo dispuesto en su Parte II y las directrices o procedimientos de la COP. Si el Acuerdo entra en vigor, será esencial que la COP establezca unas directrices claras sobre la implementación de este sistema con el fin de asegurar un campo de juego equitativo entre las

---

1030 El sistema de notificación obligatoria electrónica fue propuesto, entre otros, por el Grupo Africano. IISD. (2018). Summary of the First Session (…), *op. cit.*, 6.

Partes y evitar que las obligaciones recaigan desproporcionadamente sobre ciertos actores según bajo la jurisdicción de qué Parte se encuentren.

La rastreabilidad o el seguimiento (*traceability*) de los recursos y la información se trata de garantizar en el Acuerdo mediante la generación de los identificadores estandarizados de lote "BBNJ", explicados en el apartado D.2 de este Capítulo. El Mecanismo de Intercambio de Información lo generará tras ser notificado de una futura recolección *in situ*, y deberá aportarse también en la notificación posterior a la recolección, así como en la notificación por la utilización del RGM[1031].

En relación con este identificador surge necesariamente la duda de qué ocurre con aquellos recursos o la IDS que haya sido obtenida con anterioridad a la entrada en vigor del Acuerdo. Según el ámbito de aplicación temporal de la Parte II relativa a los RGM, si una Parte no ha formulado excepción al ratificarlo, también se deberán regir dichos recursos por las disposiciones de esa sección del Acuerdo. Por tanto, entendemos que el Mecanismo de Intercambio de Información, cuando fuere notificado de la utilización de un recurso o IDS, conforme al artículo 12.8 del Acuerdo, generaría en ese momento un identificador que permitiera el ulterior monitoreo del recurso o información, por ejemplo, si más tarde fuese utilizado para un producto que se patentase.

Empero, sería provechoso que las futuras directrices de la COP proporcionasen claridad sobre cómo manejar estos casos, asegurando una aplicación coherente y eficaz del sistema de trazabilidad para todos los recursos y datos, independientemente de su fecha de obtención.

[1031] Artículos 12.5 y 8 del Acuerdo.

b. El Mecanismo de Intercambio de Información

Como parte del entramado de arreglos institucionales que el Acuerdo BBNJ prevé para su efectiva implementación, al que ya se ha ido haciendo referencia explicando tanto el Comité de acceso y distribución de beneficios como la COP, se encuentra el Mecanismo de Intercambio de Información. Establecido por vía del artículo 51 del Acuerdo, este mecanismo ostenta un papel fundamental en lo relativo al régimen sobre los RGM y la IDS de las ZFJN.

El Mecanismo consiste en una plataforma de acceso abierto, cuyas modalidades específicas de funcionamiento serán determinadas por la COP[1032]. Entre otras funciones, se prevé que este mecanismo sirva como una plataforma centralizada en la que las Partes puedan "acceder, proporcionar y difundir información relativa a las actividades" regidas por el Acuerdo y, en particular, las relativas a los RGM de las ZFJN[1033].

La secretaría del Acuerdo será la encarga de administrar el Mecanismo, pudiendo cooperar con otros instrumentos y marcos pertinentes, así como con otros órganos mundiales, regionales, subregionales y sectoriales competentes que determine la COP[1034]. Su administración debe cumplir con una doble obligación. Por un lado, se deberán reconocer "plenamente

---

1032 Artículo 51.2 del Acuerdo.

1033 Artículo 51.3 (a) (i) del Acuerdo. Cabe mencionar que en todo caso se "respetará la confidencialidad de la información proporcionada en virtud del presente Acuerdo y los derechos correspondientes", no debiendo interpretarse las obligaciones de transparencia del Acuerdo como "una exigencia de compartir información protegida" (artículo 51.6 del Acuerdo).

1034 Entre ellos, destacan expresamente "la Comisión Oceanográfica Intergubernamental de la Organización de las Naciones Unidas para la Educación, la Ciencia y la Cultura, la Autoridad Internacional de los Fondos Marinos, la Organización Marítima Internacional y

las necesidades especiales de los Estados partes en desarrollo, así como las circunstancias especiales de los Estados partes que son pequeños Estados insulares en desarrollo" y, por otro, se prevé que se deba facilitar su acceso al Mecanismo sin cargas administrativas u otros obstáculos indebidos[1035].

Como se señalaba con anterioridad, y se ilustra en la Figura 6, el Mecanismo desempeña un papel crucial en el régimen de los RGM al recibir las notificaciones previas y posteriores a la recolección *in situ* de los recursos, así como las notificaciones por la utilización de dichos recursos. Además, es también el encargado de generar el identificador de lote estandarizado BBNJ. En consecuencia, el Mecanismo no sólo facilita la gestión administrativa –mediante la recepción de notificaciones–, sino que cumple con una función crítica de supervisión y control. La realización de estas funciones de gestión de notificación e identificación se espera que permita o facilite rastrear la vida útil de los recursos, contribuyendo a un registro fiable y accesible de las actividades relacionadas con los RGM.

A la hora de ponerlo en funcionamiento se ha señalado que sería oportuno analizar otros mecanismos existentes para identificar entidades con sinergias en los objetivos del Acuerdo[1036]. Asimismo, se ha subrayado la necesidad de contar con un "fuerte elemento humano", lo que implica disponer de personal dedicado y financiamiento adecuado. De igual forma, sería importante garantizar la interoperabilidad con otros

---

la Organización de las Naciones Unidas para la Alimentación y la Agricultura" (artículo 51.4 del Acuerdo).

1035 Artículo 51.5 del Acuerdo.

1036 Harden-Davies *et al.* señalan la pertinencia de evaluar, entre otros la *Intergovernmental Oceanographic Commission Capacity Development Hub* y los mecanismos con mandatos más amplios como el Mecanismo de Intercambio de Información Conjunto de los Convenios de Basilea y el del CDB. Harden-Davies, H. *et al.* (2024), *op. cit.*, 4.

mecanismos similares y asegurar que la información recogida mediante esta plataforma sea accesible a todas las Partes y la comunidad científica. Esta combinación no solo facilitaría la implementación efectiva del mecanismo, sino que también aseguraría su sostenibilidad y eficacia a largo plazo en el cumplimiento de los objetivos del Acuerdo[1037].

A pesar de que el mecanismo establecido en el Acuerdo BBNJ desempeña un papel clave, persisten ciertas áreas que generan incertidumbre. Esencialmente, las Partes tienen la responsabilidad de asegurar que se efectúen las notificaciones requeridas por el Acuerdo para que el sistema funcione eficazmente y el Mecanismo de Intercambio de Información pueda cumplir con sus funciones de identificación, así como para poner a disposición del público y del Comité de acceso y distribución de los beneficios y la COP la información necesaria. Sin embargo, si estas notificaciones no se llevan a cabo, el Acuerdo no especifica claramente los mecanismos para exigir responsabilidad en casos de incumplimiento[1038].

Aunque el Acuerdo BBNJ incluye una sección, la Parte IX, dedicada a la solución de controversias[1039], ésta no aborda

---

1037 *Ibidem.*

1038 En otros tratados de índole similar como el Protocolo de Nagoya se prevé, al menos que la COP en su primera reunión apruebe mecanismos institucionales y procedimientos para "promover el cumplimiento con las disposiciones del presente Protocolo y para tratar los casos de incumplimiento", o como en el TIRFAA, que el órgano rector examine y apruebe "los procedimientos de cooperación eficaces y los mecanismos operacionales para promover la observancia del presente Tratado y para abordar los casos de incumplimiento". Artículos 30 del Protocolo de Nagoya y 21 del TIRFAA.

1039 Cabe destacar, aunque sea brevemente, los mecanismos de solución de controversias previstos en la Parte IX del Acuerdo BBNJ. Se dispone que las Partes tendrán que cooperar para resolverlas y están obligadas a solucionarlas por cualesquiera medios pacíficos que

directamente las acciones a seguir ante el incumplimiento de las obligaciones. Dada la complejidad económica de los temas regulados y el prolongado proceso de negociación del Acuerdo, la posibilidad de que alguna Parte no cumpla con sus obligaciones no es una consideración remota. Este vacío podría representar un desafío significativo en la implementación del Acuerdo y en la protección efectiva de los RGM.

2. Los informes periódicos de las Partes

La segunda vía para asegurar la transparencia en la implementación de la Parte II del Acuerdo son los informes que las Partes deberán presentar periódicamente al Comité

---

elijan (artículos 56-58 del Acuerdo). El procedimiento de solución previsto consiste en aplicar la Parte XV de la CNUDM a las Partes del Acuerdo y de la Convención (artículo 60.1 del Acuerdo). No obstante, si una Parte del Acuerdo no lo es de la Convención, al firmar, ratificar, aprobar o adherirse al Acuerdo puede elegir, mediante declaración escrita, uno o varios medios de solución de conflictos. A saber: (a) el TIDM; (b) la Corte Internacional de Justicia; (c) un tribunal arbitral constituido de conformidad con el anexo VII de la Convención; o (d) un tribunal arbitral especial constituido de conformidad con el anexo VIII de la Convención para una o varias de las categorías de controversias que en él se especifican (artículo 60.5 del Acuerdo). En caso de no escoger uno o varios, el medio será el previsto en el apartado (c) (artículo 60.6 del Acuerdo).
Las opciones escogidas parecen ser un buen reflejo de las propuestas emitidas durante el proceso de negociaciones, donde se ha señalado múltiples veces el "componente altamente científico-técnico" de las cuestiones propias de este Acuerdo, por lo que sería preferible atribuir la solución de controversias a un órgano judicial como el TIDM con un elevado grado de especialización, o a un tribunal arbitral especial. Jiménez Pineda, E. (2021). Consideraciones sobre el posible sistema de arreglo de controversias del tercer Acuerdo de aplicación de la CNUDM (pp. 447-762). En: Casado Raigón, R. & Martínez Pérez, E. J. (Eds.), *op. cit.*

sobre la implementación de sus disposiciones de la Parte II del Acuerdo BBNJ[1040].

Esta forma de supervisión es común en otros acuerdos multilaterales y, en particular los medioambientales como el CDB y el Protocolo de Nagoya[1041], donde los procedimientos de control son esencialmente informativos[1042]. Estas obligaciones son críticas para asegurar el cumplimiento de los acuerdos y evaluar su implementación a nivel nacional.

A diferencia de lo que ocurre en otros preceptos similares de distintos convenios o acuerdos, el artículo 16.2 del Acuerdo BBNJ no estipula de forma conjunta que las Partes tengan la doble obligación de monitorizar o evaluar la implementación del Acuerdo, así como de informar sobre ésta[1043]. Por un lado, específicamente en relación con la Parte II, el artículo establece que las Partes tienen la obligación de informar sobre su implementación al Comité de acceso y distribución de los beneficios[1044]. Por otro lado, y de forma común a todo el Acuerdo, se exige que las Partes supervisen la implementación del Acuerdo e informen a la COP[1045].

El principal riesgo que puede conllevar este enfoque es que la información proporcionada no incluya una evaluación sustantiva, limitándose a una mera recopilación de datos o a describir las medidas que se han implementado sin analizar su efectividad. Sin embargo, se espera que la implementación

[1040] Artículo 16.2 del Acuerdo.

[1041] Artículos 23 y 29 del Acuerdo, respectivamente.

[1042] Bodansky, D. (2011). *The Art and Craft of International Environmental Law.* Cambridge: Harvard University Press, 238.

[1043] Como se prevé, por ejemplo, en el artículo 29 del Protocolo de Nagoya.

[1044] Artículo 16.2 del Acuerdo.

[1045] Artículo 54 del Acuerdo.

efectiva del Acuerdo sea apoyada por el Comité de implementación y cumplimiento, como se establece en el artículo 55. Este Comité tendrá la función de facilitar y promover el cumplimiento del Acuerdo "de manera transparente, no contenciosa y no punitiva", pero será simplemente un organismo facilitador. En última instancia el poder de decisión residirá en la COP[1046], la cual tendrá un papel crucial en asegurar que tanto la supervisión como la evaluación de las acciones sean adecuadas y efectivas.

La proliferación de acuerdos multilaterales medioambientales se ha probado que aumenta los costes administrativos e institucionales de los Estados Parte, ya que conlleva un mayor número de reuniones, negociaciones internacionales y presentación de informes, generalmente de forma especialmente onerosa para los Estados en desarrollo[1047]. Una de sus mayores debilidades es, como señalábamos en el apartado B.2 (c) del Capítulo II respecto al Protocolo de Nagoya, que en repetidas ocasiones no todos los Estados cumplen con esta obligación[1048], o lo hacen de forma parcial o tardía[1049], lo que

---

1046 Artículo 55 del Acuerdo.

1047 Kanie, N. (2018). Governance With Multilateral Environmental Agreements: A Healthy or ill-Equipped Fragmentation? En: G. Dabelko & K. Conca. *Green Planet Blues* (pp. 67-86). Nueva York: Routledge, 75.

1048 En el CDB, de las 196 Partes un 77% envió e primer informe, un 70% el segundo, un 78% el tercero, un 91% el cuarto, un 98% el quinto y un 53% el sexto. Porcentajes calculados a partir del gráfico sobre el estatus de los informes nacionales (*NR Status*) de la página oficial del CDB. Disponible en: *https://www.cbd.int/reports*

1049 Por ejemplo, en relación con los sextos informes nacionales en el marco del CDB sobre el cumplimiento de los Objetivos de Aichi, la fecha límite para presentarlos era diciembre de 2018 y, en diciembre de 2019, únicamente un 50% de los Estados había cumplido. Buchanan, G. *et al.* (2020). Assessment of national-level progress towards elements of the Aichi Biodiversity Targets. *Ecological indicators, 116*, 9.

dificulta evaluar el cumplimiento de las Partes con sus obligaciones en virtud del Acuerdo[1050].

La ausencia de un marco temporal definido para la obligación de presentar los informes consideramos que puede comprometer la efectividad de la supervisión del Acuerdo. En el NPTA2022 se planteó que dichos informes debiesen ser presentados anualmente, bianualmente o "periódicamente", siendo esta última la opción que finalmente recoge el texto definitivo. El hecho de no especificar una fecha concreta puede llevar a que cada Parte opte por presentar sus informes en el momento que considere más conveniente, lo que podría llevar a inconsistencias y dificultades en la evaluación comparativa y coordinada de la implementación del Acuerdo, hasta que la COP adopte una decisión especificando la forma, contenido y plazos para la presentación de estos informes[1051].

Asimismo, en algunos proyectos anteriores, como en el NPTR2022, en los que se planteaba la creación de puntos focales nacionales (similares a los del Protocolo de Nagoya), se preveía que estos informes fuesen presentados a través de ellos. En el Acuerdo final no se menciona a estos puntos focales nacionales, por lo que la vía de presentación se realizará conforme las Partes consideren oportuno.

Los informes deberán recoger la implementación de la Parte II en el plano nacional, es decir, tanto de las actividades relacionadas con los RGM y la IDS, como de la participación en los

---

1050 Seymour, S. M. (2020). *What Factors are Associated with Multilateral Environmental Agreement Noncompliance and can Agreement Provisions be Designed to Mitigate.* Virginia Polytechnic Institute and State University (Tesis Doctoral).

1051 Tal y como hizo la segunda COP del CDB. CDB. UNEP/CBD/COP/2/19. Decision II/17. Form and intervals of national reports by parties.

beneficios derivados de ellas[1052]. A diferencia de los primeros proyectos de texto, PT2019 y PTR2019, donde se limitaba la obligación de informar sólo a la utilización de dichos recursos a nivel nacional, no a la aplicación de toda la Parte II, la versión final amplía significativamente el alcance de los informes. Aunque esto representa una mayor carga burocrática en comparación con la obligación inicial, resulta beneficioso para aumentar la transparencia.

Por último, cabe advertir también de la importancia de que los informes que las Partes presenten sean accesibles no sólo para los arreglos institucionales del Acuerdo, sino para otros Estados y el público en general; especialmente para la comunidad científica[1053], entendiendo por accesibles tanto su disponibilidad en abierto como que se encuentren en los idiomas de trabajo de las reuniones de la COP.

3. El control por el Comité de acceso y distribución de los beneficios y las directrices de la Conferencia de las Partes

La tercera vía prevista para supervisar la implementación de la parte sobre RGM del Acuerdo es mediante la realización de un informe por parte del Comité de acceso y distribución

---

1052 Artículo 16.2 del Acuerdo.

1053 Cremers *et al.* advierten de que en la AIFMO los informes anuales se mantienen confidenciales y la Autoridad no informa si los contratistas han cumplido con sus obligaciones contractuales o no. Dado que la AIFMO no ha otorgado licencias de explotación por el momento, sólo de exploración, no queda clara la efectividad del mecanismo de control mediante informes nacionales. Cremers, K.; Wright, G. & Rochette, J. (2020). Strengthening Monitoring, Control and Surveillance in Areas Beyond National Jurisdiction. *Strong High Seas Project* (Report), 16.

de los beneficios[1054]. El Comité preparará dicho informe sobre la base de la información recibida a través del Mecanismo de Intercambio de Información y lo pondrá a disposición de las Partes para que formulen las observaciones oportunas[1055]. Las observaciones recopiladas junto con el informe serán remitidas a la COP que, considerando las recomendaciones del Comité, podrá establecer directrices apropiadas para implementar la vigilancia y transparencia de la aplicación del Acuerdo[1056].

Cabe señalar que, tal como se ha indicado anteriormente, el Acuerdo establece una obligación a las Partes de proporcionar cierta información al Comité[1057]. No obstante, éste guarda silencio sobre la posible facultad del Comité de requerir información adicional, cuando ésta sea insuficiente o se necesiten verificar algunos datos. La única referencia que nos permite inferir que esto sería posible es el último apartado que señala, como posible información puesta a disposición del Comité por las Partes, "otra información requerida de conformidad con las decisiones adoptadas por la [COP]"[1058]. En consecuencia, sería interesante que la COP clarificase el alcance de las funciones de este Comité, señalando qué información adicional y, en su caso, cómo, puede ser solicitada a las Partes.

El Comité está diseñado para elaborar recomendaciones que, por su naturaleza, no son vinculantes para el órgano que las recibe (en este caso, la COP). La decisión de actuar o no basándose en esas recomendaciones es una prerrogativa de la COP.

1054 Sobre el establecimiento y funciones del comité, véase el apartado E.4 (a) de este Capítulo.

1055 Artículo 16.3 del Acuerdo.

1056 *Ibidem.*

1057 Artículo 15.4 del Acuerdo.

1058 *Ibidem,* apartado (c).

La composición del Comité está *a priori* fijada en quince miembros cualificados, seleccionados por la COP de entre candidatos propuestos por las Partes, asegurando así un proceso de selección transparente[1059].

Las reuniones del Comité, como órgano subsidiario de la COP, estarán abiertas a observadores, salvo que la COP decida lo contrario[1060]. Esta disposición facilita la inclusión de una gran variedad de actores en los procesos de decisión ya que permite la participación de representantes de Estados no partes del Acuerdo, así como de "los órganos mundiales, regionales, subregionales y sectoriales competentes, los Pueblos Indígenas y las comunidades locales con conocimientos tradicionales pertinentes, la comunidad científica, la sociedad civil y otros actores interesados"[1061].

El artículo 16.3 del Acuerdo contiene una disposición de habilitación a la COP para dictar instrucciones a las Partes sobre cómo asegurar la supervisión de las actividades bajo la jurisdicción de las Partes relacionadas con los RGM y la IDS dentro del alcance material del Acuerdo. Aunque inicialmente se propuso que estas directrices pudieran adoptar la forma de un código de conducta en los tres primeros proyectos de texto (PT2019, PTR2019 y NPTR2022), esta idea no fue recogida en el texto definitivo en este apartado, pero sí se prevé como un formato posible para las recomendaciones que el Comité de acceso y distribución de beneficios pueda efectuar a la COP[1062].

Las directrices que se adopten deben "tener en cuenta las circunstancias y capacidades nacionales de las Partes", reflejando el espíritu del instrumento consagrado en su preámbulo y

---

[1059] Artículo 15.2 del Acuerdo.

[1060] Artículo 48.2 del Acuerdo.

[1061] Artículo 48.4 del Acuerdo.

[1062] Artículo 15.3 (a) del Acuerdo.

reafirmado a lo largo del texto[1063]. Además, la gestión interna tanto de la COP como de sus órganos subsidiarios se regirá por los reglamentos internos y la reglamentación financiera que la COP adoptará por consenso en su primera reunión[1064].

G. LOS CONOCIMIENTOS TRADICIONALES DE LOS PUEBLOS INDÍGENAS Y LAS COMUNIDADES LOCALES ASOCIADOS A LOS RECURSOS GENÉTICOS MARINOS

1. La contribución de los conocimientos tradicionales de los Pueblos Indígenas y las comunidades locales a la gobernanza de los océanos

El reconocimiento de la especial situación de los conocimientos tradicionales de los Pueblos Indígenas y las comunidades locales ha sido considerado como un elemento imprescindible en todos los estadios del proceso de negociación del Acuerdo BBNJ, tal y como se avanzaba en el análisis del preámbulo. En consecuencia, aparecen referencias a los mismos de forma transversal a lo largo de su texto hasta veintiocho veces. Para comprender su relevancia es necesario atender a tres elementos: los conocimientos tradicionales, los Pueblos Indígenas y las comunidades locales.

1063 Entre otros, artículos 7 (m) y (n), 9 (b) o 14.4 del Acuerdo.

1064 Artículo 47.4 del Acuerdo. En su defecto, el Acuerdo prevé que se continúe aplicando el reglamento de las CIG, cuyas reglas de votación son idénticas para las cuestiones sustantivas: se debe intentar adoptar las decisiones por consenso y, en su defecto, por mayoría de dos tercios de las Partes presentes y votantes (representantes presentes durante las CIG). Artículo 47.5 del Acuerdo; AGNU. A/RES/72/249 (24.12.2017), *op. cit.*, párr. 19.

En relación con el primero, no existe una definición internacionalmente aceptada de los conocimientos tradicionales en el Derecho Internacional, pero partimos de la utilizada por Mulalap *et al.*, que los definen como "un conjunto vivo de conocimientos, prácticas, técnicas e innovaciones, incluido el patrimonio cultural inmaterial, como la danza, los cuentos y las canciones, transmitido de generación en generación de forma continua y en contextos locales significativos por los pueblos indígenas y las comunidades locales, que actúan como creadores, promotores, conservadores, guardianes y custodios"[1065].

Este conjunto de conocimientos puede ser de los Pueblos Indígenas o de las comunidades locales. Los Pueblos Indígenas suelen ser definidos como aquellos descendientes de "poblaciones que habitaban en el país o en una región geográfica a la que pertenece el país en la época de la conquista o la colonización o del establecimiento de las actuales fronteras estatales y que, cualquiera que sea su situación jurídica, conservan todas sus propias instituciones sociales, económicas, culturales y políticas, o parte de ellas"[1066]. Las comunidades locales, a diferencia de los Pueblos Indígenas, no necesariamente tienen una historia de invasión o colonización por entidades externas; pero, al igual que éstos, tienen unos valores culturales, prácticas y sistemas desarrollados a lo largo de múltiples generaciones y preparados para ser transmitidos a las futuras[1067].

1065 Mulalap *et al.* utilizan como punto de partida para su definición la elaborada por la Secretaría del CDB. Mulalap, C. Y. *et al.* (2020). Traditional knowledge and the BBNJ instrument. *Marine Policy, 122*, 2; CDB. Traditional Knowledge and the Convention on Biological Diversity. *www.cbd.int/doc/publications/8j-brochure-en.pdf*

1066 Artículo 1.1 (b) del Convenio n.º 169 de la Organización Internacional del Trabajo sobre Pueblos Indígenas y Tribales en Países Independientes.

1067 Radovich, V. S. (2023). Indigenous Peoples and Local Communities' Participation Provisions in Negotiations on Conservation of

Estos dos grupos poblacionales son vitales en el contexto de la gobernanza de los océanos dado que "dependen de los océanos, los fondos marinos y los medios conexos para su alimentación, su salud, sus actividades económicas y prácticas culturales"[1068]. En consecuencia, han desarrollado una gran cantidad de conocimientos tradicionales sobre los océanos y sus recursos[1069]. En esta línea, Mulalap *et al.* señalan que el conjunto de conocimientos tradicionales que poseen y "la custodia asociada, en particular en lo relativo al océano y sus recursos, es anterior al establecimiento de las actuales fronteras nacionales y sigue informando sobre el acceso a los recursos y el uso de las zonas y los recursos marinos en todo el mundo"[1070]. A pesar de poder proveer lecciones valiosas sobre cómo mejorar

---

Marine Areas Beyond National Jurisdiction. En: B. Peters & E. J. Lohse. *Sustainability through Participation?* (pp. 406-432). Leiden: Brill Nihhoff, 417.

1068 Consejo Económico y Social (ONU). E/C.19/2016/3 (19.02.2016). Estudio sobre la relación entre los pueblos indígenas y el océano Pacífico, párr. 4.

1069 Mulalap, C. Y. *et al.* (2020), *op. cit.*, 1. Estos conocimientos son fruto del desarrollo, durante milenios, de sistemas socioecológicos de la gestión de los recursos marinos dado que sus vidas, alimentos y medios de subsistencia dependen de la salud de los océanos. Vierros, M. K. *et al.* (2020). Considering Indigenous Peoples and local communities in governance of the global ocean commons. *Marine Policy, 119*, 2.
Esta idea fue recogida, durante las negociaciones del Acuerdo BBNJ, por la delegación de Palao al señalar que "[c]omo isleños del Pacífico, nuestro medio de vida, nuestra supervivencia y nuestra identidad giran en torno al océano. A lo largo de nuestras generaciones, hemos desarrollado una relación recíproca con el océano, aprendiendo que tenemos que cuidarlo si queremos seguir beneficiándonos de su generosidad. Tenemos la creencia de que uno coge lo que necesita y nada más". Declaración CIG-1. Palao (04.09.2018). *https://www.un.org/bbnj/sites/www.un.org.bbnj/files/palau-4sept18.pdf*

1070 Mulalap, C. Y. *et al.* (2020), *op. cit.*, 2.

la gobernanza y la gestión de los bienes comunes oceánicos (*global ocean commons*)[1071], éstos han sido tradicionalmente infrarrepresentados en el debate global sobre la gobernanza de las ZFJN[1072].

La reivindicación de los derechos de los Pueblos Indígenas y comunidades locales, junto con el reconocimiento de la relevancia de sus conocimientos tradicionales, ha sido consolidada en múltiples instrumentos jurídicos internacionales[1073]. Estos

---

1071 Ban, C. *et al.* (2018). Incorporate Indigenous perspectives for impactful research and effective management. *Nature ecology and evolution, 2 (11)*, 1680-1683.
En este sentido, el informe del *Intergovernmental Science-Policy Platform on Biodiversity and Ecosystem Services* (IPBES) constató que la pérdida de biodiversidad y de la función de los ecosistemas es considerablemente menor en las tierras gestionadas por los Pueblos Indígenas y las comunidades locales. IPBES. (2019). Global assessment report on biodiversity and ecosystem services of the Intergovernmental Science-Policy Platform on Biodiversity and Ecosystem Services. Bonn, Germany, 30.

1072 Vierros, M. K. *et al.* (2020), *op. cit.*, 1.

1073 Entre otros, véase el artículo 8 (j) del CDB, las treinta y tres referencias en el Protocolo de Nagoya, el artículo 9.2 (c) del TIRFAA, la Declaración de las Naciones Unidas sobre los derechos de los Pueblos Indígenas, el artículo 18.2 de la Convención de las Naciones Unidas de lucha contra la desertificación en los países afectados por sequía grave o desertificación, en particular en África, el Principio 22 de la Declaración de Río, y el Glosario de términos clave relacionados con la propiedad intelectual y los recursos genéticos, los conocimientos tradicionales y las expresiones culturales tradicionales de la OMPI de 10 de abril de 2019.
Resulta crucial subrayar que tanto el CDB como el Protocolo de Nagoya han sido objeto de críticas por utilizar la expresión "comunidades indígenas y locales", y no "*Pueblos* indígenas y comunidades locales". Este último término, "Pueblos" (*Peoples*), conlleva un estatuto jurídico particular que otorga reconocimiento a los derechos de esta comunidad de forma colectiva. La decisión de omitir esta terminología no fue consistente con la práctica internacional

documentos no solo enfatizan sus derechos, sino que también destacan el rol fundamental que desempeñan en la gestión del medioambiente y en los procesos de toma decisiones, particularmente en lo que respecta a la promoción del desarrollo sostenible y, por tanto, lo imperativa que es su participación en la gobernanza de los océanos y los fondos marinos[1074].

Los principios que subyacen a los sistemas de gestión tradicionales, tales como la administración (*stewardship*) y la responsabilidad intergeneracional, la conservación y la equidad, la interconexión entre las especies, los ecosistemas y los seres humanos y la gestión adaptativa, han sido considerados fundamentales en la formulación del nuevo instrumento sobre las ZFJN[1075]. Estos principios y enfoques también están reflejados parcialmente en el Acuerdo BBNJ, que prevé el principio de equidad, el enfoque ecosistémico y un enfoque integrado en la gestión de los océanos[1076], lo cual supone una integración de los conocimientos tradicionales en la gobernanza marina actual.

En relación con la noción de *stewardship,* ya se ha comentado en el apartado sobre la equidad, en el apartado G.2 (c) del Capítulo IV que, en el marco de las negociaciones, se planteó adoptar la administración ambiental como marco rector para regir las ZFJN. Esta noción marca en cierta medida una transición del enfoque antropocéntrico a uno ecocéntrico. Dicha perspectiva ha sido puesta en práctica por una gran parte de América Latina, así

---

habitual. En contraposición, el Acuerdo BBNJ utiliza la expresión más comúnmente utilizada. Open-ended Ad hoc Intergovernmental Committee for the Nagoya Protocol. (2011). Nagoya Protocol on Access and Benefit Sharing: Substantive and Procedural Injustices relating to Indigenous Peoples' Human Rights. First Meeting (Montreal, 6-10 June 2011*)*, párr. 114-120.

1074 Consejo Económico y Social (ONU). E/C.19/2016/3 (19.02.2016), *op. cit.*, párr. 5.

1075 Vierros, M. K. *et al.* (2020), *op. cit.*, 8.

1076 Artículo 7 (d), (f) y (g) del Acuerdo.

como por Australia y Nueva Zelanda, que reconocen a la naturaleza como titular de sus propios derechos, en lugar de ser un recurso o bien al servicio del uso humano[1077]. La idea detrás de esta visión de los derechos de la naturaleza o *rights of nature* fue considerada en el seno de las negociaciones y por parte de la doctrina[1078], con escaso éxito en el texto definitivo[1079].

2. Los conocimientos tradicionales en el Acuerdo: el acceso condicionado y en condiciones establecidas de mutuo acuerdo

Entre las veintiocho menciones que aparecen en el texto a los conocimientos tradicionales de los Pueblos Indígenas y las comunidades locales destaca la complementariedad consagrada entre la ciencia y el conocimiento tradicional, dado que dentro de los principios o enfoques que regirán las actividades relacionadas con éstos se encuentran tanto "el uso de los mejores conocimientos e información científicos disponibles" como "el uso de los conocimientos tradicionales pertinentes de los Pueblos Indígenas y las comunidades locales, cuando se disponga de ellos"[1080].

[1077] Por ejemplo, Ecuador y Bolivia reconocen los derechos de la *Pachamama* (la madre tierra). Radovich, V. S. (2023), *op. cit.*, 413.

[1078] En el contexto de las ZFJN de los océanos, algunos autores han considerado que "el siguiente paso en la regulación de los océanos sería concederles personalidad jurídica", apoyándose en la creación de un nuevo organismo como el "Consejo de Custodios de los Océanos" propuesto por Harden-Davies *et al.* para dar voz a estas ZFJN. Radovich, V. S. (2023), *op. cit.*, 414; Harden-Davies *et al.* (2020). Rights of nature (...), *op. cit.*

[1079] Las referencias en el Acuerdo a actuar como administradores de los océanos que aparecían hasta el NPTA2022 fueron finalmente eliminadas, tal y como se explica en el apartado B.2 (b) del Capítulo IV.

[1080] Artículo 7 (i) y (j) del Acuerdo. La imprescindibilidad de reconocer e incorporar ambas de forma complementaria fue subrayada, entre otras, por la delegación de Tuvalu en nombre del *Pacific Islands*

Además, en el artículo 13 del Acuerdo, una disposición de la Parte II sobre los RGM, se abordan específicamente los conocimientos tradicionales de los Pueblos Indígenas y las comunidades locales asociados a los RGM de las ZFJN. Tres son los elementos destacables derivados de lo dispuesto en este artículo: el condicionamiento del acceso a dichos conocimientos tradicionales, el acceso bajo unas condiciones establecidas de mutuo acuerdo y la obligación impuesta a las Partes de asegurar que lo anterior se cumple.

En relación con el primer elemento, el Acuerdo prevé que el acceso a dichos conocimientos asociados a los RGM de las ZFJN se produzca "únicamente con el consentimiento libre, previo e informado de esos Pueblos Indígenas y comunidades locales o con [su] aprobación y participación"[1081]. El consentimiento libre, previo e informado, más conocido por sus siglas en inglés como PIC o FPIC (*Free prior informed consent*) se define generalmente como un proceso consultivo por el que una comunidad potencialmente afectada entabla un diálogo abierto e informado con individuos u otras personas interesadas en desarrollar actividades en la zona ocupada o tradicionalmente utilizada por la comunidad afectada[1082]; y está consagrado en múltiples instrumentos jurídicos internacionales[1083].

Forum. Declaración CIG-3. Tuvalu (30.08.2019). *https://www.un.org/bbnj/sites/www.un.org.bbnj/files/tuvalu3-obo-pif_1.pdf*

1081 Artículo 13 del Acuerdo.

1082 Barstow Magraw, D. & Baker, L. (2007). Globalization, Communities and Human Rights: Community-Based Property Rights and Prior Informed Consent. *Denver Journal of International Law and Policy, 35 (3)*, 421.

1083 Entre otros, véanse el artículo 8 (j) del CDB, los artículos 6, 7, 13 y 16 del Protocolo de Nagoya, y los artículos 10, 11, 19, 28, 29 y 32 de la Declaración de las Naciones Unidas sobre los derechos de los Pueblos Indígenas.

El informe del IPBES resume con meridiana claridad los cuatro elementos que conforman este concepto: "libre" implica que los Pueblos y comunidades no son presionados, intimidados, manipulados o indebidamente influenciados y que su consentimiento es dado sin coerción; "previo" supone que se debe buscar el consentimiento o aprobación suficientemente antes de cualquier autorización al acceso de los conocimientos tradicionales respetando los procesos de toma de decisiones conforme a las legislaciones nacionales y los plazos requeridos por los Pueblos y/o comunidades; "informado" conlleva que la información cubra aspectos relevantes (como podría ser el propósito del acceso, su duración y alcance, una evaluación preliminar de los potenciales impactos socioeconómicos, culturales y ambientales, etc.); y "consentimiento o aprobación" es el acuerdo de los Pueblos Indígenas y las comunidades locales titulares de los conocimientos para conceder el acceso a los conocimientos tradicionales, incluyendo el derecho a no concederlo[1084].

El requerimiento del consentimiento viene matizado al prever como alternativa el solicitar la "aprobación y participación". Esta referencia fue también utilizada en el artículo 6.2 del Protocolo de Nagoya reiterando la literalidad del artículo 8 (j) del CDB que reflejaba, como señalan Morgera *et al.*, la reticencia de algunas Partes del CDB de respaldar plenamente el consentimiento fundamentado previo comunitario en el Protocolo[1085]. Así pues, esta expresión que se introdujo con el fin de flexibilizar la implementación del Protocolo a nivel nacional es retomada en el Acuerdo BBNJ[1086]. En cualquier caso, será necesario un

---

1084 IPBES. (2019), *op. cit.*, 1040.

1085 Morgera, E.; Tsioumani, E. & Buck, M. (2014), *op. cit.*, 152.

1086 La utilización de la frase en el contexto del CDB fue criticada como "menos que satisfactoria", en tanto la "aprobación" constituye un proceso consensuado que incluye elementos cruciales como la consulta de buena fe con los Pueblos indígenas y su participación plena, motivo por el que la adición del término "participación" parece ser

futuro desarrollo de la COP sobre cómo se configurará dicha participación de estos Pueblos y comunidades.

En segundo lugar, se establece que "[e]l acceso y utilización de dichos conocimientos se realizará en las condiciones que se establezcan de mutuo acuerdo"[1087]. El requerimiento de estas condiciones de mutuo acuerdo reafirma la necesidad del consentimiento de los Pueblos y comunidades y les permite imponer o requerir a terceras partes (en el contexto del Acuerdo BBNJ, los Estados, pero también sujetos o actores privados) ciertas condiciones para acceder a sus conocimientos tradicionales asociados a los RGM de la ZFJN.

En tercer lugar, se impone la obligación a las Partes de adoptar las medidas legislativas, administrativas o políticas con el fin de asegurar el acceso conforme a lo dispuesto anteriormente. Esta formulación ha sido utilizada en otros instrumentos como en el artículo 7 del Protocolo de Nagoya, pero su aplicación suscita algunos interrogantes. Por ejemplo, puede darse el caso de que un Pueblo o comunidad se encuentre en más de un Estado y éstos hayan adoptado dichas medidas de forma distinta o con menor grado de especificidad. Para esos casos, será necesario una cooperación estrecha entre los Estados para que adopten las medidas de forma adecuada a sus sistemas nacionales, pero también de forma culturalmente apropiada con los Pueblos y comunidades, cuyas relaciones conceptuales con la tierra y sus recursos pueden no encajar con los conceptos legales de propiedad y uso[1088]. En cualquier caso, las medidas adoptadas deben incluir debidamente la participación de dichos Pueblos y

---

redundante. Open-ended Ad hoc Intergovernmental Committee for the Nagoya Protocol. (2011), *op. cit.*, párr. 132.

1087 Artículo 13 *in fine* del Acuerdo.

1088 Morgera, E.; Tsioumani, E. & Buck, M. (2014), *op. cit.*, 177.

comunidades y considerar sus conocimientos tradicionales en conjunto y en su contexto[1089].

Asimismo, cabe prestar atención a la formulación exacta del artículo, señalando que las obligaciones de solicitar el consentimiento o aprobación y de establecer las condiciones de acuerdo mutuo se limitarán a los "conocimientos tradicionales de los Pueblos Indígenas y las comunidades locales". En su versión en inglés esto se traduce como "traditional knowledge (...) *that is held by* Indigenous Peoples and local communities". En consecuencia, parece que únicamente se deberá cumplir con estos requisitos cuando los Pueblos o comunidades posean los conocimientos y, por tanto, no necesariamente en el caso de que éstos fueren accesibles *ex situ* (a través de documentos en bases de datos, bibliotecas, etc.)[1090]. En esta misma línea, es destacable que el Acuerdo requiere que se solicite el consentimiento o aprobación de "*esos* Pueblos Indígenas o comunidades locales", lo que potencialmente requerirá de la cooperación entre las Partes del Acuerdo si los conocimientos en cuestión están compartidos entre varias comunidades localizadas en diferentes Partes[1091].

1089 En Nueva Zelanda se han incluido conceptos maoríes en la legislación de forma positiva. No obstante, su incorporación ha sido objeto de algunas críticas al no quedar obligado el Parlamento a tener en cuenta la *tikanga* maorí –la cultura de este Pueblo que tiene por objeto lograr el equilibro, con el medioambiente y la comunidad–, y las decisiones que se toman pueden considerar un solo aspecto de la *tikanga*, sin atender a su contexto. Consejo Económico y Social (ONU). E/C.19/2016/3 (19.02.2016), *op. cit.*, párrs. 37-39.

1090 Una situación similar ocurre con la formulación del acceso a los conocimientos tradicionales en el artículo 7 del Protocolo de Nagoya. Morgera, E.; Tsioumani, E. & Buck, M. (2014), *op. cit.*, 175.

1091 Una cuestión parecida se subraya en relación con la terminología del Protocolo de Nagoya. *Ibidem.*

La inclusión de este precepto y todas las referencias oportunas a los conocimientos tradicionales de estos Pueblos y comunidades fue aceptada por todas las partes negociadoras, no habiendo ninguna delegación que solicitara la eliminación de las alusiones al mismo[1092], motivo por el que no sufrió prácticamente variaciones en su formulación desde el PTR2019. En un principio, las delegaciones de algunos Estados junto a los Pequeños Estados Insulares en Desarrollo fueron las que propugnaron su necesidad, a las que rápidamente se unieron el resto de los Estados[1093]. Nueva Zelanda recordó en el seno de las negociaciones la necesidad de reconocer y tratar de forma adecuada el conocimiento tradicional de los Pueblos Indígenas y las comunidades locales, un conocimiento que se ha considerado clave al hablar del acceso o recolección de los RGM:

> "Los indígenas de Aotearoa Nueva Zelanda consideran que tienen una relación de parentesco con Tangaroa, el dios de los océanos, y con todos los hijos de Tangaroa dentro del océano: los peces, los mamíferos marinos, las aves marinas, las corrientes y el oleaje, y otras fuerzas vitales invisibles dentro del océano. Esta relación conlleva una responsabilidad de administración -o "kaitiaki" en lengua maorí- que todos los neozelandeses comparten"[1094].

No obstante, hay algunas cuestiones que no han sido resueltas durante el proceso de negociación y que quedan pendientes de

---

1092 Radovich, V. S. (2023), *op. cit.*, 427; Mulalap, C. Y. *et al.* (2020), *op. cit.*, 1.

1093 Esta disposición fue originalmente propuesta por Australia, Maldivas, Nueva Zelanda, Noruega y los Pequeños Estados Insulares en Desarrollo fueron las que propusieron originalmente su introducción. *Ibidem*, 6.

1094 Declaración CIG-4. Nueva Zelanda. (18.03.2022). *https://www.un.org/bbnj/sites/www.un.org.bbnj/files/new_zealand_igc4_final_statement.pdf*

cara a la implementación de este artículo 13 del Acuerdo[1095]. Así pues, el texto no ofrece ninguna guía sobre cómo los poseedores de los conocimientos tradicionales relevantes serán identificados o designados, ni cómo se asegurará que dichos poseedores sean legítimos[1096], así como tampoco se especifica cuál será el proceso de solicitud y concesión del consentimiento o aprobación.

Si bien se prevé que el Mecanismo de Intercambio de Información pueda ser utilizado para facilitar el acceso a dichos conocimientos, la forma concreta de participación de estos Pueblos y comunidades no está expresamente prevista. Entre otras opciones, se podrían bien incluir representantes de los mismos o expertos en las delegaciones nacionales que asistieran a las reuniones de los órganos establecidos en virtud del Acuerdo; bien reconocer a los constituyentes de los Pueblos Indígenas y comunidades locales, así como a los expertos en conocimientos tradicionales como observadores; bien establecer puestos permanentes para titulares o expertos en conocimientos tradicionales[1097]; bien crear una lista de expertos y/o constituyentes que esté disponible a través de la secretaría, del Mecanismo de Intercambio de Información o del Órgano

---

1095 Esta preocupación fue ya compartida durante las CIG por las delegaciones de Singapur y la UE, quienes se cuestionaban cómo se determinaría cuáles son los pueblos y comunidades cuyo consentimiento o aprobación se debería obtener y si existe alguna forma de hacer un seguimiento y cumplir con la obligación. Declaración CIG-2. Singapur (27.03.2019), *op. cit.*

1096 Radovich, V. S. (2023), *op. cit.*, 426.

1097 De una forma similar a las poblaciones indígenas que ostentan el estatus de participantes permanentes en el Consejo Ártico. Vierros, M. K. *et al.* (2020), *op. cit.*, 7; Conde Pérez, E. (2020). Las poblaciones indígenas del Ártico: realizaciones de su derecho de libre determinación. *Anuario de los Cursos de Derechos Humanos de Donostia-San Sebastián, XX*, 182.

Científico y Técnico[1098]; o bien crear un grupo de trabajo o plataforma centrada en estos y coordinada por alguno de los arreglos institucionales mencionados[1099].

H. UNA NOTABLE AUSENCIA: LOS DERECHOS DE PROPIEDAD INTELECTUAL SOBRE LOS RECURSOS GENÉTICOS MARINOS

Una notable ausencia del texto final es la regulación relativa a los derechos de propiedad intelectual, prevista en el antiguo artículo 12 de todos los proyectos de texto. Si bien un análisis exhaustivo de las implicaciones de los derechos de propiedad intelectual en el régimen propuesto por el Acuerdo BBNJ excede del objeto de este trabajo[1100], resulta fundamental destacar, aunque de manera sucinta, las principales dimensiones que emergen de la interacción de estos recursos y la propiedad intelectual.

1098 Las funciones del Órgano Científico y Técnico en los PT2019 y PTR2019 abarcaban las cuestiones relacionadas con los RGM pero que en el texto definitivo aparece fundamentalmente para las Partes sobre mecanismos de gestión basados en zonas geográficas (artículos 19-22, 24 y 26 del Acuerdo) y evaluaciones de impacto ambiental (artículos 28-29, 31, 33, 36-38 del Acuerdo), sin perjuicio de que sus funciones se amplíen por vía de la COP (artículo 49.4 del Acuerdo).

1099 Las sugerencias son propuestas a partir de las realizadas por Mulalap *et al.* Mulalap, C. Y. *et al.* (2020), *op. cit.*, 8.

1100 Para un estudio más detallado sobre la relación del futuro Acuerdo y la normativa de propiedad intelectual, véase: Scovazzi, T. (2013). Open Questions on the Exploitation of Genetic Resources in Areas beyond National Jurisdiction. *American Society of International Law Proceedings, 107*, 119-122; Thambisetty, S. (2022), *op. cit.*, 1-19; Wales, E. (2015). Marine Genetic Resources: The Clash Between Patent Law and Marine Law. *Natural Resources and Environment, 29 (3)*, 44-47.

1. De los océanos a los mercados: los recursos genéticos marinos y la industria

Los RGM han emergido como una fuente significativa de innovación en diversas esferas industriales, particularmente en la farmacéutica, la cosmética y la biotecnología, tal y como se avanzaba en el apartado C del Capítulo I. El creciente interés en los RGM se manifiesta en su utilización para el desarrollo de nuevos productos con aplicaciones comerciales, fomentando así tanto la exploración como la inversión en biotecnología marina. Este interés se justifica por la mayor diversidad y abundancia de biodiversidad en los océanos en comparación con los entornos terrestres, así como por las propiedades únicas que poseen las formas de vida que habitan en estas zonas, derivadas de su habilidad para sobrevivir en condiciones con temperaturas extremas, mayor presión, ausencia de luz y otros factores ambientales[1101].

Se han realizado proyecciones según las cuales se estima que, para el año 2025, el mercado global de la biotecnología marina alcanzará los 6,4 mil millones de dólares estadounidenses[1102]. No hay duda alguna de que el mercado de la biotecnología marina abarca una amplia gama de propósitos y aplicaciones comerciales, extendiéndose a industrias como la farmacéutica, los biocombustibles y la química[1103] y goza de una elevada relevancia económica.

En el sector farmacéutico y médico, los RGM han sido fundamentales en el desarrollo de nuevos medicamentos, con varios productos ya comercializados y otros en diversas etapas de ensayos clínicos. Por ejemplo, ya en 2005, los agentes antitumorales de origen marino generaban aproximadamente

---

1101 De la Calle, F. (2009), *op. cit.*, 218.

1102 Blasiak, R. *et al.* (2018), *op. cit.*, 1.

1103 *Ibidem.*

mil millones de dólares estadounidenses en ventas[1104]. Además, el primer tratamiento para el VIH (*Retrovir*) se desarrolló a partir de los componentes antivirales aislados de una esponja (*Tethya crypta*), contribuyendo significativamente a un mercado que ya superaba los 50 mil millones de dólares estadounidenses hace más de una década[1105]. Asimismo, moléculas orgánicas aisladas de esponjas del mar del Caribe (*Cryptothethya crypta*) han sido sintetizadas para formar el medicamento de quimioterapia (*Cytorsar-U*) utilizado en el tratamiento de formas de leucemia y linfoma[1106]. En 2024, incluso, se ha demostrado que las bacterias encontradas en los océanos pueden producir de forma conjunta la vitamina B12, un elemento vital y escaso en el mar[1107]. Cabe destacar además que el incremento en la resistencia a los fármacos ha motivado a los científicos a explorar las profundidades marinas en busca de nuevos antibióticos[1108].

La industria cosmética también ha capitalizado estos recursos, valorando especialmente sus compuestos únicos por sus propiedades antienvejecimiento. Éstos provienen tanto de fuentes marinas

---

1104 Leary, D. *et al.* (2009). Marine genetic resources: A review of scientific and commercial interest. *Marine Policy, 33,* 190.

1105 *Ibidem,* 191.

1106 Blasiak, R. *et al.* (2019). Scientists should disclose origin in marine gene patents. *Trends in Ecology and Evolution, 34 (5),* 392.

1107 Las bacterias que permiten producir la vitamina B12 se encuentran en todos los hábitats marinos, tanto de zonas bajo la jurisdicción nacional como fuera. Sobre el proceso de producción de esta vitamina, véase: Wienhausen, G. *et al.* (2024). Ligand cross-feeding resolves bacterial vitamin B12 auxotrophies. *Nature,* 1-26.

1108 Dunshirn, P. & Zhivkoplias, E. (2024), *op. cit.*; Tortorella, E. *et al.* (2018). Antibiotics from Deep-sea microorganisms: current discoveries and perspectives. *Mar Drugs, 16, 355,* 1.

más comunes, como las algas marinas, como derivados de la investigación sobre microbios de respiraderos hidrotermales[1109].

Actualmente, aunque el número de solicitudes de patentes relacionadas con recursos terrestres supera al de aquellas vinculadas a los fondos marinos, este último sigue mostrando una tendencia de crecimiento sostenido[1110].

Estos datos no sólo subrayan la importancia económica de los RGM, sino también su potencial para impulsar la innovación continua en campos como las ciencias de la salud, donde la demanda de nuevos tratamientos es constante. La exploración y explotación de los RGM se están convirtiendo en un componente crucial del avance científico y tecnológico, con un provecho ya evidente para la humanidad[1111].

[1109] Por ejemplo, la empresa Clarins utiliza el alga *Durvillea antárctica* en una de sus populares cremas de día, comercializada para el cuidado de piel. Leary, D. *et al.* (2009), *op. cit.*, 191.

[1110] Véase al respecto la figura 4 de Zhivkoplias, E. *et al.* que señala las especies de especial interés para la bioprospección marina clasificadas por tipos de especies, su proveniencia de fondos marinos o no, las multinacionales principales que han solicitado patentes relacionados con éstas y los Estados donde residen dichas empresas. Zhivkoplias, E. *et al.* (2024). Growing prominence of deep-sea life in marine bioprospecting. *Nature Sustainability*, 7, 1032.

Los recursos marinos pueden tener aplicación en otros sectores como la gastronomía. De forma ilustrativa, la Universidad de Cádiz (España) ha patentado un mousse de algas frescas de las especies ulva sp. (alga verde) y/o gracilaria sp. (alga roja) recolectadas en los estuarios del parque natural de la bahía de Cádiz, junto a otros ingredientes complementarios (nata baja en grasa, aceite de oliva virgen, harina de trigo, flor de sal y lecitina de soja). N.º de publicación de la patente: ES2425606 A1 (16.10.2013).

[1111] Banerjee, P.; Mandhare, A. & Bagalkote, V. (2022). Marine natural products as source of new drugs: an updated patent review (July 2018-July 2021). *Expert Opinion on Therapeutic Patents, 32 (3)*, 360.

Estos beneficios son el resultado de un largo proceso de investigación y desarrollo. La duración promedio de este proceso oscila entre los quince y veinte años, con un coste aproximado de 800 millones de dólares estadounidenses[1112], mientras que otros pueden requerir de diez a quince años con un coste medio de 2.9 mil millones de dólares estadounidenses [1113]. Independientemente del plazo concreto, estos tiempos y costes son considerablemente elevados.

Adicionalmente, se debe tener en cuenta que el desarrollo de estos fármacos es un campo altamente progresivo donde los compuestos pueden avanzar a fases subsiguientes o ser descartados[1114]. Se estima que de los 5.000 a 10.000 componentes que entran en la fase de desarrollo de un fármaco, muy pocos de ellos logran la aprobación final[1115]. De hecho, sólo dos de cada diez medicamentos comercializados generan una rentabilidad económica tras deducir los costes asociados al proceso de innovación y desarrollo[1116].

Para un análisis en mayor profundidad sobre los productos de origen marino en el mercado y las principales aplicaciones de las formas de vida halladas en los océanos, véanse: Leary, D. *et al.* (2009), *op. cit.*; De la Calle, F. (2009), *op. cit.*

1112 Leary, D. *et al.* (2009), *op. cit.*, 190.

1113 Blasiak, R. *et al.* (2019), *op. cit.*, 392.

1114 Banerjee, P.; Mandhare, A. & Bagalkote, V. (2022), *op. cit.*, 360.

1115 OMPI. (2018). Guía sobre los aspectos de propiedad intelectual relacionados con los acuerdos de acceso y participación en los beneficios, 66.

1116 *Ibidem.*

2. La protección de la innovación: los derechos de propiedad intelectual sobre los recursos genéticos marinos

a. El marco jurídico aplicable de la propiedad intelectual y, en particular, de las patentes

Dados los elevados costes económicos y los riegos inherentes al desarrollo de un producto comercializable a partir de un RGM o sus derivados, existe un claro interés en proteger los descubrimientos realizados para su explotación comercial y la obtención de rendimientos derivados de los resultados de la investigación. Es en ese contexto donde los derechos de propiedad intelectual[1117] adquieren relevancia,

---

[1117] En este punto, resulta pertinente clarificar el concepto de propiedad intelectual tal como se aborda en este trabajo. En el contexto español, es habitual la distinción entre dos términos: "derecho industrial" o "propiedad industrial", que alude a la protección de las creaciones relacionadas con la industria mediante patentes, modelos de utilidad, signos distintos y diseños; y la "propiedad intelectual", que se refiere a la protección de los derechos de autor. En esta investigación nos acogemos a la definición más amplia de propiedad intelectual, tal como se utiliza en otros ordenamientos jurídicos y, en especial, el ámbito internacional, englobando todas las anteriores creaciones intelectuales. Ruiz Muñoz, M. (Dir.) (2017). *Derecho de la Propiedad Intelectual: derecho de autor y propiedad industrial.* Valencia: Tirant lo Blanch, 33-35 y 40.

Así pues, asumimos la definición de propiedad intelectual del artículo 1.2 del Acuerdo sobre los Aspectos de los Derechos de Propiedad Intelectual relacionados con el Comercio (ADPIC) que abarca los derechos de autor y derechos conexos, las marcas de fábrica o de comercio, las indicaciones geográficas, los dibujos y modelos industriales, las patentes, los esquemas de trazo (topografías) de los circuitos integrados, la protección de la información no divulgada y el control de las prácticas anticompetitivas en las licencias contractuales. Anexo 1C del Acuerdo por el que se establece la OMC, Marruecos, de 15 de abril de 1994.

proporcionando el marco legal necesario para la protección y comercialización de las innovaciones.

Sin pretender realizar un estudio exhaustivo del marco jurídico de la propiedad intelectual en los ámbitos internacional, europeo y nacional, es imperativo, sin embargo, esbozar, aún a grandes trazos, el sistema, los organismos e instrumentos que lo rigen.

En el ámbito internacional hay una amalgama de tratados y acuerdos que rigen los derechos de propiedad intelectual y, en particular, de las patentes. La Convención de París para la protección de la propiedad industrial adoptada en 1883 consagra, entre otras cuestiones, que los Estados contratantes deban otorgan la misma protección a los nacionales solicitantes de otros Estados que a los propios, el derecho de prioridad[1118] y la independencia entre los Estados, en el sentido de que no por el hecho de que un Estado contratante otorgue una patente sobre una invención, debe hacerlo otro Estado por la misma invención en su territorio. Por su parte, el Convenio de Estrasburgo de 1963, o Convenio para la unificación de ciertos aspectos del derecho sustantivo de patentes de invención, buscó la armonización de los derechos nacionales en esta materia.

En virtud del Convenio de Estocolmo de 1967 se estableció la OMPI[1119] que, en 1974, se integró en la ONU como una organización especializada[1120]. Otros tratados relevantes que

---

1118 El derecho de prioridad hace referencia al tiempo privilegiado del que goza un solicitante de una patente que haya registrado una solicitud en un Estado en cualquiera de los otros Estados contratantes.

1119 Convenio que establece la Organización Mundial de la Propiedad Intelectual, Estocolmo, de 14 de julio de 1967, UNTS 828 (p. 3); May, C. (2007). *The World Intellectual Property Organization: Resurgence and the Development Agenda.* Nueva York: Routledge, 24-26.

1120 La doctrina más crítica señaló su incapacidad de alcanzar un consenso para adoptar una protección efectiva, principalmente como

no pueden obviarse al conocer del objeto de este estudio son el Tratado de Cooperación en materia de Patentes de 1970, que establece los requisitos de las patentes internacionales, y el Convenio de Múnich de 1973 o Convenio sobre la Patente Europea, el cual regula la patente europea y armoniza las normativas nacionales de los Estados Miembros la UE.

Asimismo, cabe destacar el Convenio Internacional para la Protección de las Obtenciones Vegetales de 1961 que creó la Unión Para la Protección de Obtenciones Vegetales, la cual protege la consecución de nuevas variedades vegetales[1121]. También debe ser mencionado el Tratado de Budapest sobre el reconocimiento internacional del depósito de microorganismos a los fines del procedimiento en materia de patentes de 1977. Cuando una invención involucra un microorganismo o su uso, su divulgación no siempre es posible por escrito, por lo que es necesario depositarlo en una institución especializada. Este Tratado eliminó la necesidad de depósito en todos los Estados donde se buscase la protección mediante patente, siendo válido el depósito siempre y cuando se realiza en una autoridad internacional depositaria.

---

consecuencia de las crecientes disparidades entre los bloques geopolíticos resultantes de la Segunda Guerra Mundial. Gómez Segade, J. A. (1994-1995). El Acuerdo ADPIC como nuevo marco para la protección de la Propiedad Industrial e Intelectual. *Actas de derecho industrial y derecho de autor, 16*, 39; Simon, E. (1993). GATT and NAFTA Provisions on Intellectual Property. *Fordham Intellectual Property, Media and Entertainment Law Journal, 4 (1)*, 270.

1121 García Vidal, A. (2017). *Derecho de las Obtenciones Vegetales.* Valencia: Tirant lo Blanch, 50.
Además de la protección por vía de patentes de los RGM objeto del Acuerdo BBNJ, si se generasen variedades vegetales a partir de material marino vegetal hallado en las ZFJN, podrían ser protegidas en tanto obtenciones vegetales, conforme a las legislaciones nacionales.

Además, en el marco de la OMC, se adoptó en 1994 el Acuerdo sobre los ADPIC[1122]. Este acuerdo, al igual que el resto de los convenios mencionados, estipula los estándares mínimos de protección de la propiedad intelectual que, los miembros de la OMC deben cumplir para facilitar el comercio[1123]. No obstante, el desarrollo normativo corresponde en todo caso a los Estados, que deben cumplir con dichos mínimos como partes contratantes de los acuerdos y convenios, pero tienen capacidad y soberanía para desarrollar la regulación de los derechos de propiedad intelectual.

Por último, y aunque el análisis de este apartado está especialmente focalizado a las patentes por la especial utilidad que tienen para proteger innovaciones derivadas de los RGM, hay otro tipo de propiedad intelectual que merece ser mencionado: los secretos empresariales (*trade secrets*). Las personas físicas y jurídicas tienen la posibilidad de no divulgar información que sea secreta, tenga valor comercial por ser

---

1122 La negociación y adopción de este Acuerdo trajo causa de la presión para reformar el sistema internacional de derechos de propiedad intelectual impulsada por el G-77. En las décadas de los 60 y 70, los Estados en desarrollo consideraban que los problemas tras los monopolios de importaciones y el fracaso de desarrollar tecnologías indígenas que favorecieran su desarrollo económico venían propiciados por la protección de patentes. La visión imperante de los Estados desarrollados y que prevaleció era, en cambio, que era necesario garantizar que los derechos fueran de los propietarios, dado que asegurar los derechos de propiedad a los innovadores y emprendedores era la forma de desarrollar y garantizar el crecimiento económico. May, C. (2007), *op. cit.*, 30.
También conocidos por sus siglas en inglés como TRIP's (*Agreement on Trade-Related Aspects of Intellectual Property Rights*).

1123 Drankier, P. *et al.* (2012). Marine Genetic Resources in Areas beyond National Jurisdiction: Access and Benefit-Sharing. *The International Journal of Marine and Coastal Law, 27*, 386.

secreta y haya sido objeto de medidas razonables para mantenerla de esa forma[1124].

La relación entre la diversidad biológica y los derechos de propiedad intelectual ha sido tratada en varios foros y durante las negociaciones de diversos instrumentos jurídicos. Entre ellos, en las negociaciones del CDB, los Estados desarrollados hicieron hincapié en la necesidad de no introducirlos en este instrumento, puesto que se debían regir por otros foros (OMPI y el Acuerdo General sobre Aranceles Aduaneros y Comercio)[1125], así como incidieron en la ausencia de un conflicto entre el ADPIC y el CDB[1126]. El CDB, por su parte, incluye una referencia a los mismos en su artículo 16.5 por el que las Partes reconocen que "las patentes y otros derechos de propiedad intelectual pueden influir en [su] aplicación" y, por ello, deberán cooperar para que dichos derechos no se opongan, sino que apoyen los objetivos del Convenio. Como se ha señalado, el lenguaje utilizado carece de carácter negativo o positivo; simplemente afirma su potencial influencia[1127]. No obstante, las tendencias del Derecho Internacional y la realidad económica

---

1124 Artículo 39.2 del ADPIC.

1125 Pérez Salom, J. R. (2002). *Recursos Genéticos, Biotecnología y Derecho Internacional: La distribución justa y equitativa de los beneficios en el Convenio sobre Biodiversidad.* Cizur Menor (Navarra): Aranzadi, 275.

1126 Estos Estados apoyan su postura en que ambos tratados tienen funciones y objetivos distintos, y que el derecho de patente sobre un recurso es compatible con el principio de soberanía sobre los recursos genéticos que rige en el CDB. En contra se posicionaron un grupo de Estados que incluía a Brasil, Colombia, India o Perú, que sostenían que ambos instrumentos eran jurídicamente incompatibles en tanto los ADPIC socavaban el principio de soberanía al no exigir la divulgación del origen de los recursos genéticos. Framiñán Santas, J. (2017). Biodiversidad y Propiedad Intelectual sobre recursos fitogenéticos. En: A. García Vidal (Dir.), *op. cit.* (pp. 179-231), 201-203.

1127 Pérez Salom, J. R. (2002), *op. cit.*, 285.

de las Partes contratantes parecen conducir a la afirmación de que dicho precepto "debe ser aplicado con pleno respeto a los derechos de propiedad industrial"[1128].

En el ámbito de los RGM, las patentes desempeñan un papel crucial dentro de los derechos de propiedad intelectual, al conferir a sus titulares derechos más o menos amplios y exclusivos para comercializar su invención a cambio de la publicación o información sobre ésta[1129]. Esto incluye el derecho a excluir a otros de "fabricar, utilizar o vender o importar la invención protegida en una jurisdicción en la que esté en vigor la protección de la patente, o a cobrar a otros por cualquier uso o fin que implique la invención protegida dentro de dicha jurisdicción" (es decir, mediante licencias)[1130]. Las patentes, pues, facilitan la difusión de la tecnología y promueven más innovación. En efecto, la patente confiere un doble derecho: de exclusividad y de exclusión[1131]. Este privilegio, no obstante, generalmente se limita temporalmente a nivel nacional a un plazo estándar de veinte años[1132]. Las patentes buscan un equilibrio entre los intereses de la sociedad y los derechos del inventor, otorgando un monopolio durante un tiempo sobre la invención con el fin de compensar la inversión y esfuerzo requerido[1133].

1128 Si bien esto no es compartido por toda la doctrina. En sentido contrario, véase: Hurbult, D. (1994). Fixing the Biodiversity Convention: Toward a Special Protocol for Related Intellectual Property. *Nature Resources Journal, 34,* 398; *Ibidem,* 287.

1129 Ganashree, A. (2021). Who owns ocean biodiversity? The legal status and role of patents as a means to achieve equitable distribution of benefits. *Case Western Reserve Journal of International Law, 53,* 215.

1130 Drankier, P. *et al.* (2012), *op. cit.,* 386.

1131 Garbayo Blanch, J. (2017). Derecho de Patentes. En: M. Ruiz Muñoz (Dir.), *op. cit.* (pp. 242-299), 243.

1132 Como ejemplo, el artículo 58 de la Ley de Patentes 24/2015 de 24 de julio. BOE n.º 177 de 25 de julio de 2015.

1133 Pérez Salom, J. R. (2002), *op. cit.,* 277.

Aunque la normativa sobre patentes es primordialmente una cuestión de jurisdicción nacional –es decir, los derechos de patente están sujetos a la territorialidad y el titular solo puede ejercer sus derechos de uso exclusivo en la jurisdicción donde la patente ha sido registrada[1134]– y la legislación sobre patentes difiere entre Estados, los requisitos básicos para su concesión han sido armonizados[1135]. Las patentes son otorgadas por cada Estado[1136] y se basan en tres criterios fundamentales: novedad, actividad inventiva y utilidad industrial[1137].

El requisito de novedad se refiere a que la invención posea una característica novedosa que no esté presente en el conjunto de conocimientos existentes conocido como "estado de la técnica" (*prior art*)[1138]. Ganashree señala que en lo relativo a los RGM de las ZFJN, este requisito debería ser relativamente

---

1134 Drankier, P. *et al.* (2012), *op. cit.*, 386.

1135 Sobre el nivel de armonización bajo el ADPIC, véanse: Drahos, P. (2008). Trust me: patent offices in developing countries. *American Journal of Law and Medicine, 34*, 151-174; Duffy, J. F. (2002). Harmony and Diversity in Global Patent Law. *Berkeley Technology Law Journal, 17*, 685-726; Ganashree, A. (2021), *op. cit.*, Palao, G. (2011). La propiedad intelectual en España. La encrucijada internacional, europea, oportunidad y estrategia. *Revista de pensamiento contemporáneo, 36*, 21-27.

1136 En consecuencia, el Estado tiene discrecionalidad para considerar que ciertas invenciones deben ser excluidas como no patentables. Chiarolla, C. (2014). Intellectual property rights and benefit sharing from marine genetic resources in areas beyond national jurisdiction: current discussions and regulatory options. *Queen Mary Journal of Intellectual Property, 4 (3)*, 175.

1137 Artículo 27 del ADPIC.

1138 Capítulo 12 del PCT International Search and Preliminary Examination Guidelines, que entraron en vigor el 1 de julio de 2022; artículo 54 del Convenio sobre Concesión de Patentes Europeas.

fácil de satisfacer porque la bioprospección marina de estos recursos se encuentra aún en una fase incipiente[1139].

No obstante, no es suficiente con que una invención no exista en el estado de la técnica actual si dicha invención resultara obvia para una persona con conocimientos en la materia. Por lo tanto, se exige que se produzca una actividad inventiva, no obvia dado el estado actual de la técnica[1140].

Por último, la invención en cuestión debe ser susceptible también de aplicación industrial, requiriendo que tenga más que un propósito teórico[1141]. Se considera que este requisito se cumple cuando el objeto de la patente puede ser utilizado o fabricado en cualquier clase de industria[1142]. Algunas autoras señalan que el requisito de aplicación industrial puede suponer un obstáculo importante para las patentes basadas en ellos, dado que el proceso de bioprospección puede dilatarse en el tiempo y pocos de estos recursos llegan a la fase de ensayo clínico[1143].

El derecho de patentes prohíbe patentar los meros descubrimientos por lo que el descubrimiento de microorganismos existentes en el medio natural –por ejemplo, de las ZFJN– no puede ser protegido como patente, salvo que se le añada a su

---

1139 Ganashree, A. (2021), *op. cit.*, 217. Thambisetty señala que verificar la novedad a veces resulta complejo dada la cantidad de datos genéticos disponibles en línea y en repositorios. Thambisetty, S. (2018), *op. cit.*, 5.

1140 Párrafo 13.01 del capítulo 13 del PCT International Search and Preliminary Examination Guidelines, que entraron en vigor el 1 de julio de 2022; Artículo 56 del Convenio sobre Concesión de Patentes Europeas.

1141 Capítulo 14 del PCT International Search and Preliminary Examination Guidelines.

1142 Artículo 57 del Convenio sobre Concesión de Patentes Europeas.

1143 Ganashree, A. (2021), *op. cit.*, 218.

descripción una aplicación industrial[1144]. La patentabilidad de secuencias genéticas naturales, de origen humano u otro origen, es posible en algunos Estados y no en otros[1145].

A vista de esto y en concreta relación con los RGM, Thambisetty señala que en la práctica es relativamente sencillo que organismos unicelulares o material genético de las ZFJN en forma aislada y la información de secuencias digitales asociadas cumplan las condiciones de patentabilidad[1146]. Por su parte, Chiarolla resalta que las oficinas de patentes de países con una capacidad biotecnológica avanzada han concedido patentes de forma rutinaria para invenciones basadas en genes, siendo en algunos casos suficiente el mero aislamiento y caracterización si se requiere un ingenio inventivo significativo para aislarlos y caracterizarlos[1147].

1144 Guillem Carrau, J. (2011). *La protección jurídica de las invenciones biotecnológicas.* Madrid: Congreso de los Diputados, 253.
En lo que respecta a los derivados, las legislaciones nacionales difieren sobre su patentabilidad. Ganashree, A. (2021), *op. cit.*, 218.

1145 En el caso *Myriad Genetics* en EE.UU., el Tribunal Supremo norteamericano falló que los genes humanos no pueden ser patentados en EE.UU. porque el ADN es un "producto de la naturaleza" y no se crea nada nuevo al descubrir un gen. En cambio, en la UE sí son patentables. Supreme Court in Association for Molecular Pathology v. Myriad Genetics, Inc. (569 U.S. 12-398) (2013); Cole, P. (2015). Patentability of Genes: A European Union Perspective. *Cold Spring Harbour Perspectives in Medicine, 5 (5)*, 2; Liddicoat, J. *et al.* (2019). Continental drift? Do European clinical genetic testing laboratories have a patent problem? *European Journal of Human Genetics, 27*, 997-1007.

1146 Thambisetty, S. (2022), *op. cit.*, 15.

1147 Chiarolla, C. (2014), *op. cit.*, 175; Salpin, C. & Germani, V. (2007). Patenting of Research Results Related to Genetic Resources from Areas beyond National Jurisdiction: the Crossroads of the Law of the Sea and Intellectual Property Law. *Review of European Community and International Environmental Law, 16*, 12-23.

b. La cuestión de la divulgación del origen

La relación de los recursos genéticos y la propiedad intelectual ha sido objeto de debate y análisis en varias organizaciones. En particular, en el seno de la OMPI se adoptó el 24 de mayo de 2024 el Tratado sobre la propiedad intelectual, los recursos genéticos y los conocimientos tradicionales asociados[1148], que entrará en vigor tres meses después de la decimoquinta ratificación, y que contiene un precepto dedicado al requisito de divulgación del origen de los recursos genéticos[1149].

La divulgación constituye un pilar fundamental en la regulación de patentes. En las últimas décadas, una de las cuestiones más controvertidas en relación con la patentabilidad de recursos genéticos, debatida en múltiples foros como el CDB, la OMPI y durante las negociaciones del Acuerdo BBNJ, ha sido la relativa a la imposición de la obligación de divulgar el origen del recurso utilizado en la invención que se trata de patentar.

1148 Tratado sobre la propiedad intelectual, los recursos genéticos y los conocimientos tradicionales asociados, GRATK/DC/7 (24.05.2024).

1149 Artículo 3 del citado Tratado. El acuerdo prevé, además, que las Partes puedan establecer sistemas de información de recursos genéticos y conocimientos tradicionales asociados a éstos.
El instrumento se lleva negociando desde 2022 y, el 13 y 14 de mayo de 2024 se llevaron a cabo reuniones con motivo de la Conferencia Diplomática sobre recursos genéticos y conocimientos tradicionales asociados. Assemblies of the Member States of WIPO. Sixty-Second Series of Meetings. October 4 to 8, 2021. Report on the Intergovernmental Committee on Intellectual Property and Genetic Resources, Traditional Knowledge and Folklore (IGC). *https://www.wipo.int/export/sites/www/tk/en/docs/igc-mandate-2022-2023.pdf*
El proyecto de texto del instrumento puede ser consultado en: OMPI. (2023). GRATK/DC/3. Basic proposal for an international legal instrument relating to intellectual property, genetic resources and traditional knowledge associated with genetic resources. *https://www.wipo.int/edocs/mdocs/tk/en/gratk_dc/gratk_dc_3.pdf*

Hasta la fecha, la OMPI no exige como requisito para las demandas de patentes la divulgación del origen geográfico y taxonómico de las muestras que son fuente de los descubrimientos relacionados con los recursos genéticos[1150], siendo ésta una materia regulada a nivel nacional o regional. A partir de la entrada en vigor del tratado adoptado en 2024, se prevé que, en las solicitudes de patentes basadas en recursos genéticos, las Partes Contratantes deban exigir que los solicitantes divulguen el país de origen de dichos recursos o, en su defecto, la fuente de los mismos[1151].

La exigencia de esta divulgación no es un fin en sí mismo, sino un medio para obtener un resultado[1152]: facilitar el monitoreo del cumplimiento con las reglamentaciones internacionales[1153] y permitir el rastreo a los RGM utilizados en los productos que se encuentran en el mercado. Además, si bien los impactos en el medio marino pueden ser mínimos en las

---

1150 Tampoco se prevé en el Tratado de Cooperación en materia de Patentes, Washington, de 19 de junio de 1970. Walløe Tvedt, M. & Jørem, A. E. (2013). Bioprospecting in the high seas: regulatory options for benefit sharing. *The Journal of World Intellectual Property, 16 (3-4)*, 150.
No obstante, durante la última década se ha estado negociando la modificación del ADPIC para incorporar la divulgación obligatoria del origen de los recursos genéticos. United Nations Conference on Trade and Development. (2006). UNCTAD/DITC/TED/2004/14. Analysis of Options for Implementing Disclosure of Origin Requirements in Intellectual Property Applications (Informe), 1-100. *https://unctad.org/system/files/official-document/ditcted200514_en.pdf*; Batista, P. E. (2024). The WIPO IGC Chair's Draft on IP and Genetic Resources. Reasons for concern. *Journal of Intellectual Property Law and Practice, 19 (4)*, 328-336.

1151 Artículo 3.1 del Tratado sobre la propiedad intelectual, los recursos genéticos y los conocimientos tradicionales asociados.

1152 Thambisetty, S. (2022), *op. cit.*, 15.

1153 Blasiak, R. *et al.* (2019), *op. cit.*, 392.

primeras fases, la recolección repetida puede generar impactos cumulativos, complicando las acciones de conservación y preservación si se desconoce el origen de los recursos[1154].

La no divulgación de información es esencial antes de patentar para salvaguardar la novedad de la invención, aunque una vez se publique la solicitud de la patente se promueva la difusión de dicha información[1155]. Esta práctica de no divulgación, permitida expresamente por el ADPIC[1156], puede parecer contraria a la obligación de hacer públicas o disponibles las publicaciones y diseminar el conocimiento resultante de la investigación científica marina bajo la Convención[1157].

c. La desigual distribución en el registro y propiedad de las patentes

A pesar de que hasta la fecha las ZFJN están teóricamente abiertas a cualquier Estado, con los matices señalados en capítulos anteriores, en la práctica sólo los Estados desarrollados poseen los recursos necesarios para explorar estas áreas y desarrollar los productos derivados de los RGM hallados en ellas[1158].

Esta disparidad se refleja claramente en la distribución de las patentes derivadas de RGM[1159]. Un estudio ha revelado que el 98% de las 1.600 secuencias genéticas asociadas a especies encontradas en los fondos marinos y los respiraderos hidrotermales son propiedad de actores ubicados o con sede

1154 Wales, E. (2015), *op. cit.*, 45.

1155 Chiarolla, C. (2014), *op. cit.*, 180.

1156 Artículo 39.2 del ADPIC.

1157 Artículo 244 de la CNUDM.

1158 Wales, E. (2015), *op. cit.*, 45; Ganashree, A. (2021), *op. cit.*, 197, 200.

1159 Vadrot, A. B. M.; Langlet, A. & Tessnow-Von Wysocki, I. (2022), *op. cit.*, 243-244.

en 10 Estados[1160], y de éstos, entidades de tres países poseen más del 74% de todas las patentes relacionadas con secuencias de RGM[1161].

Adicionalmente, los resultados de un estudio centrado en la relación entre el número de publicaciones científicas y el de patentes entre Estados demuestran que hay un claro predominio de investigación sobre genética marina en los países de la OCDE, mientras que los del G-77 están prácticamente ausentes. Lo que es más, se observan diferencias importantes incluso dentro de los Estados desarrollados. Durnshin y Zhivkoplias subrayan que algunos Estados, como EE.UU., son más "usuarios" que "proveedores de conocimientos", dado que utilizan más conocimientos científicos para sus innovaciones de los que generan[1162].

Más allá de la distribución de patentes entre los actores estatales, es interesante examinar el reparto entre los actores que solicitan las patentes. Blasiak *et al.* advierten de que las corporaciones transnacionales son "las que pueden capitalizar y monopolizar los mercados", en tanto son las únicas con los recursos financieros suficientes para poder hacer frente a los costes económicos y la incertidumbre temporal asociada al desarrollo de aplicaciones comerciales de recursos genéticos[1163].

Un estudio de 2021 sobre la bioprospección marina global señala que de los 100 principales solicitantes de patentes, agregados por tipo de solicitante, un 62.5% provienen de

---

1160 Thambisetty, S. (2018). Marine Genetic Resources Beyond National Jurisdictions: Components (...), *op. cit.*, 4.

1161 A saber, Alemania, EE.UU. y Japón. Blasiak, R. *et al.* (2018), *op. cit.*, 2.

1162 Dunshirn, P. & Zhivkoplias, E. (2024), *op. cit*, 7.

1163 Blasiak, R. *et al.* (2018), *op. cit.*, 1.

multinacionales, frente al 25.3% de universidades y el resto provienen de otras entidades nacionales[1164].

En particular, es notable que "el panorama está actualmente dominado por una sola corporación", BASF, una empresa química alemana, que ha registrado el 47% de las patentes de secuencias, superando a otras 220 empresas en conjunto (que representan un 37%)[1165].

Como se ha señalado, en ausencia de cualquier otra normativa, prevalece el régimen de los derechos de propiedad intelectual basado en el orden de llegada (*on a 'first come, first served' basis*), lo cual beneficia desproporcionadamente a los Estados industrializados[1166].

3. Los derechos de propiedad intelectual en las negociaciones del Acuerdo

A lo largo de las sucesivas rondas de negociación que culminaron en el Acuerdo BBNJ se observó una disminución gradual hasta la omisión total del contenido relacionado con la propiedad intelectual que se recogía en el artículo 12 de los cuatro proyectos de texto anteriores.

Desde el inicio de las negociaciones se plantearon tres alternativas respecto a cómo introducir o lidiar con los derechos de propiedad intelectual en el Acuerdo[1167]. La primera opción proponía que los RGM bajo el régimen del Acuerdo no fueran patentables, a menos que fuesen modificados por intervención

1164 Zhivkoplias, E. *et al.* (2024), *op. cit.*

1165 Arnaud-Haond, S. (2020), *op. cit.*, 35; Blasiak, R. *et al.* (2018), *op. cit.*, 2.

1166 Vadrot, A. B. M.; Langlet, A. & Tessnow-Von Wysocki, I. (2022), *op. cit.*, 243-244.

1167 AGNU. A/CONF.232/2019/1 (03.12.2018), *op. cit.*, apartado III.3.2.3, 22/69.

humana para dar lugar a un producto susceptible de aplicación industrial y que se exigiera la divulgación del origen de los RGM utilizados[1168], mediante un sistema *sui generis*[1169]. La segunda alternativa consistía en adoptar y aplicar el Acuerdo de forma compatible y respetuosa con los derechos de propiedad intelectual consagrados en otros marcos e instrumentos, promoviendo la cooperación entre Estados[1170]. La tercera posibilidad consistía en no hacer mención alguna a estos derechos en el texto del instrumento[1171].

1168 Entre otros, Fiji señaló la idoneidad de contemplar la divulgación del origen de los RGM. IISD. (2019). Summary of the Second Session (...), *op. cit.*, 4.

1169 Esta alternativa fue sugerida por el Grupo Africano durante la CIG-1, y apoyada por el CARICOM y los Pequeños Estados Insulares en Desarrollo en la CIG-2. IISD. (2018). Summary of the First Session (...), *op. cit.*, 5; IISD. (2019). Summary of the Second Session (...), *op. cit.*, 4.

1170 En esta línea presentó sus argumentos la Alianza de Pequeños Estados Insulares (*Alliance of Small Island States*). IISD. (2018). Summary of the First Session (...), *op. cit.*, 5.

1171 Esta alternativa fue apoyada por Canadá, China, Corea del Sur, Japón, EE.UU., Singapur, Suiza, Rusia y la UE, que consideraban que estos derechos ya están abordados en el marco de la OMPI y la OMC. *Ibidem;* IISD. (2019). Summary of the Second Session (...), *op. cit.*, 4. En la misma línea se pronunció Myanmar en la CIG-3. Declaración CIG-3. Myanmar (19.08.2019). *https://www.un.org/bbnj/sites/www.un.org.bbnj/files/myanmar3.pdf*
Esta opción era considerada como "inaceptable" por la alianza del G-77 y China. Declaración CIG-2. Palestina (G-77 y China) (05.04.2019), *op. cit.*
La no afectación era uno de los objetivos de la UE establecidos en sus directrices de negociación iniciales, y que reiteraron en sus declaraciones emitidas previa o posteriormente a las CIG. Directrices para la negociación (...). Documento 6862/16 ADD1 (11.03.2016), *op. cit.*, apartado 2.2; Declaración CIG-2. UE y sus Estados Miembros (25.03.2019). *https://www.un.org/bbnj/sites/www.un.org.bbnj/files/eu2-25-march-.pdf*

Inicialmente, en los PT2019, NPTR2022 y NPTA2022 se proponía que los Estados aplicaran el Acuerdo de manera compatible, coherente y/o complementaria con los acuerdos relevantes concertados bajo los auspicios de la OMC y la OMPI[1172]. Esta orientación alineaba las disposiciones del Acuerdo con la visión de algunas delegaciones que abogaban por tratar la protección de los RGM mediante la propiedad intelectual en otros foros especializados como la OMPI[1173].

Además, los tres primeros proyectos enfatizaban la necesidad de que los Estados cooperaran para garantizar que los derechos de propiedad intelectual apoyasen y no contraviniesen los objetivos del Acuerdo. Esta última obligación negativa de no contradecir venía seguida en los primeros tres proyectos de texto de la exigencia de que las medidas adoptadas en el contexto de dichos derechos no menoscabaran la participación en los beneficios ni la rastreabilidad de los RGM de las ZFJN[1174].

De forma especialmente llamativa, en el PT2019 y el PTR2019, se contempló la posibilidad de incluir en el texto del instrumento que los RGM accedidos o utilizados conforme al Acuerdo "no estarán sujetos a patente, salvo cuando tales recursos sean modificados por una intervención humana que dé

1172 El PT2019 hace referencia a la aplicación compatible, el NPTR2022 a la aplicación coherente y el NPTA2022 a la implementación coherente y complementaria.

1173 En este sentido, Singapur destacó que se debía respetar el hecho de que hubiera otra CIG trabajando en un instrumento para la protección de los recursos genéticos, el conocimiento tradicional y el folclore bajo los auspicios de la OMPI, motivo por el que debería "ser objeto de un tratamiento holístico de los derechos de propiedad intelectual bajo los auspicios de [esta organización]". Declaración CIG-1. Singapur, *op. cit.*; De Santo, E. M. *et al.* (2020), *op. cit.*, 5.

1174 Artículo 12.2 del PT2019, 12.1 del PTR2019 y artículo 12 del NPTR2022.

lugar a un producto susceptible de aplicación industrial"[1175]. Además, se establecía una presunción de origen de los RGM en ZFJN cuando no se especificara este dato en la solicitud de la patente u otro escrito oficial o registro público[1176].

Con el tiempo, el tenor del artículo se modificó, atenuando la severidad de las restricciones relacionadas con la propiedad intelectual y reflejando una mayor consideración hacia la necesidad de no obstaculizar la participación en los beneficios derivados de los RGM. Esto se evidenció a través de la obligación impuesta a las Partes de velar por la no adopción de medidas que pudiesen efectivamente menoscabar tal participación[1177]. Sin embargo, estas provisiones fueron eliminadas en la versión final del Acuerdo.

Asimismo, en los primeros dos proyectos de texto, se planteó imponer la obligación a los Estados parte de adoptar las medidas legislativas, administrativas o de política necesarias con el fin de asegurar tres cuestiones: primero, que los usuarios o solicitantes de patentes que utilicen RGM debieran revelar el origen de los RGM; segundo, que se consultara al Órgano Científico y Técnico o a la red científica y técnica

---

[1175] Artículo 12.3 del PT2019 y 12.2 del PTR2019.

[1176] *Ibidem.* Esta sugerencia fue propuesta, entre otros, por la Santa Sede en la CIG-1. IISD. (2018). Summary of the First Session (...), *op. cit.*, 5.
Thambisetty señaló sobre esta presunción que podría tener consecuencias imprevistas si el mecanismo multilateral de distribución de beneficios fuese ineficaz o se aplicase de forma ineficiente, dado que la aplicación de la disposición con la presunción "podría convertirse en una carrera de mínimos en la búsqueda de obligaciones menos onerosas o mal implementadas", así como una forma de "escapar de los aspectos transfronterizos (actualmente sin aplicar) del artículo 10 del Protocolo de Nagoya". Thambisetty, S. (2022), *op. cit.*, 15.

[1177] Artículo 12 del NPTR2022.

cuando se solicitasen patentes de invenciones en que se utilizasen RGM de ZFJN para proponer acuerdos de participación en beneficios; y tercero, que no se aprobaran solicitudes de derechos de propiedad intelectual relacionados con la utilización de los RGM de ZFJN que no cumplieran con la Parte II del Acuerdo[1178].

En el último proyecto de texto anterior a la adopción del Acuerdo, el NPTA2022, las disposiciones previas fueron completamente eliminadas. El precepto relativo a los derechos de propiedad intelectual se limitaba a establecer que las Partes debían implementar el "Acuerdo y los acuerdos pertinentes celebrados bajo los auspicios de la [OMPI] y la [OMC] de manera coherente y complementaria". Este cambio marcó una desviación significativa de los enfoques previamente considerados y reflejaba la elección de no abordar explícitamente los derechos de propiedad intelectual dentro del marco del Acuerdo.

La opción finalmente escogida, la omisión de los derechos de propiedad intelectual, ha sido criticada por algunas autoras, como Thambisetty, como una de las más peligrosas, pues amenaza la coherencia del eventual instrumento, y únicamente beneficiaría a las Partes del Acuerdo donde los individuos y corporaciones más se beneficiasen del *statu quo*[1179]. Esta crítica sugiere que apoyar esta opción no es una postura neutral[1180], pues los que defienden este *statu quo* son aquellos Estados donde

---

1178 El PTR2019 (el segundo proyecto de texto) en su artículo 12.3 sólo contemplaba la necesidad de asegurar el primer y tercer elemento.

1179 Thambisetty, S. (2021). Biodiversity Beyond National Jurisdiction. (Intellectual) Property Heuristics. En: M. H. Nordquist & R. Long (Eds.). *Marine Biodiversity of Areas beyond National Jurisdiction* (pp. 131-146). Leiden: Brill, 138-139.

1180 Thambisetty, S. (2022), *op. cit.*, 15.

sus individuos y empresas se benefician más de los mecanismos actuales en torno a la monopolización de los RGM[1181].

Así pues, mientras que comprendemos la posición de algunos Estados que alertaban sobre la posible fragmentación del régimen normativo si se incluyese un precepto en este Acuerdo[1182], consideramos que su ausencia supone un mayor riesgo dada la inseguridad jurídica que genera. En particular, la divulgación del origen de los recursos resulta esencial para la efectiva implantación del Acuerdo BBNJ por dos motivos: por un lado, hacer público el origen del recurso en cuestión permite al resto de la comunidad científica y técnica acceder al mismo, utilizarlo para desarrollar productos y explotarlo una vez se termine el período de exclusividad otorgado por la patente; por otro lado, el conocimiento de la ubicación de los recursos permite, en su caso, saber si hay una sobreexplotación (por ejemplo, si se patentaran muchos productos derivados de ciertos recursos encontrados en áreas donde se hayan producido daños graves a la diversidad biológica, lo que cobra especial importancia cuando se trate de recursos que sean muy escasos) y, en consecuencia, avanzar hacia los objetivos de conservación del Acuerdo, tal vez mediante el establecimiento de áreas marinas protegidas u otros mecanismos previstos por el mismo.

A pesar de la ausencia de un precepto dedicado exclusivamente a los derechos de propiedad intelectual es necesario subrayar dos elementos del Acuerdo relacionados con éstos.

1181 Thambisetty, S. (2021), *op. cit.*, 139.

1182 La crítica se fundamentaba en las desventajas inherentes a regular la misma materia, la propiedad intelectual de estos recursos, en distintos marcos regulatorios y/o instrumentos jurídicos. No obstante, debe ser subrayado que no todos los Estados de la ONU participan en los foros donde estos acuerdos y medidas se están adoptando. Por ejemplo, la OMC cuenta con 164 miembros, la OMPI con 193 miembros y la CNUDM tiene 169.

Primero, el Acuerdo establece la obligación de notificar al Mecanismo de Intercambio de Información cuando se utilice bien un RGM de estas zonas, bien la IDS "donde sea factible", incluyendo el lugar donde se pueden encontrar los resultados de dicha utilización y, en particular, las patentes otorgadas, si las hubiere[1183]. Segundo, la reivindicación histórica de algunas delegaciones, tanto en estas negociaciones como en otros foros, de asegurar la divulgación del origen de los recursos se ve respondida en el Acuerdo BBNJ. Así, al enumerar las obligaciones de notificación que tienen las Partes, se destacaba en apartados anteriores la obligación de notificar, entre otros elementos, la zona geográfica donde se recolectó el RGM en cuestión[1184]. La información proporcionada en estas notificaciones es considerada como uno de los posibles beneficios no monetarios previstos por el Acuerdo[1185].

Por otro lado, y volviendo momentáneamente a la potencial incidencia de los secretos empresariales en la protección de los RGM, durante las negociaciones del Acuerdo BBNJ, la inclusión de referencias a la no divulgación de esta información fue apoyada por varias delegaciones de los Estados del Norte Global, en tanto consideraban que podría socavar los derechos de propiedad intelectual[1186]. Finalmente, se ha incluido un precepto en el artículo sobre el Mecanismo de Intercambio de Información que señala que "[n]ada de lo dispuesto en el presente Acuerdo se interpretará como una exigencia de compartir información

---

1183 Artículo 12.8 (a) del Acuerdo.

1184 Artículo 12.5 (c) del Acuerdo.

1185 Artículo 14.2 (d) del Acuerdo.

1186 Entre ellos, Canadá, Corea del Sur, EE.UU., la UE y Suiza. Asimismo, la High Seas Alliance sugirió que no se exigiera a las Partes que revelasen "información comercialmente confidencial de acuerdo con las normas y directrices establecidas por la COP, y sujeta a cualquier procedimiento de revisión recomendado por la COP". IISD. (2019), *op. cit.*, 13.

protegida frente a su divulgación en virtud del derecho interno de una Parte u otro derecho aplicable"[1187]. Por lo tanto, el Acuerdo impone una serie de obligaciones de notificación a sus Estados Parte y, concretamente, a aquellos que recolecten y utilicen los RGM, pero incluye esta excepción para la información protegida. Habida cuenta de que la definición de qué es considerado como información protegida corresponde a los Estados, parece posible que no se facilite cierta información considerada necesaria por el Acuerdo BBNJ por tener carácter de información protegida a nivel nacional[1188]. Con ello no se implica que no se debieran contemplar y asegurar los secretos comerciales, puesto que son de gran utilidad para proteger innovaciones, pero sirve para advertir que será necesario un control del abuso de esta disposición.

Tras analizar los aspectos principales sobre los derechos de propiedad intelectual y los RGM en ZFJN, podemos concluir que este tema presenta desafíos complejos y significativos, pero que es innegable el vínculo e influencia que existe entre la protección y uso de la biodiversidad y los derechos de propiedad intelectual. A lo largo de las negociaciones del Acuerdo BBNJ,

---

1187 Artículo 51.6 del Acuerdo.

1188 Las legislaciones nacionales suelen establecer, en su caso, excepciones por las que se obliga a divulgar ciertos secretos empresariales. A título ilustrativo, y en clave española, conforme al artículo 2.3 de la Ley 1/2019, de 20 de febrero, de Secretos Empresariales, no existe ninguna excepción aplicable al Acuerdo BBNJ que permita evadir la protección otorgada a los titulares de secretos empresariales, excepto en casos donde se requiera información por parte de "autoridades administrativas o judiciales en el ejercicio de las funciones de éstas" o para aplicar normativas de Derecho de la UE o español que prevean la revelación por las autoridades públicas españolas o europeas de la información que obre en su poder. Por lo tanto, en su caso, sería necesario que se adoptasen normas a nivel de la UE o de sus Estados miembros que eliminaran dicha protección para con el Mecanismo de Intercambio de Información del Acuerdo BBNJ.

se ha observado una evolución en el tratamiento de la propiedad intelectual, desde propuestas iniciales que buscaban regulaciones con mayor incidencia en los regímenes existentes, hasta la adopción de un enfoque más flexible y compatible con otros marcos internacionales. Este cambio refleja un equilibrio entre fomentar el acceso y la distribución equitativa de los beneficios y proteger las innovaciones derivadas de los RGM. Sin embargo, la omisión de una disposición explícita sobre estos derechos en el texto definitivo del Acuerdo, junto con la preferencia por mecanismos de notificación y divulgación de información –pasos hacia una mayor transparencia y equidad–, plantean retos en la aplicación del Acuerdo, especialmente en su interacción con las normas vigentes de propiedad intelectual. Este delicado equilibrio entre la innovación, la protección y la distribución de beneficios continuará siendo una arista crucial en el desarrollo de políticas internacionales sobre la biodiversidad marina.

Conclusiones

Esta monografía comienza advirtiendo sobre los enigmas que subyacen en los océanos y se propone resolver, en la medida de lo posible, algunos de los misterios que los afectan desde un punto de vista jurídico. Con este fin, nos planteamos si el Acuerdo BBNJ, adoptado en 2023, resuelve las lagunas jurídicas que puedan existir en la regulación de la conservación y el uso sostenible de los RGM de las ZFJN, así como cuáles son los problemas principales que pueden surgir a partir de su implementación.

Las principales conclusiones y resultados que se derivan de esta investigación, combinados con las consideraciones críticas que se puede inferir de ellas, se exponen a continuación, agrupados según el capítulo del que se extraen:

Capítulo I

El Capítulo I aborda la naturaleza de los RGM, estudiando desde las ciencias naturales el objeto cuyo régimen jurídico se examina en profundidad en los siguientes capítulos. Se concluye que los océanos, como el mayor reservorio de biodiversidad del planeta, contienen recursos genéticos, definidos como cualquier material de origen marino, vegetal, animal, microbiano u otro que contenga unidades funcionales de herencia de valor actual o potencial. La definición adoptada por el Acuerdo BBNJ es coherente con la del CDB, asegurando una aplicación uniforme y coherente en la conservación de la biodiversidad marina.

A pesar de ello, la definición no cubre realidades como los derivados y la IDS, utilizados cada vez más por la industria. La exclusión de los derivados del Acuerdo BBNJ podría llevar a la no aplicación del régimen de participación en los beneficios, representando una laguna significativa en su marco normativo. Además, los avances tecnológicos han permitido el creciente uso y desarrollo de la IDS, que requiere un tratamiento y regulación diferentes de las muestras físicas. La ausencia de una definición clara, acordada internacionalmente, del término "información de secuencia digital" puede generar problemas de seguridad jurídica, especialmente si el régimen del Acuerdo BBNJ entra en vigor sin una delimitación clara de su ámbito de aplicación material.

Los RGM pueden ser accedidos *in situ* –en las ZFJN–, *ex situ* –en colecciones–, e *in silico* –a través del acceso a datos genéticos–. En la práctica, resulta evidente que estos recursos son vitales para múltiples aplicaciones, en especial para el desarrollo biotecnológico. Sin embargo, los beneficios de su uso se distribuyen de manera desigual, favoreciendo a un número limitado de Estados que forman parte del llamado Norte Global. Estos recursos, al igual que los océanos donde habitan, enfrentan amenazas ambientales y antropogénicas.

Capítulo II

El Capítulo II expone el régimen internacional convencional actual que afecta a los RGM. Al analizar el marco regulatorio para los RGM en el Derecho Internacional, resulta evidente que la gobernanza oceánica está, en gran medida, fragmentada y es de naturaleza sectorial. La CNUDM se erige como el marco general, con un enfoque zonal que influye en la gobernanza de los recursos vivos de las ZFJN. Estas zonas están regidas por dos principios generales y aparentemente contradictorios: el PCH en la Zona y la libertad de los mares en la alta mar. Cabe destacar que la Convención no incluye claramente los RGM bajo ninguno de estos regímenes, lo que resulta en una laguna jurídica significativa respecto a su régimen en estas zonas.

El CDB tiene por objeto servir como marco normativo para la conservación de la biodiversidad sin perder de vista el desarrollo económico de los Estados, por lo que promueve el uso sostenible y el acceso a los recursos genéticos. Complementariamente, el Protocolo de Nagoya desarrolla un sistema de acceso y participación en los beneficios para los recursos genéticos basado en tres pilares: el acceso a los recursos genéticos, la participación en los beneficios derivados de su utilización y su cumplimiento. Sin embargo, el alcance de ambos instrumentos se limita principalmente a las zonas bajo jurisdicción nacional.

Por lo tanto, las lagunas son evidentes: no existe una regulación expresa de los RGM de las ZFJN en las convenciones internacionales actualmente en vigor. El Acuerdo BBNJ, adoptado en el marco de la CNUDM, busca cubrir estas lagunas mediante un régimen integral para el uso sostenible y la conservación alineado con mecanismos de participación en los beneficios inspirados en el Protocolo de Nagoya. Esto resalta la necesidad crucial de una gobernanza sistemática y holística para gestionar eficazmente los RGM.

Capítulo III

A la luz de las lagunas identificadas en el capítulo anterior, el Capítulo III examina cómo ha respondido la comunidad internacional a esta necesidad y, en particular, por qué optó por adoptar el Acuerdo BBNJ.

Reconociendo la necesidad de un marco regulatorio integral para la biodiversidad marina de las ZFJN, la Asamblea General de la ONU realizó un llamamiento a las organizaciones globales y regionales para abordar las amenazas urgentes sobre la biodiversidad de las ZFJN. Esto resultó en la formación de un Grupo de Trabajo *Ad Hoc*, que propuso diversas alternativas, decidiendo finalmente desarrollar un nuevo instrumento internacional jurídicamente vinculante en el marco de la CNUDM. Las negociaciones resultantes duraron más de veinte años entre las labores del Grupo de Trabajo, el Comité Preparatorio y la celebración de cinco Conferencias Intergubernamentales.

El Acuerdo BBNJ aborda cuatro elementos principales que componen el llamado *Package Deal*: los recursos genéticos marinos, medidas como los mecanismos de gestión basados en zonas, las evaluaciones de impacto ambiental y la creación de capacidad y transferencia de tecnología marina.

Los principales problemas relacionados con los RGM que fueron destacados por el Comité Preparatorio persistieron durante las cinco CIG debido a los persistentes desacuerdos entre los intereses de los Estados, a saber: el debate sobre los principios, la regulación del acceso a estos recursos, la definición de la naturaleza de los RGM, la participación en los beneficios, los derechos de propiedad intelectual y la supervisión del uso de estos recursos.

El Acuerdo BBNJ fue finalmente adoptado después de intensas negociaciones en la segunda sesión de la quinta conferencia tras importantes concesiones de todas las delegaciones. Este Acuerdo, si bien fue firmado rápidamente, aún no ha obtenido las sesenta ratificaciones necesarias para su entrada en vigor.

Capítulo IV

El Capítulo IV pretende contextualizar el Acuerdo BBNJ en el proceso de negociación en el que fue adoptado para comprender el espíritu que impregna el texto, al mismo tiempo que se destacan los principales aspectos que pueden llegar a ser problemáticos en su implementación.

El alcance general del Acuerdo no fue objeto de gran controversia, ya que las carencias normativas identificadas se referían a las ZFJN, donde el Acuerdo BBNJ será aplicable. Sin embargo, la ausencia de un instrumento específico que aborde los RGM en estas áreas no obsta para que exista una miríada de instrumentos tangencialmente aplicables que conforman un *regime complex*. Por esta razón, hubo una demanda constante durante las negociaciones para garantizar que el nuevo régimen no socavara otros instrumentos, marcos u organismos relevantes. Esto se reflejó en el texto final en un artículo específico que describe la relación del Acuerdo con otros instrumentos, exigiendo una interpretación que se alinee con la CNUDM y de una manera que no menoscabe los otros marcos y organismos; así como en el texto en general, y particularmente, en el artículo sobre cooperación y en el preámbulo, donde hay un número quizás excesivo de considerandos que invocan la CNUDM, y donde parece haber una oportunidad perdida para establecer una conexión directa con otros convenios como el CDB.

Los principales objetivos del Acuerdo responden a las necesidades que llevaron a la negociación del instrumento: regular el uso sostenible y la conservación de la diversidad biológica de las ZFJN. Estos dos objetivos, que subyacen al instrumento, se pueden encontrar en diferentes profundidades en las cuatro partes del Acuerdo BBNJ. Por ejemplo, la Parte II, sobre RGM, se centra principalmente en el uso sostenible, mientras que los aspectos de conservación permanecen en segundo plano, como en los depósitos obligatorios de muestras que, si bien sirven para la conservación, principalmente están destinados a rastrear los recursos a lo largo de su ciclo de vida. Sin embargo, se debe destacar una singularidad en tanto el mecanismo de participación en los beneficios establecido requiere que los beneficios apoyen estos objetivos, vinculando el uso directamente con los propósitos de conservación. No obstante, cómo se realizará esto aún está por decidir. Además, se debe subrayar que los objetivos del Acuerdo están innecesariamente fragmentados ya que cada una de sus partes tiene su propio conjunto de objetivos específicos.

Alinear los intereses de todos los Estados participantes y las organizaciones regionales de integración económica requirió concesiones a lo que Juste Ruiz denomina la "ambigüedad constructiva", utilizando un enfoque de "sublimación por integración" con binomios normativos para acomodar los diversos intereses. Un ejemplo notable es la inclusión de dos principios: "el patrimonio común de la humanidad, el cual está enunciado en la Convención" y "la libertad de investigación científica marina, junto con otras libertades de la alta mar".

En las primeras páginas de esta obra, se enfatizaron las discusiones que se han llevado a cabo durante décadas en relación con cuál es el alcance último del primer principio bajo la CNUDM y, en especial, si debe extenderse al régimen de los RGM. El Acuerdo BBNJ parece responder afirmativamente a esta pregunta, manteniendo al mismo tiempo el PCH y la aplicabilidad de las libertades de los mares, sentando las bases para una interacción potencialmente compleja entre estos principios en la práctica estatal futura, lo que probablemente abrirá un debate complicado en la Conferencia de las Partes.

Además de éstos, el Acuerdo introduce otros doce principios o enfoques que deben guiar el desarrollo y la aplicación futuros del instrumento, enfatizando particularmente el principio de equidad y la distribución justa y equitativa de los beneficios, que sustenta todo el régimen de los RGM.

Capítulo V

El Capítulo V realiza un estudio exhaustivo de la Parte II del Acuerdo BBNJ, la cual está exclusivamente dedicada a los RGM, incluida la participación justa y equitativa en los beneficios.

Como resultado de la investigación se pueden destacar para cada uno de los elementos principales de la Parte II del Acuerdo, los problemas más significativos encontrados, así como aquellas cuestiones que requieren de un desarrollo normativo claro y preciso:

I. Esta Parte posee un ámbito de aplicación específico respecto al del Acuerdo. Se extiende geográficamente para cubrir las ZFJN, a pesar de las discusiones que tuvieron lugar durante las negociaciones en las que se trató de introducir las circunstancias únicas de las plataformas continentales (especialmente las no reclamadas) y la cuestión de si los Estados ribereños deberían tener un estatus privilegiado (lo que no se materializó en el texto). En cualquier caso, el texto establece expresamente que el Acuerdo debe interpretarse en el contexto de la CNUDM, lo que sugiere que el objetivo principal de la conservación puede ceder ante el interés de los Estados ribereños de acuerdo con la Convención.

Esta Parte del Acuerdo se aplica, como regla general, a las actividades relacionadas con los RGM recolectados y la IDS generada tras la entrada en vigor del Acuerdo para cada Parte. Sin embargo, también prevé que se aplique a la utilización de aquellos recursos recolectados o de la información generada antes si la Parte no hace una excepción al ratificar o aceptar el Acuerdo. Esta formulación de un alcance temporal único permite la utilización de los RGM existentes o la IDS depositadas en colecciones o bases de datos sin eludir el régimen del Acuerdo BBNJ.

Finalmente, el Acuerdo especifica que se aplicará a los RGM –definidos de manera coherente con el CDB por el Acuerdo–, y a la IDS –aún sin definir–; y excluye las actividades reguladas de pesca y actividades militares (que incluyen actividades militares de buques y aeronaves gubernamentales dedicadas a servicios no comerciales). Sin embargo, establece, en una disposición bastante confusa, que las obligaciones de la Parte II del Acuerdo relacionadas con la utilización de RGM e IDS serán aplicables a las actividades no militares de las Partes.

II. El Acuerdo estipula que todas las actividades relacionadas con los RGM y la IDS de las ZFJN deben llevarse a cabo de conformidad con el Acuerdo. En particular, dichas actividades deben cumplir con una serie de principios rectores: la no discriminación –ya que todas las Partes pueden llevar a cabo estas actividades–; la prohibición de reclamar o ejercer soberanía o reclamaciones soberanas sobre los RGM en estas zonas (aunque no prohíbe su apropiación); llevar a cabo estas actividades en interés de todos los Estados y en beneficio de la humanidad –creando así un equilibrio complejo entre ambos intereses que no siempre se alinean–; y exclusivamente para fines pacíficos –de forma análoga a la realización de investigaciones científicas marinas de acuerdo con la CNUDM–.

III. Del nuevo régimen se derivan diversas obligaciones para la realización de actividades relacionadas con los RGM y la IDS, como la notificación, el depósito y la identificación de los recursos. En relación con la primera, el Acuerdo establece un sistema de notificación tripartito al Mecanismo de Intercambio de Información, antes y después de la recolección *in situ* y después de su utilización. Las Partes deben adoptar las medidas pertinentes para establecer este sistema, pero persisten las incertidumbres sobre quién tiene la obligación de notificar. Sería positivo que la COP estableciera pautas claras para garantizar un campo de juego nivelado entre las Partes.

Una vez recibida la primera notificación, el Mecanismo de Intercambio de Información debe generar un identificador de lote estandarizado "BBNJ". Este identificador, propuesto por la alianza del G-77 y China, sirve para monitorear los recursos a lo largo de su ciclo de vida y facilita el reparto de los beneficios derivados de su utilización, ya que permite rastrear su origen. Aun con ello, surge necesariamente la pregunta sobre qué sucede con los RGM o la IDS que se obtuvieron antes de la entrada en vigor del Acuerdo, pero que se utilizaron después. Sería deseable que la COP proporcionara claridad sobre cómo tratar tales casos y determinase cuándo debería generarse el identificador.

Además de lo expuesto, el Acuerdo establece la obligación de depositar las muestras y la información en repositorios o bases de datos dentro de un marco temporal específico. No obstante, también permite someter a ciertas condiciones el acceso a dichos recursos e información. Persisten, pues, preguntas clave con respecto a este condicionamiento potencial del acceso, particularmente en términos de qué entidad, si existe, puede controlar las decisiones para restringir el acceso, durante cuánto tiempo y qué se puede considerar como costes razonables que permitan esta restricción.

IV. El establecimiento de un sistema de acceso y participación justa y equitativa en los beneficios fue uno de los objetivos clave del Acuerdo BBNJ. Al final, el texto del instrumento ha eliminado prácticamente todas las referencias al acceso, centrándose en cambio en las obligaciones asociadas a la recolección *in situ* de los recursos, como se estableció anteriormente, y las derivadas de su utilización.

Después de numerosas modificaciones a lo largo de los múltiples borradores, se estableció un sistema que tiene como objetivo compartir beneficios de manera justa y equitativa, diferenciando entre los de índole no monetarios y monetarios; los últimos de los cuales fueron finalmente aceptados para su inclusión por los Estados del Norte Global. Durante las negociaciones, hubo considerablemente menos debates sobre la conveniencia de incluir beneficios no monetarios que sobre los monetarios.

El Acuerdo prevé una lista abierta de posibles beneficios no monetarios, entre los que se pueden destacar el acceso *ex situ* e *in silico* a los RGM y la IDS (si bien bajo un nombre diferente), así como la transferencia de tecnología marina. Además de su capacidad para establecer beneficios monetarios adicionales a la lista prevista por el Acuerdo, la COP debe supervisar y controlar la implementación del mecanismo de participación en los beneficios, para lo que puede ser asesorada por el Comité de acceso y distribución de los beneficios.

La lección aprendida de otros mecanismos multilaterales de reparto de beneficios es que la participación en los beneficios monetarios es especialmente compleja en la práctica. Éstos están concebidos como sistemas interestatales, aunque en última instancia dependen de que los Estados adopten medidas para vincular a los actores no estatales que producirán esos beneficios.

Si bien el Acuerdo BBNJ establece que el desencadenante para la distribución de los beneficios monetarios es la utilización de los RGM y la IDS de las ZFJN, incluida su comercialización, el desencadenante de los beneficios no monetarios no resulta tan claro, ya que simplemente se establece que los beneficios se derivarán de actividades relacionadas con estos recursos. Beneficios como el acceso a recursos en colecciones o repositorios son relativamente evidentes, ya que serán accesibles después de ser depositados en ellos según las obligaciones del Acuerdo, mientras que otros lo son menos en términos del plazo, por ejemplo, para la transferencia de tecnología marina o el desarrollo de capacidades.

V. El mecanismo de financiación adoptado por el Acuerdo se basa en tres fondos; dos fondos fiduciarios y un fondo especial compuesto por tres tipos de contribuciones: una exclusivamente proveniente de los Estados desarrollados; otra con pagos de los beneficios derivados de la utilización de RGM; y una adicional para contribuciones voluntarias de las Partes y entidades privadas. Los aportes al mecanismo de financiación quedan claros en el Acuerdo, pero la selección de quién recibe los fondos es menos evidente, aunque se afirma que la financiación a través de este mecanismo estará disponible para los Estados en desarrollo sobre la base de la necesidad.

Las decisiones sobre estos asuntos serán tomadas por la COP por consenso y, en su defecto, por una mayoría de tres cuartas de las Partes presentes y votantes, lo que impide la paralización del mecanismo mediante la formulación de un veto.

VI. El reconocimiento de la situación única de los conocimientos tradicionales de los Pueblos Indígenas y las comunidades locales se consideró indispensable a lo largo de todas las fases del proceso de negociación del Acuerdo BBNJ debido a su extensa base de conocimientos sobre los océanos y sus recursos.

Los principios subyacentes de los sistemas de gestión tradicionales de estos Pueblos y comunidades se han considerado fundamentales en la formulación del nuevo instrumento sobre las ZFJN, que enfatiza la naturaleza complementaria entre la ciencia y los conocimientos tradicionales.

El Acuerdo incluye una disposición específica sobre sus conocimientos tradicionales, centrada principalmente en tres elementos: la condición de acceso a dicho conocimiento tradicional, el acceso en condiciones mutuamente acordadas y la obligación impuesta a las Partes de garantizar el cumplimiento de las disposiciones antes mencionadas.

Sin embargo, persisten problemas no resueltos durante el proceso de negociación, que requerirán una mayor consideración durante la implementación. En este sentido, el Acuerdo no ofrece orientación sobre la identificación o designación de los titulares de los conocimientos tradicionales relevantes, el establecimiento de criterios de legitimidad, el proceso para solicitar y otorgar consentimiento o aprobación, o la delimitación explícita de los modos de participación para estos pueblos y comunidades.

VII. La implementación efectiva del régimen establecido por el Acuerdo BBNJ depende de su capacidad para supervisar el cumplimiento de sus disposiciones. El Acuerdo prevé que la supervisión se lleve a cabo a través de tres canales.

En primer lugar, mediante las notificaciones mencionadas al Mecanismo de Intercambio de Información, si bien cabe señalar que el Acuerdo no especifica claramente los mecanismos para exigir responsabilidades en casos de incumplimiento de estas obligaciones.

En segundo lugar, mediante informes periódicos de las Partes al Comité de acceso y distribución de los beneficios sobre la implementación de las disposiciones de la Parte II del Acuerdo. Estos informes, aunque son un mecanismo común en los tratados multilaterales, presentan una serie de debilidades inherentes, como la carga administrativa y financiera adicional que generan en los Estados, especialmente en los Estados en desarrollo, así como riesgos, tales como el incumplimiento o el cumplimiento tardío. Es reseñable la falta de un plazo definido para estas obligaciones de presentación de informes en el Acuerdo, lo cual debería ser resuelto por la COP.

Finalmente, sobre la base de los informes nacionales, el Comité de acceso y distribución de los beneficios debe preparar su propio informe para la COP, que servirá de base para las directrices que la COP pueda proporcionar para supervisar la implementación y mejorar la transparencia del Acuerdo.

VIII. La implementación de esta Parte II del Acuerdo y el régimen que establece requiere de una estructura institucional robusta y efectiva. El Acuerdo crea un Mecanismo de Intercambio de Información, una plataforma de acceso abierto para acceder y difundir información sobre actividades relacionadas con los RGM. Se espera que este Mecanismo desempeñe un papel vital en la recepción de las notificaciones y la generación de los identificadores BBNJ, ayudando así en el monitoreo de la implementación del Acuerdo.

El Acuerdo BBNJ también prevé el establecimiento de un Comité de acceso y distribución de los beneficios que puede establecer las pautas para tal distribución, hacer recomendaciones no vinculantes a la COP y actuar como intermediario con otros marcos y órganos internacionales.

Asimismo, la COP es responsable, entre otras cosas, de aprobar las normas financieras, el presupuesto, promover la cooperación, establecer órganos subsidiarios para apoyar la implementación del Acuerdo y controlar su implementación. También determina las contribuciones anuales de los Estados desarrollados y las modalidades de pago de los beneficios derivados de la utilización de recursos.

IX. Los RGM han surgido como una fuente significativa de innovación en diversas esferas industriales, particularmente en la farmacéutica, la cosmética y la biotecnológica. Sin embargo, debido a los altos costes y riesgos asociados con el desarrollo de productos comercializables a partir de estos recursos o sus derivados, existe un claro interés en proteger los descubrimientos realizados para su explotación comercial y obtener rendimientos de los resultados de la investigación. Es en este contexto donde los derechos de propiedad intelectual se vuelven relevantes, especialmente el derecho de patentes.

En la práctica, sólo los llamados Estados desarrollados poseen los recursos necesarios para explorar estas zonas y desarrollar productos derivados de los RGM que se encuentran en ellas, y dentro de estos Estados, únicamente unas pocas corporaciones dominan el mercado.

A lo largo de las sucesivas rondas de negociaciones que culminaron con la adopción del Acuerdo BBNJ, hubo una disminución gradual del contenido relacionado con la propiedad en el Acuerdo, hasta llegar a su completa omisión. Esta ausencia plantea un gran riesgo debido a la incertidumbre jurídica que genera.

También cabe destacar que, si bien el Acuerdo impone una serie de obligaciones de notificación a sus Partes, específicamente a aquellas que recolectan y utilizan RGM, incluye una excepción para no divulgar información protegida. Dado que la definición de lo que constituye información protegida recae en los Estados, parece posible que cierta información considerada necesaria por el Acuerdo BBNJ no sea compartida.

En cualquier caso, este tema presenta y seguirá presentando desafíos complejos y significativos, pero el vínculo e influencia entre la protección y el uso de la biodiversidad y los derechos de propiedad intelectual permanecen indiscutibles.

Consideraciones finales

Después de un análisis del Acuerdo BBNJ en su totalidad, y particularmente de sus disposiciones sobre los RGM, se puede concluir que este instrumento aborda las lagunas jurídicas identificadas en el régimen convencional internacional actual. El texto es el resultado de veinte años de negociaciones en las que se defendieron diversos intereses por todas las delegaciones. La notable división entre las posiciones del Norte y Sur Global fue evidente desde el inicio, lo que ha resultado en ciertas ambigüedades en el texto y en el diferimiento de discusiones clave para el trabajo de la COP, en caso de que el Acuerdo entre en vigor. Además, es innegable que, en lo que respecta al régimen establecido para los RGM, uno de los objetivos principales del Acuerdo prevalece sobre el otro, ya que el uso sostenible de estos recursos parece tomar precedencia sobre su conservación. Sin embargo, la implementación de la Parte II relacionada con los RGM, junto con las disposiciones restantes del Acuerdo, mitiga esta impresión inicial. Las Partes sobre las evaluaciones de impacto ambiental y las medidas como los mecanismos de gestión basadas en áreas pueden servir para garantizar la conservación de la diversidad biológica marina, incluidos los RGM.

Esta obra ha tratado, en la medida de lo posible, de esclarecer ciertos misterios jurídicos que persisten en los dominios de los océanos. Si bien estos misterios pueden percibirse como menos cautivadores de desentrañar que el descubrimiento de Atlantis o la taxonomía del Kraken, la resolución a las preguntas sobre las que se fundamenta esta investigación se anticipa o se considera beneficiosa en la inmensa tarea de salvaguardar la biodiversidad de los océanos. El Acuerdo BBNJ proporciona un marco sobre el cual formular regulaciones, normas e iniciativas destinadas a lograr sus objetivos últimos: la conservación y el uso sostenible de la diversidad biológica marina y, en particular, de los recursos genéticos marinos.

Documentación[1189]

A. TRATADOS Y CONVENIOS INTERNACIONALES

Convención de París para la protección de la propiedad industrial, París, de 20 de marzo de 1883.

Convenio relativo a la reglamentación de la navegación aérea, París, 13 de octubre de 1919.

Convenio internacional para la unificación de ciertas reglas relativas a la Inmunidad de los Buques de Estado, Bruselas, de 10 de abril de 1926, UNTS 176 (p. 199).

Convención sobre la alta mar, Ginebra, de 29 de abril de 1958, UNTS 450 (p. 11).

Convenio Internacional para la Protección de las Obtenciones Vegetales, París, de 2 de diciembre de 1961, UNTS 815 (p. 89).

Convenio para la unificación de ciertos aspectos del derecho sustantivo de patentes de invención, Estrasburgo, de 16 de septiembre de 1963, UNTS 1249 (p. 369).

Tratado sobre los principios que deben regir las actividades de los Estados en la exploración y utilización del espacio ultraterrestre, incluso la Luna y otros cuerpos celestes, Washington, Moscú, Londres, de 27 de enero de 1967, UNTS 610 (p. 205).

Convenio que establece la Organización Mundial de la Propiedad Intelectual, Estocolmo, de 14 de julio de 1967, UNTS 828 (p. 3).

Convención de Viena sobre el Derecho de los Tratados, Viena, de 23 de mayo de 1969, UNTS 1155 (p. 311).

Tratado de Cooperación en materia de Patentes, Washington, de 19 de junio de 1970.

Convenio sobre la Patente Europea, Múnich, de 5 de octubre de 1973.

[1189] Todos los documentos de esta sección están ordenados por orden cronológico.

Tratado de Budapest sobre el reconocimiento internacional del depósito de microorganismos a los fines del procedimiento en materia de patentes, Budapest, de 28 de abril de 1977, UNTS 1861.

Acuerdo que debe regir las actividades de los Estados en la Luna y otros cuerpos celestes, Nueva York, de 5 de diciembre de 1979, UNTS 1363 (p. 3).

Convención de las Naciones Unidas sobre el Derecho del Mar, Montego Bay, de 10 de diciembre de 1982, UNTS 1833 (p. 3), 1834 (p. 3), 1835 (p. 3).

Convenio n.º 169 de la Organización Internacional del Trabajo sobre Pueblos Indígenas y Tribales en Países Independientes, Ginebra, de 27 de junio de 1989.

Convenio sobre la Diversidad Biológica, Río de Janeiro, de 5 de junio de 1992, UNTS 1760 (p. 79).

Acuerdo sobre los Aspectos de los Derechos de Propiedad Intelectual relacionados con el Comercio. Anexo 1C del Acuerdo por el que se establece la Organización Mundial del Comercio, Marruecos, de 15 de abril de 1994.

Convención de las Naciones Unidas de lucha contra la desertificación en los países afectados por sequía grave o desertificación, en particular en África, París, de 17 de junio de 1994.

Acuerdo relativo a la aplicación de la Parte XI de la Convención de las Naciones Unidas sobre el Derecho del Mar, de 10 de diciembre de 1982, Nueva York, de 28 de julio de 1994, UNTS 1836 (p. 3).

Acuerdo sobre la aplicación de las disposiciones de la Convención de las Naciones Unidas sobre el Derecho del Mar, de 10 de diciembre de 1982, relativas a la conservación y ordenación de las poblaciones de peces transzonales y las poblaciones de peces altamente migratorios, Nueva York, de 4 de agosto de 1995, UNTS 2167 (p. 3).

Convenio sobre la Conservación y Ordenación de los Recursos Pesqueros en el Atlántico Sudoriental, Windhoek, de 20 de abril de 2001, UNTS 2221 (p. 189).

Tratado Internacional sobre los Recursos Fitogenéticos para la Alimentación y la Agricultura, Roma, de 3 de noviembre de 2001, UNTS 2400 (p. 303).

Protocolo de Nagoya sobre acceso a los recursos genéticos y participación justa y equitativa en los beneficios que se deriven de su utilización al Convenio sobre la Diversidad Biológica, Nagoya, de 29 de octubre de 2010, UNTS 3008 (p. 3).

Acuerdo en el marco de la Convención de las Naciones Unidas sobre el Derecho del Mar relativo a la conservación y el uso sostenible de la diversidad biológica marina de las zonas situadas fuera de la jurisdicción nacional. Nueva York, de 19 de junio de 2023. A/CONF.232/2023/4.

Tratado sobre la propiedad intelectual, los recursos genéticos y los conocimientos tradicionales asociados, GRATK/DC/7 (24.05.2024).

B. DOCUMENTOS DE LA ASAMBLEA GENERAL DE LAS NACIONES UNIDAS

AGNU. A/RES/2625(XXV) (24.10.1970). Declaración sobre los principios de derecho internacional referentes a las relaciones de amistad y a la cooperación entre los Estados de conformidad con la Carta de las Naciones Unidas.

AGNU. A/RES/2749(XXV) (17.12.1970). Declaración de principios que regulan los fondos marinos y oceánicos y su subsuelo fuera de los límites de la jurisdicción nacional.

AGNU. Resolución 3201 y 3202 (S-VI) (01.05.1974). Declaración y plan de acción sobre el establecimiento de un Nuevo Orden Económico Internacional.

AGNU. Resolución 3281 (XXIX) (12.12.1974). Carta de derechos y deberes económicos de los Estados.

UNICPOLOS. A/58/95 (26.06.2003). Informe sobre el proceso abierto de consultas oficiosas de las Naciones Unidas sobre los océanos y el derecho del mar.

AGNU. A/RES/58/240 (23.12.2003). Resolución 58/240 sobre los océanos y el derecho del mar.

UNICPOLOS. A/59/122 (29.06.2004). Informe sobre la quinta reunión del proceso abierto de consultas oficiosas de las Naciones Unidas sobre los océanos y el derecho del mar.

AGNU. A/RES/59/24 (17.11.2004). Resolución 59/274 sobre los océanos y el derecho del mar.

AGNU. A/CONF.216/L.1 (20-22.06.2012). El documento final de la Conferencia de las Naciones Unidas sobre el Desarrollo Sostenible. Río + 20. El futuro que queremos. Río de Janeiro, Brasil.

AGNU. A/RES/67/78 (18.04.2013). Resolución 67/78 sobre los océanos y el derecho del mar.

AGNU. A/RES/68/70 (27.02.2014). Resolución 68/70 sobre los océanos y el derecho del mar.

AGNU. A/RES/69/292 (19.06.2015). Resolución 69/292 sobre la elaboración de un instrumento internacional jurídicamente vinculante en el marco de la Convención de las Naciones Unidas sobre el Derecho del Mar relativo a la conservación y el uso sostenible de la diversidad biológica marina de las zonas situadas fuera de la jurisdicción nacional.

AGNU. A/RES/70/1 (21.10.2015). Resolución aprobada por la Asamblea General el 25 de septiembre de 2015. Transformar nuestro mundo: la Agenda 2030 para el Desarrollo Sostenible.

AGNU. A/RES/72/249 (24.12.2017). Resolución 72/249 sobre la elaboración de un Instrumento internacional jurídicamente vinculante en el marco de la Convención de las Naciones Unidas sobre el Derecho del Mar relativo a la conservación y el uso sostenible de la diversidad biológica marina de las zonas situadas fuera de la jurisdicción nacional.

AGNU. A/RES/78/272 (29.04.2024). Resolución 78/272 sobre el Acuerdo en el marco de la Convención de las Naciones Unidas sobre el Derecho del Mar relativo a la Conservación y el Uso Sostenible de la Diversidad Biológica Marina de las Zonas Situadas Fuera de la Jurisdicción Nacional.

C. DOCUMENTOS DEL CONVENIO SOBRE LA DIVERSIDAD BIOLÓGICA

CDB. UNEP/CBD/COP/2/19 (6-17.11.1995). Decision II/10.

CDB. UNEP/CBD/COP/2/19. (17.11.1995) Decision II/17. Form and intervals of national reports by parties.

OSACTT. UNEP/CBD/SBSTTA/2/15 (24.07.1996). Bioprospecting of Genetic Resources of the Deep Sea-Bed.

CDB. UNEP/CBD/COP/5/INF/7 (08.12.1999). Fifth Conference of the Parties of the Convention on Biological Diversity. Progress Report on the Implementation of the Programmes of Work on Biological Diversity of Inland Water Ecosystems, Marine and Coastal Biological Diversity and Forest Biological Diversity.

CDB. UNEP/CBD/COP/6/20 (23.09.2002). Informe de la Sexta Reunión de la Conferencia de las Partes en el Convenio sobre la Diversidad Biológica.

OSACTT. UNEP/CBD/SBSTTA/8/INF/3/Rev.1 (22.02.2003). Study of the relationship between the Convention on Biological Diversity and the United Nations Convention on the Law of the Sea with regard to the conservation and sustainable use of genetic resources on the deep seabed (decision II/10 of the Conference of the Parties to the Convention on Biological Diversity).

CDB. UNEP/CBD/COP/DEC/VII/5 (13.04.2004). Decision VII/5. Marine and coastal biological diversity.

CDB. UNEP/CBD/NP/COP-MOP/DEC/1/8 (20.10.2014). Measures to assist in capacity-building and capacity development.

CDB. CBD/SBI/2/INF/3 (15.05.2018). Analysis of information contained in the Interim National Reports and information published in the Access and Benefit-Sharing Clearing House.

CDB. CBD/SBI/2/INF/4 (15.05.2018). Statistical overview of the answers provided in the Interim National Report for the Nagoya Protocol.

CDB. CBD/COP/DEC/14/8 (30.11.2018). Decision Adopted by the Conference of the Parties to the Convention on Biological Diversity 14/8. Protected areas and other effective area-based conservation measures.

CDB. CBD/COP/DEC/14/20 (30.11.2018). Decision adopted by the Conference of the Parties to the Convention on Biological Diversity 14/20. Digital sequence information on genetic resources.

CDB. CBD/DSI/AHTEG/2020/1/3 (29.01.2020). Digital sequence information on genetic resources: concept, scope and current use.

CDB. CBD/WG2020/REC/3/2 (29.03.2022). Recommendation adopted by the Working Group on the Post-2020 Global Biodiversity Framework.

CDB. CBD/COP/DEC/15/4 (19.12.2022). Decisión adoptada por la conferencia de las partes en el Convenio sobre la Diversidad Biológica. Marco Mundial de Biodiversidad de Kunming-Montreal.

CDB. CBD/COP/DEC/15/9 (19.12.2022). Decision adopted by the COP to the CDB on Digital Sequence information on genetic resources.

D. PROYECTOS DE TEXTO DEL ACUERDO BBNJ

Proyecto de texto de un acuerdo en el marco de la Convención de las Naciones Unidas sobre el Derecho del Mar relativo a la conservación y el uso sostenible de la diversidad biológica marina de las zonas situadas fuera de la jurisdicción nacional A/CONF.232/2019/6 (17.05.2019).

Proyecto de texto revisado de un acuerdo en el marco de la Convención de las Naciones Unidas sobre el Derecho del Mar relativo a la conservación y el uso sostenible de la diversidad biológica marina de las zonas situadas fuera de la jurisdicción nacional. A/CONF.232/2020/3 (18.11.2019).

Nuevo proyecto de texto revisado de un acuerdo en el marco de la Convención de las Naciones Unidas sobre el Derecho del Mar relativo a la conservación y el uso sostenible de la diversidad biológica marina de las zonas situadas fuera de la jurisdicción nacional. A/CONF.232/2022/5 (01.06.2022).

Nuevo proyecto de texto actualizado de un acuerdo en el marco de la Convención de las Naciones Unidas sobre el Derecho del Mar relativo a la conservación y el uso sostenible de la diversidad biológica marina de las zonas situadas fuera de la jurisdicción nacional. A/CONF.232/2023/2 (12.12.2022).

Draft agreement under the United Nations Convention on the Law of the Sea on the conservation and sustainable use of marine biological diversity of areas beyond national jurisdiction. (04.03.2023). https://www.un.org/bbnj/sites/www.un.org.bbnj/files/draft_agreement_advanced_unedited_for_posting_v1.pdf

E. DOCUMENTOS DE TRABAJO Y DECLARACIONES DE LAS DELEGACIONES EN LAS NEGOCIACIONES DEL ACUERDO BBNJ

Grupo de Trabajo. A/61/65 (20.03.2006). Informe del Grupo de Trabajo especial oficioso de composición abierta encargado de estudiar las cuestiones relativas a la conservación y el uso sostenible de la diversidad biológica marina fuera de las zonas de jurisdicción nacional. Carta de envío de fecha 9 de marzo de 2006 dirigida al Presidente de la Asamblea General por los Copresidentes del Grupo de Trabajo.

Grupo de Trabajo. A/63/79 (16.05.2008). Carta de fecha 15 de mayo de 2008 dirigida al Presidente de la Asamblea General por los Copresidentes del Grupo de Trabajo especial oficioso de composición abierta encargado de estudiar las cuestiones relativas a la conservación y el uso sostenible de la diversidad biológica marina fuera de las zonas de jurisdicción nacional.

AGNU. A/66/119 (30.06.2011). Carta dirigida al Presidente de la Asamblea General por los Copresidentes del Grupo de Trabajo especial oficioso de composición abierta.

AGNU. A/69/780 (13.02.2015). Carta dirigida al Presidente de la Asamblea General por los Copresidentes del Grupo de Trabajo Especial Oficioso de Composición Abierta.

Declaración Comité Preparatorio. G-77 y China (05.06.2016). Development of an international legally binding instrument under the United Nations Convention on the Law of the Sea on the conservation and sustainable use of marine biological diversity of areas beyond national jurisdiction- Group of 77 and China's Written submission. http://www.un.org/depts/los/biodiversity/prepcom_files/rolling_comp/Group_of_77_and_China.pdf

Declaración Comité Preparatorio. Islandia (12.2016). Iceland's written submission to the Preparatory Committee established by the General Assembly Resolution 69/292: development of an international legally binding instrument under the United Nations Convention on the Law of the Sea on the conservation and sustainable use of marine biological diversity beyond national jurisdiction. http://www.un.org/depts/los/biodiversity/prepcom_files/rolling_comp/Iceland.pdf

Declaración Comité Preparatorio. Noruega (12.2016). Preparatory Committee established by General assembly resolution 69/ 292: development of an international legally binding instruments under the United Nations Convention on the Law of the Sea on the conservation and sustainable use of marine biological diversity of areas beyond national jurisdiction. Comments by Norway. http://www.un.org/depts/los/biodiversity/prepcom_files/rolling_comp/Norway.pdf

Declaración Comité Preparatorio. EE.UU. (20.12.2016). Written submission of the US on Possible Elements for Inclusion in an ILBI. https://www.un.org/depts/los/biodiversity/prepcom_files/rolling_comp/United_States_of_America.pdf

Declaración Comité Preparatorio. UE y sus Estados Miembros (22.02.2017). Development of an international legally binding instrument under UNCLOS on the conservation and sustainable use of marine biological diversity of various areas national jurisdiction (BBNJ process)- written submission of the EU and its Member states. Marine genetic resources, including questions on the sharing of benefits. (22.02.2017) http://www.un.org/depts/los/biodiversity/prepcom_files/rolling_comp/EU_Written_Submission_on_Marine_Genetic_Resources.pdf

Comité Preparatorio. A/AC.287/2017/PC.4/2 (31.07.2017). Informe establecido en virtud de la resolución 69/292 de la Asamblea General: elaboración de un instrumento internacional jurídicamente vinculante en el marco de la Convención de las Naciones Unidas sobre el Derecho del Mar relativo a la conservación y el uso sostenible de la diversidad biológica marina de las zonas situadas fuera de la jurisdicción nacional.

AGNU. A/CONF.232/2018/3 (25.06.2018). Ayuda de la presidencia para los debates.

AGNU. A/CONF.232/2018/4 (04.09.2018). Agenda.

AGNU. A/CONF.232/2018/5 (04.09.2018). Programa de trabajo.

Declaración CIG-1. Brasil (s.f.). https://www.un.org/bbnj/sites/www.un.org.bbnj/files/brazil-bbnj-3.pdf

Declaración CIG-1. Colombia (s.f.). https://www.un.org/bbnj/sites/www.un.org.bbnj/files/colombia_1.pdf

Declaración CIG-1. Corea del Sur (04.09.2018). https://www.un.org/bbnj/sites/www.un.org.bbnj/files/rok.pdf

Declaración CIG-1. Palao (04.09.2018). https://www.un.org/bbnj/sites/www.un.org.bbnj/files/palau-4sept18.pdf

Declaración CIG-1. Estados Unidos (05.09.2018). https://www.un.org/bbnj/sites/www.un.org.bbnj/files/united-states-opening-statement-bbnj-igc-session-1docx.pdf

Declaración CIG-1. Singapur (12.09.2018). https://www.un.org/bbnj/sites/www.un.org.bbnj/files/singapores-intervention-on-mgr-12-september-2018.pdf

Declaración CIG-1. International Council of Environmental Law (13.09.2018). https://www.un.org/bbnj/sites/www.un.org.bbnj/files/bbnj-1st-igc-icel-intervention-item-7-mgrs-cluster-2-13-sep-2018-final-v2.pdf

AGNU. A/CONF.232/2019/1 (03.12.2018). Documento de ayuda a la Presidencia para las negociaciones.

AGNU. A/CONF.232/2019/L.1 (04.01.2019). Agenda.

AGNU. A/CONF.232/2019/3 (25.03.2019). Programa de trabajo.

Declaración CIG-2. FAO (s.f.). https://www.un.org/bbnj/sites/www.un.org.bbnj/files/fao2-statement-intergovernmental-conference-on-bbnj-march-2019.pdf

Declaración CIG-2. UE y sus Estados Miembros (25.03.2019). https://www.un.org/bbnj/sites/www.un.org.bbnj/files/eu2-25-march-.pdf

Declaración CIG-2. Islandia (27.03.2019). https://www.un.org/bbnj/sites/www.un.org.bbnj/files/iceland2-statement-on-mgrs-part-30-32-27-march-2019.pdf

Declaración CIG-2. Japón (27.03.2019). https://www.un.org/bbnj/sites/www.un.org.bbnj/files/japan2-27-march.pdf

Declaración CIG-2. Palestina (G-77 y China) (05.04.2019). https://www.un.org/bbnj/sites/www.un.org.bbnj/files/palestine2-on-behalf-of-g77-and-china-bbnj-igc2-agenda-item-7-intervention-on-mgr-25-27-march-2019-.pdf

Declaración CIG-2. Pequeños Estados Insulares en Desarrollo (27.03.2019). https://www.un.org/bbnj/sites/www.un.org.bbnj/files/psids2-intervention-on-access-270319.pdf

Declaración CIG-2. Singapur (27.03.2019). https://www.un.org/bbnj/sites/www.un.org.bbnj/files/singapores2-intervention-on-mgr-3-1-.pdf

Declaración CIG-2. Bangladesh (04.04.2019). https://www.un.org/bbnj/sites/www.un.org.bbnj/files/bangladesh2-4-april-pm.pdf

Declaración CIG-3. Argelia (19.08.2019). https://www.un.org/bbnj/sites/www.un.org.bbnj/files/algeria3-obo-african-group.pdf

Declaración CIG-3. Argelia (Grupo Africano) (19.08.2019). http://statements.unmeetings.org/media2/21996848/algeria-obo-african-group.pdf

Declaración CIG-3. Corea del Sur (19.08.2019). https://www.un.org/bbnj/sites/www.un.org.bbnj/files/rep-of-korea3.pdf

Declaración CIG-3. FAO (19.03.2019). https://www.un.org/bbnj/sites/www.un.org.bbnj/files/fao3-statement.pdf

Declaración CIG-3. Malawi (Países menos adelantados) (19.08.2019). https://www.un.org/bbnj/sites/www.un.org.bbnj/files/malawi3.pdf

Declaración CIG-3. Myanmar (19.08.2019). https://www.un.org/bbnj/sites/www.un.org.bbnj/files/myanmar3.pdf

Declaración CIG-3. Palestina (G-77 y China) (19.08.2019). https://www.un.org/bbnj/sites/www.un.org.bbnj/files/palestine3-obo-G-77-and-china.pdf

Declaración CIG-3. Senegal (19.08.2019). https://www.un.org/bbnj/sites/www.un.org.bbnj/files/senegal3.pdf

Declaración CIG-3. Singapur (19.08.2019). https://www.un.org/bbnj/sites/www.un.org.bbnj/files/singapore3.pdf

Declaración CIG-3. Turquía (19.08.2019). https://www.un.org/bbnj/sites/www.un.org.bbnj/files/turkey3.pdf

Declaración CIG-3. UE (19.08.2019). https://www.un.org/bbnj/sites/www.un.org.bbnj/files/european-union3.pdf

Declaración CIG-3. Filipinas (30.08.2019). https://www.un.org/bbnj/sites/www.un.org.bbnj/files/philippines3_1.pdf

Declaración CIG-3. Paraguay (LLDcs) (30.08.2019). https://www.un.org/bbnj/sites/www.un.org.bbnj/files/paraguay3-eng-.pdf

Declaración CIG-3. UE (30.08.2019). https://www.un.org/bbnj/sites/www.un.org.bbnj/files/european-union3_1.pdf

Declaraciones CIG-3. A/CONF.232/2019/CRP.1 (06.09.2019). Compilation of the written proposals received during the third session. https://www.un.org/bbnj/fr/content/conference_room_papers

A/CONF.232/2020/3 (15.04.2020). Textual proposals submitted by delegations by 20 February 2020, for consideration at the fourth session of the Intergovernmental conference on an international legally binding instrument under the United Nations Convention on the Law of the Sea on the conservation and sustainable use of marine biological diversity of areas beyond national jurisdiction (the Conference), in response to the invitation by the President of the Conference in her Note of 18 November 2019.

AGNU. A/CONF.232/2022/L.2/Rev.1 (24.02.2022). Programa provisional de trabajo.

AGNU. A/CONF.232/2022/1 (07.03.2022). Agenda.

Declaración CIG-4. Nicaragua (15.03.2022). https://www.un.org/bbnj/sites/www.un.org.bbnj/files/intervencion_de_nicaragua_15_de_marzo_2022.pdf

Closing Statement on behalf of the Group of 77 and China, by Mr. Qasim Aziz, Mission of Pakistan to the United Nations, at the Fourth Session of the Intergovernmental Conference on an International Legally Binding Instrument under the United Nations Convention on the Law of the Sea on the Conservation and Sustainable use of Marine Biological Diversity of Areas Beyond National Jurisdiction. (18.03.2022) https://www.un.org/bbnj/sites/www.un.org.bbnj/files/hxbpxickm8rf_en.pdf

Declaración CIG-4. Barbados (CARICOM) (18.03.2022). https://www.un.org/bbnj/sites/www.un.org.bbnj/files/wdedzalbk4pw_en.pdf

Declaración CIG-4. Brasil (18.03.2022). https://www.un.org/bbnj/sites/www.un.org.bbnj/files/2022_03_18_mgrs_-_joint_statement.pdf

Declaración CIG-4. Indonesia (18.03.2022). https://www.un.org/bbnj/sites/www.un.org.bbnj/files/indonesia_statement_closing_igc_4_bbnj_.pdf

Declaración CIG-4. Nueva Zelanda (18.03.2022). https://www.un.org/bbnj/sites/www.un.org.bbnj/files/new_zealand_igc4_final_statement.pdf

Declaración CIG-4. Paquistán (G-77 y China) (18.03.2022). https://www.un.org/bbnj/sites/www.un.org.bbnj/files/hxbpxickm8rf_en.pdf

Declaración CIG-4. Reino Unido (18.03.2022). https://www.un.org/bbnj/sites/www.un.org.bbnj/files/bbnj_igc4_uk_final_comments.pdf

Declaración CIG-4. Turquía (18.03.2022). https://www.un.org/bbnj/sites/www.un.org.bbnj/files/turkey_-_closing_statement_-_bbnj_igc_iv.pdf

Declaración CIG-4. UE y sus Estados Miembros. (18.03.2022). https://www.un.org/bbnj/sites/www.un.org.bbnj/files/bbnj_igc_4_closing_statement_18.3.2022.pdf

A/CONF.232/2022/INF.5 (01.08.2022). Textual proposals submitted by delegations by 25 July 2022, for consideration at the fifth session of the Intergovernmental conference on an international legally binding instrument under the United Nations Convention on the Law of the Sea on the conservation and sustainable use of marine biological diversity of areas beyond national jurisdiction (the Conference), in response to the invitation by the President of the Conference in her Note of 1 June 2022. Article-by-article compilation.

AGNU. A/CONF.232/2022/6 (15.08.2022). Agenda.

AGNU. A/CONF.232/2022/7 (15.08.2022). Programa de trabajo.

Declaración CIG-5. Haití (s.f.). https://www.un.org/bbnj/sites/www.un.org.bbnj/files/icg-5_intervention.pdf

Declaración CIG-5. Nepal (26.08.2022). https://www.un.org/bbnj/sites/www.un.org.bbnj/files/nepal- statement during general exchange of views on bbnj igc-v on 26 aug 2022.pdf

Declaración formulada por la Presidenta de la conferencia tras la suspensión del quinto período de sesiones. A/CONF.232/2022/9* (14.09.2022).

AGNU. A/CONF.232/2023/1 (20.03.2023). Programa de trabajo.

Proyecto de informe de la conferencia intergubernamental sobre un instrumento internacional jurídicamente vinculante en el marco de la Convención de las Naciones Unidas sobre el Derecho del Mar relativo a la conservación y el uso sostenible de la diversidad biológica marina de las zonas situadas fuera de la jurisdicción nacional sobre su quinto período de sesiones. A/CONF.232/2023/L.2 (28.03.2023).

Singapur. A/77/L.62 (29.03.2023). Proyecto de decisión. Conferencia intergubernamental sobre un instrumento internacional jurídicamente vinculante en el marco de la Convención de las Naciones Unidas sobre el Derecho del Mar relativo a la conservación y el uso sostenible de la diversidad biológica marina de las zonas situadas fuera de la jurisdicción nacional.

F. DOCUMENTOS DE LA UNIÓN EUROPEA

Decisión 98/392/CE del Consejo, de 23 de marzo de 1998, relativa a la celebración por la Comunidad Europea de la Convención de las Naciones Unidas sobre el Derecho del Mar de 10 de diciembre de 1982 y del Acuerdo de 28 de julio de 1994 relativo a la aplicación de la parte XI de dicha Convención. DO L 179 (23.06.1998).

Reglamento (UE) N.º 511/2014 del Parlamento Europeo y del Consejo, de 16 de abril de 2014, relativo a las medidas de cumplimiento de los usuarios del Protocolo de Nagoya sobre al acceso a los recursos genéticos y participación justa y equitativa en los beneficios que se deriven de su utilización en la Unión.

Directrices para la negociación en nombre de la Unión de los elementos del borrador de un instrumento internacional jurídicamente vinculante en el marco de la Convención de las Naciones Unidas sobre el Derecho del Mar relativo a la conservación y el uso sostenible de la diversidad biológica marina de las zonas situadas fuera de la jurisdicción nacional. Documento 6862/16 ADD1 (11.03.2016).

Decisión (UE) 2016/455 del Consejo, de 22 de marzo de 2016, por la que se autoriza la apertura de negociaciones en nombre de la Unión Europea sobre el borrador de un instrumento internacional jurídicamente vinculante en el marco de la Convención de las Naciones Unidas sobre el Derecho del Mar relativo a la conservación y el uso sostenible de la diversidad biológica marina de las zonas situadas fuera de la jurisdicción nacional. DO L 79/32 (30.03.2016).

Recomendación de Decisión del Consejo por la que se autoriza la apertura de negociaciones sobre un instrumento internacional jurídicamente vinculante en el marco de la Convención de las Naciones Unidas sobre el Derecho del Mar relativo a la conservación y el uso sostenible de la diversidad biológica marina en las zonas situadas fuera de la jurisdicción nacional. Documento COM (2017) 812 final (04.01.2018).

Decisión del Consejo, de 13 de marzo de 2018, por la que se autoriza la apertura de negociaciones, en nombre de la Unión Europea, sobre un instrumento internacional jurídicamente vinculante en el marco de la Convención de las Naciones Unidas sobre el Derecho del Mar relativo a la conservación y el uso sostenible de la diversidad biológica marina en las zonas situadas fuera de la jurisdicción nacional. Documento 6698/18 (13.03.2018).

Decisión (UE) 2023/1974 del Consejo, de 18 de septiembre de 2023, relativa a la firma, en nombre de la Unión Europea, del Acuerdo en el marco de la Convención de las Naciones Unidas sobre el Derecho del Mar relativo a la conservación y el uso sostenible de la diversidad biológica marina de las zonas situadas fuera de la jurisdicción nacional. DO L 235 (25.09.2023).

Decisión (UE) 2024/1830 Del Consejo de 17 de junio de 2024 relativa a la celebración, en nombre de la Unión Europea, del Acuerdo en el marco de la Convención de las Naciones Unidas sobre el Derecho del Mar relativo a la conservación y el uso sostenible de la diversidad biológica marina de las zonas situadas fuera de la jurisdicción nacional. DO L 2024/1830 (19.07.2024).

G. JURISPRUDENCIA INTERNACIONAL

Reservations to Convention on Prevention and Punishment of Crime of Genocide. Advisory Opinion, I.C.J. Reports 1951, p. 15

Legality of the Threat or Use of Nuclear Weapons, Advisory Opinion, I. C. J. Reports 1996, p. 226.

Southern Bluefin Tuna Cases (New Zealand v. Japan; Australia v. Japan), Provisional Measures, Order of 27 August 1999, ITLOS Reports 1999, p. 280.

Federal Reserve Bank of New York v. Iran, Bank Marzaki, Award, Case A28 (2000-02), 36 Iran-US Claims Tribunal Reports 5, p. 22.

European Communities–Measures Affecting the Approval and Marketing of Biotech Products, Panel Report, WT/DS291/R, WT/DS292/R, WT/DS293/R (29.09.2006).

Pulp Mills on the River Uruguay (Argentina v. Uruguay), Judgment, I. C. J. Reports 2010, p. 14.

Responsibilities and obligations of States with respect to activities in the Area, Advisory Opinion, 1 February 2011, ITLOS Reports 2011, p. 10.

Whaling in the Antarctic (Australia v. Japan: New Zealand intervening), Judgment, I.C.J. Reports 2014, p. 226.

South China Sea Arbitration (Philippines v. China), Award, Case No 2013-19, Permanent Court of Arbitration 2016.

H. OTROS DOCUMENTOS E INFORMES INTERNACIONALES

Sociedad de las Naciones. (1927). Comité d'experts pour la codification progressive du droit international, Rapport au Conseil de la Société des Nations.

Note on behalf of the Permanent Mission of Malta to the United Nations. A/C.1./PV.1516 (01.11.1967).

Declaración de la Conferencia de las Naciones Unidas sobre el Medio Humano, Estocolmo, 5 a 16 de junio de 1972. A/CONF.48/14/Rev.1.

Observaciones de T. T. B. Koh, Presidente de la Tercera Conferencia de Derecho del Mar de las Naciones Unidas. Texto adoptado por las declaraciones realizadas el 6 y 11 de diciembre de 1982 en la sesión final de la Conferencia en Montego Bay. https://www.un.org/depts/los/convention_agreements/texts/koh_english.pdf

189th Plenary Meeting Extract from the Official Records of the Third United Nations Conference on the Law of the Sea, Volume XVII (Plenary Meetings, Summary Records and Verbatim Records, as well as Documents of the Conference, Resumed Eleventh Session and Final Part Eleventh Session and Conclusion). A/CONF.62/SR.189 (08.12.1982).

Declaración de las Naciones Unidas sobre el Medio Ambiente y el Desarrollo, Río de Janeiro, de 13 de junio de 1992. A/CONF.151/5/Rev.1.

CNUMAD. (1992). A/CONF/151/26/REV.1 (Vol. I). Informe de la Conferencia de las Naciones Unidas sobre el Medio Ambiente y el Desarrollo.

OMC (1998). WTO Doc. WT/DS58/AB/R. Informe del Órgano de Apelación, Estados Unidos-Prohibición de importación de determinados camarones y productos del camarón (adoptado el 12 de octubre de 1998).

Committee on the Elimination of Racial Discrimination. (2003). CERD/C/62/CO/2. Concluding Observations on Ecuador.

UNEP (2006). Ecosystems and biodiversity in deep waters and high seas. UNEP Regional Seas Reports and Studies.

United Nations Conference on Trade and Development. United Nations Conference on Trade and Development. (2006). UNCTAD/DITC/TED/2004/14. Analysis of Options for Implementing Disclosure of Origin Requirements in Intellectual Property Applications (Informe), 1-100.

Declaración de las Naciones Unidas sobre los Derechos de los Pueblos Indígenas, Nueva York, de 13 de septiembre de 2007.

Open-ended Ad hoc Intergovernmental Committee for the Nagoya Protocol. (2011). Nagoya Protocol on Access and Benefit Sharing: Substantive and Procedural Injustices relating to Indigenous Peoples' Human Rights. First Meeting (Montreal, 6-10 de junio 2011). https://www.cbd.int/abs/doc/protocol/icnp-1/joint-submission-grand-council-and-others-en.pdf

UNEP. (2011). UNEP-MAP-RAC/SPA. Note on the establishment of Marine Protected Areas beyond national jurisdiction or in areas where the limits of national sovereignty or jurisdiction have not yet been defined in the Mediterranean Sea. By Scovazzi, T. (Ed.). Túnez: RAC/SPA, 1-47. http://rac-spa.org/sites/default/files/doc_spamis/note_amp_en.pdf

Consejo Económico y Social (ONU). E/C.19/2016/3 (19.02.2016). Estudio sobre la relación entre los pueblos indígenas y el océano Pacífico.

UN. (2017). The conservation and sustainable use of marine biological diversity of areas beyond national jurisdiction. A technical abstract of the first global integrated marine assessment.https://www.un.org/depts/los/global_reporting/8th_adhoc_2017/Technical_Abstract_on_the_Conservation_and_Sustainable_Use_of_marine_Biological_Diversity_of_Areas_Beyond_National_Jurisdiction.pdf

OMPI. (2018). Guía sobre los aspectos de propiedad intelectual relacionados con los acuerdos de acceso y participación en los beneficios. https://www.wipo.int/edocs/pubdocs/es/wipo_pub_1052.pdf

OMPI. (2019). WIPO/GRTKF/IC/40/INF/7. Glosario de términos clave relacionados con la propiedad intelectual y los recursos genéticos, los conocimientos tradicionales y las expresiones culturales tradicionales de la Organización Mundial de la Propiedad Intelectual de 10 de abril de 2019.

United Nations Conference on Trade and Development. (2020). UNCTAD/SER.RP/2020/5. Development Status as a Measure of Development. Research Paper N. ° 46, 1-49.

Assemblies of the Member States of WIPO. Sixty-Second Series of Meetings. October 4 to 8, 2021. Report on the Intergovernmental Committee on Intellectual Property and Genetic Resources, Traditional Knowledge and Folklore (IGC). https://www.wipo.int/export/sites/www/tk/en/docs/igc-mandate-2022-2023.pdf

OMPI (2023). GRATK/DC/3. Basic proposal for an international legal instrument relating to intellectual property, genetic resources and traditional knowledge associated with genetic resources. https://www.wipo.int/edocs/mdocs/tk/en/gratk_dc/gratk_dc_3.pdf

CDB. Traditional Knowledge and the Convention on Biological Diversity. www.cbd.int/doc/publications/8j-brochure-en.pdf

Bibliografía

A. MONOGRAFÍAS

Baslar, K. (1998). *The concept of the common heritage of mankind in international law.* La Haya: Martinus Nijhoff Publishers.

Bodansky, D. (2011). *The Art and Craft of International Environmental Law.* Cambridge: Harvard University Press.

Bodansky, D.; Brunnée, J. & Rajamani, L. (2017). *International Climate Change Law.* Oxford: Oxford Public International Law.

Borgese, E. M. (1998). *The oceanic circle: Governing the seas as a global resource.* Nueva York: United Nations University Press.

Boyle, A. & Chinkin, C. (2007). *The Making of International Law.* Oxford: Oxford Public International Law.

Broad, W. J. (1997). *The Universe Below: Discovering the Secrets of the Deep Sea.* Nueva York: Simon & Schuster.

Burke, C. (2014). *An Equitable Framework for Humanitarian Intervention.* Nueva York: Bloomsbury Publishing.

Burnett, D. R. & Carter, L. (2017). *International Submarine Cables and Biodiversity of Areas Beyond National Jurisdiction: The cloud beneath the sea.* Leiden: Brill.

Churchill, R. R. & Lowe, A. V. (1999). *The Law of the Sea* (3ª Ed.). Mánchester: Manchester University Press.

Corberá Martínez, J. (2023). *Contrato de acceso a recursos genéticos. Del material genético a la "Digital Sequence Information".* Cizur Menor: Aranzadi.

Danilenko, G. M. (1993). *Law-making in the international community.* Dordrecht: Martinus Nijhoff.

Dupuy, J. (1991). *A Handbook on the New Law of the Sea* (vol. I). Leiden-Boston: Brill Nijhoff.

Dupuy, P. M. & Viñuales, J. E. (2018). I*nternational Environmental Law.* Cambridge: Cambridge University Press.

Fedder, B. (2013). *Marine genetic resources, access and benefit sharing. Legal and biological perspectives.* Londres: Routledge.

Franck, T. (1990). *The Power of Legitimacy among Nations.* Nueva York: Oxford University Press.

Fraser, N. (2009). *Scales of Justice: Reimagining Political Space in a Globalizing World.* Nueva York: Columbia University Press.

Gage, J. D. & Tyler, P. A. (1991). *Deep-Sea Biology: A natural history of organisms at the deep-sea floor.* Cambridge: Cambridge University Press.

García Novo, F.; Díaz Pineda, F. & Gómez Sal, A. (Coord.) (2006). *Diversidad biológica y biodiversidad.* Madrid: Fundación Ramón Areces.

García Vidal, A. (2017). *Derecho de las Obtenciones Vegetales.* Valencia: Tirant lo Blanch.

Gardiner, R. (2008). *Treaty interpretation.* Oxford: Oxford University Press.

Giles Carnero, R. (2003). *La amenaza contra la capa de Ozono y el Cambio Climático: Respuesta Jurídico- Internacional.* Huelva: Servicio de Publicaciones Universidad de Huelva.

Greiber, T. *et al.* (2012). *An Explanatory Guide to the Nagoya Protocol on Access and Benefit-Sharing.* Gland: IUCN.

Guillem Carrau, J. (2011). *La protección jurídica de las invenciones biotecnológicas.* Madrid: Congreso de los Diputados.

Harrison, J. (2011). *Making the Law of the Sea: A Study in the Development of International Law.* Cambridge: Cambridge University Press.

Hossain, K. (2013). *Legal Aspects of the New International Economic Order.* Nueva York: Bloomsbury Publishing.

Kläger, R. (2013). *Fair and Equitable Treatment in International Investment Law.* Cambridge: Cambridge University Press.

Korn, H.; Friedrich, S. & Feit, U. (2003). *Deep Sea Genetic Resources in the Context of the Convention on Biological Diversity and the United Nations Convention on the Law of the Sea.* Bonn: BfN-Skripten.

Koslow, T. (2007). *The Silent Deep: The Discovery, Ecology, and Conservation of the Deep Sea.* Sidney: UNSW Press.

Lawson, C. & Adhikari, K. (2018). *Biodiversity, Genetic Resources and Intellectual Property.* Nueva York: Routledge.

Leary, D. (2006). *International Law and the Genetic Resources of the Deep Sea.* Leiden: Martinus Nijhoff.

Maclaurin, J. & Sterelny, K. (2008). *What is Biodiversity?* Chicago: The University Chicago Press.

May, C. (2007). *The World Intellectual Property Organization: Resurgence and the Development Agenda.* Nueva York: Routledge.

Morgera, E., Buck, M. & Tsioumani, E. (2014). *The 2010 Nagoya Protocol on Access and benefit-sharing in perspective: implications for international law and implementation challenges.* Leiden-Boston: Martinus Nijhoff.

Morgera, E.; Tsioumani, E. & Buck, M. (2014). *Unravelling the Nagoya Protocol.* Leiden: Brill Nijhoff.

Pérez Salom, J. R. (2002). *Recursos Genéticos, Biotecnología y Derecho Internacional: La distribución justa y equitativa de los beneficios en el Convenio sobre Biodiversidad.* Cizum Menor (Navarra): Aranzadi.

Pullin, A. S. (2002). *Conservation biology.* Cambridge: Cambridge University Press.

Ruiz Muñoz, M. (Dir.) (2017). *Derecho de la Propiedad Intelectual: derecho de autor y propiedad industrial.* Valencia: Tirant lo Blanch.

Salinas Alcega, S. (2014). *El cambio climático: entre cooperación y conflicto.* Cizum Menor (Navarra): Thomson Reuters Aranzadi.

Sands, P. & Peel, J. (2018). *Principles of International Environmental Law.* Cambridge: Cambridge University Press.

Schlosberg, D. (2009). *Defining Environmental Justice: Theories, Movements, and Nature.* Oxford: Oxford University Press.

Schroeder, D. & Pisupati, B. (2010). *Ethics, justice and the convention on biological diversity.* Nairobi y Preston: United Nations Environment Program y University of Central Lancashire.

Scovazzi, T. (1995). *Elementos de Derecho Internacional del Mar.* Madrid: Tecnos (Edición española a cargo de Valentín Bou Franch).

Seymour, S. M. (2020). *What Factors are Associated with Multilateral Environmental Agreement Noncompliance and can Agreement Provisions be Designed to Mitigate.* Virginia Polytechnic Institute and State University (Tesis Doctoral). https://vtechworks.lib.vt.edu/server/api/core/bitstreams/9dbc3d28-9c41-4c8c-a3d4-a220b3df00ff/content

Shaw, M. N. (2008). *International Law* (6th Ed.). Cambridge: Cambridge University Press.

Shelton, D. & Kiss, A. (2005). *Judicial Handbook on Environmental Law.* Hertfordshire: United Nations Environment Programme.

Tanaka, Y. (2008). *A Dual Approach to Ocean Governance. The Cases of Zonal and Integrated Management in International Law of the Sea.* Surrey: Ashgate.

Tanaka, Y. (2019). *The International Law of the Sea* (3rd Ed.). Cambridge: Cambridge University Press.

Tremblay, M. (2003). *The Legal Status of Military Aircraft in International Law.* McGill University (Tesis Doctoral). https://www.collectionscanada.gc.ca/obj/thesescanada/vol2/QMM/TC-QMM-81237.pdf

Vadrot, A. B. M. (2014). *The Politics of Knowledge and Global Biodiversity.* Nueva York: Routledge.

Weber, V. (2015). *Environmental Liability from Offshore Carbon Dioxide Sequestration in the European Union.* University of Southampton (Tesis Doctoral). https://eprints.soton.ac.uk/386253/1/Final%2520PhD%2520thesis%2520-%2520Viktor%2520Weber%2520-%2520unsigned.pdf

Yang, X. (2012). *State Immunity in International Law.* Cambridge: Cambridge University Press.

B. CAPÍTULOS DE LIBRO

Adhikari, K. (2018). Reconceptualising access. Moving beyond the limits of international biodiversity law. En: C. Lawson & K. Adhikari. *Biodiversity, Genetic Resources and Intellectual Property: Developments in Access and Benefit Sharing* (pp. 9-32). Nueva York: Routledge.

Arnaud-Haond, S. (2020). Mind the Gap between Biological Samples and MGR in ABNJ: Lessons from Land. En: T. Heidar (Ed.). *New Knowledge and Changing Circumstances in the Law of the Sea* (pp. 29-39). Leiden: Brill Nijhoff.

Atapattu, S. & González, C. G. (2015). The North–South Divide in International Environmental Law: Framing the Issues. En: S. Alam *et al.* (Eds.). *International Environmental Law and the Global South* (pp. 1-20). Cambridge: Cambridge University Press.

Bou Franch, V. (1998). La conservación de la diversidad biológica. En: J. Juste Ruiz (dir.). *Derecho Internacional del Medio Ambiente* (pp. 361-426). Madrid: Mc Graw Hill.

Bou Franch, V. (1998). La diversidad biológica en el Derecho Internacional. En: V. Bou Franch, V. & J. Juste Ruiz (Dirs.). *El medio ambiente como objeto de tutela del Derecho Internacional* (pp. 361-426). Madrid: Mc Graw Hill.

Dalaker Kraabel, K. (2018). The BBNJ PrepCom and Institutional Arrangements: They Hype about the Hybrid Approach. En: M. H. Nordquist; J. Norton Moore & R. Long. *The Marine Environment and United Nations Sustainable Development Goal 14 K* (pp. 137-172). Leiden-Boston: Brill Nijhoff.

Flitner, M. (1999). Biodiversität. Oder das Öl, das Meer and die "Tragödie der Gemeingüter". En: C. Görg, C. Hertler, E. Schramm & M. Weingarten (eds.). *Zugänge zur Biodiversität* (pp. 53-70). Marburg: Metropolis.

Fox, H. (2010). International Law and Restraints on the Exercise of Jurisdiction by National Court of States. En: D. Evans. *International Law* (3rd Ed.) (pp. 336-355). Oxford: Oxford University Press.

Francioni, F. (2010). Equity. En: R. Wolfrum (Ed.). *Max Planck Encyclopedia of Public International Law* (edición *online*).

Galdies, C.; Tiller, R. & Martínez Romera, B. (2022). Global Ocean Governance and Ocean Acidification. En: W. Leal Filho *et al. Life Below Water. Encyclopedia of the UN Sustainable Development Goals* (pp. 421-433). Cham: Springer.

Garbayo Blanch, J. (2017). Derecho de Patentes. En: M. Ruiz Muñoz (Dir.). *Derecho de la Propiedad Intelectual: derecho de autor y propiedad industrial* (pp. 242-299). Valencia: Tirant lo Blanch.

Gehring, T. (2007). Treaty-making and treaty evolution. En: D. Bodansky, J. Brunnée & E. Heys (Eds.). *The Oxford Handbook of International Environmental Law* (pp. 467-497). Oxford: Oxford University Press.

Giles Carnero, R. (2018). Introducción. En: R. Giles Carnero. *Desafíos de la Acción Jurídica Internacional y Europea frente al Cambio Climático* (pp. 17-25). Barcelona: Atelier.

Glowka, L. & Normand, V. (2013). The Nagoya Protocol on Access and benefit-sharing: innovations in International Environmental Law. En: E. Morgera, M. Buck & E. Tsioumani. *The 2010 Nagoya Protocol on Access and benefit-sharing in perspective: implications for international law and implementation challenges* (pp. 21-52). Leiden-Boston: Martinus Nijhoff.

Guilfoyle, D. (2017). High Seas. En: A. Proelss (Ed.). *United Nations Convention on the Law of the Sea: A Commentary* (pp. 675–857). Múnich: Nomos Verlagsgesellschaft.

Imnadze, L. B. (1992). Common Heritage of Mankind: A Concept of Co-operation in Our Independent World? En: T. Kuribayshi & E. L. Miles (Eds.). *The Law of the Sea in the 1990s: A Framework for Further International Co-operation* (pp. 312-318). Honolulu: The Law of the Sea Institute.

Janis, M. W. (1984). Equity in International Law. En: E. Bernhardt (Dir.). *Encyclopedia of Public International Law* (pp. 74-78). Amsterdam: Elsevier Science Publishers B. V.

Jaspars, M. & Brown, A. E. L. (2021). Benefit Sharing: Combining Intellectual Property, Trade Secrets, Science and an Ecosystem-Focused Approach. En: M. H. Nordquist & R. Long. *Marine Biodiversity of Areas beyond National Jurisdiction* (pp. 97-130). Leiden: Brill.

Juste Ruiz, J. (2021). Gaps in International Biodiversity Law and Possible Ways Forward. En: M. Campins Eritja & T. Fajardo del Castillo (Eds.). *Biological Diversity and International Law* (pp. 35-56). Cham: Springer.

Kanie, N. (2018). Governance With Multilateral Environmental Agreements: a Healthy or ill-Equipped Fragmentation? En: G. Dabelko & K. Conca. *Green Planet Blues* (pp. 67-86). Nueva York: Routledge.

Kelly, E. (2018). The Precautionary Approach in the Advisory Opinion Concerning the Responsibilities and Obligations of States Sponsoring Persons and Entities with Respect to Activities in the Area. En: TIDM. *The contribution of the International Tribunal for the Law of the Sea to the rule of Law: 1996-2016* (pp. 45-57). Leiden: Brill Nijhoff.

Klabbers, J. (2018). Treaties and their preambles. En: M. J. Bowman & D. Kritsiotis (Eds.). *Conceptual and Contextual Perspectives on the Modern Law of Treaties* (pp. 172-200). Cambridge: Cambridge University Press.

Koskenniemi, M. (1999). The Preamble of the Universal Declaration of Human Rights. En: G. S. Alfredsson & A. Eide (Eds.). *The Universal Declaration of Human Rights: A Common Standard of Achievement* (pp. 27-39). La Haya: Kluwer Law International.

Lagoni, R. (2017). Preamble. En: A. Proelss (Ed.). *United Nations Convention on the Law of the Sea. A Commentary* (pp. 1-16). Múnich: Nomos Verlagsgesellschaft.

Macdonald, R. S. J. (1995). The Common Heritage of Mankind. En: U. Beyerlin *et al.* (Eds.). *Recht zwischen Umbruch und Bewahrung: Festschrift für Rudolf Bernhardt.* Berlín: Springer.

Marciniak, K. J. (2020). The Legal Status of Marine Genetic Resources in the Context of BBNJ Negotiations: Diverse Legal Regimes and Related Problems. En: T. Haider (Ed.). *New Knowledge and Changing Circumstances in the Law of the Sea* (pp. 40-65). Leiden: Brill Nijhoff.

Marciniak, K. J. (2017). Diversity within unity? Marine genetic resources in areas beyond national jurisdiction. En: A. De Paiva Toledo & V. J. M. Tassin. *Guide to the Navigation of Marine Biodiversity Beyond National Jurisdiction* (pp. 489-542). Savassi: Editora D'Plácido.

Matz-Lück, N. (2017). Marine Scientific Research. Section 1. En: A. Proelss (Ed.). *United Nations Convention on the Law of the Sea: A Commentary* (pp. 1605-1629). Múnich: Nomos Verlagsgesellschaft.

Mbengue, M. M. (2008). The notion of preamble. En: R. Wolfrum (Ed.). *The Max Planck Encyclopaedia of Public International Law (Online Edition).* Oxford: Oxford University Press.

Morris-Sharma, N. Y. (2020). BBNJ and MGRs: Practical Solutions for Benefit Sharing. En: T. Heidar (Ed.). *New Knowledge and Changing Circumstances in the Law of the Sea* (pp. 79-98). Leiden: Brill Nijhoff.

Radovich, V. S. (2023). Indigenous Peoples and Local Communities' Participation Provisions in Negotiations on Conservation of Marine Areas Beyond National Jurisdiction. En: B. Peters & E. J. Lohse. *Sustainability through Participation?* (pp. 406-432). Leiden: Brill Nihhoff.

Roach, J. A. (2021). BBNJ Treaty Negotiations 2019. En: M. H. Nordquist & R. Long. *Marine Biodiversity of Areas beyond National Jurisdiction* (pp. 25-90). Leiden: Brill.

Schabas, W. A. (2007). Study of the Right to Enjoy the Benefits of Scientific and Technological Progress and Its Applications. En: Y. Donders & V. Volodin (Eds.). *Human Rights in Education, Science and Culture: Legal Developments and Challenges* (pp. 273-307). París: UNESCO.

Smyth, K. & Elliot, M. (2016). Effects of changing salinity on the ecology of the marine environment. En: M. Solan & N. Whiteley (eds.). *Stressors in the Marine Environment: Physiological and ecological responses; societal implications* (pp. 161-175). Oxford: Oxford University Press.

Stephens, T. (2017). Section 10. Sovereign Immunity. En: A. Proelss (Ed.). *United Nations Convention on the Law of the Sea: A Commentary* (pp. 1591-1595). Múnich: Nomos Verlagsgesellschaf

Tanaka, Y. (2018). Toward Sustainable Management of Marine Natural Resources. En: M. Kotzur *et al.* (Eds). *Sustainable Ocean Resource Governance: Deep Sea Mining, Marine Energy and Submarine Cables* (pp. 110-133). Leiden-Boston: Brill Nijhoff.

Tanaka, Y. (2023). Basic principles of international marine environmental law. En: R. Rayfuse, A. Jaeckel & N. Klein (Eds.). *Research Handbook on International Marine Environmental Law* (pp. 81-103). Cheltenham: Edward Elgar Publishing Limited.

Thambisetty, S. (2021). Biodiversity Beyond National Jurisdiction. (Intellectual) Property Heuristics. En: M. H. Nordquist & R. Long (Eds.). *Marine Biodiversity of Areas beyond National Jurisdiction* (pp. 131-146). Leiden: Brill.

Tvedt, M. W. (2020). Marine Genetic Resources: a Practical Legal Approach to Stimulate Research, Conservation and Benefit Sharing. En: C. Banet. *The Law of the Seabed* (pp. 238-254). Leiden: Brill Nijhoff.

Vázquez Gómez, E. M. (2021). La configuración de los objetivos y principios rectores destinados a regir la diversidad biológica marina en los espacios de interés general. En: R. Casado Raigón y E. Martínez Pérez (Eds.). *La contribución de la Unión Europea a la protección de los recursos biológicos en espacios marinos de interés internacional* (pp. 237-270). Valencia: Tirant lo Blanch.

Vöneky, S. & Höfelmeier, A. (2017). The Area. En: A. Proelss (Ed.). *United Nations Convention on the Law of the Sea: A Commentary* (pp. 936–1276). Múnich: Nomos Verlagsgesellschaft.

Wolfrum, R. (2009). Common Heritage of Mankind. *Max Planck Encyclopedia of Public International Law.*

C. ARTÍCULOS DE REVISTA

Armstrong, C. W. *et al.* (2012). Services from the deep: Steps towards valuation of deep sea goods and services. *Ecosystem Services, 2,* 1-12.

Arnaud-Haond, S.; Arrieta, J. M. & Duarte, C. M. (2011). Marine Biodiversity and Gene Patents, *Science, 331,* 1521-1522.

Ban, C. *et al.* (2018). Incorporate Indigenous perspectives for impactful research and effective management. *Nature ecology and evolution, 2 (11),* 1680-1683.

Banerjee, P.; Mandhare, A. & Bagalkote, V. (2022). Marine natural products as source of new drugs: an updated patent review (July 2018-July 2021). *Expert Opinion on Therapeutic Patents, 32 (3),* 317-363.

Barnes, R. (2016). The Proposed LOSC Implementation Agreement on Areas Beyond National Jurisdiction and Its Impact on International Fisheries Law. *The International Journal of Marine and Coastal Law, 31,* 583-619.

Barstow Magraw, D. & Baker, L. (2007). Globalization, Communities and Human Rights: Community-Based Property Rights and Prior Informed Consent. *Denver Journal of International Law and Policy, 35 (3),* 413-428.

Batista, P. E. (2024). The WIPO IGC Chair's Draft on IP and Genetic Resources. Reasons for concern. *Journal of Intellectual Property Law and Practice, 19 (4)*, 328-336.

Bigagli, E. (2016). The international legal framework for the management of the global oceans social-ecological system. *Marine Policy, 68*, 155-164.

Blasiak, R. *et al.* (2018). Corporate control and global governance of marine genetic resources. *Science Advances, 4*, 1-7.

Blasiak, R. *et al.* (2019). Scientists should disclose origin in marine gene patents. *Trends in Ecology and Evolution, 34 (5)*, 392-395.

Blasiak, R. & Jouffray, J-B. (2024). When will the BBNJ Agreement deliver results? *Ocean Sustainability, 3 (21)*, 1-3.

Bodansky, D. & Pomerance, R. (2021). Sustaining the Arctic in Order to Sustain the Global Climate System. *Sustainability, 13 (19)*, 10622.

Borgese, E. M. (2002). UNICPOLOS: The First Session. *Ocean Yearbook Online, 16(1)*, 1-21.

Bourrel, M., Thiele, T. & Currie, D. (2018). The common heritage of mankind as a means to access and advance equity in deep sea mining. *Marine Policy, 95*, 311-316.

Broggiato, A. *et al.* (2014). Fair and equitable sharing of benefits from the utilization of marine genetic resources in areas beyond national jurisdiction: Bridging the gaps between science and policy. *Marine Policy, 49*, 176-185.

Broggiato, A. *et al.* (2018). *Mare Geneticum*: Balancing Governance of Marine Genetic Resources in International Waters. *The International Journal of Marine and Coastal Law, 33*, 3-33.

Buchanan, G. *et al.* (2020). Assessment of national-level progress towards elements of the Aichi Biodiversity Targets. *Ecological indicators, 116*, 1-10.

Buzan, B. (1981). Negotiating by Consensus: Developments in Technique at the United Nations Conference on the Law of the Sea. *The American Journal of International Law, 75 (2)*, 324-248.

Campbell, L. M. *et al.* (2022). Architecture and agency for equity in areas beyond national jurisdiction. *Earth System Governance, 13*, 1-10.

Campins Eritja, M. (2017). Bio-prospecting in the Arctic: An overview of the interaction between the rights of indigenous peoples and access and benefit-sharing. *Boston College Environmental Affairs Law Review, 44(2)*, 223-251.

Carro Pitarch, M. (2023). El "Acuerdo BBNJ": Hacia un nuevo régimen para la conservación y el uso sostenible de la diversidad biológica marina en zonas fuera de la jurisdicción nacional. *Revista Española de Derecho Internacional, 75 (2),* 231-256.

Carro Pitarch, M. (2024). La aprobación de la Unión Europea de la ratificación del Acuerdo sobre la diversidad biológica marina de las zonas fuera la jurisdicción nacional (Acuerdo BBNJ). *La Ley Unión Europea, 128,* 1-14.

Carter, J. (2010). Who's virus is it anyway? How the World Health Organization can protect against claims of 'viral sovereignty'. *Georgia Journal of International and Comparative Law, 38,* 717-740.

Casado Raigón, R. (2016). La investigación científica en los espacios marinos reconocidos por el derecho internacional. *Revista Española de Derecho Internacional, 68 (2),* 183-206.

Cheng, B. (1995). Justice and Equity in International Law. *Current Legal Problems, 8 (1),* 185-221.

Chiarolla, C. (2014). Intellectual property rights and benefit sharing from marine genetic resources in areas beyond national jurisdiction: current discussions and regulatory options. *Queen Mary Journal of Intellectual Property, 4 (3),* 171-194.

Cocca, A. A. (1986). The Common Heritage of Mankind: Doctrine and Principle of Space Law: An Overview. *Proceedings of the 29th Colloquium on the Law of Outer Space,* 17-24.

Cole, P. (2015). Patentability of Genes: A European Union Perspective. *Cold Spring Harbour Perspectives in Medicine, 5 (5),* 1-13.

Concepción, R. T. (2024). Negotiating fair and equitable sharing of benefits in the BBNJ agreement: Role of the Group of 77 and China. *Marine Policy, 163,* 1-5.

Conde Pérez, E. (2020). Las poblaciones indígenas del Ártico: realizaciones de su derecho de libre determinación. *Anuario de los Cursos de Derechos Humanos de Donostia-San Sebastián, XX,* 157-186.

Costanza, R. *et al.* (1997). The value of the world's ecosystem services and natural capital. *Nature, 387 (6630),* 253-260.

Crespo, G. O. *et al.* (2019). High-seas fish biodiversity is slipping through the governance net. *Nature Ecology and Evolution, 3,* 1273-1276.

Cullet, P. (1999). Differential Treatment in International Law: Towards a New Paradigm of Inter-State Relations. *European Journal of International Law, 10,* 549-563.

Dauda, B.; Denier, Y. & Dierickx, K. (2016). What Do the Various Principles of Justice Mean Within the Concept of Benefit Sharing? *Bioethical Inquiry, 13,* 281-293.

De La Calle, F. (2009). Marine Genetic Resources. A Source of New Drugs. The Experience of the Biotechnology Sector. *The International Journal of Marine and Coastal Law, 24,* 209-220.

De Long, C. (1996). Defining Biodiversity. *Wildlife Society Bulletin (1973-2006), 24 (4),* 738-749.

De Lucia, V. (2019). Ocean Commons, Law of the Sea and Rights for the Sea. *Canadian Journal of Law and Jurisprudence, XXXII (1),* 45-57.

De Lucia, V. (2019). Rethinking the Conservation of Marine Biodiversity beyond National Jurisdiction: From 'Not Undermine' to Ecosystem-Based Governance. *ESIL Reflections, 8 (4),* 1-11.

De Lucia, V. (2020). The Question of the Common Heritage of Mankind and the Negotiations towards a Global Treaty on Marine Biodiversity in Areas beyond National Jurisdiction: No End in Sight? *McGill Journal of Sustainable Development Law, 16 (2),* 1-19.

De Santo, E. M. *et al.* (2020). Stuck in the middle with you (and not much time left): The third intergovernmental conference on biodiversity beyond national jurisdiction. *Marine Policy, 117,* 1-9.

Dimitrov, R. *et al.* (2019). Institutional and environmental effectiveness: Will the Paris Agreement work? *WIREs Climate Change, 10 (4),* 1-12.

Drahos, P. (2008). Trust me: patent offices in developing countries. *American Journal of Law and Medicine, 34,* 151-174.

Drankier, P. *et al.* (2012). Marine Genetic Resources in Areas beyond National Jurisdiction: Access and Benefit-Sharing. *The International Journal of Marine and Coastal Law, 27,* 375-433.

Druel, E. & Gjerde, K. (2014). Sustaining marine life beyond boundaries: Options for an implementing agreement for marine biodiversity beyond national jurisdiction under the United Nations Convention on the Law of the Sea. *Marine Policy, 49,* 90-97.

Duffy, J. F. (2002). Harmony and Diversity in Global Patent Law. *Berkeley Technology Law Journal, 17,* 685-726.

Dunshirn, P. & Zhivkoplias, E. (2024). Conducting Marine Genetic Research for Whom? Mapping Knowledge Flows from Science to Patents. *Npj Ocean Sustainability, , 3 (50),* 1-11.

Fajardo del Castillo, T. (2019). Competencia exterior medioambiental de la Unión Europea y desarrollo progresivo del Derecho Internacional en el marco de la Asamblea General de Naciones Unidas. *Revista General de Derecho Europeo, 47,* 110-158.

Fajardo del Castillo, T. (2022). Biodiversidad y civilización ecológica en el aniversario de la Declaración de Estocolmo sobre el Medio Humano. *Revista Catalana de Dret Ambiental, XIII (2),* 1-45.

Forcada Barona, I. (1998). La evolución de los principios jurídicos que rigen la explotación de los recursos económicos de los fondos marinos y del alta mar: retorno a la soberanía. *Anuario de Derecho Internacional, 14,* 53-112.

Freeman, D. (2017). The Global South at the UN: Using International Politics to Re-Vision the Global. *The Global South, 11 (2),* 71-91.

Freestone, D. (2012). International Governance, Responsibility and Management of Areas Beyond National Jurisdiction. *International Journal of Marine and Coastal Law, 27,* 191-204.

Ganashree, A. (2021). Who owns ocean biodiversity? The legal status and role of patents as a means to achieve equitable distribution of benefits. *Case Western Reserve Journal of International Law, 53,* 197-236.

Gjerde, K. M. *et al.* (2022). Getting beyond yes: fast-tracking implementation of the United Nations agreement for marine biodiversity beyond national jurisdiction. *Ocean Sustainability, 6,* 1-6.

Glowka, L. (1996). The Deepest of Ironies: Genetic Resources, Marine Scientific Research, and the Area. *Ocean Yearbook Online, 12 (1),* 154-178.

Gómez Mera, L. (2021). International Regime Complexity. *Oxford Research Encyclopedia of International Studies,* 1-25.

Gómez Segade, J. A. (1994-1995). El Acuerdo ADPIC como nuevo marco para la protección de la Propiedad Industrial e Intelectual. *Actas de derecho industrial y derecho de autor, 16,* 33-80.

Gorina-Ysern, M. (1998). Marine scientific research activities as the legal basis for intellectual property claims? *Marine Policy, 22 (4-5),* 337-357.

Grassle, J. F. & Maciolek, N. J. (1992). Deep-sea species richness: regional and local diversity estimates from the quantitative bottom samples. *American Naturalist, 139 (2),* 313-341.

Grovogu, S. (2011). A Revolution Nonetheless: The Global South in International Relations. *The Global South, 5 (1),* 175-190.

Gurney, G. *et al.* (2021). Equity in environmental governance: perceived fairness of distributional justice principles in marine co-management. *Environmental Science and Policy, 124,* 23-32.

Hammond, A. & Jones, P. J. S. (2021). Protecting the 'blue heart of the planet': Strengthening the governance framework for marine protected areas beyond national jurisdiction. *Marine Policy, 127,* 1-12.

Harden-Davies, H. *et al.* (2020). Rights of nature: perspectives for global ocean stewardship. *Marine Policy, 122,* 1-11.

Harden-Davies, H. *et al.* (2024). First to finish, what comes next? Putting Capacity Building and the Transfer of Marine Technology under the BBNJ Agreement into practice. *Ocean Sustainability, 3 (3),* 1-5.

Hartman Scholz, A. *et al.* (2022). Multilateral benefit-sharing from digital sequence information will support both science and biodiversity conservation. *Nature Communications, 13,* 1-5.

Hassanali, K. (2022). Participating in Negotiation of a New Ocean Treaty Under the Law of the Sea Convention – Experiences of and Lessons from a Group of Small-Island Developing States. *Frontiers Marine Science, 9,* 1-10.

Henrique, M. & Mello Filho, E. C. (2023). Peaceful Purposes Reservations in the Law of the Sea Convention and the Regulation of Military Exercises or Manoeuvres in the Exclusive Economic Zone. *University of Pennsylvania Journal of International Law, 44 (2),* 416-452.

Higgins, R. (1997). Time and the Law: International Perspectives on an Old Problem. *International and Comparative Law Quarterly, 46,* 501-520.

Honniball, A. N. (2016). The Exclusive Jurisdiction of Flag States: A limitation on Pro-active Port States? *Marine and Coastal Law, 31,* 459-530.

Hulme, M. H. (2016). Preambles in Treaty Interpretation. *University of Pennsylvania Law Review, 164 (5),* 1281-1343.

Humphries, F. *et al.* (2020). A tiered approach to the marine genetic resource governance framework under the proposed UNCLOS agreement for biodiversity beyond national jurisdiction (BBNJ). *Marine Policy, 122,* 1-14.

Humphries, F.; Rabone, M. y Jaspars, M. (2021). Traceability Approaches for Marine Genetic Resources Under the Proposed Ocean (BBNJ) Treaty. *Frontiers in Marine Science, 8,* 1-21.

Humphries, F. & Harden-Davies, H. (2020). Practical policy solutions for the final stage of BBNJ treaty negotiations. *Marine Policy, 122,* 1-7.

Hurbult, D. (1994). Fixing the Biodiversity Convention: Toward a Special Protocol for Related Intellectual Property. *Nature Resources Journal, 34,* 379-409.

Jaeckel, A. (2020). Benefitting from the Common Heritage of Humankind: from expectation to reality. *The International Journal of Marine and Coastal Law, 35,* 660-681.

Jonas, D. S. & Saunders, T. N. (2010). The object and purpose of a Treaty: Three Interpretive Methods. *Vanderbilt Journal of Transnational Law, 43 (3),* 565-609.

Jonge, B. D. (2011). What is Fair and Equitable Benefit-sharing? *Journal of Agricultural Environmental Ethics, 24,* 127-146.

Jørgensen, B. B. & Boetius, A. (2007). Feast and famine-microbial life in the deep-sea bed. *Nature Reviews Microbology, 5 (10)*, 770-781.

Juste Ruiz, J. (2022). 50 años del Derecho Internacional Ambiental: la participación de la sociedad civil. *Revista Catalana de Dret Ambiental, XIII (2),* 1-37.

Juste Ruiz, J. (2023). El acuerdo sobre la diversidad biológica marina en zonas fuera de la jurisdicción nacional: un análisis preliminar. *Revista Aranzadi de Derecho Ambiental, 55,* 1-11.

Juste Ruiz, J. & Castillo Daudí, M. (1983). La explotación de la zona de fondos marinos más allá de la jurisdicción nacional (El patrimonio común de la Humanidad frente a las legislaciones nacionales). *Anuario Español de Derecho Internacional, VII,* 65-90.

Kariyawasam, K. & Tsai, M. (2018). Access to genetic resources and benefit sharing: implications of Nagoya Protocol on providers and users. *Journal of World Intellectual Property, 21 (5-6),* 289-305.

Lapidoth, R. (1987). Equity in International Law. *Proceedings of the Annual Meeting (American Society of International Law), 81,* 138-147.

Larschan, B. & Brennan, B. C. (1983). Common Heritage of Mankind Principle in International Law. *Columbia Journal of Transnational Law, 21 (2),* 305-338.

Lascelles, B. *et al.* (2014). Migratory marine species: their status, threats and conservation management needs. *Aquatic Conservation: Marine and Freshwater Ecosystems, 24,* 111-127.

Leary, D. (2004). Bioprospecting and the Genetic Resources of Hydrothermal Vents on the High Seas: What is the Existing Legal Position, where are we heading and what are our options? *Macquarie Journal of International and Comparative Environmental Law, 1,* 137-178.

Leary, D. (2019). Agreeing to disagree on what we have or have not agreed on: The current state of play of the BBNJ negotiations on the status of marine genetic resources in areas beyond national jurisdiction. *Marine Policy, 99*, 21-29.

Leary, D. *et al.* (2009). Marine genetic resources: A review of scientific and commercial interest. *Marine Policy, 33,* 183-194.

Lehmann, F. (2007). The Legal Status of Genetic Resources of the Deep Seabed. *New Zealand Journal of Environmental Law, 11(33),* 33-65.

Liddicoat, J. *et al.* (2019). Continental drift? Do European clinical genetic testing laboratories have a patent problem? *European Journal of Human Genetics, 27,* 997-1007.

Long, R. (2015). Anatomy of a new international instrument for marine biodiversity beyond national jurisdiction: First impressions of the preparatory process. *Environmental Liability, 6,* 213-229.

Lothian, S. (2021). Forget Me Not: Revisiting the Common Concern of Humankind Concept in the BBNJ Context. *Environmental and Planning Law Journal, 38 (3),* 189-203.

Lothian, S. (2023). The BBNJ preamble: More than just window dressing. *Marine Policy, 153,* 1-12.

Mendenhall, E. (2023). Making the most of what we already have: Activating UNCLOS to combat marine plastic pollution. *Marine Policy, 155,* 1-6.

Mendenhall, E. *et al.* (2019). A soft treaty, hard to reach: The second inter-governmental conference for biodiversity beyond national jurisdiction. *Marine Policy, 108,* 1-8.

Mendenhall, E. *et al.* (2022). Direction, not detail: Progress towards consensus at the fourth intergovernmental conference on biodiversity beyond national jurisdiction. *Marine Policy, 146,* 1-10.

Mendenhall, E.; Tiller, R. & Nyman, E. (2023). The ship has reached the shore: The final session of the 'Biodiversity Beyond National Jurisdiction' negotiations. *Marine Policy, 155,* 1-10.

Morgera, E. (2016). The Need for an International Legal Concept of Fair and Equitable Benefit Sharing. *The European Journal of International Law, 27 (2),* 353-383.

Morgera, E. (2018). Fair and equitable benefit-sharing in a new international instrument on marine biodiversity: A principled approach towards partnership building? *Maritime Safety and Security Law Journal, 5,* 48-77.

Mossop, J. (2017). The relationship between the continental shelf regime and a new international instrument for protecting marine biodiversity in areas beyond national jurisdiction, *ICES Journal of Marine Science*, 1-7.

Movsisyan, S. (2008). Decision making by consensus in international organizations as a form of negotiation. *21st Century, 1 (3)*, 77-86.

Mueni Katee, S. & Keambou Tiambo, C. (2021). Discussing the Drawbacks of the Implementation of Access and Benefit Sharing of the Nagoya Protocol Following the COVID-19 Pandemic. *Frontiers in Public Health, 9*, 1-9.

Mulalap, C. Y. *et al.* (2020). Traditional knowledge and the BBNJ instrument. *Marine Policy, 122*, 1-10.

Neeman, N.; Servis, J. A. & Naro-Maciel, E. (2018). Conservation Issues: Oceanic Ecosystems. *Encyclopedia of the Anthropocene, 3*, 193-201.

Nishimura, T. (2018). The Legal Framework for Marine Genetic Resources: The Relationship between the UNCLOS and the Convention on Biological Diversity Regime. *Asian Business Lawyer, 21*, 63-80.

Noyes, J. E. (2011). The Common Heritage of Mankind: Past, Present and Future. *Denver Journal of International Law and Policy, 40 (1)*, 447-471.

Núñez, I.; González-Gaudiano, E. & Barahona, A. (2003). La biodiversidad: historia y contexto de un concepto. *Interciencia, 28 (7)*, 387-392.

Oldham, P.; Chiarolla, C. & Thambisetty, S. (2023). Digital Sequence Information in the UN High Seas Treaty: Insights from the Global Biodiversity Framework-related Decisions. *LSE Law School Policy Briefing Series 53/2023*, 1-7.

Ortuño Crespo, G. *et al.* (2019). High seas fish biodiversity is slipping through the governance net. *Nature, ecology and evolution, 3 (9)*, 1273-1276.

Palao, G. (2011). La propiedad intelectual en España. La encrucijada internacional, europea, oportunidad y estrategia. *Revista de pensamiento contemporáneo, 36*, 21-27.

Pérez Salom, J. R. (1997). El Derecho Internacional y el estatuto de los recursos genéticos. *Anuario de Derecho Internacional, 13*, 371-406.

Poore, G. C. & Wilson, G. D. (1993). Marine species richness. *Nature, 361*, 597-598.

Rabitz, F. (2015). Biopiracy after the Nagoya Protocol: Problem Structure, Regime Design and Implementation Challenges. *Brazilian Political Science Review, 9 (2),* 30-53.

Rabone, M. *et al.* (2019). Access to Marine Genetic Resources (MGR): Raising Awareness of Best-Practice Through a New Agreement for Biodiversity Beyond National Jurisdiction (BBNJ). *Frontiers in Marine Science, 6 (520),* 1-22.

Raustiala, K. & Victor, D. (2004). The regime complex for plant genetic resources. *International Organization, 58,* 277-309.

Rayfuse, R. (2011). Differentiating the Common? The Responsibilities and Obligations of States Sponsoring Deep Seabed Mining Activities in the Area. *German Yearbook of International Law, 54,* 459-488.

Rayfuse, R. & Warner, R. M. (2008). Securing a sustainable future for the oceans beyond national jurisdiction: the legal basis for an integrated cross-sectoral regime for high seas governance for the 21st century. *International Journal Marine Coastal Law, 23 (3),* 399-421.

Ridings, P. (2018). Redefining environmental stewardship to deliver governance frameworks for marine biodiversity beyond national jurisdiction. *ICES Journal of Marine Science, 75,* 435-443.

Rogers A. D. *et al.* (2021). Marine Genetic Resources in Areas Beyond National Jurisdiction: Promoting Marine Scientific Research and Enabling Equitable Benefit Sharing. *Frontiers in Marine Science, 8,* 1-22.

Ruse-Kahn, H. G. (2011). The (Non) Use of Treaty Object and Purpose in Intellectual Property Disputes in the WTO. *Max Planck Institute for Intellectual Property and Competition Law, Research Paper No. 11-15,* 1-35.

Salamanca Aguado, M. E. (2022). The Development of the Deep Seabed Mining Regime by the International Seabed Authority: From Exploration to Exploitation. *European Society of International Law Paper Series (Working Paper),* 1-21.

Salpin, C. & Germani, V. (2007). Patenting of Research Results Related to Genetic Resources from Areas beyond National Jurisdiction: the Crossroads of the Law of the Sea and Intellectual Property Law. *Review of European Community and International Environmental Law, 16,* 12-23.

Sánchez Ramos, B. (2021). El Protocolo de Nagoya sobre acceso a los recursos genéticos y la participación justa y equitativa en los beneficios que se deriven de su utilización: especial referencia a su implementación en España. *Revista Electrónica de Estudios Internacionales, 42,* 1-41.

Scanlon, Z. (2017). The art of "not undermining": possibilities within existing architecture to improve environmental protections in areas beyond national jurisdiction. *ICES Journal of Marine Science, 75 (1)*, 1-12.

Scovazzi, T. (2004). Mining, Protection of the Environment, Scientific Research and Bioprospecting: Some Considerations on the Role of the International Sea-Bed Authority. *International Journal of Marine and Coastal Law, 19*, 383-409.

Scovazzi, T. (2007). The Concept of Common Heritage of Mankind and the Genetic Resources of the Seabed beyond the Limits of National Jurisdiction. *Agenda Internacional, 25*, 11-24.

Scovazzi, T. (2013). Open Questions on the Exploitation of Genetic Resources in Areas beyond National Jurisdiction. *American Society of International Law Proceedings, 107*, 119-122.

Scovazzi, T. (2016). The negotiations for a binding instrument on the conservation and sustainable use of marine biological diversity beyond national jurisdiction. *Marine Policy, 70*, 188-191.

Simon, E. (1993). GATT and NAFTA Provisions on Intellectual Property. *Fordham Intellectual Property, Media and Entertainment Law Journal, 4 (1)*, 267-281.

Sojo, V. *et al.* (2016). The Origin of Life in Alkaline Hydrothermal Vents. *Astrobiology, 16 (2)*, 181-197.

Tanaka, Y. (2008). Reflections on the Conservation and Sustainable Use of Genetic Resources in the Deep Seabed Beyond the Limits of National Jurisdiction. *Ocean Development and International Law, 39*, 129-149.

Tanaka, Y. (2011). The Changing Approaches to Conservation of Marine Living Resources in International Law. *Heidelberg Journal of International Law, 71 (2)*, 291-330.

Tessnow-von Wysocky, I. & Le Billon, P. (2019). Plastics at sea: Treaty design for a global solution to marine plastic pollution. *Environmental Science and Policy, 100*, 94-104.

Thambisetty, S. (2018). Marine Genetic Resources Beyond National Jurisdictions: Components of an Informed, Fair and Progressive Internationally Binding Legal Instrument (*Working Paper*), 1-14.

Thambisetty, S. (2018). Marine Genetic Resources Beyond National Jurisdiction: Elements of a New International Legally Binding Instrument. *LSE Policy Briefing, 32*, 1-8.

Thambisetty, S. (2022). Intellectual Property and Marine Genetic Resources: Navigating Articles 10-13 in the BBNJ Draft Treaty. *LSE Law Policy Briefing Series, 48,* 1-19.

Thambisetty, S. (2024). The Unfree Commons: Freedom of Marine Scientific Research and the Status of Genetic Resources Beyond National Jurisdiction. *Modern Law Review, 87,* 1-34.

Tiller, R. *et al.* (2019). The once and future treaty: towards a new regime for biodiversity in areas beyond national jurisdiction. *Marine Policy, 99,* 239-242.

Tiller, R. *et al.* (2023). Shake it Off: Negotiations suspended, but hope simmering, after a lack of consensus at the fifth intergovernmental conference on biodiversity beyond national jurisdiction. *Marine Policy, 148,* 1-9.

Tladi, D. (2015). The Common Heritage of Mankind and the Proposed Treaty on Biodiversity in Areas beyond National Jurisdiction: The Choice between Pragmatism and Sustainability. *Yearbook of International Environmental Law, 25 (1),* 113-132.

Tørstad, V. H. (2020). Participation, ambition and compliance: can the Paris Agreement solve the effectiveness trilemma? *Environmental Politics, 29 (5),* 761-780.

Tortorella, E. *et al.* (2018). Antibiotics from Deep-sea microorganisms: current discoveries and perspectives. *Mar Drugs, 16, 355,* 1-16.

Vadrot, A. B. M. & Langlet, A. (2023). Not 'undermining' who? Unpacking the emerging BBNJ regime complex. *Marine Policy, 147,* 1-10.

Vadrot, A. B. M.; Langlet, A. & Tessnow-von Wysocki, I. (2022). Who owns marine biodiversity? Contesting the world order through the 'common heritage of humankind' principle. *Environmental Politics, 2,* 225-250.

Valverde Soto, M. (1996). General Principles of International Environmental Law. *ILSA Journal of International and Comparative Law, 3,* 193-209.

Vanheusden, B. & Van Den Berghe, G. (2017). The implementation of "Access and benefit-sharing" in five EU member states: the achievements and deficiencies of the Nagoya Protocol and the EU Regulation 511/2014. *Journal for European Environmental and Planning Law, 14 (1),* 7-40.

Vázquez Gómez, E. M. (2019). La protección de la diversidad biológica marina más allá de la jurisdicción nacional. Hacia un nuevo acuerdo de aplicación de la Convención de Naciones Unidas sobre el Derecho del Mar. *Revista Electrónica de Estudios Internacionales, 37,* 1-29.

Venegas, R. M., Acevedo, J. & Treml, E. A. (2023). Three decades of ocean warming impacts on marine ecosystems: A review and perspective. *Deep-Sea Research Part II, 212*, 1-19.

Vierros, M. K. *et al.* (2020). Considering Indigenous Peoples and local communities in governance of the global ocean commons. *Marine Policy, 119*, 1-13.

Voigt-Hanssen, G. (2018). Current 'Light' and 'Heavy' Options for Benefit-sharing in the Context of the United Nations Convention on the Law of the Sea. *The International Journal of Marine and Coastal Law, 33*, 683-705.

Wales, E. (2015). Marine Genetic Resources: The Clash Between Patent Law and Marine Law. *Natural Resources and Environment, 29 (3)*, 44-47.

Walløe Tvedt, M. & Jørem, A. E. (2013). Bioprospecting in the high seas: regulatory options for benefit sharing. *The Journal of World Intellectual Property, 16 (3-4)*, 150-167.

Wagenaar, T. (2022). A principled approach for BBNJ: An idea whose time has come. *Review of European, Comparative and International Environmental Law, 31 (3)*, 399-410.

Wang (2011). The Precautionary Principle in Maritime Affairs. *WMU Journal of Maritime Affairs, 10*, 143-165.

White, M. V. (1982). The Common Heritage of Mankind: An Assessment. *Case Western Reserve Journal of International Law, 14 (3)*, 509-542.

Wienhausen, G. *et al.* (2024). Ligand cross-feeding resolves bacterial vitamin B12 auxotrophies. *Nature*, 1-26.

Wolfrum, R. (1981). Restricting the Use of the Sea to Peaceful Purposes: Demilitarization in Being. *German Yearbook of International Law, 24*, 200-241.

Wolfrum, R. (1983). The Principle of Common Heritage of Mankind. *Zeitschrift für ausländisches öffentliches Recht und Völkerrecht, 43*, 312-337.

Wolfrum, R. & Matz, N. (2000). The Interplay of the United Nations Convention on the Law of the Sea and the Convention on Biological Diversity. *Max Planck Yearbook of United Nations Law, 4*, 445-480.

Wood, M. C. (1999). International Seabed Authority: The First Four Years. *Max Planck Yearbook of United Nations Law, 3*, 173-241.

Wright, G. *et al.* (2016). The long and winding road continues: Towards a new agreement on high seas governance. *IDDRI, 1/16*, 1-52.

Wright, G. *et al.* (2019). High Hopes for the High Seas: beyond the package deal towards an ambitious treaty. *IDDRI, 9,* 1-8.

Yadav, S. S. & Gjerde, K. M. (2020). The ocean, climate change and resilience: Making ocean areas beyond national jurisdiction more resilient to climate change and other anthropogenic activities. *Marine Policy, 122,* 1-9.

Zhivkoplias, E. e*t al.* (2024). Growing prominence of deep-sea life in marine bioprospecting. *Nature Sustainability, 7,* 1027-1037.

D. INFORMES

Bowling, C.; Pierson, E. & Ratté, S. (2018). The Common Concern of Humankind: A Potential Framework for a New International Legally Binding Instrument on the Conservation and Sustainable Use of Marine Biological Diversity in the High Seas, 1-15.

Center for International Environmental Law. (1999). Effective Decision-Making: A review of options for making decisions to conserve and manage pacific fish stocks, 1-22.

Cremers, K.; Wright, G. & Rochette, J. (2020). Strengthening Monitoring, Control and Surveillance in Areas Beyond National Jurisdiction. *Strong High Seas Project* (Report), 1-46.

Franks, P. & Booker, F. (s.f.). Equity in conservation – what, why and how? *IUCN Technical Note,* 1-5. https://www.iucn.org/sites/default/files/2022-08/07_iucn_wcpa_technical_note_series_no._7.pdf

Global Ocean Commission. (2014). *From Decline to Recovery: A Rescue Package for the Global Ocean* (Global Ocean Commission Report). http://www.some.ox.ac.uk/wp-content/uploads/2016/03/GOC_report_2015.July_2.pdf

Harden-Davies, H. *et al.* (2020). Science in Small Island Developing States: Capacity Challenges and Options relating to Marine Genetic Resources of Areas Beyond National Jurisdiction. Report for the Alliance of Small Island States. Wollongong: University of Wollongong.

Hodgson, S. *et al.* (2014). Towards a possible International Agreement on Marine Biodiversity in Areas Beyond National Jurisdiction. *Study for the ENV Committee, European Parliament,* 1-68.

IISD. (2011). Summary of the Fourth Meeting of the Working Group on Marine Biodiversity Beyond Areas of National Jurisdiction: 31 May-3 June 2011 (6 June 2011). *Earth Negotiation Bulletin, 25 (70).*

IISD. (2012). Summary of the Fifth Meeting of the Working Group on Marine Biodiversity Beyond Areas of National Jurisdiction: 7-11 May 2012 (14 May 2012). *Earth Negotiation Bulletin, 25 (83).*

IISD. (2015). Summary of the Ninth Meeting of the Working Group on Marine Biodiversity Beyond Areas of National Jurisdiction: 20-23 January 2015 (26 January 2015). *Earth Negotiation Bulletin, 25 (94)*.

IISD. (2018). Summary of the First Session of the Intergovernmental Conference on an International Legally Binding Instrument under the UN Convention on the Law of the Sea on the Conservation and Sustainable Use of Marine Biodiversity of Areas Beyond National Jurisdiction: 4-17 September 2018. *Earth Negotiations Bulletin, 25 (179)*, 1-18.

IISD. (2019). Summary of the Second Session of the Intergovernmental Conference on an International Legally Binding Instrument under the UN Convention on the Law of the Sea on the Conservation and Sustainable Use of Marine Biodiversity of Areas Beyond National Jurisdiction: 25 March-5 April 2019. *Earth Negotiations Bulletin, 25 (195)*, 1-19.

IISD. (2019). Summary of the Third Session of the Intergovernmental Conference (IGC) on the Conservation and Sustainable Use of Marine Biodiversity of Areas Beyond National Jurisdiction: 19-30 August 2019. *Earth Negotiations Bulletin, 25 (218)*, 1-24.

IISD. (2022). Summary of the Fifth Session of the Intergovernmental Conference on an International Legally Binding Instrument under the UN Convention on the Law of the Sea on the Conservation and Sustainable Use of Marine Biodiversity of Areas Beyond National Jurisdiction: 15-26 August 2022. *Earth Negotiations Bulletin, 25 (240)*, 1-13.

IISD. (2022). Summary of the Fourth Session of the Intergovernmental Conference on an International Legally Binding Instrument under the UN Convention on the Law of the Sea on the Conservation and Sustainable Use of Marine Biodiversity of Areas Beyond National Jurisdiction: 7-18 March 2022. *Earth Negotiations Bulletin, 25 (25)*, 1-22.

IISD. (2023). Summary of the Resumed Fifth Session of the Intergovernmental Conference on an International Legally Binding Instrument under the UN Convention on the Law of the Sea on the Conservation and Sustainable Use of Marine Biodiversity of Areas Beyond National Jurisdiction: 20 February-4 March 2023". *Earth Negotiations Bulletin, 25 (250)*, 1-20.

IISD. (2023). Summary of the Twenty-eighth Annual Session of the International Seabed Authority (Third Part): 30 October – 8 November 2023. *Earth Negotiations Bulletin, 25 (254)*, 1-17.

IPBES. (2019). Global assessment report on biodiversity and ecosystem services of the Intergovernmental Science-Policy Platform on Biodiversity and Ecosystem Services. Bonn, Germany. https://doi.org/10.5281/zenodo.3831673

IPCC. (2023). Climate Change 2023. Synthesis Report.

Marlow, J. *et al.* (2019). The Full Value of Marine Genetic Resources (MGR). *Deep Ocean Stewardship Initiative Policy Brief.* https://www.dosi-project.org/wp-content/uploads/2018/05/027-DOSI-MGR-1.pdf

Thambisetty, S.; Oldham, P. & Chiarolla, C. (2023). BBNJ Draft Textual Proposals on Marine Genetic Resources: Prepared for the 5th Resumed IGC, Feb 20th – Mar 3rd 2023. Prepared by G77 Chair's Team, 1-80.

Welch, E. W. *et al.* (2017). Potential implications of new synthetic biology and genomic research trajectories on the International Treaty for Plant Genetic Resources for Food and Agriculture (ITPGRFA or 'Treaty'). *Scoping Report for the International Treaty on Plant Genetic Resources for Food and Agriculture,* 1-50.

E. OTROS RECURSOS

Biology Online (s.f.). Population. https://www.biologyonline.com/dictionary/Population

Biology Online (s.f.). Species. https://www.biologyonline.com/dictionary/Species

Biology Online (s.f.). Gene https://www.biologyonline.com/dictionary/gene

Biology Online (s.f.). Genetic material. https://www.biologyonline.com/dictionary/genetic-material#References

Darwin Correspondence Project. (1871). Letter no. 7471. Carta a J. D. Hooker (01.02.1871). https://www.darwinproject.ac.uk/letter/?docId=letters/DCP-LETT-7471.xml

Deep-Ocean Stewardship Initiative (2020). Digital Sequence Information – Clarifying Concepts. *Policy Brief,* https://www.dosi-project.org/wp-content/uploads/070-DSI-Policy-brief-V4-WEB.pdf

Lamy, P. (2002). Europe's role in global governance: the way ahead. *Speech, Berlin.* http://europa.eu/rapid/press-release_SPEECH-02-197_en.htm

Mendenhall, E. & Bateh, F. (2024). 'High Seas Treaty' name is inaccurate and should center biodiversity (commentary). Mongabay (Blog). https://news.mongabay.com/2024/02/high-seas-treaty-name-is-inaccurate-and-should-center-biodiversity-commentary/

National Academy of Sciences (1988). *Biodiversity.* Washington: The National Academies Press. https://doi.org/10.17226/989

National Human Genome Research Institute (s.f.). Ácido desoxirribonucleico. https://www.genome.gov/es/genetics-glossary/%C3%81cido-desoxirribonucleico

National Human Genome Research Institute (s.f.). Ácido ribonucleico. https://www.genome.gov/es/genetics-glossary/ARN

Nature Justice & Public Eye. (2016). The two worlds of Nagoya: ABS legislation in the EU and provider countries: discrepancies and how to deal with them (Report). 1-24. https://www.publiceye.ch/fileadmin/doc/Biopiraterie/2016_PublicEye_The_two_worlds_of_Nagoya_Report.pdf

NOAA (s.f.). How much oxygen comes from the ocean? *National Ocean Service.* Disponible en: https://oceanservice.noaa.gov/facts/ocean-oxygen.html

OMS. (2016). Implementation of the Nagoya Protocol and pathogen sharing: public health implications. Study by the Secretariat. https://www.who.int/publications/m/item/implementation-of-the-nagoya-protocol-and-pathogen-sharing-public-health-implications

Precedence Researcher (s.f.). *Marine Biotechnology Market,* https://www.precedenceresearch.com/marine-biotechnology-market

Thambisetty, S. (2023). Protecting the high seas. LSE Research (Blog, 23.05.2023). https://www.lse.ac.uk/research/research-for-the-world/sustainability/protecting-the-high-seas